MANUAL SOBRE A NOVA LEI DE LICITAÇÕES E CONTRATOS ADMINISTRATIVOS

MIGUEL RIBEIRO PEREIRA

Cláudia Maria da Costa Gonçalves
Prefácio

MANUAL SOBRE A NOVA LEI DE LICITAÇÕES E CONTRATOS ADMINISTRATIVOS

Belo Horizonte

2024

© 2024 Editora Fórum Ltda.

É proibida a reprodução total ou parcial desta obra, por qualquer meio eletrônico, inclusive por processos xerográficos, sem autorização expressa do Editor.

Conselho Editorial

Adilson Abreu Dallari
Alécia Paolucci Nogueira Bicalho
Alexandre Coutinho Pagliarini
André Ramos Tavares
Carlos Ayres Britto
Carlos Mário da Silva Velloso
Cármen Lúcia Antunes Rocha
Cesar Augusto Guimarães Pereira
Clovis Beznos
Cristiana Fortini
Dinorá Adelaide Musetti Grotti
Diogo de Figueiredo Moreira Neto (*in memoriam*)
Egon Bockmann Moreira
Emerson Gabardo
Fabrício Motta
Fernando Rossi
Flávio Henrique Unes Pereira
Floriano de Azevedo Marques Neto
Gustavo Justino de Oliveira
Inês Virgínia Prado Soares
Jorge Ulisses Jacoby Fernandes
Juarez Freitas
Luciano Ferraz
Lúcio Delfino
Marcia Carla Pereira Ribeiro
Márcio Cammarosano
Marcos Ehrhardt Jr.
Maria Sylvia Zanella Di Pietro
Ney José de Freitas
Oswaldo Othon de Pontes Saraiva Filho
Paulo Modesto
Romeu Felipe Bacellar Filho
Sérgio Guerra
Walber de Moura Agra

Luís Cláudio Rodrigues Ferreira
Presidente e Editor

Coordenação editorial: Leonardo Eustáquio Siqueira Araújo
Aline Sobreira de Oliveira

Rua Paulo Ribeiro Bastos, 211 – Jardim Atlântico – CEP 31710-430
Belo Horizonte – Minas Gerais – Tel.: (31) 99412.0131
www.editoraforum.com.br – editoraforum@editoraforum.com.br

Técnica. Empenho. Zelo. Esses foram alguns dos cuidados aplicados na edição desta obra. No entanto, podem ocorrer erros de impressão, digitação ou mesmo restar alguma dúvida conceitual. Caso se constate algo assim, solicitamos a gentileza de nos comunicar através do *e-mail* editorial@editoraforum.com.br para que possamos esclarecer, no que couber. A sua contribuição é muito importante para mantermos a excelência editorial. A Editora Fórum agradece a sua contribuição.

Dados Internacionais de Catalogação na Publicação (CIP) de acordo com ISBD

P436m   Pereira, Miguel Ribeiro

Manual sobre a Nova Lei de Licitações e Contratos Administrativos / Miguel Ribeiro Pereira. Belo Horizonte: Fórum, 2024.

389p.; 14,5cm x 21,5cm.
ISBN impresso 978-65-5518-687-1
ISBN digital 978-65-5518-694-9

1. Direito administrativo. 2. Licitações e contratos administrativos. 3. Lei nº 14133/2021. 4. Licitações e contratos. 5. Fase interna e externa das licitações. 6. Contratos administrativos. 7. Princípios e procedimentos das licitações e contratos. 8. Alteração e extinção dos contratos administrativos. I. Título.

CDD 342
CDU 342

Ficha catalográfica elaborada por Lissandra Ruas Lima – CRB/6 – 2851

Informação bibliográfica deste livro, conforme a NBR 6023:2018 da Associação Brasileira de Normas Técnicas (ABNT):

PEREIRA, Miguel Ribeiro. *Manual sobre a Nova Lei de Licitações e Contratos Administrativos*. Belo Horizonte: Fórum, 2024. 389p. ISBN 978-65-5518-687-1.

Ao meu círculo de afetos e de acolhimento.

A Dimítrius, meu afeto infinito.

A Ivo e Regina, bailarinos de afeto na valsa da nossa existência familiar.

Considerei o caso, e entendi que, se uma cousa pode existir na opinião, sem existir na realidade, e existir na realidade, sem existir na opinião, a conclusão é que das duas existências paralelas a única necessária é a da opinião, não a da realidade, que é apenas conveniente.

(Machado de Assis)

SUMÁRIO

PREFÁCIO
Cláudia Maria da Costa Gonçalves..15

INTRODUÇÃO
Miguel Ribeiro Pereira..23

CAPÍTULO 1
LEI Nº 14.133, DE 1º.4.2021 – ÂMBITO DE APLICAÇÃO DA NOVA LEI DE LICITAÇÕES E CONTRATOS ADMINISTRATIVOS...............33
1.1 Âmbito de aplicação da lei quanto ao aspecto subjetivo...............34
1.1.1 Âmbito de aplicação da lei quanto às micro e pequenas empresas..39
1.1.2 Contratações vinculadas ao estrangeiro...41
1.1.3 Contratação envolvendo reservas internacionais 42
1.2 Âmbito de aplicação da nova lei quanto ao aspecto objetivo 42

CAPÍTULO 2
PRINCÍPIOS DAS LICITAÇÕES E CONTRATOS ADMINISTRATIVOS..47
2.1 Princípio da legalidade 50
2.2 Princípio da impessoalidade 51
2.3 Princípio da moralidade 54
2.4 Princípio da igualdade...55
2.5 Do princípio da publicidade 58
2.6 Princípio da probidade administrativa 60
2.7 Princípio da vinculação ao edital 60
2.8 Do princípio do julgamento objetivo...63
2.9 Do princípio da eficiência 63
2.10 Do princípio do interesse público 67
2.11 Do princípio do planejamento 69
2.12 Princípio da transparência..71
2.13 Princípios da eficácia e da economicidade....................................73
2.14 Princípio da segregação de funções 74
2.15 Princípio da motivação 77
2.16 Do princípio da segurança jurídica..78
2.17 Dos princípios da razoabilidade e da proporcionalidade 78

2.18	Princípio da competitividade	80
2.19	Princípio da celeridade	81
2.20	Princípio do desenvolvimento nacional sustentável	82

CAPÍTULO 3
DOS AGENTES PÚBLICOS 85

3.1	Da gestão por competências para a equipe condutora das licitações	85
3.2	Requisitos aplicáveis aos agentes públicos no procedimento licitatório	87
3.3	Do agente de contratação	88
3.4	Do agente de contratação e a peculiaridade dos bens e serviços especiais	89
3.5	Vedações ao agente de contratação	90
3.6	Da inconstitucionalidade da representação de servidor público pela advocacia pública	91

CAPÍTULO 4
PROCESSO LICITATÓRIO (REGRAS GERAIS) 95

4.1	Objetivos do processo licitatório	96
4.2	Responsabilidade da alta administração no processo licitatório	100
4.3	Da licitação com formalismo atenuado	100
4.4	Processo licitatório e governo digital	101
4.5	Plano de contratação anual	104
4.6	Das regras gerais sobre publicidade nos procedimentos licitatórios	107
4.7	Vedações no processo licitatório	107
4.7.1	Vedações relacionadas à elaboração de projeto básico ou executivo	107
4.7.2	Vedações relacionadas a sanções impostas à pessoa física ou jurídica	109
4.7.3	Vedações relacionadas à proibição do nepotismo e ao princípio da impessoalidade	110
4.7.4	Vedações relacionadas à manutenção da competitividade	110
4.7.5	Vedações relacionadas ao desrespeito à legislação trabalhista	111
4.7.6	Vedações relacionadas a agências ou organismos internacionais	111
4.8	Processo licitatório (regras para consórcios)	112
4.9	Processo licitatório (regras para cooperativas)	114
4.10	Fases do procedimento licitatório	115
4.11	Procedimento eletrônico como norma geral	118
4.12	Das amostras e prova de conceito no procedimento licitatório	119
4.13	Fase interna do procedimento licitatório	121
4.13.1	Critérios para fixação do orçamento estimado	124

4.13.2	Da observância da economia de escala	127
4.13.3	Do estudo técnico preliminar	127
4.13.4	Dos demais documentos instrutórios na fase interna das licitações	129
4.13.5	Da padronização na fase interna	130
4.13.6	Modelagem da informação da construção	131
4.13.7	Da vedação dos itens de luxo desde a fase interna	133
4.13.8	Da convocação de audiências públicas como instrumento da fase preparatória	137
4.13.9	Da matriz de alocação de riscos na fase preparatória	138
4.13.10	Do valor estimado da contratação	143
4.13.11	Regras e cláusula editalícias obrigatórias no edital. O programa de integridade	150
4.13.12	Regras e cláusulas editalícias facultativas no edital e o compromisso com o meio ambiente e direitos humanos	153
4.13.13	Critérios de reajustamento nas licitações para serviços contínuos. Conceito de serviço contínuo e não contínuo	157
4.13.14	Da margem de preferência	160
4.13.15	Das modalidades de licitação	163
4.13.15.1	Pregão	164
4.13.15.1.1	Do enquadramento do objeto como bem ou serviço comum com a finalidade de adoção do pregão	166
4.13.15.1.2	Enquadramento de bens e serviços de tecnologia da informação como bens e serviços comuns	167
4.13.15.2	Concorrência	175
4.13.15.3	Concurso	176
4.13.15.4	Leilão	177
4.13.15.5	Diálogo competitivo	178
4.13.16	Critério de julgamento	183
4.13.16.1	Menor preço	184
4.13.16.2	Maior desconto	192
4.13.16.3	Critério de julgamento por melhor técnica ou conteúdo artístico	192
4.13.16.4	Critério do julgamento por técnica e preço	193
4.13.16.5	Critério de julgamento por maior retorno econômico	196
4.13.17	Disposições setoriais	197
4.13.17.1	Das compras	198
4.13.17.1.1	Obrigatoriedade de planejamento nas compras	198
4.13.17.1.2	Padronização nas compras	200
4.13.17.1.3	Parcelamento do objeto	202
4.13.17.1.4	Termo de referência	203
4.13.17.1.5	Indicação de marcas	205
4.13.17.1.6	Prova de conceito	205
4.13.17.2	Das obras e serviços de engenharia	206
4.13.17.3	Dos serviços em geral	212
4.13.17.4	Da locação de imóveis	213
4.13.17.5	Das licitações internacionais	214

CAPÍTULO 5
DO PARECER JURÍDICO SOBRE O PROCESSO LICITATÓRIO 215

CAPÍTULO 6
A FASE EXTERNA DO PROCEDIMENTO LICITATÓRIO 219

CAPÍTULO 7
ENCERRAMENTO DA LICITAÇÃO 231

CAPÍTULO 8
DA CONTRATAÇÃO DIRETA 235

8.1	Inexigibilidade de licitação	237
8.1.1	Fornecedor exclusivo	237
8.1.2	Contratação de artistas	241
8.1.3	Contratação de serviços técnicos singulares	243
8.2	Dispensa de licitação	249
8.2.1	Dispensa em razão do valor	250
8.2.2	Dispensa em razão de licitação deserta ou fracassada	252
8.2.3	Dispensa em razão do objeto	254
8.2.4	Dispensa para contratação de pesquisa, desenvolvimento e inovação que envolvam risco tecnológico	257
8.2.5	Dispensa para contratação relacionada à segurança nacional e estados emergenciais (guerra, estado de defesa, estado de sítio, intervenção federal ou grave perturbação da ordem)	259
8.2.6	Dispensa em razão da emergência	259
8.2.7	Dispensa para a aquisição de bens produzidos ou serviços prestados por órgão ou entidade que integrem a Administração Pública	268
8.2.8	Dispensa para intervenção no domínio econômico	268
8.2.9	Dispensa para celebração de contrato de programa	269
8.2.10	Dispensa para contratação em que houver transferência de tecnologia de produtos estratégicos para o Sistema Único de Saúde (SUS), bem como na aquisição de insumos estratégicos	270
8.2.11	Dispensa para contratação de profissionais para compor a comissão de avaliação de critérios de técnica, quando se tratar de profissional técnico de notória especialização	271
8.2.12	Dispensa para contratação de associação de pessoas com deficiência	271
8.2.13	Dispensa para contratação de instituição brasileira para executar atividades de ensino, pesquisa, extensão, desenvolvimento institucional, científico e tecnológico e estímulo à inovação, bem como de instituição dedicada à recuperação social da pessoa presa	272

CAPÍTULO 9
ALIENAÇÕES 279

CAPÍTULO 10
PROCEDIMENTOS AUXILIARES 285
10.1 Credenciamento 285
10.2 Pré-qualificação 288
10.3 Procedimento de manifestação de interesse 289
10.4 Sistema de registro de preços 291
10.4.1 Requisitos do edital do procedimento de registro de preços 291
10.4.2 Regra geral da cotação de itens no registro de preços 292
10.4.3 Indicação da quantidade das unidades a serem contratadas 294
10.4.4 Condição para realização do procedimento de registro
 de preços 294
10.4.5 Aplicação do registro de preços às contratações diretas 294
10.4.6 Registro de preços como procedimento não vinculante 294
10.4.7 Prazos no procedimento de registro de preços 295
10.4.8 Registro de preços para execução de obras e serviços de
 engenharia 295
10.4.9 O procedimento do registro de preços e a entidade carona 298
10.5 Do registro cadastral 299

CAPÍTULO 11
FORMALIZAÇÃO, GARANTIAS E ALOCAÇÃO DE RISCOS NOS
CONTRATOS ADMINISTRATIVOS SEGUNDO A LEI
Nº 14.133/2021 303
11.1 Introdução 303
11.2 Da formalização dos contratos administrativos 306
11.2.1 O objeto e seus elementos característicos 308
11.2.2 Vinculação ao edital de licitação e à proposta do licitante
 vencedor ou ao ato que tiver autorizado a contratação direta
 e à respectiva proposta 310
11.2.3 A legislação aplicável à execução do contrato, inclusive
 quanto aos casos omissos 310
11.2.4 O regime de execução ou a forma de fornecimento 311
11.2.5 O preço e as condições de pagamento, os critérios, a data-base
 e a periodicidade do reajustamento de preços e os critérios de
 atualização monetária entre a data do adimplemento das
 obrigações e a do efetivo pagamento 314
11.2.6 Os critérios e a periodicidade da medição, quando for o caso,
 e o prazo para liquidação e para pagamento 325
11.2.7 Os prazos de início das etapas de execução, conclusão, entrega,
 observação e recebimento definitivo, quando for o caso 326

11.2.8	O crédito pelo qual correrá a despesa, com a indicação da classificação funcional programática e da categoria econômica..	329
11.2.9	A matriz de risco	330
11.2.10	As garantias oferecidas para assegurar sua plena execução, quando exigidas, inclusive as que forem oferecidas pelo contratado no caso de antecipação de valores a título de pagamento	335
11.2.11	Os direitos e as responsabilidades das partes, as penalidades cabíveis e os valores das multas e suas bases de cálculo	338
11.2.12	Gestão do contrato	339
11.2.13	Os casos de extinção	340

CAPÍTULO 12
DAS PRERROGATIVAS DA ADMINISTRAÇÃO NOS CONTRATOS ADMINISTRATIVOS 341

12.1	Da duração dos contratos administrativos	342
12.2	Da execução dos contratos administrativos	345
12.3	Da alteração dos contratos administrativos e dos respectivos preços	350
12.3.1	Limite para variação quantitativa nas alterações unilaterais	359
12.3.2	Da rejeição ao jogo de planilhas	360
12.3.3	Da vedação ao locupletamento ilícito na alteração contratual	362
12.3.4	A alteração dos contratos de regime de execução integrada ou semi-integrada	363
12.3.5	Do apostilamento	363

CAPÍTULO 13
DA EXTINÇÃO DOS CONTRATOS ADMINISTRATIVOS 365

13.1	Do recebimento e dos pagamentos	369
13.2	Do manual de fiscalização	370
13.3	Do pagamento pela execução contratual	373

CAPÍTULO 14
NULIDADES 379

CAPÍTULO 15
DOS MEIOS ALTERNATIVOS DE RESOLUÇÃO DE CONTROVÉRSIAS 383

REFERÊNCIAS 385

PREFÁCIO

> [...] *a vida ama quem a vive, ousei tentar muitas coisas – às vezes tremendo, mas ainda assim ousando.* [...] *Eis aqui minha oferenda.*
>
> (Maya Angelou, *Carta a Minha Filha*)

Chega às livrarias a obra de Miguel Ribeiro Pereira, intitulada *Manual sobre a Nova Lei de Licitações e Contratos Administrativos*. A sua importância para o campo jurídico, nomeadamente para o direito público, é autoexplicativa, decorre, a princípio, do seu próprio título.

Contudo, não se escreve um prefácio para se pronunciar o óbvio ou para resumir uma obra. Escreve-se para suscitar as principais diretrizes do livro e, principalmente, para se dizer ao leitor quem é o escritor encoberto pelas folhas de papel ou virtuais.

O percurso do tempo e a cronologia que escolhi me ajudarão a escrever este texto. Antes, porém, preciso refletir um pouco sobre o tempo. Já disse muitas vezes, em várias ocasiões, que as artes compõem e antecedem as palavras que pronuncio. Portanto, pensemos na pintura de Nicolas Poussin, *Uma dança para a música do tempo*.[1] À direita, o ancião e o respeito à longevidade das histórias; ao seu lado, uma criança exibe a passagem do tempo, quase a nos lembrar a voz de Cazuza pronunciando o que, às vezes, queremos esquecer, "o tempo não para".[2] À esquerda, o deus Janus e suas duas faces: uma apontando para o passado e a outra mirando o futuro, o eterno porvir. Acerca do tempo, recordo-me, também, do quadro de um pintor nascido na exuberante cidade que abriga geograficamente os Lençóis Maranhenses (Barreirinhas), Edson Veras, intitulado *Benzedeira Dedé*. Na tela, a velha senhora e seu ofício, tão nordestino e tão solidário, benzer pessoas, benzer as vidas das pessoas. O que pode ser tão atual como a premência

---

[1] POUSSIN, Nicolas. Uma dança para a música do tempo. [1638]. Óleo sobre tela, 82,5 x 104 cm. *The Wallace Collection*. Disponível em: https://www.wallacecollection.org/explore/explore-in-depth/latest-films/the-court-of-philip-iv/. Acesso em: 10 jun. 2023.

[2] O tempo não para. Intérprete: Cazuza. Compositores: A. Brandão e Cazuza. *In*: *O tempo não para*. Intérprete: Cazuza. [s.l.]: Philips Records, 1988. 1 CD.

da solicitude e da simplicidade? Mais uma vez, o tempo é retratado, ainda que implicitamente, por meio das suas contradições.

Pois bem. Vistas as miradas das artes sobre o tempo, passo, agora, a apresentar a cronologia acadêmica do Procurador do Estado do Maranhão Miguel Ribeiro Pereira. Conheci-o, na qualidade de sua Professora de Direito Administrativo, salvo engano, no ano de 1998, no centenário Curso de Direito da Universidade Federal do Maranhão. Naquela noite, em que o jovem Miguel apresentou um seminário, percebi que sua alma, tal qual a de Goffredo Telles,[3] estava talhada para ser a alma de um professor. As professoras dificilmente se enganam. Eu não me enganei. Anos mais tarde, de 2006 a 2007, fui sua orientadora no Mestrado de Políticas Públicas da mesma universidade. Impressionava a qualidade e a rapidez da sua pesquisa e da sua escrita. Tem colaborado com capítulos de livros do nosso Grupo de Estudos e Pesquisas de Direitos Humanos e Biodiversidade (GEDHBIO). Como Procuradora do Estado do Maranhão, hoje aposentada, fui, também, sua colega. Nessa seara, propusemos a criação da Jornada da Procuradoria-Geral do Estado do Maranhão, que, este ano, irá para sua XVIII edição. Manifestamo-nos, em parecer conjunto, pela necessidade de indenização às famílias das crianças assassinadas no dramático caso de lesão a direitos humanos, que ficou conhecido como o "caso dos meninos emasculados", pois, seguindo as lições de José Joaquim Gomes Canotilho, entendemos que um Estado, por ser democrático de direito, deve ser, também, um Estado de justiça.[4]

Passo, agora, para o tempo constitucional. Inicio lembrando um truísmo: o tempo jurídico-formal de uma lei maior é imediato, pois, respeitadas algumas poucas considerações sobre "o transcurso de um tempo razoável, aferível caso a caso",[5] o seu dispositivo, por ser

---

[3] "Fiquei perturbado, comovido. Por quê? Mistérios da vida. Sem querer, minha avó havia tocado, em cheio, uma das cordas mais sensíveis de minha alma, alma de um professor. Hoje, eu sei, é claro, que minha alma foi geneticamente construída para ser a alma de um professor. Mas ela, a minha avó, naquele remoto ano, como poderia ela sabê-lo? Nem eu sabia" (TELLES JÚNIOR, Goffredo. *A folha dobrada*: memórias de um estudante. Rio de Janeiro: Nova Fronteira, 1999. p. 8).

[4] "[...] parece indiscutível que um Estado de justiça tem que encarar a exclusão social como um déficit humano que corrói o próprio Estado de justiça. A marginalização social cria marginalidades no direito: defende melhor os seus direitos quem tiver possibilidades materiais. A exclusão social é também exclusão do direito e um Estado de direito que se pretenda um Estado de justiça tem que ser algo mais do que um Estado que encarcera os excluídos 'fazendo justiça' ou um Estado que exclui os excluídos da justiça (os estrangeiros, as comunidades migrantes)" (CANOTILHO, José Joaquim Gomes. *Estado de direito*. Lisboa: Gradiva, 1999. p. 43).

[5] "É evidente, entretanto, que sem o transcurso de um tempo razoável, aferido caso a caso, incorrerá omissão inconstitucional censurável, manifestando-se, antes, mera lacuna técnica (omissão constitucional) e omissão constitucional em trânsito para a inconstitucionalidade"

norma,[6] é de cumprimento obrigatório[7] e imediato. Não é uma alegoria. Reitero: é uma ordem. Aliás, a ordem maior da República. A ordem maior de um Estado democrático de direito.

A atual Constituição brasileira trouxe avanços importantes em seu interior, a exemplo do Sistema Único de Saúde (SUS), da dicção dos direitos fundamentais, inclusive os sociais (art. 6º da CF/1988), a normatividade concernente à Administração Pública (art. 37 e seguintes). Nesse sentido, no ano de 2008, quando nossa Carta Maior completava 20 anos, o Professor Jorge Miranda denominou-a de Constituição da Esperança:

> Os vinte anos de vigência da Constituição são vinte anos de democracia, de liberdade e de progresso [...]. São vinte anos de afirmação progressiva de cidadania. E são, a despeito de todas as contrariedades, vinte anos de abertura à esperança. A Constituição não é apenas a Constituição – cidadã de que falava Ulysses Guimarães. É, igualmente, a Constituição da esperança. [...].[8]

Não obstante, muito ainda precisa ser feito.

Para falar do direito fundamental à boa administração,[9] que adiante será mais bem discutido, ressalto a dicção do art. 3º, I, III, IV:

(CLÈVE, Clèmerson Merlin. *Fiscalização abstrata da constitucionalidade no direito brasileiro*. 2. ed. São Paulo: Revista dos Tribunais, 2000. p. 340).

[6] "[...] pode-se afirmar que a Constituição converter-se-á em força ativa se se fizerem presentes na consciência geral – particularmente, na consciência dos principais responsáveis pela ordem constitucional –, não só a vontade de poder (WILLE ZUR MACHT), mas também a vontade de Constituição (WILLE ZUR VERFASSUNG)" (HESSE, Konrad. *A força normativa da Constituição*. Tradução de Gilmar Ferreira Mendes. Porto Alegre: Fabris, 1991. p. 19).

[7] "La constitución es le lar de la ciudadanía [...] La exigencia de democraticidad interna, de estos preceptos, conducen, perfectamente, a la comparación de la Constitución como hogar de la ciudadanía [...] Así, pues, el hogar constitucional no está vacío" (VERDÚ, Pablo Lucas *Teoría de la constitución como ciencia cultural*. 2. ed. Madrid: Dykinson, 1998. p. 58). Assim, o não cumprimento da ordem constitucional pode transformar uma Carta Magna em uma "folha de papel", a exemplo das advertências de LASSALLE, Ferdinand. *A essência da constituição*. 4. ed. Rio de Janeiro: Lumen Juris, 1998.

[8] MIRANDA, Jorge. A Constituição de 1988: uma constituição de esperança. *Revista de Informação Legislativa*, Brasília, DF, ano 45, n. 179, p. 163-164, jul./set. 2008.

[9] "O Estado Constitucional, numa de suas mais expressivas dimensões, pode ser traduzido como o Estado das escolhas administrativas legítimas. Assim considerado, nele não se admite a discricionariedade, pura, intátil sem limites [...]. Para recapitular, eis o conceito – síntese de direito fundamental à boa administração pública: direito à administração pública eficiente e eficaz, proporcional, cumpridora de seus deveres, com transparência, motivação, imparcialidade e respeito à moralidade, à participação social e à plena responsabilidade por suas condutas omissivas e comissivas" (FREITAS, Juarez. *Discricionariedade administrativa e o direito fundamental à boa administração pública*. 2. ed. São Paulo: Malheiros, 2009. p. 9; 127).

Art. 3º Constituem objetivos fundamentais da República Federativa do Brasil:
I - construir uma sociedade livre, justa e solidária; [...]
III - erradicar a pobreza e a marginalização e reduzir as desigualdades sociais e regionais; [...]
IV - promover o bem de todos, sem preconceitos de origem, raça, sexo, cor, idade e quaisquer outras formas de discriminação.[10]

A não coincidência entre o real e o constitucional,[11] no Brasil, talvez, tenha levado ao desencanto de Fábio Comparato, quando, no ano de 1998, escreveu o artigo *Uma morte espiritual*, referindo-se à Constituição Federal em vigor.[12]

Concretizar a Constituição, portanto, é, entre outras obrigações, resgatar a severa dívida social que perpassa o país. E, para tanto, é preciso trazer à tona a nova "arte da memória ética construída a partir dessas novas sensibilidades".[13]

Concretizar a Constituição exige políticas públicas para materializá-la. Implementar essas políticas exige atos e contratos administrativos. Exige, por conseguinte, administração pública comprometida desde a raiz com o direito fundamental à boa administração e, bem por isso, concretizadora da Lei Maior.

O tempo da concretização constitucional, portanto, nasce com a sua promulgação. Em outras palavras, o seu tempo é sempre.

A atual Constituição da República Federativa de 1988 refinou a sua dicção normativa no que concerne aos princípios que regem a administração pública. Em suma, são eles:

a) Legalidade, que retira do administrador discricionariedades excessivas que, bem por isso, resvalam para o arbítrio. Esse preceito, de um lado, é a garantia dos cidadãos de que os atos e contratos administrativos serão executados de acordo com leis constitucionalmente válidas[14] e, de outro lado, é a própria

---

[10] BRASIL. [Constituição (1988)]. *Constituição da República Federativa do Brasil de 1988*. Brasília, DF: Presidência da República, [2020]. Disponível em: http://www.planalto.gov.br/ccivil_03/Constituicao/Constituiçao.htm. Acesso em: 10 jun. 2023.

[11] SCHWARZ, Roberto. As idéias fora do lugar. *Estudos CEBRAP*, São Paulo, n. 3, p. 151-161, jan. 1973.

[12] COMPARATO, Fábio Konder. Uma morte espiritual. *Folha de S. Paulo*, São Paulo, 14 maio 1998. Disponível em: https://www1.folha.uol.com.br/fsp/opiniao/fz14059809.htm. Acesso em: 10 dez. 2022.

[13] SELIGMANN-SILVA, Márcio. *A virada testemunhal e decolonial do saber histórico*. Campinas: UNICAMP, 2022. p. 19.

[14] A moderna visão do princípio da legalidade é bem ressaltada pela Professora Maria Sylvia Zanella Di Pietro: "O anterior princípio de que a Administração pode fazer tudo o que não

segurança dos administrados que, como convém a um Estado democrático de direito, não podem conviver com vontades e caprichos privados sobrepondo-se à *res publica*. Ao modo explicitado por Norberto Bobbio:

[...] não tenho nenhuma hesitação em dizer que prefiro o governo das leis e não dos homens. O governo da lei celebra hoje seu triunfo na democracia. E o que é a democracia se não um conjunto de regras (as chamadas regras do jogo) para solução dos conflitos sem derramamento de sangue? [...].[15]

b) Moralidade,[16] princípio segundo o qual as escolhas dos servidores e administradores, que servidores também o são, devem ter motivação fundamentada na própria Carta básica e na legislação que a concretiza. Em outras palavras: o parâmetro das decisões e ações administrativas deve mirar a efetividade dos direitos fundamentais, inclusive no que tange ao básico existencial,[17] haja vista que, como já explicitado, o próprio direito à boa administração é, também, um direito fundamental.

c) Publicidade, preceito constitucional que, ao determinar a publicação e a divulgação oficial de atos e contratos administrativos, em igual medida, consolida, mais adequadamente, o princípio do controle e, por via reflexa, o amplo acesso ao Judiciário e aos direitos, considerando-se que, sem tal imposição normativa, as fundamentações desse controle, bem como as

---

está proibido foi substituído por aquele segundo o qual ela só pode fazer o que a lei permite. A lei não é uma barreira externa, fora da qual a Administração pode agir livremente; toda a atuação administrativa passou a desenvolver-se dentro de um círculo definido pela lei; fora desse círculo, nada é possível fazer" (DI PIETRO, Maria Sylvia Zanella. *Discricionariedade administrativa na Constituição de 1988*. 2. ed. São Paulo: Atlas, 2001. p. 38).

[15] BOBBIO, Norberto. *O futuro da democracia*. 11. ed. Tradução Marco Aurélio Nogueira. São Paulo: Paz e Terra, 2009. p. 185.

[16] No que tange ao princípio da moralidade administrativa; "De acordo com ele, a Administração e seus agentes têm de atuar na conformidade de princípios éticos. Violá-los implicará violação ao próprio direito, configurando *ilicitude* que assujeita a conduta viciada à invalidação, porquanto tal princípio assumiu foros de *pauta jurídica*, na conformidade do art. 37 da Constituição" (BANDEIRA DE MELLO, Celso Antônio. *Curso de direito administrativo*. 26. ed. São Paulo: Malheiros, 2009. p. 119. Grifos no original).

[17] Sobre básicos existenciais, conferir: GOUGH, Ian. *The political economy of the welfare state*. London: Macmillan Education, 1979; GOUGH, Ian. *A theory of human need*. London: Macmillan, 1991 *apud* PEREIRA, Potyara A. P. *Necessidades humanas*: subsídios à crítica dos mínimos sociais. São Paulo: Cortez, 2000; GONÇALVES, Cláudia Maria da Costa. *Direitos fundamentais sociais*: releitura de uma Constituição dirigente. 5. ed. Curitiba: Juruá, 2019.

petições judiciais ou administrativas, teriam fragilizadas e titubeantes suas respectivas fundamentações jurídicas por falta de dados oficialmente publicados.

d) Impessoalidade, princípio geneticamente relacionado, no direito administrativo, ao princípio da igualdade formal, visto que servidores e administradores públicos, no exercício do cargo, devem, por força constitucional e legal, substituir suas vontades pessoais pelas determinações normativas. As explicações éticas de Montesquieu aplicam-se, por aproximação, ao que se defende aqui:

> Se eu soubesse de algo que fosse útil para mim, mas prejudicial à minha família, eu o rejeitaria. Se eu soubesse de algo útil à minha família, mas não à minha pátria, procuraria esquecê-lo. Se eu soubesse de algo útil à minha pátria, mas prejudicial à Europa, ou então útil à Europa, mas prejudicial ao gênero humano, consideraria como um crime.[18]

Em síntese, a vontade que deve imperar, na administração, é exclusivamente aquela definida, democraticamente, na Carta básica e na legislação.

e) Como ensina Lucas Rocha Furtado, o princípio gênero da economicidade tem como tripé a eficiência, a eficácia e a efetividade.[19] Ora, a concretização constitucional impõe que a administração pública, quer em seus atos, quer em seus contratos, oriente-se por essa trilogia, sem a qual não restaria concretizado o já referido direito fundamental à boa administração.[20]

f) Embora os atos e contratos administrativos sejam formalizados e implementados por servidores públicos, sob pena, em tese,

---

[18] Montesquieu *apud* COMPARATO, Fábio Konder. *Ética*: direito, moral e religião no mundo moderno. 3. ed. São Paulo: Companhia das Letras, 2006. p. 580-581.

[19] FURTADO, Lucas Rocha. *Curso de direito administrativo*. 2. ed. Belo Horizonte: Fórum, 2010. p. 115-121.

[20] Sobre direito fundamental à boa administração, conferir: FREITAS, Juarez. *Discricionariedade administrativa e o direito fundamental à boa administração pública*. 2. ed. São Paulo: Malheiros, 2009.

de infrações administrativas,[21] penais[22] e civis,[23] o princípio da participação popular, constante, por exemplo do art. 37, §3º, I, II, III, da CF/1988, realça, como não poderia ser diferente em um Estado democrático de direito, o princípio da participação popular. Assim explica o Professor Jorge Miranda:

Quando se fala em democracia participativa, pensa-se, todavia, em participação de grau mais intenso ou mais frequente do que o voto de tantos em tantos anos ou em participação mais próxima dos problemas concretos das pessoas. E isto em três dimensões distintas:

a) Como reforço da participação ou animação cívica em geral, através de um mais atento e empenhado aproveitamento dos direitos políticos constitucionalmente garantidos, de uma integração ativa nos partidos e em diferentes grupos de cidadãos eleitores e de uma maior disponibilidade para o desempenho de cargos públicos;

b) Como atribuição aos cidadãos, enquanto administrados, de específicos direitos de intervenção no exercício da função administrativa do Estado;

c) Como específica relevância de associações e de instituições existentes na sociedade civil, através da sua interferência em procedimentos de decisão ou em órgãos do Estado e de entidades descentralizadas. [...]

II – Com a segunda dimensão é uma mudança radical das relações entre Administração pública e administrados que se realiza; é uma passagem da Administração tradicional autoritária e burocrática para uma Administração aberta e tendencialmente desconcentrada e descentralizada que se registra; é a democracia administrativa – a democracia estendida da função legislativa e da governativa à função administrativa – que se recorta. [...]

---

[21] Conferir, por exemplo, a dição do art. 117, VI da Lei Federal nº 8.112, de 11.12.1990 (BRASIL. Lei nº 8.112, de 11 de dezembro de 1990. Dispõe sobre o regime jurídico dos servidores públicos civis da União, das autarquias e das fundações públicas federais. *Diário Oficial da União*, Brasília, DF, seção 1, 19 abr. 1991. Disponível em: https://www.planalto.gov.br/ccivil_03/leis/l8112cons.htm. Acesso em: 10 jun. 2023).

[22] Conferir, em tese, por exemplo, os arts. 324 e 328 do Código Penal brasileiro (BRASIL. *Lei nº 2.848, de 7 de dezembro de 1940*. Código Penal. Rio de Janeiro: Presidência da República, 1940. Disponível em: https://www.planalto.gov.br/ccivil_03/decreto-lei/del2848.htm. Acesso em: 10 jun. 2023).

[23] Conferir, por todos, o art. 37, §5º da Constituição Federal de 1988 (BRASIL. [Constituição (1988)]. *Constituição da República Federativa do Brasil de 1988*. Brasília, DF: Presidência da República, [2020]. Disponível em: http://www.planalto.gov.br/ccivil_03/Constituicao/Constituiçao.htm. Acesso em: 10 jun. 2023).

IV – Com o terceiro sentido, é o particular, o sectorial, o grupal que se manifesta, que obtém acesso e voz junto dos órgãos políticos e que, por vezes, parece alcançar uma parcela de poder público. [...].[24]

O livro de Miguel Ribeiro Pereira, intitulado *Manual sobre a Nova Lei de Licitações e Contratos Administrativos*, explica muito bem a normatividade dos princípios aqui ressaltados. A obra é robustecida com fundamentações doutrinárias e jurisprudenciais, propiciando aos leitores toda a segurança que temas, por vezes, tão polêmicos, exigem. O autor, ademais, empresta para suas reflexões a sua própria vivência acadêmica e jurídica. Noutros termos, escrever um livro é uma das formas de partilha e Miguel Ribeiro, ao escrever, demonstra, sem reservas, esse dom.

Para não incorrer na vaidade que o convite para prefaciar um livro desperta em quem o recebe, ou para evitar que o acessório ouse sobrepor-se ao principal, como na fábula de La Fontaine, *O asno carregado de relíquias*,[25] encaminho-me para o final destas reflexões. Antes, porém, parabenizo o autor Miguel Ribeiro Pereira, cuja profundidade acadêmica é singular. Parabenizo, igualmente, o Estado do Maranhão que o tem como um dos seus procuradores e parabenizo a Universidade Federal do Maranhão, solo que, também, propiciou seu desenvolvimento acadêmico. Felicito, igualmente, a editora por mais um necessário livro que chega ao público.

Boa leitura!

Cláudia Maria da Costa Gonçalves
Jurista. Professora Titular da Universidade Federal do Maranhão. Mestra e Doutora em Políticas Públicas pela Universidade Federal do Maranhão e em Direito pela Universidade Nacional (Federal) de Lomas de Zamora – Argentina. Pós-Doutora em Direito pela Universidade de Lisboa. Procuradora do Estado do Maranhão aposentada. Ex-Procuradora Federal. Ex-Advogada da União.

---

[24] MIRANDA, Jorge. *Manual de direito constitucional*: estrutura constitucional da democracia. Coimbra: Coimbra, 2007. t. VII. p. 33-34.
[25] LA FONTAINE, Jean de. O asno carregado de relíquias. *In*: LA FONTAINE, Jean de. *Fábulas*. 6. ed. Tradução de Ferreira Gullar. Rio de Janeiro: Revan, 2011. p. 15.

INTRODUÇÃO

Vamos festejar
venham todos
os inocentes
os prejudicados
os que gritam de noite
os que sonham de dia
os que sofrem no corpo
os que alojam fantasmas
os que andam descalços
os que que blasfemam e ardem
os pobres congelados
os que amam alguém
os que nunca esquecem
(Mario Benedetti)

O poema de Mario Benedetti nos remete à necessidade de festejar, de não perder a alegria e a esperança diante dos desafios do mundo da vida. Assim, diante do surgimento de uma nova lei de licitações e contratos administrativos, que entrará em vigor trinta anos depois da antiga lei sobre o tema, faz-se importante uma comemoração, encontrando-se todos convidados.

Todos aqueles que trabalharam com a antiga lei, ora festejando suas virtudes, ora criticando suas falhas, a hora é de celebrar o caminho até aqui trilhado, sem esquecer a sua importância como instrumento fundamental para garantia de execução de políticas públicas.

Entretanto, diante das revoluções paradigmáticas verificadas no contexto mundial, marcadas pela financeirização, neoliberalismo, aceleração das relações humanas pela hipervelocidade digital, desterritorialização digital e avanço das desigualdades sociais, a antiga legislação já não se adequava ao mundo em constante mudança, sendo a Lei nº 14.133, de 1º.4.2021, resultado dessa série de mudanças, destinando-se o presente livro a aprofundar seus diferentes temas, de forma analítica, mas, sobretudo, crítica, para que, ao final, juntos, eu e o leitor, possamos concluir sobre as conquistas trazidas pela nova legislação, celebrando este grande feito no sistema jurídico brasileiro, sem esquecer as necessárias críticas.

O tema das licitações e contratos administrativos foi apresentado a mim desde a época de estudante universitário, nas disciplinas de Direito Administrativo e, posteriormente, durante a fase de estágio curricular na Procuradoria da República. Na Universidade Federal do Maranhão, ainda no ano de 1997, na disciplina de Direito Administrativo II, frequentei as aulas da Professora Doutora Cláudia Maria da Costa Gonçalves, Professora Titular, um farol de competência e compromisso com o ensino do Direito. Várias foram as aulas teóricas e práticas ministradas por ela, no sentido de demonstrar, de um lado, a complexidade do tema, e, de outro lado, os caminhos seguros para lidar com a matéria que se apresenta como um eixo do direito público, central para a efetivação das diversas políticas públicas.

Foi nestas aulas que aprendemos a importância de bem manejar o direito como instrumento de efetivação de direitos fundamentais e concretização das políticas públicas, rumo ao ótimo da dignidade da pessoa humana. Naquele período de vivência universitária, as licitações e os contratos administrativos se apresentaram já com toda a sua riqueza, mas ainda em uma fase embrionária que seria amadurecida ao longo da vida profissional.

Assim, tomando-se de empréstimo a sabedoria romana, por meio de sua visão cosmológica, a fase que se apresentava a mim era representada pelo deus romano Janos, deus dos começos, com muito aprendizado ainda por vir. Em breve, novos ciclos seriam iniciados, com novas mudanças, inclusive para o sistema licitatório, que passou por sucessivas alterações. Nesta época inicial, tínhamos a plena vigência da Lei nº 8.666, de 21.6.1993, e da Lei nº 8.987, de 13.2.1995. A primeira, voltada para as hipóteses em que a Administração Pública pretende contratar obras, bens e serviços, entre outras disposições, e a segunda, para os casos de concessões e permissões de serviços públicos.

Um novo ciclo se apresentou quando da minha aprovação para o estágio na Procuradoria da República do Estado do Maranhão, em que, entre vários temas, continuei a aprofundar o tema do sistema licitatório, naquela época acompanhado da atenta e diligente orientação dos Procuradores da República Alexandre Meirelles Marques e Nicolao Dino de Castro e Costa Neto, bem como durante as continuadas leituras na Biblioteca da Procuradoria da República, na qual entrei em contato com as diversas obras dos Professores Hely Lopes Meirelles, Diógenes Gasparini, Odete Medauar, Maria Sylvia Zanella Di Pietro, Marçal Justen Filho, Ivan Barbosa Rigolin, entre muitos outros que compõem, até hoje, a frente de consolidação do tema no Brasil.

Depois, aprovado no concurso da Procuradoria da República, como analista processual, continuei enfrentando o tema das licitações e contratos administrativos, ora em inquéritos civis públicos, ora em ações de improbidade ou ações civis públicas. Tomando de empréstimo a lição de Lassalle, a lei não é apenas uma folha de papel, o que restou claro da análise de vários processos em que a burla à lei de licitações e contratos administrativos passou a ser uma constatação constante, exigindo dos Procuradores da República o ajuizamento de inúmeras ações nos campos criminal e cível.

Naquele momento, o outro lado do deus Janos passou a se apresentar com mais constância: a preocupação com o futuro. Uma das faces de Janos é para o porvir. A preocupação com o futuro das licitações e o futuro do país se destacou naquele momento, já que se constatava não ser a Lei de Licitações e Contratos Administrativos suficiente para conter aqueles que desejavam se apropriar ilegalmente de verbas públicas. Posteriormente, diante da necessidade de conferir-se mais celeridade e eficiência às licitações, em 2002, foi publicada a Lei do Pregão, mesmo ano em que tomei posse como Procurador do Estado do Maranhão. Nestas mais de duas décadas, o tema das licitações e contratos administrativos foi protagonista na minha atuação na área consultiva da Procuradoria-Geral do Estado do Maranhão, em que pude acompanhar o surgimento de novas leis que foram densificando o sistema licitatório. Assim surgiram as leis dos consórcios públicos, do regime diferenciado de contratações públicas e das empresas estatais, entre as mais emblemáticas, ora sob a lógica de conferir mais agilidade, ora para garantir o respeito ao princípio da moralidade e da impessoalidade.

Entretanto, a problemática que acompanhou o sistema das licitações e contratos continuou com desvio de verbas públicas aliado à fragilidade dos sistemas de controle apresentados pela Administração Pública.

Em matéria divulgada pelo jornal *Estado de Minas,* no ano de 2020, em meio à pandemia de Covid-19, preocupantes notícias demonstraram que os ataques à higidez do sistema licitatório se perpetuam no Brasil.

Segundo a reportagem, chega a quase R$1,5 bilhão o valor de contratos investigados pelas polícias Federal e Civil e pelo Ministério Público nos estados, por indícios de fraudes em compras e contratos assinados para enfrentar a doença.

A soma dos valores suspeitos, aproximadamente de R$1,48 bilhão, é mais de 13 vezes superior ao rombo atribuído à máfia das sanguessugas, nome dado ao esquema de compra superfaturada de ambulâncias, descoberto em 2006, que movimentou R$110 milhões.

Entre os processos apuratórios, pode ser constatada a aquisição de 3 mil respiradores da China, feita por São Paulo. O governo paulista anunciou o pagamento de R$550 milhões pelos equipamentos, que viraram alvo do MP e do Tribunal de Contas do Estado. Há contratos investigados também no Rio de Janeiro, Santa Catarina, Ceará, Amapá, Roraima, Pará, Maranhão, Acre e Rondônia.

Segundo a reportagem, em Santa Catarina, foram comprados 200 respiradores por R$33 milhões de reais. No Rio de Janeiro, foram contratados sete hospitais de campanha por R$770 milhões de reais, tendo sido apenas um entregue. No Amapá, máscaras foram compradas com 220% de sobrepreço.

Na mesma reportagem, o representante da Transparência Internacional, Bruno Brandão, alertou que o mundo atravessa a "tempestade perfeita" para o cometimento de ilícitos. Segundo ele, nunca foram gastos tantos recursos públicos como agora. Ao mesmo tempo, por serem gastos emergenciais, os controles nunca foram tão relaxados como atualmente. Isso gera um contexto em que há altíssimo risco de corrupção. Ressalta a Transparência Internacional, que se apresenta como fundamental o fortalecimento dos sistemas de controle e de transparência para enfrentar o problema.

O episódio do desvio de recursos na pandemia é mais um entre vários escândalos envolvendo licitações e contratos no Brasil. Em 2006, a máfia das sanguessugas afrontou os princípios licitatórios.

Em 2002, o Ministério Público Federal descobriu um esquema de fraudes em licitações envolvendo recursos do Fundo Nacional de Saúde, por meio do direcionamento de licitações para aquisição de veículos e materiais hospitalares, todos oriundos de emendas parlamentares apresentadas à Comissão Mista de Orçamento do Congresso Nacional. As investigações apontaram a mesma prática em diversos estados do país. A Operação Sanguessuga, como ficou conhecida, foi deflagrada pela Polícia Federal em 4.5.2006. A investigação constatou que a quadrilha negociava com assessores de parlamentares a liberação de emendas individuais no Orçamento da União, para que fossem destinadas a municípios específicos. Com recursos garantidos, o grupo manipulava as licitações, valendo-se de empresas de fachada. Dessa maneira, os preços eram superfaturados, chegando a ser até 120% superiores aos valores de mercado. O dinheiro desviado era distribuído entre os participantes do esquema, entre os quais foram acusados dezenas de parlamentares, especialmente deputados federais.

Apesar das sucessivas leis editadas no Brasil ao longo das últimas décadas para garantir o funcionamento do sistema de licitações e contratos, a prática de captura do Estado brasileiro e das verbas públicas por organizações criminosas privadas que desviam os recursos públicos vai demonstrando as características de parte da sociedade brasileira, que, desde a sua formação, tem como essência a mistura entre o público e o privado, bem como as práticas do clientelismo e do familismo, restando em segundo plano o combate à desigualdade social e o primado da transparência, aliado à impessoalidade.

Os estudiosos da formação social do Brasil demonstram que, enquanto não enfrentada esta lógica de captura do público pelas elites econômica e política, o edifício legislativo das licitações e contratos administrativos continuará a ser desrespeitado.

Em comparação com outros povos, identificou Holanda,[1] nos colonizadores do Brasil, exacerbação do culto à personalidade. O individualismo sobressai mesmo às custas do prejuízo aos demais:

> Precisamente a comparação entre elas e as da Europa de além-Pireneus faz ressaltar uma característica bem peculiar à gente da península Ibérica, uma característica que ela está longe de partilhar, pelo menos na mesma intensidade, com qualquer de seus vizinhos do continente. É que nenhum desses vizinhos soube desenvolver a tal extremo essa cultura da personalidade, que parece constituir o traço mais decisivo na evolução da gente hispânica, desde tempos imemoriais. Pode-se dizer, realmente, que pela importância particular que atribuem ao valor

---

[1] HOLANDA, Sérgio Buarque. *Raízes do Brasil*. São Paulo: Companhia das Letras, 2014. p. 19.

próprio da pessoa humana, à autonomia de cada um dos homens em relação aos semelhantes e no espaço, devem os espanhóis e portugueses muito de sua originalidade nacional. Para eles, o índice do valor de um homem infere-se, antes de tudo, da extensão em que não precise depender dos demais, em que não necessite de ninguém, em que se baste.

Diante da constatação de que na formação da sociedade brasileira se encontra forte apego ao individualismo, reconhece Holanda nas ações dos indivíduos nesta sociedade distanciamento de intenções voltadas à solidariedade. De forma responsável com o arcabouço metodológico weberiano, vai Holanda apontando a relação existente entre o centralismo em questões individuais e as consequências desta premissa. Nesta teia relacional e em decorrência do pressuposto voltado para o individualismo, vão surgindo outras consequências decorrentes desta premissa, como a ausência de solidariedade e centralismo em círculos mais próximos ao indivíduo como a família, perdendo espaço na sociedade brasileira os valores mais voltados ao interesse público, ganhando destaque neste assunto, portanto, o que dispôs Holanda:

Não admira que fossem precárias, nessa gente, as idéias de solidariedade.

> A bem dizer, essa solidariedade, entre eles, existe somente onde há vinculação de sentimentos mais do que relações de interesse – no recinto doméstico ou entre amigos. Círculos forçosamente restritos, particularistas e antes inimigos que favorecedores das associações estabelecidas sobre plano mais vasto, gremial ou nacional. [...]
> Por outro lado, seria ilusório pretender relacionar a presença dessas formas de atividade coletiva a alguma tendência para a cooperação disciplinada e constante. De fato, o alvo material do trabalho em comum importa muito menos, nestes casos, do que sentimentos e inclinações que levam um indivíduo ou um grupo de indivíduos a socorrer o vizinho ou amigo precisado de assistência. [...]
> No Maranhão, em 1735, queixava-se um governador de que não vivia a gente em comum, mas em particular, sendo a casa de cada habitante ou de cada régulo uma verdadeira república, porque tinha os ofícios que a compõem, como pedreiros, carpinteiros, sangrador pescador. Com pouca mudança tal situação prolongou-se aliás, até bem depois da independência e sabemos que durante a grande época do café na província do Rio de Janeiro, não faltou lavrador que se vangloriasse de só ter de comprar ferro, sal e pólvora e chumbo, pois os mais davam de sobra suas próprias terras. [...] Nos domínios rurais é o tipo de família organizada segundo as normas do velho direito romano-canônico, mantidas na península Ibérica por meio de inúmeras gerações, que prevalece como base e centro de toda a organização.

Esta ausência de preocupação dos brasileiros com questões mais voltadas para a comunidade ou em direção ao interesse público pode ser percebida pela invasão do público pelo privado e pelo patrimonialismo, o que pode ser testado historicamente no Brasil pela continuidade da prática continuada do clientelismo visando à manutenção da máquina pública. A construção, portanto, do tipo ideal do brasileiro que se constata na progressiva formação da sociedade, conforme descrito por Holanda, é corroborada por Freyre,[2] que identificou elementos comuns em obra – *Casa grande e senzala* – principalmente no que tange ao centralismo na família:

> A família, não o indivíduo, nem tampouco o Estado nem nenhuma companhia de comércio, é desde o século XVI o grande fator colonizador do Brasil [...] a força social que se desdobra em política, constituindo-se na aristocracia colonial mais poderosa da América. Sobre ela o rei de Portugal quase reina sem governar. Os senados de câmara, expressões desse familismo político, cedo limitam o poder dos reis e mais tarde o próprio imperialismo ou, antes, parasitismo econômico, que procura estender do reino às colônias os seus tentáculos absorventes.

Este cenário, portanto, não se apresenta como propício para a formação de uma cultura brasileira de proteção de direitos para todos, o que se aplica ao sistema de licitações e contratos administrativos, de eficácia comprometida, já que o marco licitatório vem sendo aplicado parcialmente para o benefício de poucos, comprometendo a boa execução das políticas públicas.

Mesmo diante das dificuldades decorrentes da formação da sociedade brasileira, a Lei nº 14.133, de 1º.4.2021, busca enfrentar, desde a parte principiológica, até as diversas normas que se sucedem no decorrer do texto legal, este cenário, abrigando diversas regras ligadas ao direito digital e à transparência nos procedimentos que permitirão maior controle social e dos órgãos do sistema de controle.

Assim, ganham centralidade temas como dispensa eletrônica, Portal Nacional de Contratações Públicas, central de compras eletrônica, licitação na área de engenharia segundo o sistema BIM, catálogo eletrônico de compras, entre vários outros institutos que favorecerão a celeridade, a transparência e a economia do dinheiro público.

Por outro lado, a lei apresenta sensíveis desafios à Administração Pública, já que representa mudança de paradigma em procedimentos

---

[2] FREYRE, Gilberto. *Casa grande e senzala*. [s.l.]: Global, 2006. p. 84.

ainda com fundamento no suporte em papel, que permitem, até hoje, maior dificuldade na necessária fiscalização e emissão de relatórios para melhor gestão de todos os procedimentos.

Por outro lado, os desafios se apresentam em razão da intensificação do princípio do planejamento na nova lei, que demanda um detalhamento mais aprofundado em documentos como o estudo técnico preliminar, alinhado à participação de setores técnicos das secretarias, o que se coaduna, ainda, com o plano de contratações anuais, mais evidenciado na Nova Lei de Licitações e Contratos Administrativos.

Verifica-se uma crescente na participação de diversos *experts* no planejamento das licitações, necessário para as justificativas de caráter ambiental, a exemplo da análise do ciclo de vida do objeto, bem como na crescente demanda por digitalização e informatização dos procedimentos, sem esquecer-se da necessária análise econômica para verificação da economia de escala nos procedimentos de padronização.

O novo paradigma da lei é no sentido de evitar estudos preliminares ou termos de referência-padrão em todos os casos, sendo necessário justificativa, caso a caso, bem como planejamento específico para cada circunstância.

De outro giro, diante do princípio da eficiência e da celeridade, a nova lei demanda que seja observada a padronização de minutas e procedimentos, sempre quando cabível, bem como a centralização de normatização e de procedimentos licitatórios, como regra geral.

O presente livro busca demonstrar as inovações trazidas com a nova lei, sem esquecer que ela é fruto do amadurecimento do sistema de justiça brasileiro, bem como das Cortes de Contas, a exemplo do Tribunal de Contas da União, o que tornou necessário, em muitos dos trechos desta obra, que fosse resgatado o posicionamento jurisprudencial pertinente que suscitou a redação da nova lei.

Por outro lado, a doutrina existente sobre a antiga lei foi, em muitos trechos, resgatada e utilizada aqui como fundamento, entendendo este autor que a nova lei não rompe completamente com a lógica licitatória até então em prática no Brasil. Isto, em primeiro lugar, por uma questão de impossibilidade decorrente da análise da Constituição, já que a nova lei precisa estar vinculada aos parâmetros maiores do texto constitucional, assim como a antiga lei. Em segundo lugar, porque a lógica procedimental continua com muitas semelhanças, permanecendo a licitação com as fases interna e externa, estas sucedidas pela fase de contratação. Em outra análise, continuam semelhantes as fases de planejamento, habilitação, lançamento do edital e fase competitiva, apesar da inversão de fases entre habilitação e análise de propostas, como regra geral, iniciando-se pela entrega das propostas e análise dos documentos de habilitação apenas da vencedora na fase de análise de propostas.

Assim, a presente obra pretende lançar luzes sobre a nova lógica licitatória brasileira, entretanto, enfatiza, conforme afirmado por Florestan Fernandes, que nenhuma revolução sepulta todo o passado de um povo. Assim, a nova lei, apesar de modernizar os procedimentos, buscando simplificá-los e torná-los mais transparentes, não rompe toda a tradição procedimental licitatória brasileira, abrigando muitos dos ritos e conceitos da antiga lei, o que torna, ao longo da obra, necessário o constante trânsito entre o passado e o presente das licitações e contratos.

Esta obra pretende realizar uma análise sistêmica das licitações e contratos no Brasil, segundo terminologia utilizada por Luhmann, vez que, na tradição do direito brasileiro, as licitações têm demonstrado que a lei, muitas vezes, é o ponto de partida, havendo comunicação dela, ao longo do caminho, com as influências do sistema de justiça, das cortes de contas e demais órgãos de controle, bem como da sociedade.

Boa leitura a todos,
São Luís, 11 de abril de 2023

Miguel Ribeiro Pereira

CAPÍTULO 1

LEI Nº 14.133, DE 1º.4.2021 – ÂMBITO DE APLICAÇÃO DA NOVA LEI DE LICITAÇÕES E CONTRATOS ADMINISTRATIVOS

Logo no início da nova legislação sobre licitações e contratos administrativos (Lei nº 14.133, de 1º.4.2021), o legislador dispôs, em capítulo próprio, sobre as relações jurídicas alcançadas pela referida norma. Isto é necessário na atual realidade do ordenamento jurídico brasileiro, tendo em vista que o direito como um todo, assim como o direito administrativo brasileiro, vem sendo formado por vários microssistemas,[3] não havendo nem mesmo um Código de Direito Administrativo no Brasil, o que suscita dúvida sobre qual lei ou sistema serão aplicados, havendo possibilidade de conflitos na aplicação das normas licitatórias.

Assim, mesmo para licitações e contratos administrativos, existem vários microssistemas, a exemplo daquele relacionado às empresas estatais, aos consórcios públicos e às parcerias público-privadas, o que torna necessário definir-se a que relações jurídicas a nova lei será aplicada, evitando-se conflito e dificuldade na aplicação da lei.

Desse modo, colhe-se, do art. 1º até o art. 4º da norma, o âmbito de aplicação da nova lei sob dois aspectos: o aspecto subjetivo e o aspecto objetivo.

O que importa para o legislador é o alcance da lei quanto aos sujeitos que deverão realizar sua aplicação – aspecto subjetivo – e

---

[3] O conceito de microssistema vem sendo desenvolvido nas últimas décadas a partir da percepção de que os Códigos perderam sua centralidade, ganhando importância novas leis mais específicas, denominadas de microssistemas, conforme a lição de MAZZEI, Rodrigo. *Ação popular e o microssistema da tutela coletiva*. Rio de Janeiro: Revista Forense, 2007.

ainda o conteúdo da norma – aspecto objetivo – que atrai a aplicação da mesma lei.

1.1 Âmbito de aplicação da lei quanto ao aspecto subjetivo

Quanto ao aspecto subjetivo, vê-se que a Nova Lei Geral de Licitações e Contratos Administrativos define quais são os sujeitos que devem seguir seus procedimentos e normas, conforme redação disposta em seu art. 1º.

Assim, devem obedecer a esta norma, seja no aspecto da licitação, seja para efeito de contratação, as administrações públicas diretas, autárquicas e fundacionais da União, dos estados, do Distrito Federal e dos municípios.

O conceito de administração pública, segundo a melhor doutrina do direito administrativo, compreende os aspectos subjetivo e objetivo, segundo Di Pietro.[4] Segundo o aspecto subjetivo, a Administração Pública representa pessoas jurídicas, órgãos e agentes públicos incumbidos de exercer uma das funções em que se triparte a atividade estatal: a função administrativa. Administração Pública em sentido objetivo representa a atividade administrativa exercida.

No art. 1º da Nova Lei, vê-se que foi adotado o conceito subjetivo de Administração Pública em seu sentido estrito, referindo-se apenas aos órgãos administrativos e não às funções por eles realizadas. Seguindo esta linha é que se entende o que pode ser compreendido por Administração Pública direta ou indireta.

A Administração Pública direta é exercida por órgãos do Poder Executivo, mas os órgãos de outros poderes que exercem a função administrativa também podem ser classificados como Administração Pública para efeito de incidência da Nova Lei de Licitações e Contratos Administrativos, conforme lembrado por Di Pietro.[5]

Por vezes a atividade administrativa é estendida a entes com personalidade jurídica própria de direito público ou privado, que constituem centros autônomos de decisão, sendo estes denominados entes de Administração Pública indireta.

A Nova lei de Licitações e Contratos Administrativos informa ser aplicável tanto à Administração Pública direta, quanto à Administração Pública autárquica ou fundacional. Portanto, nem todos os entes que compõem

---

[4] DI PIETRO, Maria Sylvia. *Direito administrativo*. Rio de Janeiro: Forense, 2019. p. 83.
[5] DI PIETRO, Maria Sylvia. *Direito administrativo*. Rio de Janeiro: Forense, 2019. p. 91.

a Administração Pública indireta são abrangidos pela nova lei. Assim, as empresas públicas e sociedades de economia mista não são regidas por esta nova lei, mas pela Lei das Empresas Estatais (Lei nº 13.303, de 30.6.2016). É o que se conclui do art. 1º, *caput* da nova Lei de Licitações e de seu parágrafo:

> Art. 1º Esta Lei estabelece normas gerais de licitação e contratação para as administrações públicas diretas, autárquicas e fundacionais da União, dos Estados, do Distrito Federal e dos Municípios, e abrange: [...]
> §1º Não são abrangidas por esta Lei as empresas públicas, as sociedades de economia mista e as suas subsidiárias, regidas pela Lei nº 13.303, de 30 de junho de 2016, ressalvado o disposto no art. 178 desta Lei.

Apenas a parte dos crimes previstos na Nova Lei de Licitações será aplicada às empresas estatais, conforme o §1º antes citado.

Verifica-se, ainda, que estão abrangidas por esta nova lei de licitações todos os entes que compõem a Federação, constituindo-se como norma geral de licitações e contratos administrativos, fruto do exercício da competência legislativa da União, prevista no art. 22 da Constituição Federal. Portanto, em matéria de normas gerais, os diversos entes da Federação não podem legislar sobre normas gerais, mas acerca de normas suplementares.

A matéria de licitações e contratos administrativos é considerada estratégica pelo Poder Constituinte Originário, abrangendo assuntos que interessam a toda a nação, assim como as demais normas dispostas no art. 22 da Constituição Federal, como observado por Raul Machado Horta.[6] Assim, não pode haver leis específicas para cada município ou estado. Estes devem seguir as normas gerais que serão estudadas neste livro, valendo para todos os entes da Federação.

Não obstante, alerta Raul Machado Horta que a legislação federal de normas gerais, como evidencia a terminologia jurídica empregada, é legislação não exaustiva. É conceitualmente uma legislação incompleta, de forma que a legislação estadual, partindo da legislação federal de normas gerais, possa expedir normas com exigências variáveis e adequadas às peculiaridades locais de cada ordenamento jurídico estadual.[7]

Sobre o que pode ser entendido como normas gerais de licitações e contratos, o Supremo Tribunal Federal vem delimitando o seu conteúdo, definindo em sucessivos julgados que temas como registro de preços, dispensa

---

[6] HORTA, Raul Machado. *Direito constitucional*. Belo Horizonte: Del Rey, 2010. p. 370.
[7] HORTA, Raul Machado. *Direito constitucional*. Belo Horizonte: Del Rey, 2010. p. 370.

de licitação, condições de habilitação, rescisão de contrato administrativo e indenização cabível, controle da licitação por órgão de controle interno, à luz da antiga lei, são normas gerais e não podem ser tratadas em leis de iniciativa estadual ou municipal, sob pena de declaração de inconstitucionalidade, o que pode ser mantido para a Nova Lei de Licitações e Contratos Administrativos, já que o conteúdo em questão foi mantido na nova lei com algumas reformas que não descaracterizam sua essência no tema que envolve obras, serviços e compras públicas.

A seguir, alguns julgados representativos deste entendimento ainda à luz da antiga lei:

> Usurpa a competência da União para legislar sobre normais gerais de licitação norma estadual que prevê ser dispensável o procedimento licitatório para aquisição por pessoa jurídica de direito interno, de bens produzidos ou serviços prestados por órgão ou entidade que integre a Administração Pública, e que tenha sido criado especificamente para este fim específico, sem a limitação temporal estabelecida pela Lei 8.666/1993 para essa hipótese de dispensa de licitação. (ADI nº 4.658. Rel. Min. Edson Fachin, j. 25.10.2019, P. *DJe*, 11.11.2019)

> Ao se determinar que o poder público adquira o mínimo de 65% (sessenta e cinco por cento) dos bens e serviços definidos em sistema de registro de preços, na Lei estadual se invadiu a competência privativa da União para estabelecer normas gerais sobre licitação e contratação, em todas as modalidades, para as administrações públicas diretas, autárquicas e fundacionais da União, dos Estados, do Distrito Federal e dos Municípios, prevista no inc. XXVII do art. 22 da Constituição da República. No §4º do art. 15 da Lei 8.666/1993 se dispõe que "a existência de preços registrados não obriga a Administração a firmar as contratações que deles poderão advir, ficando-lhe facultada a utilização de outros meios, respeitada a legislação relativa às licitações, sendo assegurado ao beneficiário do registro preferência em igualdade de condições". (ADI nº 4.748. Rel. Min. Cármen Lúcia, j. 11.9.2019, P. *DJe*, 27.9.2019)

> A igualdade de condições dos concorrentes em licitações, embora seja enaltecida pela Constituição (art. 37, XXI), pode ser relativizada por duas vias: (a) pela lei, mediante o estabelecimento de condições de diferenciação exigíveis em abstrato; e (b) pela autoridade responsável pela condução do processo licitatório, que poderá estabelecer elementos de distinção circunstanciais, de qualificação técnica e econômica, sempre vinculados à garantia de cumprimento de obrigações específicas. Somente a lei federal poderá, em âmbito geral, estabelecer desequiparações entre os concorrentes e assim restringir o direito de participar de licitações em condições de igualdade. Ao direito estadual (ou municipal)

somente será legítimo inovar nesse particular se tiver como objetivo estabelecer condições específicas, nomeadamente quando relacionadas a uma classe de objetos a serem contratados ou a peculiares circunstâncias de interesse local. Ao inserir a Certidão de Violação aos Direitos do Consumidor no rol de documentos exigidos para a habilitação, o legislador estadual se arvorou na condição de intérprete primeiro do direito constitucional de acesso a licitações e criou uma presunção legal, de sentido e alcance amplíssimos, segundo a qual a existência de registros desabonadores nos cadastros públicos de proteção do consumidor é motivo suficiente para justificar o impedimento de contratar com a administração local. Ao dispor nesse sentido, a Lei estadual 3.041/2005 se dissociou dos termos gerais do ordenamento nacional de licitações e contratos e, com isso, usurpou a competência privativa da União de dispor sobre normas gerais na matéria (art. 22, XXVII, da CF/1988). (ADI nº 3.735. Rel. Min. Cármen Lúcia, j. 8.9.2016, P. *DJe*, 1º.8.2017)

A teor do disposto no art. 22, XXVII, da CF, compete à União a regulação de normas gerais sobre licitação e contratação públicas, abrangidas a rescisão de contrato administrativo e a indenização cabível. (ADI nº 1.746. Rel. Min. Marco Aurélio, j. 18.9.2014, P. *DJe*, 13.11.2014)

Ação direta de inconstitucionalidade: Lei distrital 3.705, de 21-11-2005, que cria restrições a empresas que discriminarem na contratação de mão de obra: inconstitucionalidade declarada. Ofensa à competência privativa da União para legislar sobre normas gerais de licitação e contratação administrativa, em todas as modalidades, para as administrações públicas diretas, autárquicas e fundacionais de todos os entes da Federação (CF, art. 22, XXVII) e para dispor sobre direito do trabalho e inspeção do trabalho (CF, art. 21, XXIV, e art. 22, I). (ADI nº 3.670. Rel. Min. Sepúlveda Pertence, j. 2.4.2007, P, *DJ*, 18.5.2007)

O art. 22, XXVII, da CF dispõe ser da União, privativamente, a legislação sobre normas gerais de licitação e contratação. A Lei federal 8.666/1993 autoriza o controle prévio quando houver solicitação do Tribunal de Contas para a remessa de cópia do edital de licitação já publicado. A exigência feita por atos normativos do Tribunal sobre a remessa prévia do edital, sem nenhuma solicitação, invade a competência legislativa distribuída pela CF, já exercida pela Lei federal 8.666/1993, que não contém essa exigência. (RE nº 547.063. Rel. Min. Menezes Direito, j. 7.10.2008, 1ª T. *DJe*, 12.12.2008)

Definição de normas gerais de licitação, consoante explicita MARÇAL JUSTEN FILHO: [...] Deve reputar-se que as normas gerais sobre licitação e contratação administrativa são aquelas pertinentes a instauração, formalização, realização e extinção de licitações e contratos, relativamente a questões cujo tratamento uniforme seja potencialmente apto a comprometer a unidade nacional.

Ao restringir a abrangência da competição em procedimento licitatório – cuja universalidade na participação é pressuposto essencial de validade – o art. 3º da Lei 2.548/2012 invadiu campo legislativo de disciplina exclusiva da União. Por assim agir, incorre em inconstitucionalidade formal orgânica.

A jurisprudência do Supremo Tribunal Federal reputa inconstitucionais leis estaduais que contrariem ou tratem de matéria própria de normas gerais de competência legislativa da União.

Em caso análogo, decidiu o Plenário do STF incidir em inconstitucionalidade formal lei distrital que, ao criar restrição para participação em licitação e contratação administrativa, invadiu competência legislativa da União. (STF. Plenário. ADI nº 2.903/PR. Rel. Min. Celso de Mello, 1º.12.2005, un. *DJe*, 19.9.2008. STF. Plenário. ADI nº 5.163/GO. Rel. Min. Luiz Fux, 8.4.2015, un. *DJe*, 91, 18.5.2015)

Ação direta de inconstitucionalidade: L. Distrital 3.705, de 21.11.2005, que cria restrições a empresas que discriminarem na contratação de mão-de-obra: inconstitucionalidade declarada.
1. Ofensa à competência privativa da União para legislar sobre normas gerais de licitação e contratação administrativa, em todas as modalidades, para as administrações públicas diretas, autárquicas e fundacionais de todos os entes da Federação (CF, art. 22, XXVII) e para dispor sobre Direito do Trabalho e inspeção do trabalho (CF, art. 21, XXIV e 22, I).
2. Afronta ao art. 37, XXI, da Constituição da República – norma de observância compulsória pelas ordens jurídicas locais – segundo a qual a disciplina legal das licitações há de assegurar a "igualdade de condições de todos os concorrentes", o que é incompatível com a proibição de licitar em função de um critério – o da discriminação de empregados inscritos em cadastros restritivos de crédito –, que não tem pertinência com a exigência de garantia do cumprimento do contrato objeto do concurso.

Há de se observar como seguirá o conceito de normas gerais quando interpretada a Nova Lei de Licitações e Contratos, se mantido ou não o entendimento do Supremo Tribunal Federal acima disposto, já que os temas da antiga lei permanecem presentes na nova norma, com roupagem nova, mas ainda com as matérias de instauração, formalização, realização e extinção de licitações e contratos.

Nos incisos do art. 1º da nova lei, ainda se observa detalhamento do alcance da norma, quanto a seu aspecto subjetivo, à medida que se descrevem os poderes que serão alcançados pela norma quando no desempenho de função administrativa:

Art. 1º [...]
I - os órgãos dos Poderes Legislativo e Judiciário da União, dos Estados e do Distrito Federal e os órgãos do Poder Legislativo dos Municípios, quando no desempenho de função administrativa; [...].

Portanto, não alcança esta nova lei apenas o Poder Executivo, mas todos os poderes, quando no exercício de função administrativa. Isto porque os poderes contêm funções típicas e atípicas.[8] Quando os poderes Legislativo e Judiciário não estão em suas funções típicas (legislar e julgar), mas no exercício de atribuições administrativas (funções atípicas), também serão alcançados pela nova lei em suas licitações e contratos e devem aplicá-la.

Define ainda a nova lei que os fundos especiais e as demais entidades controladas direta ou indiretamente pela Administração Pública também são abrangidas pelas novas regras (art. 1º, *caput*). Isto porque os fundos especiais não detêm personalidade jurídica própria, sendo mecanismos de direito financeiro para gestão das verbas públicas, estando vinculados a órgãos na estrutura da Administração Pública,[9] o que segue a regra já disposta no art. 1º, que define a aplicação da nova lei para os diversos órgãos que compõem a Administração Pública.

1.1.1 Âmbito de aplicação da lei quanto às micro e pequenas empresas

A Lei nº 14.133, de 1º.4.2021, não esqueceu a realidade das empresas menores, e no art. 4º determinou que, para as licitações e contratos administrativos, devem ser observados os benefícios gozados pelas micro e pequenas empresas, de acordo com a Lei Complementar

---

[8] "As funções típicas do Poder Legislativo são legislar e fiscalizar, tendo ambas o mesmo grau de importância e merecedoras de maior detalhamento. Dessa forma, se por um lado a Constituição prevê regras de processo legislativo, para que o Congresso Nacional elabore normas jurídicas, de outro, determina que a ele compete a fiscalização contábil, financeira, orçamentária, operacional e patrimonial do Poder Executivo" (CF, art. 70) (MORAES, Alexandre de. *Direito constitucional*. São Paulo: Atlas, 2007. p. 391). "Ao lado da função de legislar e administrar, o Estado exerce a função de julgar, ou seja, a função jurisprudencial, consistente na imposição da validade do ordenamento jurídico, de forma coativa, toda vez que houver necessidade. Dessa forma, a função típica do Poder Judiciário é a jurisdicional, ou seja, julgar, aplicando a lei a um caso concreto, que lhe é posto, resultante de um conflito de interesses" (MORAES, Alexandre de. *Direito constitucional*. São Paulo: Atlas, 2007. p. 478).

[9] "TÍTULO VII Dos Fundos Especiais Art. 71. Constitui fundo especial o produto de receitas especificadas que por lei se vinculam à realização de determinados objetivos ou serviços, facultada a adoção de normas peculiares de aplicação".

nº 123, de 14.12.2006, a saber: comprovação de regularidade fiscal e trabalhista das microempresas e das empresas de pequeno porte somente será exigida para efeito de assinatura do contrato, mesmo que apresente alguma restrição; concessão de prazo para regularização de restrição; como critério de desempate, preferência de contratação para as microempresas e empresas de pequeno porte, entendendo-se por empate aquelas situações em que as propostas apresentadas pelas microempresas e empresas de pequeno porte sejam iguais ou até 10% (dez por cento) superiores à proposta mais bem classificada, sendo de até 5% (cinco por cento) superior ao melhor preço no caso do pregão; realização de processo licitatório destinado exclusivamente à participação de microempresas e empresas de pequeno porte nos itens de contratação cujo valor seja de até R$80.000,00 (oitenta mil reais); possibilidade de exigência dos licitantes à subcontratação de microempresa ou empresa de pequeno porte; em certames para aquisição de bens de natureza divisível, cota de até 25% (vinte e cinco por cento) do objeto para a contratação de microempresas e empresas de pequeno porte; empenhos e pagamentos do órgão ou entidade da Administração Pública poderão ser destinados diretamente às microempresas e empresas de pequeno porte subcontratadas; benefícios poderão, justificadamente, estabelecer a prioridade de contratação para as microempresas e empresas de pequeno porte sediadas local ou regionalmente, até o limite de 10% (dez por cento) do melhor preço válido.

Vê-se, entretanto, que desde a Lei Complementar nº 123 a receita bruta é o parâmetro utilizado para verificarem-se os benefícios a serem gozados pelas micro e pequenas empresas, inclusive no que tange à matéria de licitações e contratos, o que foi acolhido pela nova lei. Seguindo-se esta lógica, algumas micro e pequenas empresas não serão beneficiadas, conforme disposto no art. 4º da nova lei transcrito a seguir:

> Art. 4º Aplicam-se às licitações e contratos disciplinados por esta Lei as disposições constantes dos arts. 42 a 49 da Lei Complementar no 123, de 14 de dezembro de 2006.
> §1º As disposições a que se refere o *caput* deste artigo não são aplicadas:
> I - no caso de licitação para aquisição de bens ou contratação de serviços em geral, ao item cujo valor estimado for superior à receita bruta máxima admitida para fins de enquadramento como empresa de pequeno porte;
> II - no caso de contratação de obras e serviços de engenharia, às licitações cujo valor estimado for superior à receita bruta máxima admitida para fins de enquadramento como empresa de pequeno porte.

§2º A obtenção de benefícios a que se refere o *caput* deste artigo fica limitada às microempresas e às empresas de pequeno porte que, no ano-calendário de realização da licitação, ainda não tenham celebrado contratos com a Administração Pública cujos valores somados extrapolem a receita bruta máxima admitida para fins de enquadramento como empresa de pequeno porte, devendo o órgão ou entidade exigir do licitante declaração de observância desse limite na licitação.

§3º Nas contratações com prazo de vigência superior a 1 (um) ano, será considerado o valor anual do contrato na aplicação dos limites previstos nos §§1º e 2º deste artigo.

1.1.2 Contratações vinculadas ao estrangeiro

Existem regras específicas na nova lei que permitem a utilização de direito estrangeiro nas contratações, seja quando a repartição pública brasileira fica situada no exterior, seja quanto se refere a empréstimo obtido junto à agência oficial de cooperação estrangeira ou de organismo financeiro de que o Brasil seja parte.

Assim, são as seguintes as normas estabelecidas pela lei nesta hipótese:
- As contratações realizadas no âmbito das repartições públicas sediadas no exterior obedecerão às peculiaridades locais e aos princípios básicos estabelecidos na nova lei, na forma de regulamentação específica a ser editada por ministro de estado.
- Nas licitações e contratações que envolvam recursos provenientes de empréstimo ou doação oriundos de agência oficial de cooperação estrangeira ou de organismo financeiro de que o Brasil seja parte, podem ser admitidas condições decorrentes de acordos internacionais aprovados pelo Congresso Nacional e ratificados pelo presidente da República; condições peculiares à seleção e à contratação constantes de normas e procedimentos das agências ou dos organismos, desde que:
  a) sejam exigidas para a obtenção do empréstimo ou doação;
b) não conflitem com os princípios constitucionais;
  c) sejam indicadas no respectivo contrato de empréstimo ou doação e tenham sido objeto de parecer favorável do órgão jurídico do contratante do financiamento previamente à celebração do referido contrato;
  d) sejam objeto de despacho motivado pela autoridade superior da administração do financiamento.

1.1.3 Contratação envolvendo reservas internacionais

A nova lei trata também sobre as reservas internacionais, definindo que as contratações relativas à gestão, direta e indireta, das reservas internacionais do país, inclusive as de serviços conexos ou acessórios a essa atividade, serão disciplinadas em ato normativo próprio do Banco Central do Brasil, assegurada a observância dos princípios estabelecidos no *caput* do art. 37 da Constituição Federal. Assim, entende-se terem sido excluídas do âmbito de aplicação da nova lei as contratações vinculadas às reservas internacionais, diante da sua especificidade e por serem estratégicas para o equilíbrio econômico do país.

As reservas internacionais são os ativos do Brasil em moeda estrangeira e funcionam como uma espécie de seguro para o país fazer frente às suas obrigações no exterior e a choques de natureza externa, como crises cambiais e interrupções nos fluxos de capital para o país.

No caso do Brasil, que adota o regime de câmbio flutuante, esse colchão de segurança ajuda a manter a funcionalidade do mercado de câmbio de forma a atenuar oscilações bruscas da moeda local – o real – perante o dólar, dando maior previsibilidade e segurança para os agentes do mercado.

Essas reservas, administradas pelo Banco Central, de acordo com o que define a Lei nº 4.595, de 31.12.1964, são compostas principalmente por títulos, depósitos em moedas (dólar, euro, libra esterlina, iene, dólar canadense e dólar australiano), direitos especiais de saque junto ao Fundo Monetário Internacional (FMI), depósitos no Banco de Compensações Internacionais (BIS), ouro, entre outros ativos.

Importante mencionar, já no início deste livro, que o legislador foi cauteloso em definir que os princípios identificados na Lei de Licitações e que serão tratados no próximo item devem ser obedecidos, mesmo em casos em que se exclui a aplicação da nova lei, como as contratações vinculadas às reservas internacionais.

1.2 Âmbito de aplicação da nova lei quanto ao aspecto objetivo

Como visto anteriormente, o legislador responsável pela nova lei abriga dois aspectos para definir o âmbito de aplicação da lei. O primeiro é o aspecto subjetivo, segundo o qual o que importa são as pessoas jurídicas e órgãos públicos que se sujeitam às regras obrigatórias da lei. O segundo aspecto a seguir disposto é o objetivo que leva em consideração as matérias que atraem e as que excluem a aplicação da lei.

Nos arts. 2º e 3º da Lei nº 14.133, de 1º.4.2021, vê-se que foi adotado o conceito objetivo, tendo o legislador elencado, primeiramente, as matérias que devem obedecer aos procedimentos da nova lei, e, em segundo lugar, o que não pode ser licitado ou contratado pela nova lei. A seguir a transcrição do artigo sobre âmbito de aplicação da lei:

> Art. 2º Esta Lei aplica-se a:
> I - alienação e concessão de direito real de uso de bens;
> II - compra, inclusive por encomenda;
> III - locação;
> IV - concessão e permissão de uso de bens públicos;
> V - prestação de serviços, inclusive os técnico-profissionais especializados;
> VI - obras e serviços de arquitetura e engenharia.
> Parágrafo único. Aplica-se o disposto no *caput* deste artigo às contratações de tecnologia da informação e de comunicação.

O que se vislumbra é que a nova lei define para obras, serviços e compras a obrigatoriedade de licitações, seguindo a lógica da lei anterior e, sobretudo, o que determina a Constituição Federal, em seu art. 37:

> Art. 37. [...].
> XXI - ressalvados os casos especificados na legislação, as obras, serviços, compras e alienações serão contratados mediante processo de licitação pública que assegure igualdade de condições a todos os concorrentes, com cláusulas que estabeleçam obrigações de pagamento, mantidas as condições efetivas da proposta, nos termos da lei, o qual somente permitirá as exigências de qualificação técnica e econômica indispensáveis à garantia do cumprimento das obrigações.

Este dispositivo da Constituição Federal abriga a centralidade do tema licitações e contratos administrativos e define como regra geral a competição, em igualdade de condições, entre os concorrentes que quiserem realizar obras, prestar serviços ou fornecer itens necessários à Administração Pública, bem como as alienações de bens públicos. O art. 2º da nova lei segue esta regra geral ao definir que alienações, compras, serviços e obras sigam todos os procedimentos da nova lei.

Ainda define o art. 2º que a licitação é obrigatória na concessão de direito real de uso de bens. Esta modalidade de uso de bens públicos tem natureza jurídica de direito contratual resolúvel, não significando transferência de propriedade, mas apenas direito real ao uso do imóvel público por determinado prazo.

Na qualidade de direito real, Bandeira de Mello[10] destaca as particularidades deste instrumento de utilização privada de bens públicos:

> Possui, então, como características, inerentes sua imediata adesão à coisa e o chamado direito de sequela, que enseja persecução do bem. É exclusivo, vale dizer, sobre o bem em que recai não incidirá outro direito da mesma espécie, e é protegido por ação real, graças ao que "prevalece contra qualquer que detenha a coisa". É oponível erga omnes, ou seja, contra todos, pois confere ao titular a prerrogativa de vê-lo respeitado por quaisquer sujeitos, os quais ficam impedidos de opor-lhe qualquer embaraço. De acordo com esta modelagem legal outro não poderia ser o regime para uso do bem público senão pelo canal obrigatório da licitação, visto que é procedimento que permite a competição, em igualdade de condições, entre todos aqueles que desejem usufruir do bem público, privilegiando o princípio da impessoalidade. Tal lógica se aplica às demais hipóteses de utilização de bens públicos também mencionadas no art. 2º na nova lei: locação, concessão e permissão de uso de bens públicos.

Lembre-se da lição de Jorge Ulisses Jacoby Fernandes, ao esclarecer que a obrigatoriedade de licitação se impõe por serem os contratos de uso de bens, como aqueles mencionados na nova lei, contratos administrativos:

> Concessão de uso é gênero, do qual a Concessão de direito real de uso é espécie. É contrato administrativo pelo qual a Administração Pública atribui a determinada pessoa o direito de uso de bem público, por tempo certo e de forma exclusiva, remunerado ou não. Precedida de licitação, em princípio também sob a forma de concorrência, a lei deixou ao alvedrio do Administrador a escolha da modalidade a ser utilizada. "A maior flexibilidade conferida ao administrador não se confunde, contudo, com a desnecessidade de realização do procedimento licitatório, uma vez caracterizada a predominância do interesse público sobre o particular, que fez com que a jurisprudência pátria [...] a proclamasse como um contrato tipicamente administrativo" (Excerto do Voto do Min. Adhemar PaladiniGhisi. Proc. TCU n. 275.320/92-8. Decisão 207/1995 – 2ª Câmara). [...] (A Concessão de uso) não pode ser transferida, posto que o contrato firmado entre as partes tem caráter pessoal. Este instituto, juntamente com a autorização, Concessão de direito real de uso e a permissão de uso foram objeto de longo debate no Tribunal de Contas do DF. Assim

---

[10] BANDEIRA DE MELLO, Celso Antônio. *Curso de direito administrativo*. São Paulo: Malheiros, [s.d.]. p. 960.

como a Concessão de uso não necessita ser precedida de concorrência, admitindo-se outra modalidade, é possível que o traspasse ocorra como objeto de um outro acessório de um outro contrato administrativo [...].

Por fim, foram excluídas do âmbito de aplicação da nova lei, segundo o art. 3º, hipóteses de operação de crédito, porque já dispostas em legislação própria, a exemplo da Lei de Responsabilidade Fiscal e das resoluções do Senado Federal. Tal regra foi estendida para outras contratações que ostentam legislação própria. Vejamos:

Art. 3º Não se subordinam ao regime desta Lei:
I - contratos que tenham por objeto operação de crédito, interno ou externo, e gestão de dívida pública, incluídas as contratações de agente financeiro e a concessão de garantia relacionadas a esses contratos;
II - contratações sujeitas a normas previstas em legislação própria.

CAPÍTULO 2

PRINCÍPIOS DAS LICITAÇÕES E CONTRATOS ADMINISTRATIVOS

O atual cenário do direito brasileiro é marcado pelo protagonismo dos princípios, avalizados pela Corte Suprema com força normativa, o que permite sejam utilizados como parâmetro para o exercício do controle de constitucionalidade. Sobre a importância dos princípios no atual cenário, veja-se a lição de Canotilho:[11]

> A densificação dos princípios constitucionais não resulta apenas de sua articulação com outros princípios ou normas constitucionais de maior densidade de concretização. Longe disso: o processo de concretização constitucional assenta, em larga medida, nas densificações dos princípios e regras constitucionais feitas pelo legislador (concretização legislativa) e pelos órgãos de aplicação do direito a problemas concretos, designadamente os tribunais (concretização judicial). Qualquer que seja a indeterminabilidade dos princípios jurídicos, isso não significa que eles sejam impredictíveis. Os princípios não permitem opções livres aos órgãos ou agentes concretizadores da constituição (impredictibilidade dos princípios); permitem, sim, projeções ou irradiações normativas com um certo grau de discricionariedade (indeterminabilidade), mas sempre limitadas pela juridicidade objetiva dos princípios. Como Dworkin, o "o direito – e desde logo, o direito constitucional – descobre-se, mas não se inventa".

---

[11] CANOTILHO, José Joaquim Gomes. *Direito constitucional*. 6. ed. Coimbra: Almedina, 1993. p. 56.

Sobre a importância dos princípios, veja-se o que ensina Clève[12] acerca da funcionalidade dos mesmos:

> A doutrina vem procurando definir a Constituição como "um sistema aberto de princípios e preceitos" (Canotilho). Os princípios, ninguém desconhece, possuem características que os diferenciam das regras ou preceitos. Dispõem de maior grau de abstração e, portanto, menor grau de densidade normativa, e bem por isso sintetizam, fundamentam e estruturam o sistema constitucional. Além disso, condensam as idéias estruturais do sistema, razão pela qual, em geral, os preceitos constituem desdobramentos de ideias-sínteses engessadas nas disposições principiológicas. Os princípios, mesmo que implícitos, e inclusive aqueles enunciados no preâmbulo, dispõem de uma funcionalidade. Ou seja, prestam-se para alguma coisa. São, pois, funcionais. Eles cimentam a unidade da Constituição, indicam o conteúdo do direito de dado tempo e lugar e, por isso, fixam standards de justiça, prestando-se como mecanismos auxiliares no processo de interpretação e integração da Constituição e do direito infraconstitucional. Mais do que isso, experimentam uma eficácia mínima, ou seja, se não podem sofrer aplicação direta e imediata, exigindo no mais das vezes (não é o caso dos princípios-garantia) integração normativa decorrente da atuação do legislador, pelo menos cumprem eficácia derrogatória da legislação anterior e impeditiva de legislação posterior, desde que incompatíveis com seus postulados. Aliás, também as normas programáticas atuam, pelo menos, essas últimas funções. Daí por que elas operam, no mínimo, uma eficácia negativa, paralisando os "efeitos de toda e qualquer norma jurídica contrária a seus princípios" (Canotilho).

A atual fase do constitucionalismo brasileiro, reconhecida na fase pós-positivista, correspondente às últimas décadas do século passado e do atual século XXI, marca a elevação dos princípios a um "pedestal normativo sobre o qual se assenta todo o edifício jurídico dos novos sistemas constitucionais", como magistralmente lembrado por Bonavides.[13]

Esta constatação torna destacada a análise dos princípios nesta obra, seja porque apresentam carga normativa com densidade suficiente, seja porque são utilizados para dirimir possíveis lacunas existentes no marco regulatório das licitações e contratos.

---

[12] CLÈVE, Clèmerson Merlin. *A fiscalização abstrata da constitucionalidade no direito brasileiro*. 2. ed. São Paulo: RT, 2000. p. 36.
[13] BONAVIDES, Paulo. *Curso de direito constitucional*. 26. ed. São Paulo: Malheiros, 2011. p. 237.

O Tribunal de Contas da União vem pontuando sobre a necessidade de observância dos princípios nas práticas das licitações e contratos administrativos. Na Decisão nº 175/1999-Plenário-TCU, verificou-se discussão sobre sucessivas prorrogações de prazos contratuais (14 anos) referentes a trens urbanos, tendo o tribunal feito a discussão para além da legalidade estrita, que não permite estas prorrogações em número tão elevado e por tanto tempo, mas levou em consideração o princípio do interesse público, um daqueles mencionados expressamente na antiga lei de licitações e contratos administrativos.

Colhe-se do voto do relator verdadeira homenagem aos princípios, tudo com a devida cautela e recomendações que visem zelar pelo princípio do interesse público:

> Ora, certo que o interesse público primário reclama a conclusão das obras do trecho Calafate-Barreiro do Metrô de Belo Horizonte no prazo mais curto possível o que, faticamente, impõe a continuidade do contrato vigente, igualmente verdadeiro que esse mesmo interesse primário repele a possibilidade de que sejam praticados nesses serviços preços superiores aos que seriam obtidos se fosse celebrado um novo contrato. Logo, aceitar a continuidade do Contrato nº 009/85, a despeito das suas impropriedades, por ser irrefutável que, ponderados os fatos concretos e valores relevantes, essa é a solução que melhor satisfaz o interesse público primário, não significa que o Poder Público possa negligenciar no seu dever de fazer com que os serviços a serem prestados o sejam em condições as mais econômicas possíveis, pois que também essa é uma imposição do interesse público.

Em outra situação, o Tribunal de Contas da União decidiu pela continuidade de contrato para garantir o respeito ao princípio da eficiência e ao princípio da supremacia do interesse público:

> não se afigura razoável que, em favor da legalidade estrita, sejam sacrificados outros princípios que devem balizar a atividade administrativa, sobretudo os princípios da eficiência e o da supremacia do interesse público. (Voto do ministro relator. Acórdão nº 211/2006 – Plenário)

O caso era de obra de adequação do Complexo Viário Jacu-Pêssego – Interligação São Paulo – Guarulhos – Mauá – São Paulo. O ponto principal sobre o qual eram apontadas irregularidades se referia à cessão integral do referido contrato para duas outras empresas mediante novo aditamento, contrariando entendimento firmado na Corte de Contas (Decisão nº 420/2002 – Plenário).

Quanto à cessão integral praticada no âmbito do contrato em tela, o relator se manifestou pela sua ilegalidade, considerando que não havia argumentos robustos para inobservância da Decisão nº 420/2002 – TCU – Plenário. No entanto, considerou, em face das circunstâncias que envolviam a análise da matéria, que o fato poderia ser escusável, em prol da supremacia do interesse público subjacente à questão.

Assim, considerando que rescisão contratual e subsequente realização de novo procedimento licitatório imporia à coletividade consequências de natureza grave; e que a manutenção do contrato era a solução que melhor atendia ao interesse público, tanto do ponto de vista econômico, quanto do ponto de vista técnico, haja vista o estágio avançado das obras, argumentou: "não se afigura razoável que, em favor da legalidade estrita, sejam sacrificados outros princípios que devem balizar a atividade administrativa, sobretudo os princípios da eficiência e o da supremacia do interesse público" (voto do ministro relator no Acórdão nº 211/2006 – Plenário).

A seguir, passa-se à análise dos princípios que regerão o novo marco geral regulatório das licitações e contratos administrativos no Brasil, ressaltando-se que, na Lei nº 14.133, de 1º.4.2021, vários novos princípios passaram a fazer parte das normas positivadas que devem ser observadas obrigatoriamente quando da realização de licitações e contratos administrativos. Referidos princípios são decorrentes da depuração paulatina e constante nas Cortes de Contas e da contribuição da doutrina pátria que identificaram referidos princípios como decorrentes do sistema licitatório.

2.1 Princípio da legalidade

Desde o início da lei, este princípio é lembrado, sendo o título do Capítulo I o tema da legalidade: "Do Âmbito de Aplicação desta Lei". Neste ponto, já se percebe uma das funções do princípio da legalidade e da própria lei referente a estabelecer limites ao exercício do Poder Público, inclusive quando exerce o procedimento de licitações e contratos.

Canotilho[14] explica que historicamente o princípio da legalidade da administração postulava dois princípios fundamentais: o princípio da supremacia da lei e o princípio da reserva de lei (*Vorbehalt des Gesetzes*), que permanecem válidos (embora tenham sofrido algumas mudanças no século XX) tendo em vista que, em um Estado

---

[14] CANOTILHO, José Joaquim Gomes. *Direito constitucional*. Coimbra: Almedina, 1996. p. 371.

democrático-constitucional, a lei continua sendo a maior expressão do princípio democrático (daí a supremacia) e o instrumento mais apropriado e seguro de estabelecimento de regimes (daí a reserva da lei). Como observado por este autor, "o Princípio da Supremacia da Lei e o Princípio da Reserva de Lei apontam para a vinculação jurídico-constitucional do poder executivo".[15] Em Canotilho, portanto, está destacado que o Poder Executivo e seus procedimentos, assim como as licitações, estão vinculados à Constituição e à Lei, devendo obedecer a seus requisitos e formalidades.

Ao longo da Nova Lei de Licitações e Contratos Administrativos, vão sendo percebidas as funções do princípio da legalidade, seja delimitando o alcance da lei e as hipóteses em que ela não se aplica (art. 1º, §1º), seja identificando que esta nova norma é parte de um sistema complexo que engloba a Lei de Introdução às Normas do Direito Brasileiro, a Lei das Estatais, leis orçamentárias, leis trabalhistas, entre várias outras normas com as quais dialoga a nova lei de licitações.

Assim, além de estabelecer limites ao exercício dos poderes quando no exercício da função de licitar, tem também a nova lei geral a função de organizar os diversos assuntos de forma lógica e clara, apresentando desde o âmbito de aplicação, princípios, definições, conceito de agentes públicos, fases interna e externa, bem como o âmbito contratual e punitivo.

O estabelecimento de procedimentos em lei impede a arbitrariedade e garante a objetividade no tratamento dos diversos concorrentes em uma licitação pública. Isso não significa dizer que apenas o disposto em lei regerá o procedimento de licitação, já que também está incorporado ao ordenamento jurídico brasileiro o sistema de princípios, conforme observado no próprio art. 5º da nova lei, devendo o aplicador da lei estar atento para a necessidade de aplicar a lei sempre em consonância com seus princípios regentes.

2.2 Princípio da impessoalidade

Fruto do princípio republicano que inaugura o texto constitucional de 1988, o princípio da impessoalidade, encontrado também no art. 37, caput da Constituição Federal, permite identificar que os procedimentos licitatórios e contratos administrativos não devem servir a projetos políticos ou a grupos

---

[15] CANOTILHO, José Joaquim Gomes. *Direito constitucional*. 6. ed. Coimbra: Almedina, 1993. p. 57.

específicos, sendo o procedimento para atender ao público, por se tratar da Administração Pública que, a rigor, defende a coisa pública, própria dos regimes republicanos. Ao contrário, deve o procedimento garantir que não haverá favorecimentos a pessoas específicas, devendo vencer o licitante que apresentar a melhor proposta.

Apesar de constar o princípio republicano no texto constitucional e ser longa a tradição, nos textos constitucionais, da alusão à República como forma de governo, não tem sido fácil sua concretização até os tempos presentes, como percebido por Paulo Bonavides:[16]

> As alterações da segunda Constituição brasileira com respeito à Carta outorgada de 1824 foram portanto a introdução da república, da federação e da forma presidencial de governo.
>
> A evolução constitucional do país patenteia que nessas três espécies políticas o progresso qualitativo se apresentou basicamente nulo durante o primeiro período republicano, cujas turbações mais de uma vez puseram o regime à beira da ruptura.
>
> Com efeito, as três inovações fundamentais levadas a cabo por inspiração do constitucionalismo norte-americano, cuja excelência Rui professava com ardor, foram de certa maneira decepcionantes e mais uma vez puseram em contraste a diferença da forma à matéria, da idéia à realidade, da teoria à prática.
>
> A república em si mesma não penetrara ainda a consciência da elite governante e da camada social hegemônica, talvez à míngua de preparação, porquanto no diagrama do novo regime os fatos atropelaram os valores; os interesses sobrepujaram as idéias; a destemperança, as vaidades e a soberba calcaram as verdades; as paixões, as ambições e os ódios escureceram o bom senso e a razão. Disso promanou a ditadura militar de Floriano que Rui tanto exprobrou e da qual veio a ser, sem dúvida, a principal vítima.
>
> A solução republicana, ministrada de surpresa, não estava ainda por inteiro presente nem amadurecida no espírito público e no domínio da opinião. O ato institucional de 15 de novembro, se não fora as ditaduras de Deodoro e Floriano e a fereza da repressão, segundo escreviam na época os opositores da monarquia, não teria vingado.

Diante deste cenário, próprio da realidade brasileira, até os tempos presentes, zelar pela impessoalidade, por meio de procedimentos claros e objetivos, passa a ser fundamental para manter respeitado o princípio republicano.

---

[16] BONAVIDES, Paulo. *Teoria constitucional da democracia participativa.* São Paulo: Malheiros, 2001. p. 45.

Segundo Di Pietro:[17]

[...] exigir impessoalidade da Administração tanto pode significar que este atributo deve ser observado em relação ao administrado como à própria Administração. No primeiro sentido, o princípio estaria relacionado com a finalidade pública que deve nortear toda a atividade administrativa. Significa que a Administração não pode atuar com vistas a prejudicar ou beneficiar pessoas determinadas, uma vez que é sempre o interesse público que tem de nortear o seu comportamento [...] No segundo sentido, o princípio significa, segundo José Afonso da Silva [...] baseado na lição de Gordillo que "os atos e provimentos administrativos são imputáveis não ao funcionário que os pratica, mas ao órgão ou entidade administrativa da Administração Pública, de sorte que ele é o autor institucional do ato. Ele é apenas o órgão que formalmente manifesta a vontade estatal". Acrescenta o autor que, em consequência, "a realizações governamentais não são do funcionário ou autoridade, mas da entidade pública em nome de quem as produzira" [...].

Para garantir a impessoalidade e o não favorecimento de particulares, vários procedimentos são identificados na nova lei, por exemplo, em situações de publicidade diferida:

Art. 13. Os atos praticados no processo licitatório são públicos, ressalvadas as hipóteses de informações cujo sigilo seja imprescindível à segurança da sociedade e do Estado, na forma da lei.
Parágrafo único. A publicidade será diferida:
I - quanto ao conteúdo das propostas, até a respectiva abertura;
II - quanto ao orçamento da Administração, nos termos do art. 24 desta Lei.

Ainda, em vários dispositivos da lei, verifica-se o compromisso com a impessoalidade por meio da vedação a favorecimento de cônjuges e parentes, a exemplo dos arts. 7º, inc. III; 14, inc. IV; e 47, parágrafo único, que proíbem cônjuges ou parentes de servidores públicos de serem licitantes.

---

[17] DI PIETRO, Maria Sylvia Zanella. *Direito administrativo*. 25. ed. São Paulo: Atlas, 2012. p. 68.

2.3 Princípio da moralidade

Para Bandeira de Mello:

> *a moralidade significa que a Administração e seus agentes têm de atuar na conformidade de princípios éticos. Violá-los implicará violação ao próprio Direito, configurando ilicitude que as sujeita a conduta viciada a invalidação, porquanto tal princípio assumiu foros de pauta jurídica, na conformidade do art. 37 da Constituição. Compreendem-se em seu âmbito, como é evidente, os chamados princípios da lealdade e boa-fé. A Administração haverá de proceder em relação aos administrados com sinceridade e lhaneza, sendo-lhe interdito qualquer comportamento astucioso, eivado de malícia, produzido de maneira a confundir, dificultar ou minimizar o exercício de direitos por parte dos cidadãos.*[18]

Além de expressamente citado como princípio na Constituição Federal, na nova lei pode ser percebido em vários procedimentos para garantir a obediência à ética, lealdade e boa-fé, como a extinção dos contratos apenas após o exercício do contraditório pelo contratado, a vedação do superfaturamento e a exigência de autenticação de assinaturas apenas quando houver imposição legal.

As práticas contrárias ao respeito à ética e à boa-fé que representem favorecimentos imorais a concorrentes com prejuízo à lisura do certamente são alcançadas tanto por punições na esfera civil-administrativa quanto na esfera criminal. São observadas punições para fraude, patrocínio direto para dar causa à instauração de licitação ou celebração de contrato, violação de sigilo, afastamento de licitante por violência, ameaça ou fraude, entre outras condutas atentatórias à ética.

Importante notar que não existe um conceito único de ética e moral, mas dois filósofos que ajudaram a construir a jusfilosofia no Ocidente coincidem em suas análises sobre o que pode ser considerado comportamento ético: Aristóteles e Kant.

Para Aristóteles, a ética se revela na

> [...] excelência moral, então, é uma disposição da alma relacionada com a escolha de ações e emoções, disposição esta consistente num meio termo (o meio termo relativo a nós) determinado pela razão (a razão graças à qual um homem dotado de discernimento o determinaria) [...].[19]

---

[18] BANDEIRA DE MELLO, Celso Antônio. *Curso de direito administrativo*. 26. ed. São Paulo: Malheiros, 2009.
[19] ARISTÓTELES. *Ética a Nicômaco*. Tradução de Mário da Gama Kury. 2. ed. Brasília: Ed. da UnB, 1992.

Para Kant, a ética consiste em observar uma norma que seja válida universalmente, de modo que não queira o indivíduo algo que mais tarde possa fazer mal a ele mesmo: "[...] age só segundo a máxima tal que possas ao mesmo tempo querer que ela se torne lei universal".[20] Na Lei de Licitações e Contratos Administrativos, revela-se essa lógica jusfilosófica, visto que a norma abriga procedimentos que sejam universalmente aceitos, inclusive permitindo em seus quase duzentos artigos que o maior número de pessoas participe da licitação sem comprometer a qualidade da obra, serviço ou compra desejados pela Administração, por meio do estabelecimento de requisitos prévios, objetivos e impessoais, ampliando a lógica universal, própria da moral kantiana, e também a lógica do meio-termo aristotélico, garantindo-se a mais ampla participação possível, inclusive com regras que atraiam a participação de micro e pequenas empresas.

2.4 Princípio da igualdade

O princípio da igualdade na nova lei de licitações segue o passo do direito pós-moderno, que, sem liberar-se do positivismo clássico, voltado para a lei formal, adiciona nova carga axiológica com valores que privilegiam as especificidades do caso concreto e a busca da igualdade substancial. Não basta a existência de lei, mas que ela seja suficiente, inclusive para reduzir desigualdades.

Segundo Afonso da Silva,[21] igualdade material ou substancial pressupõe que o próprio conteúdo da lei seja isonômico. Nesta mesma linha, defende Neves[22] que "A igualdade perante a lei oferecerá uma garantia bem insuficiente se não for acompanhada (ou não tiver também a natureza) de uma igualdade na própria lei, isto é, exigida ao próprio legislador relativamente ao conteúdo da lei".

Canotilho[23] igualmente defende a necessidade de atuação positiva do Estado na busca por mais justiça, via redução de ao menos certas desigualdades:

---

[20] KANT, Immanuel. *Fundamentação da metafísica dos costumes e outros escritos*. Tradução de Leopoldo Holzbach. São Paulo: Martin Claret, 2004.
[21] SILVA, José Afonso da. *Curso de direito constitucional positivo*. 25. ed. São Paulo: Malheiros, 2005. p. 215-216.
[22] CASTANHEIRA NEVES, António. *O instituto dos "assentos" e a função jurídica dos supremos tribunais*. Coimbra: Almedina, 1983 *apud* CANOTILHO, J. J. Gomes. *Direito constitucional e teoria da Constituição*. 7. ed. Coimbra: Almedina, 2003.
[23] CANOTILHO, J. J. Gomes. *Direito constitucional e teoria da Constituição*. 7. ed. Coimbra: Almedina, 2003. p. 430.

Esta igualdade conexiona-se, por um lado, com uma política de "justiça social", e com a concretização de imposições constitucionais tendentes à efectivação dos direitos económicos, sociais e culturais. Por outro, ela é inerente à própria ideia de igual dignidade social (e de igual dignidade da pessoa humana) [...] que, deste modo, funciona não apenas com fundamento antropológico-axiológico contra discriminações, objectivas ou subjectivas, mas também como princípio jurídico-constitucional impositivo de compensação de desigualdade de oportunidades e como princípio sancionador da violação da igualdade por comportamentos omissivos [...].

Para o positivismo clássico, o direito detinha leis gerais que dariam conta de todas as situações possíveis, o que é superado pelo pós-positivismo, atento às inovações do mundo da vida e às surpresas do quotidiano, bem como às resistências reveladas na manutenção de muitas desigualdades sociais. *Assim, a igualdade não é apenas aquela disposta na lei, mas precisa estar aliada a cada realidade social que se apresenta e que não pode ser desamparada pelo mundo do direito. Ao contrário, a lei deve ter mecanismos que orientem a concretização da igualdade, não apenas formal, mas concretamente.*

Esta nova roupagem do princípio da igualdade pode ser percebida no art. 11 da Nova Lei de Licitações e Contratos, visto que no mesmo artigo se encontra a igualdade ao lado de duas outras vertentes importantes, como verdadeiras faces-irmãs da igualdade, incentivo à inovação e desenvolvimento nacional sustentável.

Entende-se que referido art. 11 representa a prova de atenção do Legislativo ao princípio da igualdade substancial, vez que ao lado do tratamento isonômico o legislador incluiu como objetivo a inovação e o desenvolvimento nacional sustentável. Estes dois últimos vetores do procedimento licitatório, tratados como objetivos, permitem concluir que a igualdade deve andar juntamente com a abertura ao novo (inovação), bem como em relação ao desenvolvimento nacional sustentável, este visto como a necessidade de que lei atenda a demandas que garantirão diminuição de desigualdades.

Da lição de Juarez de Freitas[24] sobre sustentabilidade, no sistema brasileiro, deduz-se que esta é princípio fundamental, com regras expressas ou inferidas que o densificam. É também diretriz interpretativa vinculante que prescreve a intergeracional promoção do bem-estar.

---

[24] FREITAS, Juarez. Sustentabilidade: novo prisma hermenêutico. *Revista Novos Estudos Jurídicos – Eletrônica*, v. 24, n. 3, set./dez. 2018.

De maneira expressa ou implícita, os objetivos do desenvolvimento sustentável, estampados na Agenda 2030, da ONU, encontram-se positivados em nosso sistema constitucional. Disso decorre que somente as políticas convergentes com a sustentabilidade multifacetada (social, econômica, ambiental, ética e jurídico-política) são constitucionalmente legítimas. Logo, em reviravolta hermenêutica de magnitude, as escolhas públicas e privadas reprováveis, sob o escrutínio da sustentabilidade dos impactos, atentam contra a letra e o espírito da Constituição, além de vulnerarem leis e tratados internacionais. Em contraste, as escolhas compatíveis com o desenvolvimento sustentável são juridicamente mandatórias. Da Constituição, relida no contexto de relações cada vez mais intangíveis, brota o imperativo do desenvolvimento sutilmente recondicionado pela sustentabilidade (não o contrário), em substituição ao primado do crescimento econômico a qualquer preço, o qual, não raro, por sua disparatada entropia, ostenta tudo, menos densidade ética mínima. O Ministro Marco Aurélio Melo[25] já defendeu que a própria lei deve garantir o princípio da igualdade substancial, sendo esta constitucional, percebendo que a justiça está em não equiparar os iguais, mas em várias situações tratá-los de forma diferenciada, citando, inclusive, o trecho da Constituição Federal que dispõe sobre tratamento privilegiado para micro e pequenas empresas e exortando a todos pela necessidade de aprofundar e zelar pelas ações afirmativas:

> Toda e qualquer lei que tenha por objetivo a concretude da Constituição Federal não pode ser acusada de inconstitucional. Vem-nos de um grande pensador do Direito, Celso Antônio Bandeira de Mello, o seguinte trecho: "De revés, sempre que a correlação lógica entre o fator de descrímen e o correspondente tratamento encartar-se na mesma linha de valores reconhecidos pela Constituição, a disparidade professada pela norma exibir-se-á como esplendorosamente ajustada ao preceito isonômico [...]. O que se visa com o preceito isonômico é impedir favoritismos ou perseguições. É obstar agravos injustificados, vale dizer que incidam apenas sobre uma classe de pessoas em despeito de inexistir uma racionalidade apta a fundamentar uma diferenciação entre elas que seja compatível com os valores sociais aceitos no Texto Constitucional". Entendimento divergente resulta na colocação em plano secundário dos ditames maiores da Carta da República, que contém algo que, longe de ser um óbice, mostra-se como estímulo ao legislador comum. A Carta agasalha amostragem de ação afirmativa, por exemplo no art. 7 ao cogitar

---

[25] MELLO, Marco Aurélio de Farias. Óptica constitucional – Igualdade e ações afirmativas. *Revista da EMERJ*, v. 5, n. 18, 2002.

da proteção de mercado quanto à mulher e ao direcionar à introdução de incentivos; no artigo 37, inciso III, ao versar sobre a reserva de vaga – e, portanto, a existência de quotas – nos concursos públicos.

Ao longo da nova lei de licitações, são encontradas várias destas ações afirmativas para concretude do princípio da igualdade em sua feição substancial:

a) aplicação dos benefícios da Lei Complementar nº 123, de 14.12.2006, como preferência em desempate e para contratações de empresas na localidade;
b) diminuição de exigências para microempresas e pequenas empresas em consórcio quando este for totalmente composto por elas (art. 15, §2º);
c) em procedimento de manifestação de interesse, possibilidade de restrição para participação apenas para *startups*, assim considerados os microempreendedores individuais, as microempresas e as empresas de pequeno porte, de natureza emergente e com grande potencial, que se dediquem à pesquisa, ao desenvolvimento e à implementação de novos produtos ou serviços baseados em soluções tecnológicas inovadoras que possam causar alto impacto (art. 80, §4º);
d) exceção à ordem cronológica de pagamentos estabelecida pela nova lei para pagamento à microempresa, empresa de pequeno porte, agricultor familiar, produtor rural pessoa física, microempreendedor individual e sociedades cooperativas, desde que demonstrado o risco de descontinuidade do cumprimento do objeto do contrato (art. 140, §1º, II);
e) dispensa de licitação para alienação gratuita ou onerosa, aforamento, concessão de direito real de uso, locação e permissão de uso de bens imóveis residenciais construídos, destinados ou efetivamente usados em programas de habitação ou de regularização fundiária de interesse social desenvolvidos por órgão ou entidade da Administração Pública.

2.5 Do princípio da publicidade

Na nova lei de licitações, o princípio da publicidade alcança o ápice de menções no texto da lei, incorporando definitivamente a necessidade de que os atos ligados ao procedimento licitatório sejam disponibilizados na rede mundial de computadores. A grande novidade é a criação do Portal Nacional de Contratações Públicas na rede mundial de computadores, em que deverão obrigatoriamente estar centralizadas todas as informações relacionadas aos procedimentos licitatórios, desde a divulgação de catálogos eletrônicos de contratações até editais e contratos, conforme art. 174 da nova norma.

Menção especial no sentido da ampliação da publicidade está disposta no art. 53 da nova lei, com a obrigatoriedade de divulgação de atos do procedimento em sítio eletrônico oficial, obrigatoriamente no Portal Nacional de Contratações Públicas (PNCP), e é facultativa a divulgação adicional em sítio eletrônico oficial do ente federativo do órgão ou entidade responsável pela licitação ou, no caso de consórcio público, do ente de maior nível entre eles:

Art. 53. A publicidade do edital de licitação será realizada mediante divulgação e manutenção do inteiro teor do edital e de seus anexos à disposição do público em sítio eletrônico oficial, facultada a divulgação direta a interessados devidamente cadastrados para esse fim.

§1º São obrigatórias a divulgação e a manutenção do inteiro teor do edital e de seus anexos à disposição do público no Portal Nacional de Contratações Públicas (PNCP) e é facultativa a divulgação adicional em sítio eletrônico oficial do ente federativo do órgão ou entidade responsável pela licitação ou, no caso de consórcio público, do ente de maior nível entre eles.

§2º Após a homologação do processo licitatório, serão disponibilizados no Portal Nacional de Contratações Públicas (PNCP) e, se o órgão ou entidade responsável pela licitação entender cabível, também no sítio referido no §1º deste artigo os documentos elaborados na fase preparatória que porventura não tenham integrado o edital e seus anexos.

Apenas em municípios menores foi aberta exceção, nos termos do art. 176 da nova lei, para incorporação dos novos procedimentos relativos à publicidade, conferindo-se prazo razoável para adaptação:

Art. 176. Os Municípios com até 20.000 (vinte mil) habitantes terão o prazo de 6 (seis) anos, contado da data de publicação desta Lei, para cumprimento:
I - dos requisitos estabelecidos no art. 7º e no *caput* do art. 8º desta Lei;
II - da obrigatoriedade de realização da licitação sob a forma eletrônica a que se refere o §2º do art. 17 desta Lei;
III - das regras relativas à divulgação em sítio eletrônico oficial.
Parágrafo único. Enquanto não adotarem o PNCP, os Municípios a que se refere o *caput* deste artigo deverão:
I - publicar, em diário oficial, as informações que esta Lei exige que sejam divulgadas em sítio eletrônico oficial, admitida a publicação de extrato;

II - disponibilizar a versão física dos documentos em suas repartições, vedada a cobrança de qualquer valor, salvo o referente ao fornecimento de edital ou de cópia de documento, que não será superior ao custo de sua reprodução gráfica.

2.6 Princípio da probidade administrativa

Além do princípio da moralidade, a nova lei trata também do princípio da probidade administrativa, para explicitar mais ainda a necessidade de zelar o administrador público pelos valores éticos quando lida com licitações públicas. A probidade tem sido vista como subprincípio da moralidade administrativa e, nesta situação, coloca em destaque o servidor público que deve apresentar conduta exemplar, seja em relação com a Administração, seja em relação com o particular, seguindo-se os ensinamentos de Martins Júnior.[26] Segundo este princípio, deve o servidor público se afastar de condutas que poderiam ser enquadradas nas situações de improbidade elencadas nos arts. 9º, 10 e 11 da Lei nº 8.429, de 2.6.1992 ("Dispõe sobre as sanções aplicáveis aos agentes públicos nos casos de enriquecimento ilícito no exercício de mandato, cargo, emprego ou função na administração pública direta, indireta ou fundacional e dá outras providências").

2.7 Princípio da vinculação ao edital

A dicção constitucional de 1988 trouxe o edital como norma constitucional que não pode ser superada.

Como ensina Meirelles:[27]

[...] A vinculação ao edital é princípio básico de toda licitação. Nem se compreenderia que a Administração fixasse no edital a forma e o modo de participação dos licitantes e no decorrer do procedimento ou na realização do julgamento se afastasse do estabelecido, ou admitisse a documentação e propostas em desacordo com o solicitado.

Segundo Meirelles, o edital é a lei interna da licitação, e, como tal, vincula aos seus termos tanto os licitantes como a Administração que o expediu.[28]

---

[26] MARTINS JÚNIOR, Wallace Paiva. *Probidade administrativa*. 4. ed. São Paulo: Saraiva, 2009. p. 103.
[27] MEIRELLES, Hely Lopes. *Direito administrativo brasileiro*. 25. ed. São Paulo: Malheiros, 2000. p. 156.
[28] MEIRELLES, Hely Lopes. *Direito administrativo brasileiro*. 25. ed. São Paulo: Malheiros, 2000. p. 259.

Deve-se lembrar que, na teoria do direito administrativo, os atos administrativos podem ser vinculados ou discricionários.[29] O edital é vinculado porque contém, nos termos da lei, requisitos obrigatórios, em sua maioria, conforme se deduz da nova lei, que utiliza repetidas vezes a palavra "deverá". O edital, vinculante como é, passa a ser fundamental em diversos assuntos que são por ele definidos:

a) fixação de padrões de desempenho e qualidade objetivamente definidos, por meio de especificações usuais de mercado para definição do que são bens e serviços comuns;

b) estabelecimento de repactuação contratual, assim entendida como forma de manutenção do equilíbrio econômico-financeiro de contrato utilizada para serviços contínuos com regime de dedicação exclusiva de mão de obra ou predominância de mão de obra, por meio da análise da variação dos custos contratuais;

c) proibição de participar da licitação para aquele que mantenha vínculo de natureza técnica, comercial, econômica, financeira, trabalhista ou civil com dirigente do órgão ou entidade contratante ou de agente público que desempenhe função na licitação ou atue na fiscalização ou na gestão do contrato, ou que deles seja cônjuge, companheiro ou parente em linha reta, colateral ou por afinidade, até o terceiro grau;

d) inclusão de acréscimo de 10% (dez por cento) a 30% (trinta por cento) sobre o valor exigido de licitante individual para a habilitação econômico-financeira, em caso de consórcio;

e) estabelecimento de limitação de empresas consorciadas, desde que haja justificativa;

f) disposição, desde que haja motivação, acerca da possibilidade de inversão de fases, ocorrendo primeiro a habilitação e posteriormente apresentação de propostas e lances e julgamento;

g) possibilidade de contemplar matriz de alocação de riscos (cláusula contratual definidora de riscos e de responsabilidade entre as partes e caracterizadora do equilíbrio econômico-financeiro inicial do contrato, em termos de ônus financeiro

---

[29] Na concepção de Meirelles, "[...] atos vinculados ou regrados são aqueles para os quais a lei estabelece os requisitos e condições de sua realização", ao passo que "discricionários são os que a Administração pode praticar com liberdade de escolha de seu conteúdo, de seu destinatário, de sua conveniência, de sua oportunidade e de seu modo de realização" (MEIRELLES, Hely Lopes. *Direito administrativo brasileiro*. 25. ed. São Paulo: Malheiros, 2000. p. 156).

decorrente de eventos supervenientes à contratação, contendo informações dispostas no art. 6º, inc. XXVII);

h) na hipótese de licitação em que for adotado o critério de julgamento por maior desconto, o preço estimado ou o máximo aceitável constará do edital da licitação.

Diante da importância do art. 25 para o entendimento sobre a importância do edital e do alcance do que está por ele vinculado, reproduz-se o seu inteiro teor, contendo regras inovadoras que não constavam da lei anterior, como programa de integridade para obras de grande vulto:

> Art. 25. O edital deverá conter o objeto da licitação e as regras relativas à convocação, ao julgamento, à habilitação, aos recursos e às penalidades da licitação, à fiscalização e à gestão do contrato, à entrega do objeto e às condições de pagamento.
>
> §1º Sempre que o objeto permitir, a Administração adotará minutas padronizadas de edital e de contrato com cláusulas uniformes.
>
> §2º Desde que não sejam produzidos prejuízos à competitividade do processo licitatório e à eficiência do respectivo contrato, devidamente demonstrado em estudo técnico preliminar, o edital poderá prever a utilização de mão de obra, materiais, tecnologias e matérias-primas existentes no local da execução, conservação e operação do bem, serviço ou obra.
>
> §3º Todos os elementos do edital, incluídos minuta de contrato, termos de referência, anteprojeto, projetos e outros anexos, deverão ser divulgados em sítio eletrônico oficial na mesma data de divulgação do edital, sem necessidade de registro ou de identificação para acesso.
>
> §4º Nas contratações de obras, serviços e fornecimentos de grande vulto, o edital deverá prever a obrigatoriedade de implantação de programa de integridade pelo licitante vencedor, no prazo de 6 (seis) meses, contado da celebração do contrato, conforme regulamento que disporá sobre as medidas a serem adotadas, a forma de comprovação e as penalidades pelo seu descumprimento.
>
> §5º O edital poderá prever a responsabilidade do contratado pela obtenção do licenciamento ambiental e realização da desapropriação autorizada pelo poder público.
>
> §6º Os licenciamentos ambientais de obras e serviços de engenharia licitados e contratados nos termos desta Lei terão prioridade de tramitação nos órgãos e entidades integrantes do Sistema Nacional do Meio Ambiente (Sisnama) e deverão ser orientados pelos princípios da celeridade, da cooperação, da economicidade e da eficiência.
>
> §7º Independentemente do prazo de duração do contrato, será obrigatória a previsão no edital de índice de reajustamento de preço com data-base vinculada à data do orçamento estimado, com a possibilidade

de ser estabelecido mais de um índice específico ou setorial, em conformidade com a realidade de mercado dos respectivos insumos.

§8º Nas licitações de serviços contínuos, observado o interregno mínimo de 1 (um) ano, o critério de reajustamento será por:

I - reajustamento em sentido estrito, quando não houver regime de dedicação exclusiva de mão de obra ou predominância de mão de obra, mediante previsão de índices específicos ou setoriais;

II - repactuação, quando houver regime de dedicação exclusiva de mão de obra ou predominância de mão de obra, mediante demonstração analítica da variação dos custos.

§9º O edital poderá, na forma disposta em regulamento, exigir que o contratado destine um percentual mínimo da mão de obra responsável pela execução do objeto da contratação a:

I - mulher vítima de violência doméstica;

II - oriundo ou egresso do sistema prisional, na forma estabelecida em regulamento.

2.8 Do princípio do julgamento objetivo

Segundo este princípio, não basta que o edital vincule a licitação, mas deve conter regras objetivas que evitem favorecimentos a particulares, o que se faz com construção de regra editalícia baseada em parâmetros de observação que possam ser mensuráveis e comparáveis, como menor preço ou maior desconto. Mesmo quando o critério de julgamento for baseado na técnica, o julgamento deve ser pautado em critérios objetivos, como apresentação de atestados.

Como visto no item anterior e da leitura do art. 25 da nova lei, o edital deverá conter o objeto da licitação e as regras relativas ao julgamento, definindo ainda critérios objetivos para classificação e desclassificação de propostas, julgamento de preços inexequíveis, tomando-se como parâmetro as especificidades do mercado correspondente, o que se observa, por exemplo, no art. 33 (critérios de julgamento) e a partir do art. 58 da nova lei (do julgamento). Mais à frente, quando tratarmos neste *Manual* sobre os critérios de julgamento, serão especificadas as regras objetivas relacionadas a preços e técnica.

2.9 Do princípio da eficiência

O mandamento da eficiência no ordenamento jurídico brasileiro não foi protagonista durante muitas décadas, sendo a irresponsabilidade nos gastos públicos a lógica durante muito tempo. Este cenário começa a mudar com a edição da Emenda Constitucional nº 19, que, em 1998, introduz o princípio da eficiência como uma das diretrizes maiores da Administração Pública.

Logo na ementa desta nova norma constitucional, que modificou a literalidade do art. 37, verifica-se qual o objetivo relacionado ao controle de gastos:

> EMENDA CONSTITUCIONAL Nº 19, DE 1998
> Modifica o regime e dispõe sobre princípio e normas da Administração Pública, Servidores e Agentes políticos, controle de despesas e finanças públicas e custeio de atividades a cargo do Distrito Federal, e dá outras providências.

Constam da exposição de motivos[30] que inaugura o texto da Emenda Constitucional nº 19 os objetivos da norma relacionada ao princípio da eficiência:

> [...] acreditamos que as emendas constitucionais ora apresentadas venham a contribuir decisivamente para o revigoramento da administração pública, com impactos positivos sobre o conjunto da ação governamental e sobre a sociedade. Como resultados esperados da reforma administrativa, vale destacar o seguinte:
>
> * incorporar a dimensão da eficiência na administração pública: o aparelho de Estado devera se revelar apto a gerar mais benefícios, na forma de prestação de serviços à sociedade, com os recursos disponíveis, em respeito ao cidadão contribuinte:
>
> * contribuir para o equilíbrio das contas públicas: as esferas de Governo que enfrentam desequilíbrio das contas públicas disporão de maior liberdade para a adoção de medidas efetivas de redução de seus quadros de pessoal, obedecidos critérios que evitem a utilização abusiva ou persecutória de tais dispositivos:
>
> * viabilizar o federalismo administrativo: a introdução de novos formatos institucionais para gestão em regime de cooperação dos serviços públicos, envolvendo a União, Estados, Distrito Federal e Municípios e a remoção de obstáculos legais à transferência de bens e de pessoas aprofundarão a aplicação dos preceitos do federalismo na administração pública, particularmente no que tange à descentralização dos serviços públicos:

---

[30] CÂMARA DOS DEPUTADOS. *Exposição de motivos da Emenda Constitucional 19 de 1998*. Disponível em: https://www2.camara.leg.br/legin/fed/emecon/1998/emendaconstitucional-19-4-junho-1998-372816-exposicaodemotivos-148914-pl.html. Acesso em: 12 jan. 2022.

* romper com formatos jurídicos e institucionais rígidos e uniformizadores: a reforma constitucional permitirá a implantação de um novo desenho estrutural na Administração Pública brasileira que contemplará a diferenciação e a inovação no tratamento de estruturas, formas jurídicas e métodos de gestão e de controle, particularmente no que tange ao regime jurídico dos servidores, aos mecanismos de recrutamento de quadros e a política remuneratória:

* enfatizar a qualidade e o desempenho nos serviços públicos: a assimilação pelo serviço público da centralidade do cidadão e da importância da continua superação de metas de desempenho conjugada com a retirada de controles e obstruções legais desnecessários, repercutirá na melhoria dos serviços públicos.

Após esta determinação da Emenda Constitucional nº 19/98, inúmeros foram os diplomas comprometidos com o princípio da eficiência, sendo a Nova Lei de Licitações e Contratos Administrativos um desdobramento maior do princípio da eficiência, com ênfase na centralidade voltada para o cidadão e para metas de desempenho.

É consequência do princípio da eficiência a estipulação no art. 6º, LIII, da nova lei sobre um novo tipo de contrato que não havia sido previsto na legislação anterior: contrato de eficiência. Este tem como objeto a prestação de serviços, que pode incluir a realização de obras e o fornecimento de bens, com o objetivo de proporcionar economia ao contratante, na forma de redução de despesas correntes, remunerando o contratado com base em percentual da economia gerada.

O julgamento por maior retorno econômico será utilizado exclusivamente para a celebração de contrato de eficiência e considerará a maior economia para a Administração. A remuneração deverá ser fixada em percentual que incidirá de forma proporcional à economia efetivamente obtida na execução do contrato, conforme dispõe o art. 39 da nova lei.

Para tanto, nas licitações que adotarem o critério de julgamento referido no parágrafo anterior, os licitantes apresentarão: proposta de trabalho, que deverá contemplar as obras, os serviços ou os bens, com os respectivos prazos de realização ou fornecimento; a economia que se estima gerar, expressa em unidade de medida associada à obra, ao bem ou ao serviço e em unidade monetária e proposta de preço, que corresponderá a percentual sobre a economia que se estima gerar durante determinado período, expressa em unidade monetária.

O pagamento considerando a eficiência gerada pelo contratado não é inovação da Lei nº 14.133, de 1º.4.2021. Já vinha sendo exigido no rito da Lei do Regime Diferenciado de Contratações (RDC) e agora é consolidado na Nova Lei Geral de Licitações e Contratos Administrativos que revogou o antigo regime do RDC.[31]

Na Lei nº 8.666/93, agora revogada, também foram incluídas disposições que mencionavam a economia de escala na confecção dos editais e contratos, a exemplo do antigo art. 23, §1º da lei, em razão da Lei nº 8.666/93, na redação modificada no mesmo período da Emenda Constitucional nº 19/98.[32]

Tal compromisso com a eficiência é observado na nova lei, tendo como exemplos os artigos que inauguram o título do procedimento licitatório, havendo chamamento à alta administração do órgão para que mantenha compromisso com eficiência, efetividade e eficácia em suas contratações, definindo-se, ainda, que o compromisso na proposta mais vantajosa e, portanto, mais eficiente, deve levar em consideração o clico de vida do objeto, já que, por vezes, objeto perfeito no início do uso pode apresentar perda de qualidade ao longo do uso quando comparado com objetos similares no mercado. É o que se depreende da leitura dos dispositivos a seguir, colhidos da Nova Lei de Licitações e Contratos Administrativos:

DO PROCESSO LICITATÓRIO

Art. 11. O processo licitatório tem por objetivos:

I - assegurar a seleção da proposta apta a gerar o resultado de contratação mais vantajoso para a Administração Pública, inclusive no que se refere ao ciclo de vida do objeto;

II - assegurar tratamento isonômico entre os licitantes, bem como a justa competição;

III - evitar contratações com sobrepreço ou com preços manifestamente inexequíveis e superfaturamento na execução dos contratos;

IV - incentivar a inovação e o desenvolvimento nacional sustentável.

Parágrafo único. A alta administração do órgão ou entidade é responsável pela governança das contratações e deve implementar processos

---

[31] "Art. 23. No julgamento pelo maior retorno econômico, utilizado exclusivamente para a celebração de contratos de eficiência, as propostas serão consideradas de forma a selecionar a que proporcionará a maior economia para a administração pública decorrente da execução do contrato. §1º O contrato de eficiência terá por objeto a prestação de serviços, que pode incluir a realização de obras e o fornecimento de bens, com o objetivo de proporcionar economia ao contratante, na forma de redução de despesas correntes, sendo o contratado remunerado com base em percentual da economia gerada".

[32] "Art. 23. [...] §1º As obras, serviços e compras efetuadas pela Administração serão divididas em tantas parcelas quantas se comprovarem técnica e economicamente viáveis, procedendo-se à licitação com vistas ao melhor aproveitamento dos recursos disponíveis no mercado e à ampliação da competitividade sem perda da economia de escala".

e estruturas, inclusive de gestão de riscos e controles internos, para avaliar, direcionar e monitorar os processos licitatórios e os respectivos contratos, com o intuito de alcançar os objetivos estabelecidos no *caput* deste artigo, promover um ambiente íntegro e confiável, assegurar o alinhamento das contratações ao planejamento estratégico e às leis orçamentárias e promover eficiência, efetividade e eficácia em suas contratações.

2.10 Do princípio do interesse público

Quanto ao entendimento do princípio do interesse público, importante mencionar a contribuição que o Tribunal de Contas da União vem conferindo, em sucessivos acórdãos e decisões, para entender-se os delineamentos deste princípio no que se refere às licitações e contratos administrativos. Como exemplo deste posicionamento, inclusive permitindo em alguns casos afastar o princípio da legalidade, veja-se as decisões a seguir:

> Diante do caso concreto, e a fim de melhor viabilizar a concretização do interesse público, pode o princípio da legalidade estrita ser afastado frente a outros princípios. (Acórdão nº 119/2016-Plenário)

> O fato de o licitante apresentar composição de custo unitário contendo salário de categoria profissional inferior ao piso estabelecido em acordo, convenção ou dissídio coletivo de trabalho é, em tese, somente erro formal, o qual não enseja a desclassificação da proposta, podendo ser saneado com a apresentação de nova composição de custo unitário desprovida de erro, em face do princípio do formalismo moderado e da supremacia do interesse público. (Acórdão nº 719/2018-Plenário. Rev. Benjamin Zymler)

Assim, vê-se que, no entendimento do Tribunal de Contas da União, o princípio do interesse público é analisado juntamente com o princípio do formalismo moderado, o que permite concluir que o interesse público supera a mera formalidade, quando há mero erro formal, devendo ser analisado caso a caso.

Entende este doutrinador que a verificação do erro formal deve ser também realizada em conjunto com a análise da boa-fé, devendo-se investigar se o erro foi ou não intencional. Caso tenha sido de má-fé, a solução que se impõe é a responsabilidade de quem deu causa juntamente com o prosseguimento da licitação ou contrato, toda vez que estiver em risco a continuidade do serviço público e do próprio interesse público.

A nova lei ajudou a especificar melhor quais erros podem ser saneados em prol da preservação do interesse público, sendo aqueles que não comprometam a aferição da qualificação do licitante ou a compreensão do conteúdo de sua proposta.

No art. 12 da Lei de Licitações, verifica-se que o formalismo exacerbado pode ser afastado, o que privilegia o interesse público na continuidade da prestação do serviço público:

> Art. 12. No processo licitatório, observar-se-á o seguinte:
> I - os documentos serão produzidos por escrito, com data e local de sua realização e assinatura dos responsáveis;
> II - os valores, os preços e os custos utilizados terão como expressão monetária a moeda corrente nacional, ressalvado o disposto no art. 51 desta Lei;
> III - o desatendimento de exigências meramente formais que não comprometam a aferição da qualificação do licitante ou a compreensão do conteúdo de sua proposta não importará seu afastamento da licitação ou a invalidação do processo;
> IV - a prova de autenticidade de cópia de documento público ou particular poderá ser feita perante agente da Administração, mediante apresentação de original ou de declaração de autenticidade por advogado, sob sua responsabilidade pessoal;
> V - o reconhecimento de firma somente será exigido quando houver dúvida de autenticidade, salvo imposição legal; [...].

Este posicionamento disposto na nova lei de contratos e licitações se conforma com o que já foi defendido por Celso Antônio Bandeira de Mello,[33] para quem não há uma oposição absoluta entre interesse público e privado, podendo haver coincidência em muitos casos, sendo aconselhável afastar rigorismos formais em muitos casos concretos para resguardar o interesse público, o que atenderá também ao interesse privado na continuidade do contrato que representará lucros para a empresa específica.

Para Celso Antônio Bandeira de Mello, o interesse público, categoria habitualmente contraposta à de interesse privado, é o "interesse do todo, ou seja, do próprio conjunto social", que não se confunde com a soma dos interesses individuais. Porém, esclarece Bandeira de Mello que, se esse conceito não for aprofundado, corre-se o risco de se

---

[33] BANDEIRA DE MELLO, Celso Antônio. *Curso de direito administrativo*. 27. ed. São Paulo: Malheiros, 2010. p. 59.

acentuar um falso antagonismo entre o interesse da parte e o interesse do todo, propiciando-se a errônea suposição de que se trata de um interesse autônomo, desvinculado dos interesses de cada uma das partes que compõem o todo.

2.11 Do princípio do planejamento

É diretriz maior da Carta Magna o planejamento das ações pretendidas pela Administração Pública:

> Art. 193. A ordem social tem como base o primado do trabalho, e como objetivo o bem-estar e a justiça sociais.
> Parágrafo único. O Estado exercerá a função de planejamento das políticas sociais, assegurada, na forma da lei, a participação da sociedade nos processos de formulação, de monitoramento, de controle e de avaliação dessas políticas. (Incluído pela Emenda Constitucional nº 108, de 2020)

A conduta dos responsáveis pelo planejamento deve ir ao encontro das lições de Toni,[34] que orienta certa dose de reflexão sobre o futuro das decisões, mediante planos de contingência, métodos e técnicas, na tentativa de corrigir ineficiências. A capacidade de coordenação e mediação do conhecimento pelos gestores evita medidas equivocadas, onerosas ou inócuas, que levem a contratações emergenciais e desinteressantes, contrapostas à economicidade, como ensinado por Torres.[35]

Referido princípio ganhou centralidade na Nova Lei de Licitações e Contratos Administrativos. É obrigatório o planejamento pela Administração Pública antes do lançamento de edital, como se observa nos dispositivos a seguir:

> Art. 6º [...]
> XX - estudo técnico preliminar: documento constitutivo da primeira etapa do planejamento de uma contratação que caracteriza o interesse público envolvido e a sua melhor solução e dá base ao anteprojeto, ao termo de referência ou ao projeto básico a serem elaborados caso se conclua pela viabilidade da contratação; [...]

---

[34] TONI, J. Em busca do planejamento governamental do século XXI: novos desenhos. *In*: REPETTO, Fabio *et al*. *Reflexões para Ibero-América*: planejamento estratégico. Brasília: ENAP, 2009. p. 21-36.
[35] TORRES, Ronny Charles Lopes de. *Leis de licitações públicas comentadas*. 8. ed. Salvador: JusPodivm, 2017. p. 200.

Art. 11. O processo licitatório tem por objetivos:

I - assegurar a seleção da proposta apta a gerar o resultado de contratação mais vantajoso para a Administração Pública, inclusive no que se refere ao ciclo de vida do objeto;

II - assegurar tratamento isonômico entre os licitantes, bem como a justa competição;

III - evitar contratações com sobrepreço ou com preços manifestamente inexequíveis e superfaturamento na execução dos contratos;

IV - incentivar a inovação e o desenvolvimento nacional sustentável.

Parágrafo único. A alta administração do órgão ou entidade é responsável pela governança das contratações e deve implementar processos e estruturas, inclusive de gestão de riscos e controles internos, para avaliar, direcionar e monitorar os processos licitatórios e os respectivos contratos, com o intuito de alcançar os objetivos estabelecidos no *caput* deste artigo, promover um ambiente íntegro e confiável, assegurar o alinhamento das contratações ao planejamento estratégico e às leis orçamentárias e promover eficiência, efetividade e eficácia em suas contratações.

Art. 12. [...]

VII - a partir de documentos de formalização de demandas, os órgãos responsáveis pelo planejamento de cada ente federativo poderão, na forma de regulamento, elaborar plano de contratações anual, com o objetivo de racionalizar as contratações dos órgãos e entidades sob sua competência, garantir o alinhamento com o seu planejamento estratégico e subsidiar a elaboração das respectivas leis orçamentárias.

§1º O plano de contratações anual de que trata o inciso VII do *caput* deste artigo deverá ser divulgado e mantido à disposição do público em sítio eletrônico oficial e será observado pelo ente federativo na realização de licitações e na execução dos contratos.

§2º É permitida a identificação e assinatura digital por pessoa física ou jurídica em meio eletrônico, mediante certificado digital emitido em âmbito da Infraestrutura de Chaves Públicas Brasileira (ICP–Brasil). [...]

Art. 14. Não poderão disputar licitação ou participar da execução de contrato, direta ou indiretamente: [...]

§2º A critério da Administração e exclusivamente a seu serviço, o autor dos projetos e a empresa a que se referem os incisos I e II do *caput* deste artigo poderão participar no apoio das atividades de planejamento da contratação, de execução da licitação ou de gestão do contrato, desde que sob supervisão exclusiva de agentes públicos do órgão ou entidade.

2.12 Princípio da transparência

Como decorrência da assinatura pelo Brasil da Convenção da Organização das Nações Unidas contra a Corrupção,[36] na função pública passou a transparência a ser valor fundamental, inclusive para as licitações e contratos.

O art. 9º da referida Convenção define tópico específico para contratação pública e gestão da fazenda pública:

> Artigo 9º
> Contratação pública e gestão da fazenda pública
> 1. Cada Estado Parte, em conformidade com os princípios fundamentais de seu ordenamento jurídico, adotará as medidas necessárias para estabelecer sistemas apropriados de contratação pública, baseados na transparência, na competência e em critérios objetivos de adoção de decisões, que sejam eficazes, entre outras coisas, para prevenir a corrupção. Esses sistemas, em cuja aplicação se poderá ter em conta valores mínimos apropriados, deverão abordar, entre outras coisas:
> a) A difusão pública de informação relativa a procedimentos de contratação pública e contratos, incluída informação sobre licitações e informação pertinente ou oportuna sobre a adjudicação de contratos, a fim de que os licitadores potenciais disponham de tempo suficiente para preparar e apresentar suas ofertas;
> b) A formulação prévia das condições de participação, incluídos critérios de seleção e adjudicação e regras de licitação, assim como sua publicação;
> c) A aplicação de critérios objetivos e predeterminados para a adoção de decisões sobre a contratação pública a fim de facilitar a posterior verificação da aplicação correta das regras ou procedimentos;
> d) Um mecanismo eficaz de exame interno, incluindo um sistema eficaz de apelação, para garantir recursos e soluções legais no caso de não se respeitarem as regras ou os procedimentos estabelecidos conforme o presente parágrafo;
> e) Quando proceda, a adoção de medidas para regulamentar as questões relativas ao pessoal encarregado da contratação pública, em particular declarações de interesse relativo de determinadas contratações públicas, procedimentos de pré-seleção e requisitos de capacitação.
> 2. Cada Estado Parte, em conformidade com os princípios fundamentais de seu ordenamento jurídico, adotará medidas apropriadas para promover a transparência e a obrigação de render contas na gestão da fazenda pública. Essas medidas abarcarão, entre outras coisas:

---

[36] ORGANIZAÇÃO DAS NAÇÕES UNIDAS. *Convenção da Organização das Nações Unidas contra a Corrupção.* Disponível em: https://www.unodc.org/lpo-brazil/pt/corrupcao/convencao.html. Acesso em: 12 jan. 2022.

a) Procedimentos para a aprovação do pressuposto nacional;
b) A apresentação oportuna de informação sobre gastos e ingressos;
c) Um sistema de normas de contabilidade e auditoria, assim como a supervisão correspondente;
d) Sistemas eficazes e eficientes de gestão de riscos e controle interno; e
e) Quando proceda, a adoção de medidas corretivas em caso de não cumprimento dos requisitos estabelecidos no presente parágrafo.

3. Cada Estado Parte, em conformidade com os princípios fundamentais de sua legislação interna, adotará as medidas que sejam necessárias nos âmbitos civil e administrativo para preservar a integridade dos livros e registros contábeis, financeiros ou outros documentos relacionados com os gastos e ingressos públicos e para prevenir a falsificação desses documentos.

 A convenção assinada pelo Brasil solicita transparência nos procedimentos, logo no *caput* do art. 9º. Nos demais tópicos, foram sendo apresentadas medidas que significam a transparência dos procedimentos. Preocupa-se a Lei nº 14.133, de 1º.4.2021, com a difusão pública de informação relativa a procedimentos de contratação pública e contratos, incluída informação sobre licitações, inclusive pela criação de portal nacional de licitação, em que serão publicadas todas as informações exigidas pela Convenção Internacional contra a Corrupção.

 A aplicação de critérios objetivos, exigida pela Convenção da ONU, é garantida pelo estabelecimento, por exemplo, de normas previstas no art. 33 da nova lei, que traz critérios objetivos baseados em preço, desconto, maior lance, maior retorno, trazendo objetividade na ocasião da análise da melhor proposta, entre várias outras regras que serão tratadas neste manual, estabelecendo condições prévias para contratação de obras, serviços ou compras.

 No que se refere à garantia de recursos também exigida pela convenção, a nova lei se preocupa em atender a esta regra de transparência, à medida que disposto capítulo específico neste sentido a partir do art. 163 da lei.

 A convenção da ONU atenta, igualmente, para necessidade de regulamentação dos agentes públicos que tratarão sobre os procedimentos licitatórios e de contratação com obrigatoriedade de requisitos de capacitação dos recursos humanos envolvidos. Tal lógica foi observada na nova lei, com Capítulo IV (art. 7º), específico sobre quais requisitos devem ser adotados para a equipe que liderará as licitações nos diversos órgãos públicos, como vedação de parentesco com licitantes ou contratados pela Administração.

* Quanto ao tópico 2 do art. 9º da convenção acima reproduzido, o art. 174 da nova lei traz a criação de portal nacional de contratações públicas, inclusive para acompanhamento da execução dos contratos, gastos, relatórios, incluindo condutas necessárias para o aprimoramento, sendo expressa a lei quanto à necessidade de compartilhamento com a sociedade dos procedimentos, pelo meio virtual, em tempo real.

2.13 Princípios da eficácia e da economicidade

A discussão da eficácia vem ganhando espaço no direito administrativo brasileiro, citando-se a lição de Carvalho,[37] para quem a eficácia significa que os meios utilizados pelo gestor público devem levar em consideração o interesse público, não podendo considerar-se a economia para os cofres públicos como algo absoluto, sendo a medida tomada pelo gestor eficaz se, além de econômica, respeitar a sociedade e o interesse público nela envolvido.

Na Nova Lei de Licitações e Contratos Administrativos, verifica-se a preocupação com o princípio da eficácia quando se observa, no quesito compras, a recomendação para que o edital leve em consideração não só o menor preço, mas inclusive o ciclo de vida do produto. Isto porque a durabilidade de produtos baratos nem sempre é aceitável, não podendo a Administração Pública, portanto, contentar-se apenas com o menor preço, mas com parâmetros mínimos de qualidade (art. 11, I; art. 34, art. 40, §1º, I da Lei nº 14.133, de 1º.4.2021).

Da mesma forma, determina o art. 20 da nova lei que não podem ser adquiridos artigos de luxo, o que se coaduna com o princípio da eficácia, relacionado à economia e ao interesse público, não se podendo admitir gastos supérfluos.

Quanto ao princípio da economicidade, é imposição constitucional disposta no art. 70 da Constituição Federal:

SEÇÃO IX
DA FISCALIZAÇÃO CONTÁBIL, FINANCEIRA E ORÇAMENTÁRIA

Art. 70. A fiscalização contábil, financeira, orçamentária, operacional e patrimonial da União e das entidades da administração direta e indireta, quanto à legalidade, legitimidade, economicidade, aplicação das subvenções e renúncia de receitas, será exercida pelo Congresso

---

[37] CARVALHO, Raquel Melo Urbano de. *Curso de direito administrativo.* 2. ed. Salvador: JusPodivm, 2009. p. 201.

Nacional, mediante controle externo, e pelo sistema de controle interno de cada Poder.

Interpretando o que pode ser identificado como economicidade, dispõe o TCU que significa, nas palavras do Ministro Ivan Luz, *"a relação adequada entre os recursos envolvidos e as resultantes alcançadas; revelará, outrossim, seu bom ou mau emprego, o desperdício insensato, a leviandade, a gestão temerária, a negligência [...]"* (grifos nossos).[38]

Di Pietro dispõe que se trata de questão de mérito, para verificar se o órgão procedeu, na aplicação da despesa pública, de modo mais econômico, atendendo, por exemplo, a uma adequada relação custo-benefício.[39] A importância do princípio da economicidade e a consequente preocupação com os resultados alcançados e seu custo-benefício vêm sendo abordadas em vários momentos da nova lei, inclusive na preparação do estudo técnico preliminar, disposto no art. 18, §1º, para evidenciar a melhor solução com o melhor aproveitamento possível:

> Art. 18. [...]
> §1º O estudo técnico preliminar a que se refere o inciso I do *caput* deste artigo deverá evidenciar o problema a ser resolvido e a sua melhor solução, de modo a permitir a avaliação da viabilidade técnica e econômica da contratação, e conterá os seguintes elementos: [...]
> IX - demonstrativo dos resultados pretendidos em termos de economicidade e de melhor aproveitamento dos recursos humanos, materiais ou financeiros disponíveis; [...].

Tal preocupação também é revelada no art. 174, §3º, da Lei nº 14.133, de 1º.4.2021, com a definição de que deve haver relatório com os objetivos alcançados, apontando correções necessárias.

2.14 Princípio da segregação de funções

Referida norma significa evitar que o mesmo agente público acumule várias funções no procedimento licitatório, coibindo o acobertamento de fraudes e erros na condução do processo. Devem, então, razoavelmente, as funções, ao longo do procedimento, ser separadas entre os agentes envolvidos, como se observa na redação do art. 7º da nova lei:

---

[38] LUZ, Ivan. Do controle da eficiência e economicidade pelos Tribunais de Contas. *Revista do Tribunal de Contas do Estado do Rio Grande do Sul*, Porto Alegre, v. 2, n. 5, jun. 1985. p. 77.
[39] DI PIETRO, Maria Sylvia Zanella. *Direito administrativo.* 8. ed. São Paulo: Atlas, 1997. p. 490.

CAPÍTULO IV
DOS AGENTES PÚBLICOS

Art. 7º Caberá à autoridade máxima do órgão ou da entidade, ou a quem as normas de organização administrativa indicarem, promover gestão por competências e designar agentes públicos para o desempenho das funções essenciais à execução desta Lei que preencham os seguintes requisitos:

§1º A autoridade referida no *caput* deste artigo deverá observar o princípio da segregação de funções, vedada a designação do mesmo agente público para atuação simultânea em funções mais suscetíveis a riscos, de modo a reduzir a possibilidade de ocultação de erros e de ocorrência de fraudes na respectiva contratação.

Alguns exemplos das diversas aplicações da segregação de funções podem ser encontrados em julgamentos dos Tribunais de Contas e órgãos de controle, como os seguintes:

- A segregação de funções deve prever a separação entre funções de autorização/aprovação, operações, execução, controle e contabilização, de tal forma que nenhuma pessoa detenha competências e atribuições em desacordo com este princípio (manual da Controladoria-Geral do Estado de Tocantins).
- A segregação de funções é princípio básico do sistema de controle interno, que consiste na separação de funções, nomeadamente de autorização, aprovação, execução, controle e contabilização das operações (Portaria nº 63/96, de 27.2.1996 – manual de Auditoria do TCU).
- A segregação é ferramenta para otimizar e gerar eficiência administrativa (Acórdão TCU nº 409/2007 – 1ª Câmara e Acórdão TCU nº 611/2008 – 1ª Câmara).
- Os procedimentos de controle devem existir em toda a instituição, em todos os níveis e em todas as funções. Eles incluem uma gama de procedimentos de detecção e prevenção, como a segregação de funções entre autorização, execução, registro e controle de atividades (cartilha de orientação sobre controle interno – TCE/MG, 2012).
- Não designar, para compor comissão de licitação, o servidor ocupante de cargo com atuação na fase interna do procedimento licitatório (Acórdão TCU nº 686/2011 – Plenário).
- Considera-se falta de segregação de funções, o chefe do setor de licitações e contratos elaborar o projeto básico e atuar no processo como pregoeiro (Relatório CGU nº 174.805/2005).

- Considera-se falta de segregação de funções quando o pregoeiro e a equipe de apoio à licitação realizam trabalho de comissão de recebimento dos materiais (Relatório CGU nº 174.805/2005).
- Devem ser segregadas as atividades de requisição, autorização, utilização e controle (Acórdão TCU nº 4.885/2009 – 2ª Câmara).
- Deve ser observado o princípio da segregação de funções nas atividades relacionadas à licitação, à liquidação e ao pagamento das despesas (Acórdão TCU nº 1.013/2008 – 1ª Câmara).
- Devem ser designados servidores diferentes para as funções de suprido e responsável pelo atesto das despesas realizadas nas prestações de contas, em observância ao princípio da segregação de funções, de modo que o agente público que ateste a realização da despesa não seja o mesmo que efetue o pagamento (Acórdão TCU nº 3.281/2008 – 1ª Câmara).
- A administração não deve nomear, para a fiscalização e o acompanhamento dos contratos, servidores que tenham vínculo com o setor financeiro da unidade, sobretudo, aqueles que são diretamente responsáveis pelo processamento da execução da despesa (Acórdão TCU nº 4.701/2009 – 1ª Câmara).
- Não permitir que a comissão de inventário seja composta por membros responsáveis pelos bens a serem inventariados (Acórdão TCU nº 1.836/2008 – 2ª Câmara e IN/SEDAP-PR nº 205, de 8.4.1988).
- Promover a separação de funções de autorização, aprovação, execução, controle e contabilização das operações, evitando o acúmulo de funções por parte de um mesmo servidor (Acórdão TCU nº 5.615/2008 – 2ª Câmara).
- O fiscal de contrato e seu substituto devem ser designados mediante portaria, em cumprimento ao disposto no art. 67 da Lei nº 8.666/1993, considerando que os servidores que executam o orçamento não devem ser designados para fiscal de contrato (Acórdão TCU nº 1.131/2006 – 1ª Câmara).
- Evitar que responsáveis por comissões de licitações sejam também responsáveis pelas áreas de suprimento envolvidas (Acórdãos TCU nº 1.449/2007 e nº 2.446/2007 – 1ª Câmara).
- Designar servidores distintos para as funções de encarregado do setor financeiro e de responsável pela contabilidade, que devem ser segregadas (Acórdão TCU nº 2.072/2007 – 1ª Câmara e IN/SFC nº 1/2001).

- Garantir que as pessoas incumbidas das solicitações para aquisições de materiais e serviços não sejam as mesmas responsáveis pela aprovação e contratação das despesas (item 5.2, TC-004.797/2007-2, Acórdão TCU nº 2.507/2007 – Plenário).

- Observar o princípio da segregação de funções na execução de seus atos administrativos, principalmente no tocante à conformidade de suporte documental, em cumprimento ao disposto na IN Conjunta STN/SFC nº 04/00 (*DOU* de 11.5.2000), com as alterações da IN Conjunta STN/SFC nº 02/00 (*DOU* de 27.4.2000) (item 4.2.12, TC-013.001/2006-4, Acórdão TCU nº 70/2008 – 2ª Câmara). A lei não especifica como se pode realizar em detalhes a segregação de funções, sendo muitas as funções relacionadas no âmbito das licitações e contratos, podendo-se adotar os precedentes acima do Tribunal de Contas da União, que há mais de duas décadas vem demandando a segregação de funções. Muitas das inovações trazidas pela nova lei são resultado da contribuição da Corte de Contas da União, como o princípio da segregação de funções.

2.15 Princípio da motivação

A motivação nos procedimentos da licitação e dos contratos administrativos se refere à fundamentação das escolhas do gestor público, seja quando escolhe a obra, serviço ou compra, seja na elaboração de documentos como o estudo preliminar, o projeto básico e projeto executivo, assim como nas decisões do julgamento da licitação.

Observa-se no art. 18 da nova lei esta necessidade de motivação sempre guiada pelo interesse público:

> Art. 18. A fase preparatória do processo licitatório é caracterizada pelo planejamento e deve compatibilizar-se com o plano de contratações anual de que trata o inciso VII do *caput* do art. 12 desta Lei, sempre que elaborado, e com as leis orçamentárias, bem como *abordar todas as considerações técnicas, mercadológicas e de gestão que podem interferir na contratação*, compreendidos:
> I - a descrição da necessidade da contratação fundamentada em estudo técnico preliminar que caracterize o interesse público envolvido;
> II - a definição do objeto para o atendimento da necessidade, por meio de termo de referência, anteprojeto, projeto básico ou projeto executivo, conforme o caso;
> III - a definição das condições de execução e pagamento, das garantias exigidas e ofertadas e das condições de recebimento;

IV - o orçamento estimado, com as composições dos preços utilizados para sua formação;

V - a elaboração do edital de licitação;

VI - a elaboração de minuta de contrato, quando necessária, que constará obrigatoriamente como anexo do edital de licitação;

VII - o regime de fornecimento de bens, de prestação de serviços ou de execução de obras e serviços de engenharia, observados os potenciais de economia de escala;

VIII - a modalidade de licitação, o critério de julgamento, o modo de disputa e a adequação e eficiência da forma de combinação desses parâmetros, para os fins de seleção da proposta apta a gerar o resultado de contratação mais vantajoso para a Administração Pública, considerado todo o ciclo de vida do objeto;

IX - a *motivação* circunstanciada das condições do edital, tais como justificativa de exigências de qualificação técnica, mediante indicação das parcelas de maior relevância técnica ou valor significativo do objeto, e de qualificação econômico-financeira, justificativa dos critérios de pontuação e julgamento das propostas técnicas, nas licitações com julgamento por melhor técnica ou técnica e preço, e justificativa das regras pertinentes à participação de empresas em consórcio;

X - a análise dos riscos que possam comprometer o sucesso da licitação e a boa execução contratual;

XI - a *motivação* sobre o momento da divulgação do orçamento da licitação, observado o art. 24 desta Lei. (Grifos nossos)

2.16 Do princípio da segurança jurídica

A segurança jurídica, entendida como a estabilidade nas relações jurídicas entre particulares e Administração, também entendida como não surpresa, boa-fé ou princípio da confiança, tem, certamente, incidência sobre institutos da nova lei de licitações.

Pode este princípio ser identificado na disposição da nova lei que garante ao contratado o pagamento pelo serviço prestado, mesmo em caso de nulidade ou por fatos exclusivos da Administração Pública. Da mesma forma, garante-se a alteração do contrato para restabelecer-se o equilíbrio financeiro em casos imprevisíveis (caso fortuito ou força maior).

2.17 Dos princípios da razoabilidade e da proporcionalidade

Razoabilidade vem sendo entendida como a utilização de critérios lógicos nas escolhas realizadas, enquanto proporcionalidade se refere à escolha dos meios mais adequados para a consecução da finalidade pretendida.[40] No tema das licitações e contratos, deve-se dizer que os princípios da razoabilidade e da proporcionalidade determinam a necessidade de que os respectivos procedimentos sejam baseados na lógica e na escolha dos meios mais adequados para consecução de obras, serviços e compras destinados à Administração Pública.

Assim, por incidência destes princípios, nem sempre será adequada a anulação de contratos se isto causar riscos sociais, ambientais ou de outra natureza que agridam a lógica e o próprio interesse público.

Referidos princípios, já reconhecidos pelo Supremo Tribunal Federal como princípios implícitos na ordem constitucional, podem ser verificados na lei de licitações e contratos administrativos, no art. 146, vez que se verifica a flexibilidade da anulação do contrato quando assim recomendar o interesse público, tudo baseado em critérios razoáveis e proporcionais que devem ser devidamente justificados de acordo com os critérios da nova lei:

CAPÍTULO XI
DA NULIDADE DOS CONTRATOS

Art. 146. Constatada irregularidade no procedimento licitatório ou na execução contratual, caso não seja possível o saneamento, a decisão sobre a suspensão da execução ou anulação do contrato somente será adotada na hipótese em que se revelar medida de interesse público, com avaliação, entre outros, dos seguintes aspectos:

I - impactos econômicos e financeiros decorrentes do atraso na fruição dos benefícios do objeto do contrato;

---

[40] Professor Diógenes Gasparini, definindo o princípio da razoabilidade diz que, *in verbis*: "O particular, salvo alguma anomalia, não age de forma desarrazoada. Seu comportamento, diante das mais variadas situações, predispõe-se, sempre a seguir o sentido comum das pessoas normais. Assim também deve ser o comportamento da Administração Pública quando estiver no exercício de atividade discricionária, devendo atuar racionalmente e afeiçoada ao senso comum das pessoas, tendo em vista a competência recebida para a prática, com discrição, de atos administrativos" (GASPARINI, Diógenes. *Direito administrativo*. São Paulo: Saraiva, 2010. p. 78). Neste mister, o Professor J. J. Gomes Canotilho leciona que, *in verbis*: "Quando se chegar à conclusão da necessidade e adequação da medida coactiva do poder público para alcançar determinado fim, mesmo neste caso deve perguntar-se se o resultado obtido com a intervenção é proporcional à carga coactiva da mesma. Está aqui em causa o princípio da proporcionalidade em sentido estrito, entendido como o princípio da "justa medida". Meios e fim são colocados em equação mediante um juízo de ponderação, com o objetivo de se avaliar se o meio utilizado é ou não desproporcionado em relação ao fim. Trata-se, pois, de uma questão de medida ou desmedida para se alcançar um fim: pesar as desvantagens dos meios em relação às vantagens do fim" (CANOTILHO, J. J. Gomes. *Direito constitucional e teoria da Constituição*. 7. ed. Coimbra: Almedina, 2003).

II - riscos sociais, ambientais e à segurança da população local decorrentes do atraso na fruição dos benefícios do objeto do contrato;
III - motivação social e ambiental do contrato;
IV - custo da deterioração ou da perda das parcelas executadas;
V - despesa necessária à preservação das instalações e dos serviços já executados;
VI - despesa inerente à desmobilização e ao posterior retorno às atividades;
VII - medidas efetivamente adotadas pelo titular do órgão ou entidade para o saneamento dos indícios de irregularidades apontados;
VIII - custo total e estágio de execução física e financeira dos contratos, dos convênios, das obras ou das parcelas envolvidas;
IX - fechamento de postos de trabalho diretos e indiretos em razão da paralisação;
X - custo para realização de nova licitação ou celebração de novo contrato;
XI - custo de oportunidade do capital durante o período de paralisação.
Parágrafo único. Caso a paralisação ou anulação não se revele medida de interesse público, o poder público deverá optar pela continuidade do contrato e pela solução da irregularidade por meio de indenização por perdas e danos, sem prejuízo da apuração de responsabilidade e da aplicação de penalidades cabíveis.

2.18 Princípio da competitividade

Referido princípio tem ampla ligação com o princípio da publicidade. *Quanto mais esta é ampliada, mais chance de atração de competidores e de melhores propostas na licitação, atendendo-se, também, ao princípio do interesse público.*
Acerca do tema, ensina Hely Lopes Meirelles:[41]

[...] é princípio impeditivo da discriminação entre os participantes do certame, quer através de cláusulas que, no Edital ou convite, favoreçam uns em detrimento de outros, quer mediante julgamento faccioso, que desiguale os iguais ou iguale os desiguais (artigo 3º, §1º).
O desatendimento a este princípio constitui a forma mais insidiosa de desvio de poder, com que a Administração quebra a isonomia entre os licitantes, razão pela qual o Judiciário tem anulado editais e julgamentos em que se descobre a perseguição ou o favoritismo administrativo, sem nenhum objetivo ou vantagem do interesse público.

---

[41] MEIRELLES, Hely Lopes. *Direito administrativo brasileiro*. 27. ed. São Paulo: Malheiros, 2002. p. 262.

Pode este princípio ser verificado, na nova lei, no dispositivo que veda a preferência de marcas sem justificativa razoável, o que por óbvio, restringiria a competitividade. A possibilidade de indicação de marca é norma excepcional, de acordo com os seguintes condicionantes constantes da lei de licitações e contratos administrativos:

Art. 41. [...]
§4º No caso de licitação que envolva o fornecimento de bens, a Administração poderá excepcionalmente:
I - indicar uma ou mais marcas ou modelos, desde que formalmente justificado, nas seguintes hipóteses:
a) em decorrência da necessidade de padronização do objeto;
b) em decorrência da necessidade de manter a compatibilidade com plataformas e padrões já adotados pela Administração;
c) quando determinada marca ou modelo comercializados por mais de um fornecedor forem os únicos capazes de atender às necessidades do contratante;
d) quando a descrição do objeto a ser licitado puder ser mais bem compreendida pela identificação de determinada marca ou determinado modelo aptos a servir apenas como referência; [...].

2.19 Princípio da celeridade

Pode ser identificado desde o texto constitucional, em seu art. 5º, o princípio da celeridade como princípio da razoável duração do processo. *Não se pode admitir procedimento licitatório com demora excessiva, sob pena de lesão ao interesse público.*

O novo marco normativo das licitações e contratos tem mecanismos para garantir rapidez ao procedimento, como a inclusão de rito antes existente para o pregão e para o regime diferenciado de licitações: a inversão de fases.

Pela nova lei passa a ser regra o início do procedimento licitatório pela fase de julgamento das propostas, estando a habilitação por último e apenas avaliando os documentos do licitante vencedor na fase de julgamento das propostas. O rito passa a ser mais célere porque não haverá análise de todos os documentos juntados pelas empresas, mas apenas os documentos de habilitação da empresa vencedora, havendo menos possibilidades de recursos. Veja-se o dispositivo relacionado:

Art. 17. O processo de licitação observará as seguintes fases, em sequência:
I - preparatória;

II - de divulgação do edital de licitação;
III - de apresentação de propostas e lances, quando for o caso;
IV - de julgamento;
V - de habilitação;
VI - recursal;
VII - de homologação.

§1º A fase referida no inciso V do *caput* deste artigo poderá, mediante ato motivado com explicitação dos benefícios decorrentes, anteceder as fases referidas nos incisos III e IV do *caput* deste artigo, desde que expressamente previsto no edital de licitação.

Por meio de mecanismos indiretos, também se garante a celeridade como a exigência de qualificação dos agentes de administração que conduzirão o procedimento, conforme se verifica no art. 7º da nova lei.

2.20 Princípio do desenvolvimento nacional sustentável

Colhe-se do relatório do Projeto de Lei nº 4.253, de 2020, mais tarde convertido em Nova Lei de Licitações e Contratos, o entendimento sobre o que significa referido princípio:

> O desenvolvimento sustentável dos países é um princípio reconhecido pela comunidade científica mundial, que se apoia em três pilares: econômico, social e ambiental (Declaração de Joanesburgo). A Agenda 2030 para o Desenvolvimento Sustentável contém o conjunto de 17 Objetivos de Desenvolvimento Sustentável (ODS). O art. 3º da Lei nº 8.666, de 21 de junho de 1993, já estatui que a licitação se destina a garantir, dentre outras coisas, a promoção do desenvolvimento nacional sustentável.

Ao longo da nova lei, serão dispostas várias regras que permitirão concretizar este princípio no que tange, por exemplo, à margem de preferência:

> Art. 26. No processo de licitação, poderá ser estabelecida margem de preferência para:
> I - bens manufaturados e serviços nacionais que atendam a normas técnicas brasileiras;
> II - bens reciclados, recicláveis ou biodegradáveis, conforme regulamento.
> §1º A margem de preferência prevista no *caput* deste artigo:
> I - será definida em decisão fundamentada do Poder Executivo federal, na hipótese do inciso I do *caput* deste artigo;

II - poderá ser de até 10% (dez por cento) sobre o bens e serviços que não se enquadrem no disposto nos incisos I ou II do *caput* deste artigo;

III - poderá ser estendida a bens manufaturados e serviços originários de Estados Partes do Mercado Comum do Sul (Mercosul), desde que haja reciprocidade com o País prevista em acordo internacional aprovado pelo Congresso Nacional e ratificado pelo Presidente da República.

§2º Para os bens manufaturados nacionais e serviços nacionais resultantes de desenvolvimento e inovação tecnológica no País, definidos conforme regulamento do Poder Executivo federal, a margem de preferência a que se refere o *caput* deste artigo poderá ser de até 20% (vinte por cento).

§3º Os Estados, o Distrito Federal e os Municípios poderão estabelecer margem de preferência de até 10% (dez por cento) para bens manufaturados nacionais produzidos no Estado em que estejam situados ou, conforme o caso, no Distrito Federal.

§4º Os Municípios com até 50.000 (cinquenta mil) habitantes poderão estabelecer margem de preferência de até 10% (dez por cento) para empresas neles sediadas.

§5º A margem de preferência não se aplica aos bens manufaturados nacionais e aos serviços nacionais se a capacidade de produção desses bens ou de prestação desses serviços no País for inferior:

I - à quantidade a ser adquirida ou contratada; ou

II - aos quantitativos fixados em razão do parcelamento do objeto, quando for o caso.

§6º Os editais de licitação para a contratação de bens, serviços e obras poderão, mediante prévia justificativa da autoridade competente, exigir que o contratado promova, em favor de órgão ou entidade integrante da Administração Pública ou daqueles por ela indicados a partir de processo isonômico, medidas de compensação comercial, industrial ou tecnológica ou acesso a condições vantajosas de financiamento, cumulativamente ou não, na forma estabelecida pelo Poder Executivo federal.

§7º Nas contratações destinadas à implantação, à manutenção e ao aperfeiçoamento dos sistemas de tecnologia de informação e comunicação considerados estratégicos em ato do Poder Executivo federal, a licitação poderá ser restrita a bens e serviços com tecnologia desenvolvida no País produzidos de acordo com o processo produtivo básico de que trata a Lei nº 10.176, de 11 de janeiro de 2001.

CAPÍTULO 3

DOS AGENTES PÚBLICOS

Inova a lei com regras específicas sobre quais os requisitos e normas devem reger a atuação dos servidores públicos participantes do bom andamento das licitações.

3.1 Da gestão por competências para a equipe condutora das licitações

Inicia o art. 7º da nova lei introduzindo no sistema das licitações no Brasil o conceito de gestão por competências para indicar agentes públicos para o desempenho das funções essenciais à execução desta lei.

Para entender a gestão por competências, deve-se recorrer à ciência da administração, responsável pelo estudo dos processos e sujeitos responsáveis pela gestão.

Entende-se que, a partir da nova lei, a Administração Pública deve estruturar seu setor de recursos humanos para implantar definitivamente as mais recentes orientações para melhoria constante da eficiência dos servidores públicos que passa por uma correta gestão de competências.

Como observado por Isambert-Jamati,[42] o termo *competência* não está mais vinculado apenas aos diversos aspectos do trabalho, mas também ao desempenho. A atitude do servidor no campo psicológico e social deve também ser levada em consideração.

---

[42] ISAMBERT-JAMATI, Viviane. O apelo à noção de competência na revista L'Orientation Scolaire et Profissionelle: da sua criação aos dias de hoje. *In*: ROPÉ, Françoise; TANGUY, Lucie (Org.). *Saberes e competências*: o uso de tais noções na escola e na empresa. Campinas: Papirus, 1997.

Dutra, Hipólito e Silva,[43] adotando, igualmente, este conceito mais ampliado de competência, entendem que esta deve considerar os resultados dentro dos objetivos organizacionais e não só a formação do servidor público. O que tem prevalecido no meio acadêmico como competências é a combinação de três fatores: conhecimentos, habilidades e atitudes.[44]

Pode surgir uma dúvida prática sobre como implantar a gestão por competências. Conforme a Escola Nacional de Administração Pública,[45] a gestão por competências pode ser introduzida com a criação de banco de talentos com as seguintes funcionalidades:

[...] para alimentação, armazenamento e recuperação de dados sobre seus empregados. Inicialmente, a instituição passa a conhecer melhor o perfil dos servidores e suas respectivas trajetórias profissionais. A seguir, é possível a análise das competências disponíveis, bem como dos conhecimentos, das habilidades e das atitudes que a organização deseja adquirir ou que são necessários para a atuação, no presente ou no futuro, em cada carreira ou setor.

Normalmente, o banco de talentos é um cadastro de servidores com dados sobre formação, especialização, atividades acadêmicas, experiência profissional, realizações, atividades de entretenimento, artísticas e esportivas, entre outras, armazenadas em um sistema informatizado que permite a realização de consultas e pesquisas refinadas. A proposta é disponibilizar para a organização dados que auxiliem na identificação do perfil geral dos funcionários, incluindo informações curriculares, indicações comportamentais – como, por exemplo, as provenientes da auto-avaliação de habilidades e atitudes – e dados sobre atividades realizadas de modo voluntário pelos servidores.

Os itens que formam o cadastro de cada indivíduo são definidos pela organização, de acordo com suas necessidades, expressas, por exemplo, pela localização de especialistas em determinados temas ou das pessoas interessadas em setores situados em cidades e países diferentes do que abriga a sede ou matriz.

No cadastro, pode haver campos de preenchimento obrigatório e optativo; campos fechados, diante dos quais o servidor deve selecionar

---

[43] DUTRA, Joel Souza; HIPÓLITO; José Antônio Monteiro; SILVA, Cassiano Machado. Gestão de pessoas por competências: o caso de uma empresa do setor de telecomunicações. In: ENCONTRO DA ASSOCIAÇÃO NACIONAL DOS PROGRAMAS DE PÓS-GRADUAÇÃO EM ADMINISTRAÇÃO, XXII. Anais... Foz do Iguaçu: ANPAD, 1998.
[44] DURAND, Thomas et al. L'alchimie de la compétence. Revue Française de Gestion, Paris, n. 127, p. 84-102, jan./fev. 2000.
[45] PIRES, Alexandre Kalil et al. Gestão por competências em organizações de governo. Brasília: ENAP, 2005. p. 100.

a melhor alternativa para o registro da informação, e campos de livre descrição, onde o servidor registra os dados de forma não padronizada. A autoria do registro e a forma de atualização das informações podem ser mais ou menos rígidas, de acordo com as implicações que podem ter sobre a vida profissional do servidor.

Importante pensar este referencial não só para a seleção dos servidores já componentes do serviço público, mas, inclusive, para seleção externa antes do ingresso no serviço público, podendo-se incluir entrevistas, dinâmicas e testes psicológicos ou de conhecimento para certificar competências declaradas.

São sugestões da Escola Nacional de Administração Pública para implantação da gestão por competências o estabelecimento como parâmetro dos resultados que o órgão ou a instituição deve apresentar ao prestar serviços à sociedade; criação de uma equipe permanente de seleção no setor público – em cada órgão ou entidade –, encarregada de definir as condições para a realização dos certames; que conhecimentos técnicos, acadêmicos ou científicos correspondam, no máximo, a 50% da pontuação total do processo seletivo, ficando o restante reservado para a avaliação de aspectos relacionados ao perfil, à personalidade e à adequação ao cargo ou posto definido; realização de entrevistas, provas orais, testes psicológicos e exames de saúde, considerando as características do cargo ou posto de trabalho em questão.

Portanto, na ocasião da regulamentação da nova lei,[46] deve ser levada em consideração a instituição de uma rigorosa gestão de competências por meio de critérios científicos a partir da ciência da administração, demonstrados nos parágrafos anteriores.

3.2 Requisitos aplicáveis aos agentes públicos no procedimento licitatório

Decorrente da necessidade de zelar pela competência (conhecimento, habilidade, atitude), determina o art. 7º da nova lei quais requisitos devem ser obedecidos na seleção dos servidores que comporão a equipe de licitações: servidor efetivo dos quadros permanentes,

---

[46] "Art. 8º [...] §3º As regras relativas à atuação do agente de contratação e da equipe de apoio, ao funcionamento da comissão de contratação e à atuação de fiscais e gestores de contratos de que trata esta Lei serão estabelecidas *em regulamento*, e deverá ser prevista a possibilidade de eles contarem com o apoio dos órgãos de assessoramento jurídico e de controle interno para o desempenho das funções essenciais à execução do disposto nesta Lei" (grifos nossos).

atribuições relacionadas a licitações e contratos ou formação compatível atestada por Escola de Governo criada ou mantida pelo Poder Público e, por fim, vedação de práticas análogas ao nepotismo ou que atentem contra o princípio da impessoalidade. Veja-se a redação adotada na nova lei:

> Art. 7º Caberá à autoridade máxima do órgão ou da entidade, ou a quem as normas de organização administrativa indicarem, promover gestão por competências e designar agentes públicos para o desempenho das funções essenciais à execução desta Lei que preencham os seguintes requisitos:
> I - sejam, preferencialmente, servidor efetivo ou empregado público dos quadros permanentes da Administração Pública
> II - tenham atribuições relacionadas a licitações e contratos ou possuam formação compatível ou qualificação atestada por certificação profissional emitida por escola de governo criada e mantida pelo poder público; e
> III - não sejam cônjuge ou companheiro de licitantes ou contratados habituais da Administração nem tenham com eles vínculo de parentesco, colateral ou por afinidade, até o terceiro grau, ou de natureza técnica, comercial, econômica, financeira, trabalhista e civil.

Aliada a estes requisitos e em função dos princípios da moralidade e transparência, determina a lei a regra da segregação de funções que compreende a distribuição entre vários servidores das tarefas relacionadas às licitações, o que permitirá maior controle e transparência, entendida a concentração de poder como danosa para o controle dos atos licitatórios.

Poderia esta concentração favorecer condutas dolosas e anticompetitivas. Então define o art. 7º da nova lei: a autoridade referida no *caput* deste artigo deverá observar o princípio da segregação de funções, vedada a designação do mesmo agente público para atuação simultânea em funções mais suscetíveis a riscos, de modo a reduzir a possibilidade de ocultação de erros e de ocorrência de fraudes na respectiva contratação. Referida regra se aplica aos órgãos de assessoramento jurídico e de controle interno da Administração. Por força do §3º do art. 7º da nova lei, entende-se que deve a segregação de funções ser regulamentada por decreto.

3.3 Do agente de contratação

A nova lei cuida também do novo conceito relacionado ao servidor que será responsável por tomar decisões, acompanhar o trâmite da licitação, dar impulso ao procedimento licitatório e executar outras atividades necessárias ao bom andamento da licitação. *Passa a ser este servidor denominado de agente de contratação e será designado entre servidores efetivos ou empregados dos quadros permanentes da Administração Pública*. Observa-se ser esta nova função decorrente da necessidade de não permitir que processos licitatórios sejam interrompidos com prejuízos ao interesse público, sendo relevante que o agente de contratação *atue como verdadeiro fiscal dos procedimentos, tomando decisões, impulsionando o procedimento e executando atividades necessárias ao bom andamento da licitação*.

Colhe-se do relatório constante do Projeto de Lei nº 4.253, de 2000, a informação sobre a terminologia utilizada: o substitutivo define *agente público* exatamente como feito no PLS nº 559, de 2013, que não é a mesma coisa que agente de contratação. Este equivale ao dito *agente de licitação* no art. 7º do PLS.

Assim, o termo "agente de contratação" prevaleceu perante o termo "agente de licitação". Ademais, a nova lei também conceitua agente público:

agente público: indivíduo que, em virtude de eleição, nomeação, designação, contratação ou qualquer outra forma de investidura ou vínculo, exerce mandato, cargo, emprego ou função em pessoa jurídica integrante da Administração Pública.

Portanto, agente de contratação deve ser entendido como espécie de agente público com atribuições específicas para o tema das licitações. Ele responderá individualmente por seus atos, mas será ajudado por equipe de apoio. Quando a modalidade licitatória for pregão, o termo "agente de contratação" será substituído por "pregoeiro", conforme art. 8º, §5º da nova lei.

3.4 Do agente de contratação e a peculiaridade dos bens e serviços especiais

Define a nova lei que em caso de licitação de bens e serviços especiais o agente de contratação poderá ser substituído por comissão: em licitação que envolva bens ou serviços especiais, desde que observados os requisitos estabelecidos no art. 7º desta lei, o agente de contratação poderá ser substituído por comissão de contratação formada de, no mínimo, 3 (três) membros, que responderão solidariamente por todos os atos praticados pela comissão, ressalvado o membro que expressar posição individual divergente fundamentada e registrada em ata lavrada na reunião em que houver sido tomada a decisão. A nova lei define o que pode ser entendido como bens e serviços especiais, o que não era previsto na lei revogada. São aqueles de complexidade tal que os padrões de desempenho e qualidade não podem ser objetivamente definidos no edital, por meio de especificações usuais de mercado, devendo ser exigida justificativa prévia do contratante.

É razoável que para bens e serviços de maior complexidade o agente de contratação não esteja sozinho, mas seja designada verdadeira comissão de contratação com no mínimo três servidores. A responsabilidade é solidária, ressalvado o membro que expressar posição individual divergente fundamentada e registrada em ata lavrada na reunião em que houver sido tomada a decisão.

Ainda como previsão da nova lei, para auxiliar na condução da licitação, existe a possibilidade de contratação de serviço de empresa ou de profissional especializado para assessorar os agentes públicos responsáveis pela condução da licitação que envolva bens e serviços especiais, o que não exclui a comissão de contratação formada por agentes públicos, conforme previsto no art. 8º, §4º da nova lei.

3.5 Vedações ao agente de contratação

Em razão dos princípios da competitividade, impessoalidade e celeridade, os agentes de contratação devem se comprometer com práticas que garantam a igualdade entre os licitantes, evitando atos que limitem a competição, adotando critérios mais objetivos possíveis. É o que se conclui da leitura do art. 9º da nova lei:

> Art. 9º É vedado ao agente público designado para atuar na área de licitações e contratos, ressalvados os casos previstos em lei:
> I - admitir, prever, incluir ou tolerar, nos atos que praticar, situações que:
> a) comprometam, restrinjam ou frustrem o caráter competitivo do processo licitatório, inclusive nos casos de participação de sociedades cooperativas;
> b) estabeleçam preferências ou distinções em razão da naturalidade, da sede ou do domicílio dos licitantes;
> c) sejam impertinentes ou irrelevantes para o objeto específico do contrato;
> II - estabelecer tratamento diferenciado de natureza comercial, legal, trabalhista, previdenciária ou qualquer outra entre empresas brasileiras

e estrangeiras, inclusive no que se refere a moeda, modalidade e local de pagamento, mesmo quando envolvido financiamento de agência internacional;

III - opor resistência injustificada ao andamento dos processos e, indevidamente, retardar ou deixar de praticar ato de ofício, ou praticá-lo contra disposição expressa em lei. Ao longo deste livro serão demonstradas as regras que devem ser seguidas pelo agente de contração para garantir a competitividade e que impeçam práticas discriminatórias tais como as regras que dispõem sobre os documentos para habilitação, que não podem ser excessivas, mas restritas ao que determina a lei, conforme se observa a partir do art. 61 da nova lei.

As vedações ao agente de contratação também se referem ao princípio da moralidade, já que não pode participar do procedimento como licitante agente público de órgão ou entidade licitante ou contratante, nem que tenha conflito de interesses, estendendo-se esta vedação a terceiro que faça parte de equipe de apoio ou profissional ou empresa que preste assessoria técnica.

3.6 Da inconstitucionalidade da representação de servidor público pela advocacia pública

Como item inexistente na lei revogada, tem-se a determinação de que a advocacia pública realize a defesa de servidores públicos que tenham atuado na função licitatória em processos judiciais e administrativos que envolvam sua atuação.

Entretanto, tal dicção prevista no art. 10 da nova lei contraria os termos da Constituição Federal que definem as atribuições da advocacia pública, como função essencial à justiça:

Art. 131. A Advocacia-Geral da União é a instituição que, diretamente ou através de órgão vinculado, representa a União, judicial e extrajudicialmente, cabendo-lhe, nos termos da lei complementar que dispuser sobre sua organização e funcionamento, as atividades de consultoria e assessoramento jurídico do Poder Executivo.

§1º A Advocacia-Geral da União tem por chefe o Advogado-Geral da União, de livre nomeação pelo Presidente da República dentre cidadãos maiores de trinta e cinco anos, de notável saber jurídico e reputação ilibada.

§2º O ingresso nas classes iniciais das carreiras da instituição de que trata este artigo far-se-á mediante concurso público de provas e títulos.

> §3º Na execução da dívida ativa de natureza tributária, a representação da União cabe à Procuradoria-Geral da Fazenda Nacional, observado o disposto em lei.
>
> Art. 132. Os Procuradores dos Estados e do Distrito Federal, organizados em carreira, na qual o ingresso dependerá de concurso público de provas e títulos, com a participação da Ordem dos Advogados do Brasil em todas as suas fases, exercerão a representação judicial e a consultoria jurídica das respectivas unidades federadas. (Redação dada pela Emenda Constitucional nº 19, de 1998)
>
> Parágrafo único. Aos procuradores referidos neste artigo é assegurada estabilidade após três anos de efetivo exercício, mediante avaliação de desempenho perante os órgãos próprios, após relatório circunstanciado das corregedorias. (Incluído pela Emenda Constitucional nº 19, de 1998)

Tanto o art. 131, que trata sobre a Advocacia-Geral da União, quanto o art. 132, que se refere às procuradorias-gerais dos estados e do Distrito Federal, são taxativos em definir que a advocacia pública representa o ente público, que, por óbvio, tem personalidade jurídica diversa da personalidade jurídica dos servidores públicos. Estes, portanto, devem ser representados por advogados particulares, caso sejam processados em razão de atos praticados na atividade licitatória.

O Tribunal de Contas da União tem opinião diversa daquela que advogamos neste livro, admitindo a defesa do servidor público por advocacia pública ou custeada pelos cofres públicos desde que não apresente má-fé ou conflito com o interesse público:

> PAGAMENTO DE DESPESA REFERENTE À CONTRATAÇÃO DE ADVOGADO PARA PATROCÍNIO DE DEFESA JUNTO AO TRIBUNAL DE CONTAS DA UNIÃO COM VERBAS DO CONSELHO FEDERAL DE FARMÁCIA. IMPOSSIBILIDADE. CONTAS IRREGULARES. DÉBITO. MULTA.
>
> 1. A despesa relativa à contratação de advogado para atuar na defesa de dirigente de órgão ou entidade públicos não pode ser custeada pelos cofres daqueles entes quando o ato praticado pelo gestor for manifestamente ilegal ou contrário ao interesse público. (Acórdão nº 2.055/2013 – Segunda Câmara, Rel. Min. Marcos Bemquerer Costa, Processo nº 012.030/2012-0)

Referida norma é recebida no relatório do projeto de lei, posteriormente convertido na nova lei de licitações, como boa novidade:

> O art. 10 do Substitutivo da Câmara possui outras boas novidades em relação ao PLS no 559, de 2013. Prevê que nas situações em que

autoridades competentes e servidores públicos que tiverem participado dos procedimentos relacionados às licitações e aos contratos precisarem se defender nas esferas administrativa, controladora ou judicial em razão de ato praticado com estrita observância de orientação constante em parecer jurídico, a advocacia pública promoverá, a critério do agente público, sua representação judicial ou extrajudicial, mesmo na hipótese de o agente público não mais ocupar o cargo, emprego ou função em que foi praticado o ato questionado.

Entretanto, o princípio da supremacia da Constituição define que esta deve ser respeitada, seja pela lei, seja pelos demais poderes da Nação, sendo expressa a norma ao definir quem deve ser o cliente da advocacia pública, no caso, o ente federativo, União, estado, Distrito Federal ou município. Ao admitir a defesa de servidor público, a nova lei incide em vício de inconstitucionalidade material, vez que afronta diretamente texto da lei constitucional.[47]

---

[47] A inconstitucionalidade por ação refere-se àqueles atos infraconstitucionais e leis que ensejam incompatibilidade com a Constituição. Pode-se dar em razão de sua forma (ou orgânica) e de sua matéria, a depender do vício que gera a inconstitucionalidade (MENDES, Gilmar Ferreira. *Curso de direito constitucional*. 12. ed. rev. e atual. São Paulo: Saraiva, 2017).

CAPÍTULO 4

PROCESSO LICITATÓRIO (REGRAS GERAIS)

Após ter a nova lei tratado sobre o agente ou equipe de contratação que conduzirá a licitação, passará a abordar o procedimento licitatório em si, verificando-se, nos capítulos I e II, do Título I, da nova lei, seção específica para normas gerais que devem ser adotadas nos diferentes tipos de procedimentos licitatórios:
a) objetivos do processo licitatório;
b) responsabilidades da alta administração;
c) informalidade;
d) governo digital;
e) plano de contratação anual;
f) publicidade como regra geral;
g) excepcionalidade da publicidade diferida;
h) vedações no processo licitatório;
i) regras internacionais;
j) regras para consórcio;
k) regras para cooperativas;
l) fases do processo licitatório;
m) preferência ao procedimento eletrônico;
n) prova de conceito;
o) fase interna ou preparatória do processo licitatório.

Só após estas regras gerais que serão aplicadas aos diferentes tipos de procedimentos é que a nova lei passa a tratar das regras específicas de cada modalidade do procedimento licitatório. Seguindo-se a lógica da nova lei, serão, então, analisadas inicialmente as regras gerais para, só então, adentrar-se nas diversas modalidades licitatórias (pregão, concorrência, concurso, leilão e diálogo competitivo) e suas regras específicas.

4.1 Objetivos do processo licitatório

Inaugurando as regras gerais do processo licitatório, o art. 11 da Lei nº 14.133, de 1º.4.2021, define quais são os objetivos que devem ser perseguidos pelo processo licitatório, no que inova em relação à lei revogada, que não abrigava a preocupação com os temas de ciclo de vida do objeto, incentivo à inovação e desenvolvimento nacional sustentável. Assim está disposta a redação:

> DAS LICITAÇÕES
> CAPÍTULO I
> DO PROCESSO LICITATÓRIO
> Art. 11. O processo licitatório tem por objetivos:
> I - assegurar a seleção da proposta apta a gerar o resultado de contratação mais vantajoso para a Administração Pública, inclusive no que se refere ao ciclo de vida do objeto;
> II - assegurar tratamento isonômico entre os licitantes, bem como a justa competição;
> III - evitar contratações com sobrepreço ou com preços manifestamente inexequíveis e superfaturamento na execução dos contratos;
> IV - incentivar a inovação e o desenvolvimento nacional sustentável.

Pela nova lei, estará o gestor público, na elaboração do edital, vinculado a garantir a vantajosidade da contratação, que não mais pode estar vinculada apenas ao menor preço, mas tem de levar em consideração o ciclo de vida do objeto.

Entende-se por ciclo de vida do objeto, segundo a norma ISO 14040(2001),[48] a compilação e avaliação das entradas, das saídas e dos impactos ambientais potenciais de um sistema de produto ao longo de seu ciclo de vida, desde a aquisição da matéria-prima ou geração de recursos naturais até a disposição final. Segundo esta norma, a atenção para o ciclo de vida de um produto que será licitado é fundamental e decorre da preocupação com o meio ambiente.

Entretanto, esta inovação trará desafios aos diversos gestores, já que esta avaliação, inicialmente, por se referir ao estudo ambiental, necessitará de uma equipe ampliada envolvendo técnicos ambientais para avaliar o ciclo de vida do produto. Além disso, há desafio extra em compilar a série de dados necessários, como ensinado por Tosta:[49]

---

[48] ASSOCIAÇÃO BRASILEIRA DE NORMAS TÉCNICAS. *NBR ISO 14040*. Gestão ambiental – Avaliação do ciclo de vida – Princípios e estrutura. Rio de Janeiro: ABNT, 2001.

[49] TOSTA, Cristiane Sandes. *Inserção da análise de ciclo de vida no estado da Bahia através da atuação do órgão ambiental*. Salvador: [s.n.], 2004.

Embora se conheça e muito se discuta as potencialidades da ACV nas políticas públicas, esta tem sido uma corrente ainda pouco explorada. A utilização da avaliação do ciclo de vida do produto mostra-se de difícil aplicação em decorrência da falta de estudos que amparem a tomada de decisão do gestor e em função do volume e da variedade de produtos que são adquiridos cotidianamente, aliados à pouca estrutura do setor de compras das organizações públicas.

Observe-se a advertência de Lima[50] para a necessidade de criação de banco de dados que poderia ordenar as informações necessárias para avaliar o ciclo de vida:

> [...] diversos autores já mencionaram a importância do banco de dados para um estudo de qualidade de ACV, tendo em vista que a fase de inventário exige uma grande quantidade de dados a serem levantados, além do conhecimento da área a ser trabalhada. Borges (2004) ressalta que os bancos de dados reduzem o tempo de estudos e os custos além de propiciar dados confiáveis e de boa qualidade. Consequentemente, tornam-se ferramentas para tomadas de decisão quanto ao gerenciamento ambiental. Mas, para que isso ocorra, é preciso que esse banco de dados contenha inventários de elementos comuns a vários ciclos de vida.

Definitivamente, a preocupação com a preservação do meio ambiente e o desenvolvimento sustentável é incorporada na prática das licitações e contratos administrativos, representando o Poder Público, neste cenário, um importante indutor de cadeias produtivas ambientalmente responsáveis que possam garantir ciclo de vida de produtos com maior economia e também maior responsabilidade ambiental.

É fundamental perceber que a preocupação com o ciclo de vida do produto se apresenta como mais um reforço em implementar as licitações sustentáveis, já que várias outras normas já haviam determinado esta nova lógica: a Lei nº 12.187/2009 acerca da Política Nacional sobre Mudança do Clima – PNMC, que prevê critérios de preferência nas licitações públicas para propostas que propiciem maior economia de energia, água e outros recursos naturais. Igualmente, a Lei nº 12.305/2010, referente à Política Nacional de Resíduos Sólidos – PNRS, que estabelece como objetivos a prioridade, nas aquisições e contratações governamentais, para produtos reciclados e recicláveis e para bens, serviços e obras que considerem critérios compatíveis com padrões de consumo social e ambientalmente sustentáveis.

---

[50] LIMA, Ângela Maria Ferreira. *Avaliação do ciclo de vida no Brasil*: inserção e perspectivas. Salvador: [s.n.], 2007.

Importante perceber também que a atenção ao ciclo de vida do produto deve ser modulada com outros objetivos e princípios do sistema licitatório, já que muitas vezes um produto ambientalmente seguro trará custos excessivos e insuportáveis para os cofres públicos. Tolera-se que o custo da licitação sustentável seja superior, ainda que se pondere o ciclo de vida do produto, desde que tal custo não seja exorbitante ou desarrazoado, como ensinado por Bim.[51]

Além da preocupação com o ciclo de vida do produto, ainda é objetivo do processo licitatório o tratamento isonômico entre os licitantes, bem como a justa competição, o que será realizado não só por regras objetivas asseguradas na nova lei, mas pela qualificação constante da equipe de contratação nos órgãos públicos, bem como pela atuação dos diferentes órgãos de controle.

O terceiro objetivo se refere à razoabilidade na aceitação dos preços apresentados pelos licitantes, evitando tanto preços artificialmente diminutos quanto o superfaturamento.

Para atingir este objetivo é fundamental que os órgãos públicos estejam dotados de orçamentos prévios para avaliar se existem preços incompatíveis, com detalhamento suficiente para que os agentes de contratação possam identificar a não aceitação dos preços.

O legislador responsável pela nova lei observou a necessidade do orçamento detalhado que possa evitar o superfaturamento ou preços inexequíveis, já como providência inicial na preparação da licitação, ainda na fase interna, conforme disposto no art. 18 da nova lei:

> Art. 18. A fase preparatória do processo licitatório é caracterizada pelo planejamento e deve compatibilizar-se com o plano de contratações anual de que trata o inciso VII do *caput* do art. 12 desta Lei, sempre que elaborado, e com as leis orçamentárias, bem como abordar todas as considerações técnicas, mercadológicas e de gestão que podem interferir na contratação, compreendidos: [...]
> IV - o orçamento estimado, com as composições dos preços utilizados para sua formação; [...].

Referido orçamento, que valerá para que a Administração Pública realize o controle dos preços, poderá ter caráter sigiloso, mas este sigilo não prevalecerá para os órgãos de controle interno e externo (art. 24).

---

[51] BIM, Eduardo Fortunato. Considerações sobre a juridicidade e os limites da licitação sustentável. *In*: SANTOS, Murilo Giordan; BARKI, Teresa Villac Pinheiro (Coord.). *Licitações e contratações públicas sustentáveis*. Belo Horizonte: Fórum, 2011.

Dispõe este mesmo dispositivo que o orçamento será tornado público apenas e imediatamente após a fase de julgamento de propostas, sem prejuízo da divulgação do detalhamento dos quantitativos e das demais informações necessárias para a elaboração das propostas.

Por fim, como objetivo da licitação, dispõe a lei que deve ser buscado o incentivo à inovação e ao desenvolvimento nacional sustentável. Em alguns artigos da nova lei, percebe-se claramente o incentivo à inovação, no dispositivo em que se menciona licitação para *startups* no processo de manifestação de interesse, no art. 80 da nova lei:

> O procedimento previsto no *caput* deste artigo poderá ser restrito a startups, assim considerados os microempreendedores individuais, as microempresas e as empresas de pequeno porte, de natureza emergente e com grande potencial, que se dediquem à pesquisa, ao desenvolvimento e à implementação de novos produtos ou serviços baseados em soluções tecnológicas inovadoras que possam causar alto impacto, exigida, na seleção definitiva da inovação, validação prévia fundamentada em métricas objetivas, de modo a demonstrar o atendimento das necessidades da Administração.

A nova realidade das *startups* no mundo impôs-se diante do avanço dos marcos tecnológicos, digitalização e *big data* com grandes volumes de informações e demandas surgidas com esta nova realidade, que exigiram a criação de empresas específicas para lidar com o assunto. As *startups*, tratadas na Lei nº 14.133, de 1º.4.2021, são fruto deste novo momento e trabalham com a necessidade de inovação que é imposta pelo grande desenvolvimento tecnológico observado, sobretudo, no século XXI.

O PLP nº 146/2019, aprovado pela Câmara dos Deputados, conceitua o que pode ser considerado *startup* e revela que é empresa comprometida com a inovação, um dos objetivos pretendidos pela licitação na nova lei:

> Art. 4º São enquadradas como startups as organizações empresariais ou societárias, nascentes ou em operação recente, cuja atuação caracteriza-se pela inovação aplicada a modelo de negócios ou a produtos ou serviços ofertados.

A nova lei atentou para a necessidade de inovação, inclusive no campo das licitações e contratos, já que, no mundo em acelerada mudança, com cada vez mais serviços e compras ligados à tecnologia, deve ser a lei adequada a este novo momento, com a inclusão das *startups*.

Assim, o procedimento de manifestação de interesse, identificado no art. 80 da nova lei, propõe-se à inovação com o chamamento público toda vez que houver necessidade pelo Poder Público de soluções inovadoras, o que pode incluir as *startups* ou o público em geral.

4.2 Responsabilidade da alta administração no processo licitatório

O parágrafo único do art. 11 da Lei nº 14.133, de 1º.4.2021, define as diretrizes maiores que devem ser seguidas pela Administração como um verdadeiro plano de metas a serem alcançadas no campo das licitações e contratos.

O primeiro ponto a ser cuidado pela alta administração é a gestão de riscos. *Segunda a nova lei, deve ser entendida como gestão de riscos a implementação das práticas de responsabilidade da alta administração do órgão ou entidade e levará em consideração os custos e os benefícios decorrentes de sua implementação, optando-se pelas medidas que promovam relações íntegras e confiáveis, com segurança jurídica para todos os envolvidos, e que produzam o resultado mais vantajoso para a Administração, com eficiência, eficácia e efetividade nas contratações públicas.*

Outro ponto a ser cuidado pela alta administração é em relação ao cumprimento do planejamento estratégico e leis orçamentárias. *Não se admite mais, portanto, nos termos do art. 11 da Lei nº 14.133, de 1º.4.2021, a realização de licitações que não estejam vinculadas a planejamento estratégico.* Fundamental que os diversos órgãos públicos se organizem para, com antecedência, planejar as licitações necessárias, sob pena de ocorrerem os gestores em improbidade, não se admitindo licitações intempestivas, sem qualquer justificativa.

4.3 Da licitação com formalismo atenuado

Outra norma geral das licitações na nova lei se refere à necessidade de formalizar os procedimentos realizados, por escrito, com data, local e assinatura dos responsáveis, mas com possibilidade de atenuação do rigor formal na seguinte situação:

> Art. 12. No processo licitatório, observar-se-á o seguinte:
> I - os documentos serão produzidos por escrito, com data e local de sua realização e assinatura dos responsáveis; [...]

III - o desatendimento de exigências meramente formais que não comprometam a aferição da qualificação do licitante ou a compreensão do conteúdo de sua proposta não importará seu afastamento da licitação ou a invalidação do processo; [...].

Aliada a esta mitigação do formalismo, também prevê a nova lei a desnecessidade de reconhecimento de firma havendo alternativas:

Art. 12. [...]
IV - a prova de autenticidade de cópia de documento público ou particular poderá ser feita perante agente da Administração, mediante apresentação de original ou de declaração de autenticidade por advogado, sob sua responsabilidade pessoal;
V - o reconhecimento de firma somente será exigido quando houver dúvida de autenticidade, salvo imposição legal; [...].

4.4 Processo licitatório e governo digital

Como regra geral a ser adotada pelas diferentes esferas de governo, verifica-se a implantação do processo eletrônico preferencialmente na Administração Pública. Tal determinação, contida pela primeira vez em uma lei geral de licitações e contratos no Brasil, justifica-se pelo avanço da tecnologia da informação no mundo e pela necessidade de garantir transparência nos atos praticados pela Administração Pública, com o consequente combate à corrupção.

A Convenção da Organização das Nações Unidas de Combate à Corrupção[52] determina que os Estados devem garantir procedimentos cada vez mais eficazes para acesso da população à informação sobre o que ocorre nos processos públicos, sendo a tecnologia da informação fundamental neste sentido:

1. Cada Estado Parte adotará medidas adequadas, no limite de suas possibilidades e de conformidade com os princípios fundamentais de sua legislação interna, para fomentar a participação ativa de pessoas e grupos que não pertençam ao setor público, como a sociedade civil, as organizações não-governamentais e as organizações com base na comunidade, na prevenção e na luta contra a corrupção, e para sensibilizar a opinião pública a respeito à existência, às causas e à gravidade da

---

[52] ORGANIZAÇÃO DAS NAÇÕES UNIDAS. *Convenção da Organização das Nações Unidas contra a Corrupção*. Disponível em: https://www.unodc.org/lpo-brazil/pt/corrupcao/convencao.html. Acesso em: 12 jan. 2022.

corrupção, assim como a ameaça que esta representa. Essa participação deveria esforçar-se com medidas como as seguintes:
a) Aumentar a transparência e promover a contribuição da cidadania aos processos de adoção de decisões;
b) Garantir o acesso eficaz do público à informação;
c) Realizar atividade de informação pública para fomentar a intransigência à corrupção.

Assim, a Lei nº 14.133, de 1º.4.2021, dispõe quanto à necessidade de um verdadeiro governo digital, denominação esta que aqui conferimos ao conjunto de iniciativas que os gestores públicos devem adotar para municiar os servidores públicos com ferramentas tecnológicas no campo das licitações. *Então, os atos serão preferencialmente digitais, de forma a permitir que sejam produzidos, comunicados, armazenados e validados por meio eletrônico. Serão, ainda, permitidas a identificação e assinatura digital por pessoa física ou jurídica em meio eletrônico, mediante certificado digital emitido em meio eletrônico, em âmbito de infraestrutura de chaves públicas (ICP-Brasil).*

A lógica das licitações já era adotada por meio eletrônico, sobretudo no pregão, e agora se amplia para todas as áreas licitatórias. Entretanto, o termo "preferencialmente" diminui a força da nova norma. Entende-se que, em razão de ser a transparência um princípio ligado a todos os demais princípios do edifício licitatório, sobretudo ao princípio da moralidade, constante do *caput* do art. 37 da Constituição Federal, o procedimento digital constante do inc. VI do art. 12 da Lei nº 14.133, de 1º.4.2021, deve ser priorizado e sua não utilização deve estar acompanhada de justificativa razoável e parecer técnico dos setores competentes do órgão público, sob pena de garantir-se menor eficácia às normas constitucionais, contrariamente à nova lógica interpretativa do direito constitucional, ensinada por Canotilho:[53]

> a uma norma constitucional deve ser atribuído o sentido que maior eficácia lhe dê. É um princípio operativo em relação a todas e quaisquer normas constitucionais, e embora a sua origem esteja ligada à tese da actualidade das normas programáticas (Thoma), é hoje sobretudo invocado no âmbito dos direitos fundamentais (no caso de dúvidas deve preferir-se a interpretação que reconheça maior eficácia aos direitos fundamentais).

---

[53] CANOTILHO, José Joaquim Gomes. *Direito constitucional*. 5. ed. Coimbra: Almedina, [s.d.]. p. 1.128.

Vale dizer: moralidade com meio de acesso menos eficaz às informações do poder público é moralidade com mínima eficácia de norma constitucional. As normas jurídicas devem ser lidas à luz de seu tempo e dos conhecimentos produzidos, entendendo-se o direito um sistema que se comunica com outros sistemas, sob pena de perder a sua efetividade. O direito pós-positivo, próprio do final do século XX e do século XXI, permite esta ponte e a atualização das rotinas internas, em um caminho de contínua interpretação, sobretudo em direção às novas tecnologias. Decisão em sentido contrário seria agredir o princípio constitucional do não retrocesso.

Para entender-se o atual momento do direito e a leitura que aqui se faz sobre a prioridade aos processos digitais como forma de garantir a ética e a moral, pede-se socorro a Barroso:[54]

> O Direito, a partir da segunda metade do século XX, já não cabia mais no positivismo jurídico. A aproximação quase absoluta entre Direito e norma e sua rígida separação da ética não correspondiam ao estágio do processo civilizatório e às ambições dos que patrocinavam a causa da humanidade. Por outro lado, o discurso científico impregnara o Direito. Seus operadores não desejavam o retorno puro e simples ao jusnaturalismo, aos fundamentos vagos, abstratos ou metafísicos de uma razão subjetiva. Nesse contexto, o pós-positivismo não surge com o ímpeto da desconstrução, mas como uma superação do conhecimento convencional. Ele inicia sua trajetória guardando deferência relativa ao ordenamento positivo, mas nele reintroduzindo as ideias de justiça e legitimidade. O constitucionalismo moderno promove, assim, uma volta aos valores, uma reaproximação entre ética e Direito.

Acentuando esta complexidade e a necessidade de interpretação das normas a partir de sua conexão com a realidade posta, a lição de Moreira,[55] a seguir:

> A visão pós-positivista também acarreta mudanças na área da interpretação constitucional. Nesse particular, lecionam os autores, que no pós-positivismo: a) o intérprete há de ter uma postura construtiva, atribuindo sentido ao enunciado legal; b) o sistema jurídico é visto como aberto/complexo, marcando-se pela interdisciplinariedade; c) dá-se a supremacia da Constituição (foco no contexto fático-jurídico – prevalência

---

[54] BARROSO, Luís Roberto. *Interpretação e aplicação da Constituição*. São Paulo: Saraiva, 2004. p. 158.
[55] MOREIRA, Eduardo Ribeiro. *Neoconstitucionalismo*: a invasão da Constituição. São Paulo: Método, 2008. Coleção Professor Gilmar Mendes. p. 48.

do jus), destacando-se a normatividade dos princípios; d) trabalha-se no âmbito do poder ser; (GRAU, Eros. Técnica Legislativa e Hermenêutica Contemporânea. In Direito Civil Contemporâneo: Novos Problemas à Luz da Legalidade Constitucional: Anais do Congresso Internacional de Direito Civil-Constitucional da Cidade do Rio de Janeiro. TEPEDINO, Gustavo (organizador). São Paulo: Atlas, 2008, p. 286); e) a interpretação se dá in concreto, ocorrendo à possibilidade de inconstitucionalidade dos efeitos da norma, esta encarada como resultado da interpretação (o preceito normativo é o ponto de partida – o fato concreto é valorizado); f) reina na hermenêutica o método ponderativo (prudência), com predomínio do valor justiça; g) há flexibilidade na separação funcional do poder; h) o papel do juiz é ativo, na função de verdadeiro produtor do direito (o juiz transforma a realidade).

4.5 Plano de contratação anual

Ainda como norma geral do processo licitatório, verifica-se a existência de regra que decorre do princípio do planejamento: a elaboração de plano de contratações anual. É o que se constata no art. 12, inc. VII e art. 18 da nova lei:

> Art. 12. [...]
> VII - a partir de documentos de formalização de demandas, os órgãos responsáveis pelo planejamento de cada ente federativo poderão, na forma de regulamento, elaborar plano de contratações anual, com o objetivo de racionalizar as contratações dos órgãos e entidades sob sua competência, garantir o alinhamento com o seu planejamento estratégico e subsidiar a elaboração das respectivas leis orçamentárias. [...]
> Art. 18. A fase preparatória do processo licitatório é caracterizada pelo planejamento e deve compatibilizar-se com o plano de contratações anual de que trata o inciso VII do *caput* do art. 12 desta Lei, sempre que elaborado, e com as leis orçamentárias, bem como abordar todas as considerações técnicas, mercadológicas e de gestão que podem interferir na contratação, compreendidos: [...].

Assim como no item anterior, em que a lei utiliza o termo "preferencialmente", quanto ao plano de contratações também não determinou o legislador que fosse obrigatório, pelo que se vê nos arts. 12 e 18 da nova lei. Nosso entendimento sobre esta não obrigatoriedade é o mesmo já esposado no item anterior. *Ou seja, apenas com devida justificativa técnica razoável deve ser o plano de contratações anual dispensado, sob pena de haver burla ao princípio da licitação e utilização de dispensas de licitação por emergência falsamente fabricadas. É adoção de prática ilegal* brasileira o gestor não realizar a tempo a licitação e, na última hora, alegar emergência para aquisição ou contratação, passando a adotar a dispensa da licitação, com prejuízo à competitividade, já que não será necessário edital de chamamento público.

O Tribunal de Contas da União já vinha exigindo, antes da nova lei, o plano anual de contratações, o que garante a previsibilidade também para os fornecedores a possibilidade de se planejarem para fornecer ao Poder Público, evitando, ainda, a emergência fabricada.

Colhe-se, dos ensinamentos da jurisprudência do Tribunal de Contas da União, o disposto a seguir:

> a jurisprudência do Tribunal supracitado já deliberou indicando a necessidade da realização de planejamento prévio dos gastos anuais, visando evitar o fracionamento das despesas e de realização de procedimentos licitatórios dentro das modalidades adequadas, levando-se em consideração o valor total da aquisição no exercício financeiro. (Acórdãos TCU nºs 743/2009 – Plenário, 2.195/2008 – Plenário e 665/2008 – Plenário)

No que tange à aquisição de bens, o Acórdão nº 2.221/2012 – Plenário apontou que esta deve estar baseada em estudos prévios que comprovem sua necessidade e viabilidade, visando evitar o mau uso do dinheiro público e a frustração dos objetivos que se pleiteiam. Ratifica-se o delineamento na indicação de que os planejamentos de aquisições devem ser planejados com base no histórico de registro e consumo dos materiais e da provável utilização (Acórdãos TCU nºs 1.380/2011 – Plenário e 1.281/2010 – Plenário). Consta das decisões do Tribunal de Contas da União[56] o que é necessário para que seja elaborado o plano anual de contratações:

> a) elaboração, com participação de representantes dos diversos setores da organização, de um documento que materialize o plano de aquisições, contendo, para cada contratação pretendida, informações como: descrição do objeto, quantidade estimada para a contratação, valor estimado, identificação do requisitante, justificativa da necessidade, período estimado para aquisição (e.g., mês), programa/ação suportado(a) pela aquisição, e objetivo(s) estratégico(s) apoiado(s) pela aquisição;
> b) aprovação do plano de aquisições pela mais alta autoridade da organização ou pelo Comitê Gestor de Aquisições, quando este possuir função deliberativa;

---

[56] Tribunal de Contas da União. Grupo I - Classe V - Plenário. TC 026.387/2015-8. Natureza: Relatório de Auditoria.

c) divulgação do plano de aquisições na Internet;
d) acompanhamento periódico da execução do plano, para correção de desvios.

E na elaboração do plano anual o Acórdão nº 2.353/2016 – TCU – Plenário dispõe o passo a passo para a elaboração do plano anual de contratações:

ACÓRDÃO Nº 2353/2016 – TCU – Plenário

9.1. Recomendar ao IFMG, com fundamento no art. 43, inciso I da Lei 8.443/1992, c/c o art. 250, inciso III do Regimento Interno do TCU, que avalie a conveniência e a oportunidade de adotar os seguintes procedimentos, com vistas à melhoria do sistema de controle interno da organização:

9.1.1. estabeleça formalmente:

9.1.1.1. objetivos organizacionais para a gestão das aquisições, alinhados às estratégias de negócio;

9.1.1.2. iniciativas/ações a serem implementadas para atingir os objetivos estabelecidos;

9.1.1.3. pelo menos um indicador para cada objetivo definido na forma acima, preferencialmente em termos de benefícios para o negócio da organização;

9.1.1.4 metas para cada indicador definido na forma acima;

9.1.1.5. mecanismos que a alta administração adotará para acompanhar o desempenho da gestão das aquisições.

9.1.2. atribua a um comitê, integrado por representantes dos diversos setores da organização, a responsabilidade por auxiliar a alta administração nas decisões relativas às aquisições (função consultiva) ou, eventualmente, tomar decisões sobre esse tema (função deliberativa) com o objetivo de buscar o melhor resultado para a organização como um todo;

9.1.3. capacite os gestores na área de aquisições em gestão de riscos;

9.1.4. inclua, nas atividades de auditoria interna, a avaliação da governança e da gestão de riscos da organização;

9.1.5. execute processo de planejamento das aquisições, contemplando, pelo menos:

a) elaboração, com participação de representantes dos diversos setores da organização, de um documento que materialize o plano de aquisições, contendo, para cada contratação pretendida, informações como: descrição do objeto, quantidade estimada para a contratação, valor estimado, identificação do requisitante, justificativa da necessidade, período estimado para aquisição (e.g., mês), programa/ação suportado(a) pela aquisição, e objetivo(s) estratégico(s) apoiado(s) pela aquisição;

b) aprovação do plano de aquisições pela mais alta autoridade da organização ou pelo Comitê gestor de Aquisições, quando este possuir função deliberativa;
c) divulgação do plano de aquisições na Internet;
d) acompanhamento periódico da execução do plano, para correção de desvios.

4.6 Das regras gerais sobre publicidade nos procedimentos licitatórios

A nova lei traz a obrigatoriedade de que todos os procedimentos sejam públicos, ressalvados os casos em que haja necessidade de sigilo imprescindível à segurança da sociedade e do Estado, na forma da lei, nos termos do art. 13.

Entende-se que esta lei que dispõe sobre o sigilo já existe. Trata-se da Lei de Acesso à Informação (Lei nº 12.527, de 18.11.2011), que dispõe sobre os casos que devem permanecer sob sigilo.

A Lei nº 14.133, de 1º.4.2021, define alguns casos de diferimento de publicidade, o que se justifica em razão da necessidade de garantir-se a competitividade, evitando que os licitantes saibam antecipadamente de informações que tornam sua posição privilegiada:

> Art. 13. Os atos praticados no processo licitatório são públicos, ressalvadas as hipóteses de informações cujo sigilo seja imprescindível à segurança da sociedade e do Estado, na forma da lei.
> Parágrafo único. A publicidade será diferida:
> I - quanto ao conteúdo das propostas, até a respectiva abertura;
> II - quanto ao orçamento da Administração, nos termos do art. 24 desta Lei.

4.7 Vedações no processo licitatório

4.7.1 Vedações relacionadas à elaboração de projeto básico ou executivo

Dois importantes documentos que fazem parte dos processos licitatórios são o projeto básico e o projeto executivo. Informa a nova lei os conceitos destes dois projetos:

> Art. 6º [...]
> XXV - projeto básico: conjunto de elementos necessários e suficientes, com nível de precisão adequado para definir e dimensionar

perfeitamente a obra ou o serviço, ou o complexo de obras ou de serviços objeto da licitação, elaborado com base nas indicações dos estudos técnicos preliminares, que assegure a viabilidade técnica e o adequado tratamento do impacto ambiental do empreendimento e que possibilite a avaliação do custo da obra e a definição dos métodos e do prazo de execução, devendo conter os seguintes elementos:

a) levantamentos topográficos e cadastrais, sondagens e ensaios geotécnicos, ensaios e análises laboratoriais, estudos socioambientais e demais dados e levantamentos necessários para execução da solução escolhida;

b) soluções técnicas globais e localizadas, suficientemente detalhadas, de forma a evitar, por ocasião da elaboração do projeto executivo e da realização das obras e montagem, a necessidade de reformulações ou variantes quanto à qualidade, ao preço e ao prazo inicialmente definidos;

c) identificação dos tipos de serviços a executar e dos materiais e equipamentos a incorporar à obra, bem como das suas especificações, de modo a assegurar os melhores resultados para o empreendimento e a segurança executiva na utilização do objeto, para os fins a que se destina, considerados os riscos e os perigos identificáveis, sem frustrar o caráter competitivo para a sua execução;

d) informações que possibilitem o estudo e a definição de métodos construtivos, de instalações provisórias e de condições organizacionais para a obra, sem frustrar o caráter competitivo para a sua execução;

e) subsídios para montagem do plano de licitação e gestão da obra, compreendidos a sua programação, a estratégia de suprimentos, as normas de fiscalização e outros dados necessários em cada caso;

f) orçamento detalhado do custo global da obra, fundamentado em quantitativos de serviços e fornecimentos propriamente avaliados, obrigatório exclusivamente para os regimes de execução previstos nos incisos I, II, III, IV e VII do *caput* do art. 45 desta Lei;

XXVI - projeto executivo: conjunto de elementos necessários e suficientes à execução completa da obra, com o detalhamento das soluções previstas no projeto básico, a identificação de serviços, de materiais e de equipamentos a serem incorporados à obra, bem como suas especificações técnicas, de acordo com as normas técnicas pertinentes; [...].

O profissional ou empresa que faz a elaboração do projeto básico ou executivo acaba tendo antecipadamente as informações privilegiadas sobre toda a obra ou serviço, tendo mais tempo que os outros candidatos para se preparar, quebrando o princípio da isonomia dos licitantes. Isto explica a existência das seguintes vedações que impedem a participação nas licitações a estes profissionais, o que se estende às empresas que pertencem ao mesmo grupo econômico, conforme art. 14 adiante reproduzido:

Art. 14. Não poderão disputar licitação ou participar da execução de contrato, direta ou indiretamente:
I - autor do anteprojeto, do projeto básico ou do projeto executivo, pessoa física ou jurídica, quando a licitação versar sobre obra, serviços ou fornecimento de bens a ele relacionados;
II - empresa, isoladamente ou em consórcio, responsável pela elaboração do projeto básico ou do projeto executivo, ou empresa da qual o autor do projeto seja dirigente, gerente, controlador, acionista ou detentor de mais de 5% (cinco por cento) do capital com direito a voto, responsável técnico ou subcontratado, quando a licitação versar sobre obra, serviços ou fornecimento de bens a ela necessários; [...].

A par destas vedações, a lei define que, não sendo possível sua participação, estarão, entretanto, autorizados a participar do apoio de atividades de planejamento da contratação, de execução da licitação ou de gestão do contrato, desde que sob supervisão exclusiva de agentes públicos do órgão ou entidade. Aqui, entende-se que poderão, então, referidas empresas, participar de atividades diversas do objeto principal do contrato (obras, serviço ou compra). Observe-se que o §4º do art. 14 define que pode haver licitação de obra ou serviço que inclua como encargo do contratado a elaboração do projeto básico e do projeto executivo nas contratações integradas, e do projeto executivo nos demais regimes de execução. Isto se justifica porque é da própria essência do regime de contratação integrada que o contratado seja responsável por todas as atividades direcionadas à entrega final do objeto, incluindo o projeto básico. Este regime já era percebido na hoje revogada Lei do Regime Diferenciado de Contratações Públicas.

4.7.2 Vedações relacionadas a sanções impostas à pessoa física ou jurídica

O sistema licitatório impõe sanções pelo descumprimento de suas normas que se encontram dispostas no art. 154 da nova lei, tornando as empresas ou pessoas castigadas, dependendo da sanção, impedidas de licitar, conforme disposto nos arts. 14, III e 155:

Art. 14. [...]
III - pessoa física ou jurídica que se encontre, ao tempo da licitação, impossibilitada de participar da licitação em decorrência de sanção que lhe foi imposta; [...].

Art. 155. Serão aplicadas ao responsável pelas infrações administrativas previstas nesta Lei as seguintes sanções:
I - advertência;
II - multa;
III - impedimento de licitar e contratar;
IV - declaração de inidoneidade para licitar ou contratar.

A nova lei de licitações, no §1º do art. 14, inova ao definir quanto à possibilidade de desconsideração da personalidade jurídica, autorizada toda vez que comprovado ilícito ou utilização de personalidade jurídica do licitante para encobrir pessoa jurídica que se encontre, ao tempo da licitação, impossibilitada de participar da licitação em decorrência de sanção que lhe foi imposta.

4.7.3 Vedações relacionadas à proibição do nepotismo e ao princípio da impessoalidade

O processo licitatório visa garantir a igualdade de condições entre os licitantes, devendo a lei garantir mecanismos para evitar favorecimentos tais como aqueles identificados no inc. IV do art. 14, que proíbe a participação em licitações de todo aquele que mantenha vínculo de natureza técnica, comercial, econômica, financeira, trabalhista ou civil com dirigente do órgão ou entidade contratante ou de agente público que desempenhe função na licitação ou atue na fiscalização ou na gestão do contrato, ou que deles seja cônjuge, companheiro ou parente em linha reta, colateral ou por afinidade, até o terceiro grau, devendo essa proibição constar expressamente do edital de licitação.

4.7.4 Vedações relacionadas à manutenção da competitividade

Também se encontram impedidas de concorrer em licitações as empresas controladoras, controladas ou coligadas entre si. No sistema da lei das sociedades anônimas (Lei nº 6.404, de 15.12.1976), referidas empresas detêm vínculos de caráter empresarial. Caso pudessem concorrer entre si, poderia haver combinação de preços e propostas, subvertendo a lógica do sistema brasileiro de licitações, que impede este conluio, considerado crime pela nova lei de licitações, por fraudar o caráter competitivo das licitações:

Frustração do caráter competitivo de licitação

Art. 337-F. Frustrar ou fraudar, com o intuito de obter para si ou para outrem vantagem decorrente da adjudicação do objeto da licitação, o caráter competitivo do processo licitatório:
Pena – reclusão, de 4 (quatro) anos a 8 (oito) anos, e multa.

4.7.5 Vedações relacionadas ao desrespeito à legislação trabalhista

Inclui-se, entre as vedações para participar de licitações, o desrespeito às normas constitucionais e trabalhistas. Informa o art. 14, inc. VI, que são proibidas de licitar as pessoas físicas ou jurídicas que, nos 5 (cinco) anos anteriores à divulgação do edital, tenham sido condenadas judicialmente, com trânsito em julgado, por exploração do trabalho infantil, por submissão de trabalhadores à condição análoga à de escravo ou por contratação de adolescentes nos casos vedados.

A vedação se justifica porque o procedimento licitatório é manejado por órgãos públicos, que são responsáveis por zelar pelo ordenamento jurídico, sobretudo acerca do princípio da dignidade da pessoa humana. Este superprincípio será vilipendiado se houver exploração do trabalho infantil, submissão de trabalhadores à condição análoga à de escravo ou contratação de adolescentes nos casos vedados.

4.7.6 Vedações relacionadas a agências ou organismos internacionais

A nova lei de licitações está atenta à conexão existente entre a legislação brasileira e as normas de direito internacional, a exemplo daquelas próprias das organizações internacionais e das agências de fomento internacionais, como Banco de Desenvolvimento Interamericano, CAF, BIRD, NDB, entre outros.

Cada um destes entes internacionais tem regulamentações próprias, inclusive para financiar projetos no Brasil. A observância a estas normas é condicionante para que o Brasil tenha acesso ao financiamento internacional. Isto explica a vedação contida no §5º do art. 14 quanto aos impedidos de licitar:

Art. 14. [...]
§5º Em licitações e contratações realizadas no âmbito de projetos e programas parcialmente financiados por agência oficial de cooperação estrangeira ou por organismo financeiro internacional com recursos

do financiamento ou da contrapartida nacional, não poderá participar pessoa física ou jurídica que integre o rol de pessoas sancionadas por essas entidades ou que seja declarada inidônea nos termos desta Lei.

4.8 Processo licitatório (regras para consórcios)

A figura do consórcio entre licitantes para participar dos certames não é nova no ordenamento jurídico brasileiro. Nem mesmo a figura do consórcio fora do sistema licitatório é inovadora.

A constituição de um consórcio está prevista na Lei das Sociedades por Ações (Lei nº 6.404/76), que determina: "As companhias e quaisquer outras sociedades, sob o mesmo controle ou não, podem constituir consórcio para executar determinado empreendimento".

Apesar de previsto na Lei das Sociedades por Ações, qualquer empresa (incluindo as limitadas) pode associar-se e formar consórcios.

Na antiga lei de licitações, era o consórcio também previsto como prática e autorizado sob controle de algumas regras. O que se observa é que pouco mudou o regramento dos consórcios públicos na nova lei. Veja-se a seguir as regras aplicáveis:

I – comprovação de compromisso público ou particular de constituição de consórcio, subscrito pelos consorciados;

II – indicação de empresa líder do consórcio, que será responsável por sua representação perante a Administração;

III – admissão, para efeito de habilitação técnica, do somatório dos quantitativos de cada consorciado e, para efeito de habilitação econômico-financeira, do somatório dos valores de cada consorciado;

IV – impedimento, na mesma licitação, de participação de empresa consorciada, isoladamente ou por meio de mais de um consórcio;

V – responsabilidade solidária dos integrantes pelos atos praticados em consórcio, tanto na fase de licitação quanto na de execução do contrato;

VI – o edital deverá estabelecer para o consórcio acréscimo de 10% (dez por cento) a 30% (trinta por cento) sobre o valor exigido de licitante individual para a habilitação econômico-financeira, salvo justificação;

VII – o acréscimo previsto no item anterior não se aplica aos consórcios compostos, em sua totalidade, de microempresas e pequenas empresas, assim definidas em lei;

VIII – o licitante vencedor é obrigado a promover, antes da celebração do contrato, a constituição e o registro do consórcio.

A inovação é verificada quanto ao acréscimo para habilitação econômico-financeira que passa a ter um intervalo de 10% a 30%. Na redação anterior não havia o piso de 10%.

Outra novidade da nova lei é permitir, desde que haja devida justificativa técnica autorizada por autoridade competente, a limitação do número de empresas consorciadas.

Sobre esta limitação de empresas em consórcio, inclusive sobre a participação de empresas em consórcio, entende-se que continua válido o entendimento do Tribunal de Contas da União ao interpretar a legislação anterior. Veja-se decisão a respeito da ordem licitatória anterior:

> 15. A participação de consórcios de empresas em licitações públicas decorre da discricionariedade administrativa conferida pela Lei de Licitações, em seu artigo 33, determinando que quando permitida a participação de empresas em consórcio, deverão ser observadas as disposições constantes da Lei.
> 16. Considerando o disposto no art. 33 da Lei 8.666/93, o Tribunal, acompanhado pela doutrina, entende que a decisão sobre a viabilidade de participação de consórcios em certames licitatórios insere-se na esfera do poder discricionário do gestor.
> 17. Se a lei autoriza até mesmo a vedação à participação de consórcios, também pode a administração permitir a sua participação condicionada a um número máximo de empresas em cada consórcio, aplicando-se ao caso o entendimento manifesto no brocardo jurídico "quem pode o mais, pode o menos". Este argumento encontra respaldo, inclusive, no Acórdão 1.297/2003-P: [...]
> 18. No caso concreto, justifica-se a restrição no número de empresas que poderiam formar consórcio para, em nome do interesse público, evitar um alto número de empresas consorciadas, o que tem levado a Infraero a ter dificuldade na fiscalização de contratos do qual participem um grande número de empresas em consórcio, comprometendo o ritmo de execução das obras e a qualidade da prestação dos serviços, tendo causado atraso no cronograma dos empreendimentos.
> 19. Além disso, permitir a participação ilimitada de empresas em um único consórcio pode produzir, ainda, outro efeito indesejado. Caso não haja nenhum controle quanto à quantidade máxima de consorciados, pode haver transgressão indireta da Lei, possibilitando, sob o pretexto de ampliar a competição, que empresas absolutamente desprovidas de qualificação técnica sagrem-se vencedoras do certame.
> 20. A participação de consórcios, portanto, não pode, sob o pretexto de ampliar a competitividade, ser interpretada de forma tão rigorosa,

sob pena de se inviabilizar, indiretamente, a correta execução do objeto contratual, que, no caso concreto, é de essencial importância para a União e para o Estado de Minas Gerais, visto que faz parte do pacote de investimentos em Infraestrutura para a Copa de 2014.
21. A limitação do número de empresas participantes do consórcio já foi analisada em outras oportunidades pelo Tribunal, como, por exemplo, no Acórdão 1.332/2006-P: [...]
Sobre a questão em debate, o Tribunal reconheceu a possibilidade de limitação do número de empresas por consórcio nos Acórdãos no 1.297/2003, 1.708/2003 e 1.404/2004, todos do Plenário. (Acórdão nº 718/2011-Plenário, TC-000.658/2011-1, Rel. Min. Valmir Campelo, sessão de 23.3.2011)

Mantida a possibilidade de restringir a possibilidade de consórcios ou de número de participantes em um consórcio, deve haver cautela quanto à necessidade de haver justificativa para a limitação, o que é decorrência do princípio da motivação, expressamente previsto na Nova Lei de Licitações e Contratos Administrativos.

4.9 Processo licitatório (regras para cooperativas)

A legislação que regulamenta a existência das cooperativas no país é farta e já antiga (Lei nº 5.764, de 16.12.1971, Lei nº 12.690, de 19.7.2012, e Lei Complementar nº 130, de 17.4.2009).

É próprio do sistema de cooperativa a distribuição de tarefas entre os cooperados e a união de esforços para objetivo comum, objetivando a melhoria das condições de vida dos cooperativados, sendo os rendimentos do trabalho cooperativado distribuídos entre aqueles que formaram a cooperativa.

Veja a lição de Melo[57] sobre a cooperativa:

Pode ser conceituada como "reunião de pessoas que buscam em conjunto e mediante objetivos comuns, a obtenção de melhorias das condições de vida e da renda dos integrantes do grupo". Juridicamente, "é uma instituição de natureza mercantil ou civil, de várias pessoas, com o objetivo de melhorar as condições econômicas e profissionais de seus associados". Claras são as características comuns: sociedade de pessoas, exercício de uma atividade econômica sem fins lucrativos, objetivo de prestar serviços ao cooperado (reduzindo os custos dos bens ou serviços, fornecendo serviços mais vantajosos ou permitindo a execução do trabalho de forma mais conveniente).

---

[57] MELO, Raimundo Simão de. Cooperativas de trabalho: modernização ou retrocesso? *Revista do Tribunal Superior do Trabalho*, Brasília, v. 68, n. 1, p. 136-147, jan./mar. 2002. p. 141.

Diante de todo este arcabouço legal e doutrinário, rendeu-se a nova lei a conceitos já de longe sedimentados, verificando-se que o art. 16 zela pelo trabalho em cooperativa, mantendo suas linhas mestras. Quando participarem das licitações, as cooperativas não podem ser desnaturadas, passando a ter que cumprir as seguintes regras:

I – a constituição e o funcionamento da cooperativa devem observar as regras estabelecidas na legislação aplicável, em especial a Lei nº 5.764, de 16.12.1971, a Lei nº 12.690, de 19.7.2012, e a Lei Complementar nº 130, de 17.4.2009;

II – a cooperativa deve apresentar demonstrativo de atuação em regime cooperado, com repartição de receitas e despesas entre os cooperados;

III – qualquer cooperado, com igual qualificação, é capaz de executar o objeto contratado, vedado à Administração indicar nominalmente pessoas;

IV – o objeto da licitação refere-se, em se tratando de cooperativas enquadradas na Lei nº 12.690, de 19.7.2012, a serviços especializados constantes do objeto social da cooperativa, a serem executados de forma complementar à sua atuação.

Este último item tem relevância porque o objeto principal do trabalho em cooperativa é garantir a melhoria das condições de vida dos cooperativados que fundaram a cooperativa com objeto específico. Portanto, não pode o objeto principal da cooperativa apenas funcionar para cumprir o objeto licitado. Este deve ser complementar à sua atuação, o que deve restar devidamente comprovado documentalmente e constar do processo administrativo que organiza todo o procedimento.

4.10 Fases do procedimento licitatório

A licitação é tida na nova lei como um processo. Assim, na teoria geral do processo, é procedimento que corre para frente, composto de vários atos e atividades que se sucedem no tempo com a intervenção dos sujeitos habilitados.

Dinamarco[58] sustenta que o processo é uma entidade complexa, ou seja, seria o procedimento realizado em contraditório e animado pela relação processual. Por se tratar de uma categoria complexa, o processo seria composto, basicamente, por dois aspectos: o extrínseco, que seria

---

[58] DINAMARCO, Cândido Rangel. *Fundamentos do processo civil moderno*. 3. ed. São Paulo: Malheiros, [s.d.]. p. 76.

justamente o procedimento realizado em contraditório; e o intrínseco, que, por sua vez, seria a relação jurídica processual estabelecida entre as partes, gerando sucessivamente direitos, deveres, faculdades e ônus. Colocando em relevo o conceito de processo como relação jurídica entre partes, não se desconhece que é também o processo uma sucessão de fases procedimentais, sendo regra geral nas licitações esta sucessão de etapas. Ou seja, não se realiza o procedimento licitatório de forma instantânea, sendo necessário um verdadeiro caminho, passando por diversas fases e posições processuais que serão destacadas pela reunião documental, formalização de atos e possibilidade de exercício de contraditório e ampla defesa.

Assim, prevê a nova lei como fases do procedimento licitatório no Brasil, em sequência:

Art. 17. O processo de licitação observará as seguintes fases, em sequência:
I - preparatória;
II - de divulgação do edital de licitação;
III - de apresentação de propostas e lances, quando for o caso;
IV - de julgamento;
V - de habilitação;
VI - recursal;
VII - de homologação.

Referidas fases serão detalhadas nos próximos capítulos, mas, neste momento, destacam-se como principais novidades a fase inicial, denominada de fase preparatória, e a inversão de fases de habilitação e julgamento de propostas.

Quanto ao tema da fase preparatória, teremos oportunidade de aprofundá-lo no próximo item, mas, neste momento, destaca-se ser fase eminentemente técnica que deve ser cercada de estudos para o bom planejamento das licitações e deve ser coadunada com o plano de contratações anual, quando elaborado.

Neste momento, pretende-se dar enfoque à nova ordem das fases de habilitação e julgamento das propostas.

Antes da nova lei, a fase de habilitação acontecia no início do procedimento, ocasião em que eram verificadas as condições de participação dos licitantes desde a habilitação jurídica até aquela financeira e técnica.

Na nova lei há inversão, e passa a ser regra geral que primeiro aconteça a fase de julgamento de propostas e depois a fase de habilitação. O envelope com os documentos de habilitação será aberto apenas quanto ao vencedor na primeira fase, após a fase de julgamento das propostas.

Finalmente a ordem jurídica relacionada às licitações no Brasil incorporou conselho da doutrina brasileira. Desde Hely Lopes Meirelles[59] já havia esta percepção de que realizar primeiro o julgamento das propostas comerciais com os preços dos licitantes e ao final a análise dos documentos de habilitação apenas do vencedor na proposta de preços era benéfico e compatível com o princípio da eficiência e da razoável duração do processo:

> Inverte-se a ordem procedimental: procura-se verificar primeiro quem venceu a etapa comercial, para depois conferir os documentos de habilitação do vencedor. Suprime-se, assim, tempo precioso despendido no exame da documentação de concorrentes que foram eliminados no julgamento das propostas.

Esta lógica da inversão das fases na licitação está ligada à prática já antiga das organizações internacionais no plano das licitações, que contêm diretrizes firmes neste sentido, denominadas de *guidelines*,[60] na língua estrangeira:

> As Guidelines estabelecem a inversão das fases de habilitação e julgamento quando não tiver havido pré-qualificação. Deve-se primeiro analisar as propostas comercial (preço) e técnica dos licitantes e selecionar a mais vantajosa, sendo que só depois é que se fará a análise dos documentos de habilitação da licitante vencedora. Caso seja ela inabilitada, proceder-se-á à análise da habilitação da segunda colocada. Esse procedimento é diferente do previsto na Lei nº 8.666/1993, o que não significa dizer que afronte seus princípios ou princípios constitucionais respeitantes à licitação. Trata-se de um procedimento interessante, que poderia ser adotado em eventual modificação da Lei n 8.666/1993, visto que (a) agiliza o procedimento licitatório. A comissão de licitação só irá analisar os documentos dos licitantes que tenham ofertado o menor preço; (b) não haverá recursos administrativos, liminares em processos judiciais etc. a respeito da habilitação de licitantes cujas propostas comerciais não os coloquem em boa classificação; (c) dificulta conchavos

---

[59] MEIRELLES, Hely Lopes. *Direito administrativo brasileiro*. 44. ed. São Paulo: Malheiros, 2002. p. 99.
[60] SCARPINELLA, Vera. *Licitação na modalidade de pregão (lei 10.520, de 17 de julho de 2002)*. São Paulo: Malheiros, 2003. p. 121.

entre os licitantes, tais como aqueles em que os licitantes vão à sessão de abertura com vários envelopes de preços, optando por um ou outro em face da presença de tais ou quais concorrente.

Para Rigolin e Botinno,[61] a inversão de fases é a mais inteligente ideia que há décadas não ocorria em matéria de licitação, porque coíbe o que eles consideram principal drama nos procedimentos seletivos: a violação ao princípio da competitividade.

Antes da Lei nº 14.133, de 1º.4.2021, nas antigas leis do pregão e do regime diferenciado de contratações, já existia esta inversão de fases, e agora podemos verificar, como regra geral para o sistema licitatório brasileiro, a fase de julgamento de propostas e lances antes da avaliação dos documentos de habilitação.

O art. 17 contém parágrafo com regras específicas sobre esta inversão de fases. Dispõe o §1º do referido artigo que pode vir a fase de habilitação antes da fase de julgamento das propostas, desde que mediante ato motivado com explicitação dos benefícios decorrentes e desde que expressamente previsto no edital de licitação.

4.11 Procedimento eletrônico como norma geral

Passa a ser regra geral o procedimento eletrônico para o processo licitatório, o que acompanha a necessidade de conferir transparência a todos os procedimentos com informação ágil e mais acessível à boa parte da população, apesar de serem os meios digitais distantes da população ainda vulnerável digitalmente.

Passarão as administrações públicas a ter que, progressivamente, adquirir materiais e capacitar recursos humanos em direção a esta nova lógica, já que a Lei nº 14.133/2021 exige motivação razoável para que não seja realizado o procedimento por meio eletrônico, com as cautelas identificadas no §2º do art. 17:

> As licitações serão realizadas preferencialmente sob a forma eletrônica, admitida a utilização da forma presencial, desde que motivada, devendo a sessão pública ser registrada em ata e gravada mediante utilização de recursos tecnológicos de áudio e vídeo.

---

[61] RIGOLIN, Ivan Barbosa; BOTINNO, Marco Tullio. *Manual prático das licitações*: Lei n. 8.666/93. 4. ed. São Paulo: Saraiva, 2002. p. 448.

Entende-se que a motivação aqui exigida não pode estar apartada de critérios razoáveis e proporcionais, não bastando a mera discricionariedade do gestor público, mas argumentos fortes para evitar a informatização de todo o procedimento, em um exercício de ponderação de valores e interesses.

Esta determinação não se aplica apenas ao órgão público, podendo a administração exigir que o particular pratique seus atos por meio eletrônico nos termos do §4º do art. 17 da nova lei.

Em caso de realização de licitação sob a forma presencial, cautelas adicionais são exigidas pela nova lei: a sessão pública de apresentação de propostas deverá ser gravada em áudio e vídeo, e a gravação será juntada aos autos do processo licitatório depois de seu encerramento.

4.12 Das amostras e prova de conceito no procedimento licitatório

Diferentemente da lei revogada, a nova lei prevê a exigência de amostras, exame de conformidade e prova de conceito no bojo do processo licitatório, aliando-se à reiterada jurisprudência do Tribunal de Contas da União.

A Corte de Contas da União já teve oportunidade de pontuar que pode ser exigida amostra ou prova de conceito – análise e avaliação da conformidade das propostas – para comprovar sua aderência às especificações definidas no termo de referência ou projeto básico.

A grande discussão é se isso seria feito na fase de habilitação ou quando do julgamento das propostas, e acabou prevalecendo a posição no TCU, agora incorporada na lei, de que esta amostra ou prova de conceito só pode ser exigida do licitante vencedor. Exigir a prova de conceito de todos os licitantes pode tornar mais onerosa a participação na licitação, desestimulando a competitividade, um dos princípios das licitações.

A seguir, vemos diversas decisões do TCU neste sentido:

A realização de prova de conceito ou a apresentação de amostra deve ocorrer na fase externa da licitação e apenas em relação ao licitante classificado em primeiro lugar, conforme determina o Tribunal de Contas da União (TCU) no Acórdão 2763/2013: "Enunciado: A prova de conceito, meio para avaliação dos produtos ofertados, pode ser exigida do licitante provisoriamente classificado em primeiro lugar, mas não pode ser exigida como condição para habilitação, por inexistência de previsão legal". Interessante destacar que o TCU considera pacífica a questão de que a prova de conceito somente deve ser exigida do licitante provisoriamente declarado vencedor, ou seja, o TCU considera que a exigência da prova de conceito na qualificação técnica é ilegal. Não trata-se apenas de mera formalidade, e sim questão de ilegalidade do edital que torna nula a licitação. Destaque -se ainda que no mencionado acórdão, é frisado a posição pacífica do TCU em relação a ilegalidade do requerimento: "8. A prova de conceito, meio para avaliação dos produtos ofertados pelas licitantes, pode ser exigida do vencedor do certame, mas não pode ser exigida como condição para habilitação, por inexistência de previsão legal. Esse é o entendimento pacificado nesta Corte, no Acórdão 1113/2009 - TCU - Plenário, e sustentado na nota técnica 4/2009-Sefti/ TCU". (TCU - Acórdão 2763/2013) Ainda analisando o mesmo acórdão, o TCU concluiu que a realização de prova de conceito se assemelha a apresentação de amostras e neste caso a jurisprudência do Tribunal é ainda mais farta conforme abaixo: "A exigência de amostras a todos os licitantes, na fase de habilitação ou de classificação, além de ser ilegal, pode impor ônus excessivo aos licitantes, encarecer o custo de participação na licitação e desestimular a presença de potenciais interessados". (TCU - Acórdão 1113/2008 Plenário (Sumário)). "Restrinja a apresentação de amostras, quando necessária, aos licitantes provisoriamente classificados em primeiro lugar, e desde que de forma previamente disciplinada e detalhada no respectivo instrumento convocatório, nos termos do art. 45 da Lei 8.666/1993 c/c o art. 4º, inciso XVI, da Lei 10.520/2002 e o art. 25, §5º, do Decreto 5.450/2005". (TCU - Acórdão 2749/2009 Plenário) "Limite-se a inserir exigência de apresentação de amostras de bens a serem adquiridos na fase final de classificação das propostas, apenas ao licitante provisoriamente em primeiro lugar". (TCU - Acórdão 1332/2007 Plenário) Ainda cumpre observar que o TCU estabeleceu a obrigação dos editais de fazer a devida previsão completa de como será realizada eventual prova de conceito ou análise de amostra conforme abaixo: "Adote em editais de pregão critérios objetivos, detalhadamente especificados, para avaliação de amostras que entender necessárias a apresentação. Somente as exija do licitante classificado provisoriamente em primeiro lugar no certame". (TCU - Acórdão 1168/2009 Plenário) "Impõe-se o detalhamento dos testes de aderência previstos no edital, com vistas a atestar a adequação das propostas e das ofertas aos requisitos de qualidade pretendidos, na medida necessária para subsidiar a decisão da Administração, prescindindo-se a descrição das minúcias de realização dos referidos testes" (TCU - Acórdão 394/2009 Plenário (Sumário)) Por fim cumpre ainda observar a Súmula n.º 272 do TCU que estabelece: SÚMULA Nº 272 No edital de licitação, é vedada a inclusão de exigências de habilitação e de quesitos de pontuação técnica para cujo atendimento os licitantes tenham de incorrer em custos que não sejam necessários anteriormente à celebração do contrato.

4.13 Fase interna do procedimento licitatório

A partir do art. 18 da nova lei de licitações, vê-se capítulo denominado "Da Fase Preparatória", que objetiva realizar procedimentos de planejamento, para que a futura licitação e o contrato dela decorrente tenham o menor grau de riscos possível, devendo considerar os assuntos técnicos, mercadológicos e de gestão.

É sobretudo uma fase que demandará a instrução do processo com pareceres e estudos técnicos, sob pena de nulidade de todo o procedimento, já que impõe o art. 18 que os atos sejam devidamente fundamentados, o que se deve ao princípio da motivação, previsto no art. 5º da nova lei.

Já na antiga lei de licitações, a fase interna do procedimento licitatório era identificada como fundamental e tinha os seguintes contornos:

> Art. 6º [...]
> IX - Projeto Básico - conjunto de elementos necessários e suficientes, com nível de precisão adequado, para caracterizar a obra ou serviço, ou complexo de obras ou serviços objeto da licitação, elaborado com base nas indicações dos estudos técnicos preliminares, que assegurem a viabilidade técnica e o adequado tratamento do impacto ambiental do empreendimento, e que possibilite a avaliação do custo da obra e a definição dos métodos e do prazo de execução, devendo conter os seguintes elementos:
> a) desenvolvimento da solução escolhida de forma a fornecer visão global da obra e identificar todos os seus elementos constitutivos com clareza;
> b) soluções técnicas globais e localizadas, suficientemente detalhadas, de forma a minimizar a necessidade de reformulação ou de variantes durante as fases de elaboração do projeto executivo e de realização das obras e montagem;
> c) identificação dos tipos de serviços a executar e de materiais e equipamentos a incorporar à obra, bem como suas especificações que assegurem os melhores resultados para o empreendimento, sem frustrar o caráter competitivo para a sua execução;
> d) informações que possibilitem o estudo e a dedução de métodos construtivos, instalações provisórias e condições organizacionais para a obra, sem frustrar o caráter competitivo para a sua execução;
> e) subsídios para montagem do plano de licitação e gestão da obra, compreendendo a sua programação, a estratégia de suprimentos, as normas de fiscalização e outros dados necessários em cada caso;
> f) orçamento detalhado do custo global da obra, fundamentado em quantitativos de serviços e fornecimentos propriamente avaliados;

Art. 7º As licitações para a execução de obras e para a prestação de serviços obedecerão ao disposto neste artigo e, em particular, à seguinte seqüência:
I - projeto básico;
II - projeto executivo;
III - execução das obras e serviços.

Assim, observa-se, na legislação anterior, a necessidade de projeto básico fundado em estudos técnicos preliminares que evidenciassem a viabilidade técnica e o adequado tratamento do impacto ambiental do empreendimento, e que possibilite a avaliação do custo da obra e a definição dos métodos e do prazo de execução. Tal definição é mantida no art. 18 da nova lei, com a preocupação relacionada aos temas de mercado e gestão.

Para Marinela, a etapa interna acontece dentro da própria Administração, ocasião em que são tomadas as providências necessárias para definição do objeto e demais parâmetros da licitação e da minuta contratual.[62]

Bandeira de Mello,[63] manifestando-se sobre esta fase, identifica:

> A interna é aquela em que a promotora do certame, em seu recesso, pratica todos os atos condicionais à sua abertura; antes, pois, de implementar a convocação dos interessados. A etapa externa – que se abre com a publicação do edital ou com os convites – é aquela em que, já estando estampadas para terceiros, com a convocação de interessados, as condições de participação e disputa, irrompe a oportunidade de relacionamento entre a Administração e os que se propõem afluir ao certame.

Neste diapasão, Meirelles[64] elucida:

> O procedimento da licitação inicia-se na repartição interessada com a abertura de processo em que a autoridade competente determina sua realização, define seu objeto e indica os recursos hábeis para a despesa. Essa é a fase interna da licitação, à qual se segue a fase externa [...].

Seguindo este roteiro, encontra-se o art. 18 da nova de licitações destinado a alertar o gestor e a comissão de contratação quanto às etapas e documentos que devem constar da fase interna, a saber:

---

[62] MARINELA, Fernanda. *Direito administrativo*. 8. ed. São Paulo: Impetus, 2014. p. 53.
[63] BANDEIRA DE MELLO, Celso Antônio. *Curso de direito administrativo*. 17. ed. São Paulo: Malheiros, 2004.
[64] MEIRELLES, Hely Lopes. *Curso de direito administrativo*. São Paulo: Malheiros, [s.d.]. p. 313.

I – a descrição da necessidade da contratação fundamentada em estudo técnico preliminar que caracterize o interesse público envolvido;
II – a definição do objeto para o atendimento da necessidade, por meio de termo de referência, anteprojeto, projeto básico ou projeto executivo, conforme o caso;
III – a definição das condições de execução e pagamento, das garantias exigidas e ofertadas e das condições de recebimento;
IV – o orçamento estimado, com as composições dos preços utilizados para sua formação;
V – a elaboração do edital de licitação;
VI – a elaboração de minuta de contrato, quando necessária, que constará obrigatoriamente como anexo do edital de licitação;
VII – o regime de fornecimento de bens, de prestação de serviços ou de execução de obras e serviços de engenharia, observados os potenciais de economia de escala;
VIII – a modalidade de licitação, o critério de julgamento, o modo de disputa e a adequação e eficiência da forma de combinação desses parâmetros, para os fins de seleção da proposta apta a gerar o resultado de contratação mais vantajoso para a Administração Pública, considerado todo o ciclo de vida do objeto;
IX – a motivação circunstanciada das condições do edital, como justificativa de exigências de qualificação técnica, mediante indicação das parcelas de maior relevância técnica ou valor significativo do objeto, e de qualificação econômico-financeira, justificativa dos critérios de pontuação e julgamento das propostas técnicas, nas licitações com julgamento por melhor técnica ou técnica e preço, e justificativa das regras pertinentes à participação de empresas em consórcio;
X – a análise dos riscos que possam comprometer o sucesso da licitação e a boa execução contratual;
XI – a motivação sobre o momento da divulgação do orçamento da licitação, observado o art. 24 desta lei.

Deve constar do processo licitatório, desde o seu início, nos termos do art. 18, a evidenciação do interesse público na escolha do objeto, a elaboração de documento básico para definição do objeto (termo de referência ou outro, conforme o caso), elaboração de minuta de edital e contrato, estimação do orçamento, preocupação com o princípio da eficiência e economicidade por meio da necessidade de inclusão de itens quanto à economia de escala, ciclo de vida do objeto e análise de risco, bem como cuidado com a qualificação técnica dos licitantes por meio da indicação das parcelas de maior relevância técnica ou valor significativo do objeto.

4.13.1 Critérios para fixação do orçamento estimado

Importante mencionar jurisprudência do Tribunal de Contas da União já existente sobre alguns dos itens constantes da fase interna, como a pesquisa de preços para elaboração do orçamento estimado (art. 18, inc. IV). Entende o Tribunal de Contas da União que, neste caso, deve ser realizada ampla pesquisa de preço com as cautelas a seguir:

> *A pesquisa de preços para elaboração do orçamento estimativo da licitação não deve se restringir a cotações realizadas junto a potenciais fornecedores, devendo ser utilizadas outras fontes como parâmetro, a exemplo de contratações similares realizadas por outros órgãos ou entidades públicas, mídias e sítios eletrônicos especializados e portais oficiais de referência de custos. (Acórdão 2787/2017-Plenário, Relator: AUGUSTO SHERMAN)*
>
> *Na elaboração de orçamento estimativo para equipamentos a serem fornecidos em mercado restrito, devem ser adotados os valores decorrentes das cotações mínimas. As médias ou medianas de cotações de preços devem ser empregadas apenas em condições de mercado competitivo. (Acórdão 8514/2017-Segunda Câmara | Relator: JOSÉ MÚCIO MONTEIRO)*
>
> *Na elaboração do orçamento estimativo da licitação, devem ser utilizadas fontes diversificadas de pesquisa de preços, priorizadas as consultas ao Portal de Compras Governamentais e a contratações similares de outros entes públicos, em detrimento de pesquisas com fornecedores, publicadas em mídias especializadas ou em sítios eletrônicos especializados ou de domínio amplo, cuja adoção deve ser tida como prática subsidiária e suplementar. (Acórdão 3351/2015-Plenário | Relator: ANDRÉ DE CARVALHO)*
>
> *Se não for possível obter preços de referência nos sistemas oficiais, deve ser realizada pesquisa contendo o mínimo de três cotações de empresas ou fornecedores distintos, fazendo constar no respectivo processo de licitação a documentação comprobatória dos levantamentos e estudos que fundamentaram o preço estimado. (Acórdão 3280/2011-Plenário | Relator: WALTON ALENCAR RODRIGUES)*
>
> *No caso de não ser possível obter preços referenciais nos sistemas oficiais para a estimativa de custos em processos licitatórios, deve ser realizada pesquisa de preços contendo o mínimo de três cotações de empresas/ fornecedores distintos, fazendo constar do respectivo processo a documentação comprobatória pertinente aos levantamentos e estudos que*

fundamentaram o preço estimado. Caso não seja possível obter esse número de cotações, deve ser elaborada justificativa circunstanciada. (Acórdão 2531/2011-Plenário I Relator: JOSÉ JORGE)
No caso de impossibilidade de obtenção de preços referenciais, via sistemas oficiais, para a estimativa dos custos em processos licitatórios, deve ser realizada pesquisa contendo o mínimo de três cotações de empresas/fornecedores distintos, fazendo constar do respectivo processo a documentação comprobatória pertinente aos levantamentos e estudos que fundamentaram o preço estimado, devendo ser devidamente justificadas as situações em que não for possível atingir o número mínimo de cotações. (Acórdão 1266/2011-Plenário I Relator: UBIRATAN AGUIAR)
Não há qualquer orientação legal objetiva acerca da metodologia para obtenção do preço de referência em licitação. O que se exige do gestor é que os valores estimados estejam em consonância com a prática do mercado. *Desse modo, não se vislumbra impropriedade na metodologia de obtenção de referência de preço a partir da média aritmética de pesquisas de mercado obtidas pelo órgão licitante.* (Acórdão 694/2014- Plenário, Relator: VALMIR CAMPELO)
A deflagração de procedimentos licitatórios exige estimativa de preços que pode ser realizada a partir de consultas a fontes variadas, como fornecedores, licitações similares, atas de registros de preço, contratações realizadas por entes privados em condições semelhantes, entre outras. No entanto, os valores obtidos por meio dessas consultas que sejam incapazes de refletir a realidade de mercado devem ser desprezados. (Acórdão 868/2013-Plenário, Relator: MARCOS BEMQUERER).
Acórdão 2943/2013-Plenário [...]
9.1.2. nas próximas licitações para contratação de serviço de buffet e locação de espaços para eventos:
9.1.2.1. deixe de considerar, para fins de elaboração do mapa de cotações, as informações relativas a empresas cujos preços revelem-se evidentemente fora da média de mercado, como se observa em relação à sociedade empresária Gran Buffet, de modo a evitar distorções no custo médio apurado e, consequentemente, no valor máximo a ser aceito para cada item licitado, a exemplo do que ocorreu no Pregão Eletrônico 3/2009;
9.1.2.2. realize previamente consulta aos preços praticados por outros órgãos ou entes públicos que possuem serviços contratados semelhantes, além de verificar preços em outras empresas do ramo, em conformidade com o disposto no art. 43, inciso IV, da Lei 8.666/1993; [...]
Acórdão 2170/2007-Plenário
Voto do Relator [...]
31. Não obstante tais considerações, concordo com o ACE da Serur quando afirma que o paradigma, seja para aferição de sobrepreço de um produto ou para definir sua adequação aos valores de mercado,

não é o preço de adjudicação de um determinado pregão (fl. 78 - Anexo 5), mas, sim, o valor que se encontra dentro de uma faixa de preços praticada pelos fornecedores desse mesmo produto, o que pressupõe um valor mínimo e um valor máximo de mercado para cada produto (fl. 76 - Anexo 5). O sobrepreço ficaria caracterizado, nesses termos, se o valor adjudicado ultrapassasse o máximo da faixa de preços aceitáveis praticada para o produto a ser adquirido pela Administração.

32. Esclareço que preço aceitável é aquele que não representa claro viés em relação ao contexto do mercado, ou seja, abaixo do limite inferior ou acima do maior valor constante da faixa identificada para o produto (ou serviço). Tal consideração leva à conclusão de que as estimativas de preços prévias às licitações, os valores a serem aceitos pelos gestores antes da adjudicação dos objetos dos certames licitatórios, bem como na contratação e posteriores alterações, por meio de aditivos, e mesmo os parâmetros utilizados pelos órgãos de controle para caracterizar sobrepreço ou superfaturamento em contratações da área de TI devem estar baseados em uma cesta de preços aceitáveis. A velocidade das mudanças tecnológicas do setor exige esse cuidado especial.

33. Esse conjunto de preços ao qual me referi como cesta de preços aceitáveis pode ser oriundo, por exemplo, de pesquisas junto a fornecedores, valores adjudicados em licitações de órgãos públicos - inclusos aqueles constantes no Comprasnet -, valores registrados em atas de SRP, entre outras fontes disponíveis tanto para os gestores como para os órgãos de controle - a exemplo de compras/contratações realizadas por corporações privadas em condições idênticas ou semelhantes àquelas da Administração Pública -, desde que, com relação a qualquer das fontes utilizadas, sejam expurgados os valores que, manifestamente, não representem a realidade do mercado. [...]

ACÓRDÃO Nº 819/2009 - TCU – Plenário [...]

1.7. Com base no art. 250, inc. III, do RI/TCU, recomendar ao DNIT que, como parte do planejamento de suas licitações, em especial daquelas que visem contratar o objeto aqui discutido:

1.7.1. realize o levantamento, o registro e a justificativa dos requisitos ou funcionalidades do bem/serviço a ser contratado, para deixar claramente demonstrado e fundamentado nos autos o nexo entre cada requisito exigido e o seu correspondente benefício para a contratação, a fim de evitar a indevida remuneração de requisitos dispensáveis e o direcionamento ou favorecimento em licitações, com base no princípio da motivação e no art. 3º, §1º, inc. I, da Lei nº 8.666/93 (nessa linha, item 9.3.16 do Acórdão no 1.094/2004-P);

1.7.2. faça o orçamento do objeto a ser licitado com base em "cesta de preços aceitáveis" oriunda, por exemplo, de pesquisas junto a cotação específica com fornecedores, pesquisa em catálogos de fornecedores, pesquisa em bases de sistemas de compras, avaliação de contratos recentes ou vigentes, valores adjudicados em licitações de outros órgãos públicos, valores registrados em atas de SRP e analogia com compras/

contratações realizadas por corporações privadas, desde que, com relação a qualquer das fontes utilizadas, sejam expurgados os valores que, manifestamente, não representem a realidade do mercado, à luz do art. 6º, inc. IX, alínea "f", da Lei nº 8.666/93 (nessa linha, itens 32 a 39 do voto do Acórdão no 2.170/2007-P);

4.13.2 Da observância da economia de escala

Quanto ao art. 18, inc. VII da nova lei, existe regra para que seja estabelecido, na fase interna, o regime de fornecimento dos bens, prestação de serviços ou execução de obras e serviços de engenharia, observando-se os potenciais de economia de escala.

Assim, o gestor deve evitar fracionamento de compras, serviços ou obras se estes podem ser realizados em conjunto, com economia de custos, devendo o gestor ter esta cautela na fase interna, justificando o regime parcelado ou não do objeto a ser licitado. Neste ponto, o Tribunal de Contas da União vem pontuando a necessidade de obedecer à lógica da economia de escala, o que veio agora previsto expressamente na nova lei de licitações. São representativos deste entendimento das Cortes de Contas os julgados a seguir:

Acórdão 2864/2008 Plenário (Voto do Ministro Relator)
Abstenha-se de realizar procedimentos licitatórios, mediante fracionamento de despesa, sem que a modalidade de licitação escolhida tenha permitido, comprovadamente, o melhor aproveitamento dos recursos disponíveis no mercado e a ampliação da competitividade sem perda da economia de escala, nos termos do §1º do art. 23 da Lei nº 8.666/1993, nos moldes dos arts. 2º e 23, §2º, parte final.

Acórdão 2387/2007 Plenário
Realize o planejamento prévio dos gastos anuais, de modo a evitar o fracionamento de despesas de mesma natureza, observando que o valor limite para as modalidades licitatórias é cumulativo ao longo do exercício financeiro, afim de não extrapolar os limites estabelecidos nos artigos 23, §2º, e 24, inciso II, da Lei nº 8.666/1993.

4.13.3 Do estudo técnico preliminar

A Lei nº 14.133/2021 inova quanto aos estudos técnicos preliminares que eram mencionados na antiga lei, mas não com o detalhamento agora verificado, demonstrando compromisso maior com um planejamento bem detalhado, garantindo maior eficiência.

A nova lei de licitações define, em mínimos detalhes, o que pode ser identificado como estudo técnico preliminar. A lei exige, já no estudo técnico preliminar, que embasará futuros termos de referência ou projetos básicos e executivo, os seguintes requisitos obrigatórios: identificação do problema e da melhor solução para resolvê-lo, justificativa da necessidade de contratação, alinhamento com o planejamento da Administração, memórias de cálculo que comprovem a economia de escala no objeto, levantamento de mercado para justificar possíveis alternativas, levantamento de preço, descrição de itens que usualmente não são considerados (necessidade de manutenção e assistência técnica), identificação de contrações correlatas para implementar o objeto, justificativas para parcelamento, demonstrativo de resultados, necessidade de capacitação do objeto e a questão ambiental.

Parte dos requisitos do estudo técnico preliminar é facultativa, mas neste caso deve haver justificativa se não apresentados os requisitos facultativos no estudo técnico preliminar.

A seguir, são apresentados os requisitos obrigatórios e facultativos do estudo técnico preliminar.

– Requisitos obrigatórios:
I – necessidade da contratação, considerado o problema a ser resolvido sob a perspectiva do interesse público;
II – estimativas das quantidades para a contratação, acompanhadas das memórias de cálculo e dos documentos que lhes dão suporte, que considerem interdependências com outras contratações, de modo a possibilitar economia de escala;
III – estimativa do valor da contratação, acompanhada dos preços unitários referenciais, das memórias de cálculo e dos documentos que lhe dão suporte, que poderão constar de anexo classificado, se a Administração optar por preservar o seu sigilo até a conclusão da licitação;
IV – justificativas para o parcelamento ou não da solução;
V – posicionamento conclusivo sobre a adequação da contratação para o atendimento da necessidade a que se destina.

– Requisitos facultativos:
I – demonstração da previsão da contratação no plano de contratações anual, sempre que elaborado, de modo a indicar o seu alinhamento com o planejamento da Administração;
II – requisitos da contratação;

III – levantamento de mercado, que consiste na análise das alternativas possíveis, e justificativa técnica e econômica da escolha do tipo de solução a contratar;
IV – descrição da solução como um todo, inclusive das exigências relacionadas à manutenção e à assistência técnica, quando for o caso;
V – demonstrativo dos resultados pretendidos em termos de economicidade e de melhor aproveitamento dos recursos humanos, materiais ou financeiros disponíveis;
VI – providências a serem adotadas pela Administração previamente à celebração do contrato, inclusive quanto à capacitação de servidores ou de empregados para fiscalização e gestão contratual;
VII – contratações correlatas e/ou interdependentes;
VIII – possíveis impactos ambientais e respectivas medidas mitigadoras, incluídos requisitos de baixo consumo de energia e de outros recursos, bem como logística reversa para desfazimento e reciclagem de bens e refugos, quando aplicável.

Os princípios da motivação e do planejamento são protagonistas do estudo preliminar e passam a ser figuras centrais dos órgãos públicos. Os diversos setores técnicos (contabilidade, assessoria de planejamento, assessoria jurídica) deverão colaborar com a construção dos estudos preliminares.

Entende-se que a comissão de contratação, que diante da nova lei passa a coordenar os procedimentos da licitação, passará a ter equipe de apoio com conhecimentos suficientes de economia, meio ambiente, administração, devendo haver capacitação frequente das equipes licitatórias e dos órgãos públicos como um todo para as novas demandas que abrigam o estudo técnico preliminar.

4.13.4 Dos demais documentos instrutórios na fase interna das licitações

Para além do estudo preliminar técnico, ainda deve constar da formalização do processo licitatório uma série de elementos, a saber:

I – a definição das condições de execução e pagamento, das garantias exigidas e ofertadas e das condições de recebimento;
II – o orçamento estimado, com as composições dos preços utilizados para sua formação;

III – a elaboração do edital de licitação;
IV – a elaboração de minuta de contrato, quando necessária, que constará obrigatoriamente como anexo do edital de licitação;
V – o regime de fornecimento de bens, de prestação de serviços ou de execução de obras e serviços de engenharia, observados os potenciais de economia de escala;
VI – a modalidade de licitação, o critério de julgamento, o modo de disputa e a adequação e eficiência da forma de combinação desses parâmetros, para os fins de seleção da proposta apta a gerar o resultado de contratação mais vantajoso para a Administração Pública, considerado todo o ciclo de vida do objeto;
VII – a motivação circunstanciada das condições do edital, como justificativa de exigências de qualificação técnica, mediante indicação das parcelas de maior relevância técnica ou valor significativo do objeto, e de qualificação econômico-financeira, justificativa dos critérios de pontuação e julgamento das propostas técnicas, nas licitações com julgamento por melhor técnica ou técnica e preço, e justificativa das regras pertinentes à participação de empresas em consórcio;
VIII – a análise dos riscos que possam comprometer o sucesso da licitação e a boa execução contratual;
IX – a motivação sobre o momento da divulgação do orçamento da licitação, observado o art. 24 da lei.

Foi incluído o §3º no art. 18 da nova lei para destacar que, em contratação de obras e serviços comuns de engenharia, se demonstrada a inexistência de prejuízos para aferição dos padrões de desempenho e qualidade almejados, a especificação do objeto poderá ser indicada apenas em termo de referência, dispensada a elaboração de projetos.

4.13.5 Da padronização na fase interna

No art. 19, ainda destaca a nova lei que órgãos da administração com competências regulamentares relativas às atividades de administração de materiais de obras e serviços deverão se ocupar das seguintes atividades:

I – instituir instrumentos para centralizar compras;
II – criar catálogo eletrônico de padronização de compras, serviços e obras, admitida a adoção do catálogo do Poder Executivo federal por todos os entes federativos;

III – instituir sistema informatizado de imagem e vídeo para fiscalizar obras;
IV – instituir, com auxílio dos órgãos de assessoramento jurídico e de controle interno, modelos de minutas de editais, de termos de referência, de contratos padronizados e de outros documentos, admitida a adoção das minutas do Poder Executivo federal por todos os entes federativos;
V – promover a adoção gradativa de tecnologias e processos integrados que permitam a criação, a utilização e a atualização de modelos digitais de obras e serviços de engenharia.

Referidos catálogos de padronização e minutas padronizadas realizados por órgãos da administração com competências regulamentares relativas às atividades de administração de materiais de obras e serviços passam a se impor como itens de controle e de racionalização de procedimentos licitatórios, podendo ser dispensados apenas quando houver justificativa razoável, conforme determina o §2º do art. 19 da nova lei.

Com a adoção do catálogo eletrônico de padronização de compras, ganhará a Administração Pública em celeridade, visto que nele constarão a documentação e o procedimento próprio da fase interna, bem como especificação do objeto, o que economiza o tempo da comissão de contratação quanto à grande necessidade de documentos que devem instruir o procedimento de licitações na nova lei. Este catálogo será válido para licitações cujo critério de julgamento for o de menor preço ou o de maior desconto (§1º do art. 19 da nova lei).

4.13.6 Modelagem da informação da construção

A nova lei trata da modelagem da informação da construção (BIM) no §3º do art. 19 da nova lei, identificando-se como uma norma sistêmica que define ser fundamental para o bom andamento das licitações que conceitos de outras áreas do saber sejam aprofundados, neste caso, da engenharia civil.

E, quando se trata da modelagem de informação de construção (BIM), que passa a ser preferencialmente adotada nas obras e serviços de engenharia e arquitetura, entende-se que o legislador responsável pela nova lei de licitações objetivou trazer o mais moderno modelo de planejamento de obras, que permitirá visualizar as etapas pelas quais passará a obra, facilitando o planejamento e controle de riscos, por meio de sistemas altamente informatizados e *softwares* adaptados à identificação da obra em modelo multidimensional. Biotto et al.[65] explicam as principais funcionalidades e vantagens operativas desta modelagem:

> Um modelo 4D de uma edificação consiste em uma associação de seu modelo 3D ao tempo: as tarefas que compõem o cronograma da construção são associadas aos componentes ou partes do modelo 3D, permitindo, assim, a visualização da sequência de execução, de forma a contribuir para o entendimento do processo de produção por parte dos envolvidos em sua gestão e a apoiar a tomada de decisão (KYMMEL, 2008). Segundo Eastman et al. (2011), a modelagem 4D não é algo recente na construção, sendo utilizada já há algumas décadas. Por exemplo, Collier e Fischer (1995) relataram a utilização de modelos 4D para comunicar, planejar a logística e coordenar equipes na obra de ampliação de um hospital.
>
> No entanto, a utilização da modelagem 4D pelas empresas não é algo trivial. No caso de sistemas CAD, as associações entre componentes e atividades são trabalhosas, tornando difícil atualizar as datas ou analisar possíveis cenários alternativos, em decorrência do grande esforço necessário. [...]
>
> Nos anos recentes, a modelagem 4D passou a ser impulsionada pela disseminação dos sistemas baseados na tecnologia BIM. Os recursos de interoperabilidade e a possibilidade de centralização da informação, oportunizados pela tecnologia BIM, diminuem a necessidade de coleta e mudança das informações, resultando em aumento da velocidade e precisão das informações transmitidas, na possibilidade de automatização de verificações e análises, bem como ao suporte às atividades de operação e manutenção (GENERAL..., 2007; EASTMAN et al, 2011).
>
> *Com a introdução dos modelos BIM, a modelagem 4D beneficia-se pelo fato de que tais modelos possuem não só as informações geométricas da construção (ou seja, o modelo 3D), mas podem conter outras informações relativas ao processo de produção, tais como índices de produtividade, custos, natureza dos recursos necessários. Assim, as alterações realizadas tanto no modelo 3D como no plano podem ser automaticamente atualizadas no modelo 4D. Isso torna possível aos planejadores criar, revisar e editar os modelos 4D com mais frequência, favorecendo a elaboração de planos mais adequados, o que possibilita aos modelos desempenhar papel ativo na avaliação de sequências de construção, inclusive considerando os componentes temporários da construção (instalações de canteiro e equipamentos)* (EASTMAN et al., 2011).

---

[65] BIOTTO, Clarissa Notariano; FORMOSO, Carlos Torres; ISATTO, Eduardo Luis. Uso de modelagem 4D e Building Information Modeling na gestão de sistemas de produção em empreendimentos de construção. *Ambient. constr.*, Porto Alegre, v. 15, n. 2, abr./jun. 2015.

Com relação à definição do aplicativo de modelagem 4D, Eastman et al. (2011) chamam a atenção para diversas características que devem ser observadas, em função do escopo previsto da modelagem, tais como as extensões de arquivos, informações de objetos e formatos de planos que podem ser importados, a combinação e atualização automática dos modelos, e a possibilidade de reorganização e divisão dos componentes dos modelos depois de importados.

Fischer, Haymaker e Liston (2005) oferecem ainda recomendações acerca da definição do responsável pela construção do modelo 4D. Tais autores sugerem que essa responsabilidade deve ser da empresa que executa o empreendimento, pois, ao contrário dos projetistas e modeladores, ela desempenha papel fundamental na especificação das informações que deverão compor o modelo e de seu nível de detalhe. Zhou et al. (2009) sugerem o uso de uma abordagem colaborativa para a modelagem 4D. Com o emprego de um sistema servidor-cliente, os usuários combinam de maneira interativa o modelo 3D com um plano do empreendimento, gerado a partir de um aplicativo de planejamento de projetos, gerando cenários que são simulados através do BIM 4D. Com base nos resultados, o cenário é aprovado ou novas alterações são propostas.

4.13.7 Da vedação dos itens de luxo desde a fase interna

A nova lei foi rigorosa quanto à vedação de aquisição de artigos de luxo pela Administração Pública, sendo taxativa em definir que serão adquiridos apenas itens de qualidade comum não superior à mínima qualidade necessária para cumprir as finalidades às quais se destinam.

Deve-se referir, neste momento, à obra de Montesquieu que identificava o luxo como distanciamento do governo popular, este sim direcionado pela virtude. Governos movidos pelo luxo não podem ser reconhecidos como governos virtuosos: "Os políticos gregos, que viviam no governo popular, não reconheciam outra força que pudesse sustentá-los além da força da virtude. Os de hoje só nos falam de manufaturas, de comércio, de finanças, de riquezas e mesmo de luxo".[66]

São vários os trechos na obra de Montesquieu que alertam quanto ao risco de um governo guiar-se pelo luxo em suas práticas:

> A corrupção aumentará entre os corruptores e também entre os que já estão corrompidos. O povo distribuirá entre si toda fazenda pública e, como terá unido a gestão dos negócios à sua preguiça, desejará reunir

---

[66] MONTESQUIEU, Charles-Louis de Secondat, Barão de. *Considerações sobre as causas da grandeza dos romanos e da sua decadência.* São Paulo: Saraiva, 2005.

à sua pobreza os divertimentos do luxo. Mas, com sua preguiça e seu luxo, terá como objetivo apenas o tesouro público. / Ninguém deverá se espantar se os votos forem comprados a dinheiro.[67]

Percebe-se assim por que Montesquieu concatena a corrupção – no caso da República – à perda da virtude política: [...]
À medida que o luxo se estabelece numa república, o espírito volta-se para o interesse particular. Para as pessoas a quem o necessário é suficiente, só resta desejar a glória da pátria e a sua própria. Porém, uma alma corrompida pelo luxo possui muitos outros desejos: cedo se torna inimiga das leis que a constrangem.[68]

O Tribunal de Contas da União, vinculado ao princípio republicano, vem reagindo contra a aquisição de itens de luxo, o que agora foi reconhecido pela nova lei de licitações. Veja-se os acórdãos a seguir sobre a matéria:

Aquisição de veículo de luxo, em afronta aos princípios da economicidade e da legalidade
No âmbito da prestação de contas do Serviço Nacional de Aprendizagem Rural – Administração Regional no Estado do Mato Grosso (Senar/MT), referente ao exercício de 2004, foram suscitadas irregularidades referentes à aquisição do veículo Pajero Sport/HPE 4x4, ano 2004, modelo 2005. No que concerne à aquisição de modelo demasiadamente sofisticado, sem justificativa de necessidade e adequação às características exigidas, infringindo os princípios constitucionais da proporcionalidade e da economicidade, o relator ressaltou que o veículo custou aos cofres do Senar/MT R$146.500,00, quando havia outros modelos no mercado que poderiam atender, pela metade do preço, aos requisitos de conforto e segurança exigidos. Além disso, a Lei n.o 1.081/1950 proíbe a aquisição de veículos de luxo, "exceto em relação aos destinados aos Presidentes da República, do Senado, da Câmara e do Supremo Tribunal Federal, e a Ministros de Estado". Quanto ao direcionamento da licitação e à inobservância do número mínimo de licitantes convidados, o relator concordou com a unidade técnica, para a qual a descrição das características mínimas do veículo a ser adquirido continha exigências praticamente idênticas às especificações constantes da resposta da Tauro Motors à cotação de preços realizada pelo Senar/MT. Dessa forma, não poderia prosperar a justificativa de que não havia, no mercado, mais

---

[67] MONTESQUIEU, Charles-Louis de Secondat, Barão de. *O espírito das leis*. São Paulo: Nova Cultural, 1997. 2 v. Coleção Os Pensadores. p. 154.
[68] MONTESQUIEU, Charles-Louis de Secondat, Barão de. *O espírito das leis*. São Paulo: Nova Cultural, 1997. 2 v. Coleção Os Pensadores. p. 139.

de três empresas que pudessem fornecer o veículo nas características desejadas, porquanto "tal restrição foi criada, irregularmente, pela própria entidade". Ao final, o relator propôs e a Primeira Câmara decidiu pela aplicação de multa aos responsáveis. Precedente citado: Acórdão n.o 2.501/2007-1ª Câmara. Acórdão n.o 3341/2010-1ª Câmara, TC- 012.829/2005-6, rel. Min-Subst. Marcos Bemquerer Costa, 08.06.2010.

[...] 3. De maneira resumida, as seguintes irregularidades motivaram o julgamento do Tribunal quanto à prestação de contas simplificada do Senar/MT, relativa ao exercício de 2004:

a) falta de controle do uso de combustível;

b) transferência de recursos à Federação de Agricultura e Pecuária de Mato Grosso (Famato) sem a observância das formalidades necessárias à comprovação de sua boa e correta utilização;

c) aquisição de veículo de luxo;

d) realização de licitação direcionada e sem o número mínimo de licitantes exigido pelo Regulamento de Licitação da entidade.

4. Retornando ao exame do recurso, verifico que em vários pontos os recorrentes deixaram de apontar supostas omissões, contradições ou obscuridades, que seriam as ocorrências suscetíveis de correção por meio de embargos de declaração, razão pela qual deixo de me deter sobre esses pontos.

5. Em relação à alegação de que o acórdão foi omisso e contraditório por não ter afastado, de forma clara, as conclusões a que chegou a Serur, favorável aos recorrentes, no que se refere à aquisição de veículo, cabe assinalar que este Relator examinou detidamente os argumentos da unidade técnica, mas preferiu acompanhar o parecer do Ministério Público junto ao TCU, que considerou não terem sido elididos "quaisquer dos aspectos irregulares envolvidos na aquisição irregular do veículo utilitário, inclusive no que tange ao direcionamento da licitação, irregularidades cuja ocorrência foi devidamente demonstrada na fundamentação do Acórdão recorrido", pelos motivos expostos nos parágrafos 5 e 6 do voto. Inexistentes, portanto, a omissão e a contradição indicadas.

6. Prosseguindo na questão da aquisição do veículo utilitário, mais especificamente quanto ao valor de compra, entendo não haver reparos a serem feitos. De fato, o que se afirmou em vários momentos no processo, inclusive no voto que fundamentou a deliberação ora embargada, foi que haveria no mercado veículos com características semelhantes ao adquirido, por preços significativamente menores. A tabela da Revista Quatro Rodas de setembro de 2004, agora juntada ao processo (peça 76), mostra, por exemplo, que o Chevrolet Blazer BLX Diesel 4X4, modelo Colina, poderia ser adquirido por R$92.613,00, valor expressivamente inferior aos R$146.400,00 pagos pelo Senar/MT por modelo com especificações equivalentes.

7. O fato de as propostas apresentadas terem cotado o veículo fabricado pela Chevrolet a R$165.000,00 reflete o direcionamento da licitação e a inobservância do número mínimo de licitantes convidados, irregularidades também apontadas pelo Tribunal. Sem a devida competição, não foi possível ao Senar/MT obter propostas mais alinhadas com o princípio da economicidade.

8. Com relação à transferência de recursos efetuada pelo Senar à Federação de Agricultura e Pecuária do Estado de Mato Grosso, os embargantes apontam omissão consistente no fato de o TCU somente em 2008 ter dirigido determinação ao Senar vedando repasses dessa natureza. No entanto, como consignado no voto condutor do acórdão embargado, "não é aceitável que o repasse de recursos, destinado à realização do Encontro Internacional dos Negócios da Pecuária, tenha sido feito sem estudos prévios e sem planos de trabalho, projetos e planilhas de cálculo que justificassem os valores empregados. A exigência, evidentemente, decorre da própria necessidade de controlar a transferência de recursos públicos para entidades privadas, não estando vinculada a determinação prévia deste Tribunal".

9. Cabe enfatizar, por fim, como bem destacado pela unidade técnica, que o fato de o Relator eventualmente não acolher, em seu voto, os posicionamentos da unidade instrutiva e do Ministério Público junto ao TCU, quando houver, não constitui omissão ou contradição. O Relator utiliza os pareceres contidos no processo como subsídios para formar sua convicção, que pode ou não ser coincidente com eles, não havendo, assim, que se falar em omissão ou contradição quando o posicionamento de mérito do Ministro divergir das propostas de julgamento presentes nos autos.

Ante o exposto, proponho que os presentes embargos de declaração sejam conhecidos para, no mérito, rejeitá-los, e voto por que o Tribunal adote o acórdão que ora submeto à deliberação deste Colegiado.

TCU, Sala das Sessões Ministro Luciano Brandão Alves de Souza, em 4 de junho de 2013.

JOSÉ MÚCIO MONTEIRO
Relator

A seguir o regramento da nova lei de licitações sobre a vedação de produtos de luxo:

Art. 20. Os itens de consumo adquiridos para suprir as demandas das estruturas da Administração Pública deverão ser de qualidade comum, não superior à mínima necessária para cumprir as finalidades às quais se destinam, vedada a aquisição de artigos de luxo.

§1º Os Poderes Executivo, Legislativo e Judiciário definirão em regulamento os limites para o enquadramento dos bens de consumo nas categorias comum e luxo.

§2º A partir de 180 (cento e oitenta) dias contados da promulgação desta Lei, novas compras de bens de consumo só poderão ser efetivadas com a edição, pela autoridade competente, do regulamento a que se refere o §1º deste artigo.

4.13.8 Da convocação de audiências públicas como instrumento da fase preparatória

Como um dos instrumentos utilizados pela Administração Pública em prol da participação popular, verifica-se ser a audiência pública um dos principais mecanismos. Já amplamente utilizada em procedimentos de licenciamento ambiental e prevista na lei do processo administrativo (Lei nº 9784/99), a audiência pública também é prevista para o procedimento das licitações e contratos, desde que sejam disponibilizados elementos, como o estudo preliminar, com antecedência mínima de oito dias úteis para que os interessados se manifestem. É o que se constata no art. 21 da nova lei:

> Art. 21. A Administração poderá convocar, com antecedência mínima de 8 (oito) dias úteis, audiência pública, presencial ou a distância, na forma eletrônica, sobre licitação que pretenda realizar, com disponibilização prévia de informações pertinentes, inclusive de estudo técnico preliminar, elementos do edital de licitação e outros, e com possibilidade de manifestação de todos os interessados.

A participação popular também pode ser realizada pelo mecanismo da consulta pública, não necessariamente por meio de audiências, sendo também prevista a consulta pública, conforme dispõe o art. 21, parágrafo único da nova lei.

Como a Nova Lei de Licitações e Contratos Administrativos não dispõe como será realizada a consulta pública, deve-se recorrer à lei de processo administrativo, Lei nº 9.784, de 29.1.1999, que regula o processo administrativo no âmbito da Administração Pública Federal, por sua vez, norma geral do processo administrativo, a ser aplicada como norma subsidiária toda vez que não houver norma específica para processos administrativos com temas especializados.

A Lei nº 9.784/99 dispõe como deverá ser realizada a consulta pública, como adiante disposto, o que deve ser aplicado ao procedimento de lei de licitações e contratos administrativos, caso realizada a consulta pública:

Art. 31. Quando a matéria do processo envolver assunto de interesse geral, o órgão competente poderá, mediante despacho motivado, abrir período de consulta pública para manifestação de terceiros, antes da decisão do pedido, se não houver prejuízo para a parte interessada.

§1º A abertura da consulta pública será objeto de divulgação pelos meios oficiais, a fim de que pessoas físicas ou jurídicas possam examinar os autos, fixando-se prazo para oferecimento de alegações escritas.

§2º O comparecimento à consulta pública não confere, por si, a condição de interessado do processo, mas confere o direito de obter da Administração resposta fundamentada, que poderá ser comum a todas as alegações substancialmente iguais.

Art. 32. Antes da tomada de decisão, a juízo da autoridade, diante da relevância da questão, poderá ser realizada audiência pública para debates sobre a matéria do processo.

Art. 33. Os órgãos e entidades administrativas, em matéria relevante, poderão estabelecer outros meios de participação de administrados, diretamente ou por meio de organizações e associações legalmente reconhecidas.

Art. 34. Os resultados da consulta e audiência pública e de outros meios de participação de administrados deverão ser apresentados com a indicação do procedimento adotado.

4.13.9 Da matriz de alocação de riscos na fase preparatória

Diferente da antiga Lei nº 8.666, de 21.6.1993, que não tratava da matriz de alocação de riscos, a nova lei de licitações traz a previsão deste item no edital. Apesar de não contida na antiga lei, a jurisprudência da Corte de Contas da União já trazia como boa prática licitatória a necessidade de prever-se esta matriz nos instrumentos convocatórios da licitação.

No Acórdão nº 3.011/2012-P, o Tribunal de Contas da União se manifestou a respeito desta matéria, vejamos:

> No que concerne à perspectiva de eliminação de aditivos contratuais de acréscimos de valores, verifica-se deficiências no processo que poderão frustrar essa vontade. O instrumento convocatório, diferentemente do esperado, não trouxe regras claras, fundamentais para não gerar incertezas na execução da avença acerca da possibilidade de adição contratual. O Edital de Licitação - RDC presencial nº 489/2012 trata da questão, sem tecer maiores detalhes, com simples remissão ao art. 9º, §4º, I, II da Lei do RDC. *Para se evitar tais dúvidas durante a execução do contrato, imprescindível que os instrumentos convocatórios estabeleçam, a*

exemplo das concessões rodoviárias, matriz de riscos detalhada, com a alocação dos riscos inerentes ao empreendimento para cada um dos contratantes. Frise-se que a repartição dos riscos envolvidos no processo, por meio de uma matriz de riscos, favorece a isonomia da licitação, fortalece a segurança jurídica do contrato e dota a Administração de meios mais objetivos para o controle do contrato. (Acórdão nº 3011/2012-Plenário, Processo nº 017.603/2012-9, Relator: Ministro Valmir Campelo, publicado no DOU em 08/11/2012). (Grifos nossos)

No bojo do Acórdão nº 1.465/2013-P, o TCU também teceu considerações importantes sobre a matriz de risco, do Edital RDC Presencial nº 608/2012-00, referente às obras de duplicação da BR-163/364/MT, *verbis*:

Ao se responsabilizar pelo desenvolvimento dos projetos, o particular, em tese, assumiria todos os riscos decorrentes de fatos novos, não abrangidos pelo edital ou anteprojeto. Porém, conforme as duas situações de alterações contratuais excepcionadas no RDC, a transmissão ao contratado dos riscos envolvidos no processo não é plena, estando a Administração responsável pela caracterização das situações de contorno da obra e por possíveis reequilíbrios econômico-financeiros contratuais. [...] Nesse contexto, é insuficiente que o instrumento convocatório ou a minuta do contrato limite-se a disciplinar a questão com simples remissão ao texto legal citado, fato observado no edital ora em apreço. No livro "Obras públicas: comentários à jurisprudência do TCU", os autores, Valmir Campelo - Ministro Decano do TCU - e Rafael Jardim Cavalcante - Auditor Federal de Controle Externo, reforçam a necessidade de o instrumento convocatório, correspondente à licitação sob o regime de contratação integrada, ter de delinear, por meio de matriz de riscos, as responsabilidades dos contratantes envolvidas no processo [...]. (Acórdão nº 1.465/2013-Plenário, Processo nº 045.461/2012-0, Rel. Min. José Múcio Monteiro. *DOU*, 12.6.2013)

Essas observações do Tribunal de Contas das União, à luz ainda da Lei nº 8.666/93, conduziam para a necessidade do estabelecimento de matriz de alocação de riscos, o que se coaduna com os princípios da confiança e da não surpresa, alinhados à diretriz maior da boa-fé na teoria geral do direito.[69] Adotando-se esta matriz já no instrumento

---

[69] "[...] a boa-fé objetiva é regra de conduta das pessoas nas relações jurídicas, principalmente obrigacionais. Interessam as repercussões de certos comportamentos na confiança que as pessoas normalmente neles depositam. Confia-se no significado comum, usual, objetivo da conduta ou comportamento reconhecível no mundo social. A boa-fé objetiva importa conduta honesta, leal, correta" (LOBO, Paulo. *Direito civil*: parte geral. 6. ed. São Paulo: Saraiva, 2017. p. 95).

convocatório, litígios administrativos ou judiciais podem ser evitados, garantindo-se maior rapidez e eficiência no atendimento ao interesse público.

Adotando esta recomendação do Tribunal de Contas da União, o art. 22 da nova de lei de licitações abriga a matriz de alocação de riscos como item *que pode ser contemplado no edital*, considerando taxa de risco compatível com o objeto da licitação e os riscos atribuídos ao contratado, de acordo com metodologia predefinida.

> Importante, então, identificar-se como se pode elaborar a matriz de alocação de riscos. Lembre-se, neste momento, do estudo de Sales para definição da matriz de riscos: [...] três abordagens, sendo a primeira a estruturação de um modelo de quantificação do risco do fornecedor (empresa contratada), baseado em características como sua capacidade operacional e histórico de contratações anteriores, e a segunda, um modelo mais amplo de quantificação do risco dos contratos, com base nas características do fornecedor contratado, do próprio contrato e da licitação que o antecedeu. Esses dois modelos utilizaram a técnica de Regressão Logística para a estimação dos parâmetros. A terceira abordagem propôs um modelo de decisão multicritério para seleção final de contratos a serem auditados, considerando os scores de risco criados pelos dois primeiros modelos juntamente com os aspectos logísticos mais relevantes para a execução das fiscalizações. O modelo multicritério utilizou a técnica de Analytic Hierarchy Process (AHP). Os dois modelos de Regressão Logística obtiveram acurácia geral acima de 80%. O modelo de decisão multicritério foi aplicado nos contratos com índice de risco maior que 80%, com vistas a verificar seu impacto na ordenação dos riscos.[70]

Importante identificar-se na matriz de alocação de riscos que a matéria não se situa apenas no campo do direito, sendo o estudo também da área da economia do setor público, sendo aconselhável que no estabelecimento da matriz de alocação de riscos sejam consultados economistas, obtendo-se deles pareceres técnicos sobre a correta alocação de riscos.

No mesmo estudo, aponta-se que a Controladoria-Geral da União adota como critérios de riscos os seguintes:

I – empresas recém-criadas;

---

[70] SALES, Leonardo Jorge. *Proposta de modelo de classificação do risco de contratos públicos.* Dissertação (Mestrado em Economia do Setor Público) – Universidade de Brasília, Brasília, 2016. Disponível em: https://repositorio.unb.br/bitstream/10482/22909/3/2016–Leonardo–JorgeSales.pdf. Acesso em: 5 jan. 2022.

II – vínculo entre licitante e servidor;
III – vínculo societário entre licitantes;
IV – licitantes com mesmo endereço;
V – licitantes com mesmo telefone;
VI – empresas que participaram de contratos decorrentes de dispensa resultante de fracionamento.

No estudo acima, do campo da economia do setor público, é aconselhado que os indicadores de risco sejam formulados de maneira a:
1) caracterizarem uma ou mais dimensões de risco;
2) serem obtidos mediante utilização direta ou por meio de combinação das variáveis disponíveis nas bases de dados disponíveis; e
3) na medida do possível, estarem relacionados às teorias econômicas que analisam o comportamento estratégico de agentes racionais.

Como exemplos destas variáveis de riscos são apontados:
I – valor doado pela empresa nas campanhas (vinculação política);
II – empresas com punições anteriores;
III – quantidade de punições das empresas;
IV – quantidade de sócios que também são servidores do governo;
V – quantidade de dias de extensão do prazo do contrato.

Em estudo realizado pelo Tribunal de Contas da União,[71] identificou-se como conjunto de fatores que devem ser considerados para efeito de matriz de riscos os seguintes:
I – *quantitativo de itens superiores à demanda da unidade;*
II – *caracterização imprecisa do objeto;*
III – *vínculo entre licitante e vencedor;*
IV – *licitantes com endereço ou telefone em comum;*
V – *empresas recém-criadas.*

Recomenda o Tribunal de Contas da União que o risco encontrado seja classificado em probabilidades de risco, que vão de muito baixa até muito alta, conferindo-se pesos diferenciados para cada probabilidade de risco contratual.

Para além destas recomendações acima identificadas, com fundamento nas lições do Tribunal de Contas da União, da Controladoria-Geral da União e de estudo da área da economia do setor público,

---

[71] BRASIL. Tribunal de Contas da União *Avaliação de riscos*. Gestão de maturidade. Brasília: Tribunal de Contas da União, 2018.

importante observar que a nova lei de licitações socorre o gestor na elaboração da matriz de risco nos parágrafos do art. 22, definindo como requisitos da matriz de alocação de riscos o que segue:
Alocação eficiente dos riscos de cada contrato e estabelecer a responsabilidade que caiba a cada parte contratante, bem como os mecanismos que afastem a ocorrência do sinistro e mitiguem os seus efeitos, caso este ocorra durante a execução contratual.

O contrato deverá refletir a alocação realizada pela matriz de riscos, especialmente quanto:

I - às hipóteses de alteração para o restabelecimento da equação econômico-financeira do contrato nos casos em que o sinistro seja considerado na matriz de riscos como causa de desequilíbrio não suportada pela parte que pretenda o restabelecimento;

II - à possibilidade de resolução quando o sinistro majorar excessivamente ou impedir a continuidade da execução contratual;

III - à contratação de seguros obrigatórios previamente definidos no contrato, integrado o custo de contratação ao preço ofertado.

Vê-se que as regras da matriz de alocação de riscos permitem esclarecer, de antemão, situações que fragilizam a possibilidade de continuidade do contrato, ora permitindo a alteração ou resolução da avença, ora definindo a necessidade de contratação de seguros obrigatórios, assim atendendo ao princípio da continuidade na Administração e apenas, em último caso, garantindo a resolução do contrato por onerosidade excessiva.

A nova lei de licitações entende como obrigatória a matriz de alocação de riscos sempre que houver obras e serviços de grande vulto ou forem adotados os regimes de contratação integrada e semi-integrada.[72] Pela leitura dos trechos da lei que tratam sobre as contratações integrada e semi-integrada, verifica-se que é da essência destas modalidades que o contratado se responsabilize pelas diversas etapas necessárias da contratação, desde

---

[72] "LEI Nº 14.133, DE 1º DE ABRIL DE 2021 [...] Art. 6º [...] XXXII - contratação integrada: regime de contratação de obras e serviços de engenharia em que o contratado é responsável por elaborar e desenvolver os projetos básico e executivo, executar obras e serviços de engenharia, fornecer bens ou prestar serviços especiais e realizar montagem, teste, pré--operação e as demais operações necessárias e suficientes para a entrega final do objeto; XXXIII - contratação semi-integrada: regime de contratação de obras e serviços de engenharia em que o contratado é responsável por elaborar e desenvolver o projeto executivo, executar obras e serviços de engenharia, fornecer bens ou prestar serviços especiais e realizar montagem, teste, pré-operação e as demais operações necessárias e suficientes para a entrega final do objeto; [...]".

o projeto básico, o que eleva o grau de risco caso não haja controle pelo Poder Público, sendo a matriz de alocação fundamental para esta fiscalização.

A nova lei de licitações também determina que, nas contratações integradas ou semi-integradas, os riscos decorrentes de fatos supervenientes à contratação associados à escolha da solução de projeto básico pelo contratado deverão ser alocados como de sua responsabilidade na matriz de riscos.

Esta diretriz decorre da natureza jurídica destas modalidades de contratações, já que cabe às contratadas a escolha e formulação do projeto básico, não podendo estas alegarem que houve surpresa ou agressão ao princípio da boa-fé decorrente do risco gerado, já que desde o início já conheciam os itens do projeto básico.

4.13.10 Do valor estimado da contratação

É próprio da fase interna da licitação que o setor competente do órgão público defina qual será o valor estimado da contratação, para que possa ser verificado se os preços cotados representarão ou não superfaturamento. A nova Lei de Licitações trouxe parâmetros bem definidos para que o gestor público identifique qual o valor a ser seguido como estimado, adotando, inicialmente, as seguintes diretrizes:
1. Devem ser considerados os preços constantes de dados públicos.
2. Devem ser consideradas quantidades a serem contratadas.
3. Potencial de economia de escala.
4. Peculiaridades do local de execução.

O setor do órgão público, responsável pela identificação do valor estimado da contratação, deverá, obrigatoriamente, identificar o valor, mas deve motivar, segundo os itens do *caput* do art. 23 da nova de licitações, a razão de ter chegado a tal valor e quais as etapas utilizadas para esta identificação.

Isto porque a nova lei de licitações prevê parâmetros bem demarcados para se auferir o valor estimado da contratação, que deverão ou não ser combinados, pelo gestor competente. Vejam-se os parâmetros:

> I - composição de custos unitários menores ou iguais à mediana do item correspondente no painel para consulta de preços ou no banco de preços em saúde disponíveis no Portal Nacional de Contratações Públicas (PNCP);

II - contratações similares feitas pela Administração Pública, em execução ou concluídas no período de 1 (um) ano anterior à data da pesquisa de preços, inclusive mediante sistema de registro de preços, observado o índice de atualização de preços correspondente;

III - utilização de dados de pesquisa publicada em mídia especializada, de tabela de referência formalmente aprovada pelo Poder Executivo federal e de sítios eletrônicos especializados ou de domínio amplo, desde que contenham a data e hora de acesso;

IV - pesquisa direta com no mínimo 3 (três) fornecedores, mediante solicitação formal de cotação, desde que seja apresentada justificativa da escolha desses fornecedores e que não tenham sido obtidos os orçamentos com mais de 6 (seis) meses de antecedência da data de divulgação do edital;

V - pesquisa na base nacional de notas fiscais eletrônicas, na forma de regulamento.

Referidos parâmetros adotam como critério informações que se encontram em bancos de dados públicos (Portal Nacional de Contratações Públicas – PNCP, cadastros de registros de preço, tabela de referência formalmente aprovada pelo Poder Executivo federal, base nacional de notas fiscais eletrônicas). A nova lei identifica, ainda, possibilidade de composição do valor, levando-se em consideração pesquisa com três fornecedores ou informações de contratações similares feitas pela Administração Pública, em execução ou concluídas no período de 1 (um) ano anterior à data da pesquisa de preços.

No dia a dia da Administração Pública, observa-se, muitas vezes, o problema que os órgãos responsáveis pela cotação de preços identificam, pela dificuldade de obter as três propostas de fornecedores, o que, na redação da nova lei, é alvo de atenção, já que o legislador conferiu uma série de alternativas para que se chegue ao valor estimado da contratação, trabalho este que tende a ser facilitado com o aumento do investimento em tecnologia no setor público, garantindo-se o acesso mais rápido por meio de portais, como o Portal Nacional de Contratações Públicas.

Este portal prevê, como uma de suas funcionalidades, que sejam colocados à disposição, para consulta, painel para consulta de preços, banco de preços em saúde e acesso à base nacional de notas fiscais eletrônicas (art. 174), o que facilitará o trabalho de cotação dos preços para identificação do valor estimado da contratação.

Importante perceber que esta pesquisa de preços não pode ter como parâmetro preços defasados, como se observa nos incs. II e IV do art. 23 da nova lei.

A nova lei abriga regra específica para cotação de preços envolvendo obras e serviços de engenharia definindo que o valor estimado, acrescido do percentual de benefícios e despesas indiretas (BDI) de referência e dos encargos sociais (ES) cabíveis, será definido por meio da utilização de parâmetros na seguinte ordem:

I – composição de custos unitários menores ou iguais à mediana do item correspondente do Sistema de Custos Referenciais de Obras (Sicro), para serviços e obras de infraestrutura de transportes, ou do Sistema Nacional de Pesquisa de Custos e Índices de Construção Civil (Sinapi), para as demais obras e serviços de engenharia;

II – utilização de dados de pesquisa publicada em mídia especializada, de tabela de referência formalmente aprovada pelo Poder Executivo federal e de sítios eletrônicos especializados ou de domínio amplo, desde que contenham a data e a hora de acesso;

III – contratações similares feitas pela Administração Pública, em execução ou concluídas no período de 1 (um) ano anterior à data da pesquisa de preços, observado o índice de atualização de preços correspondente;

IV – pesquisa na base nacional de notas fiscais eletrônicas, na forma de regulamento.

A lógica da estimação do valor para obras e serviços de engenharia segue o que já foi demonstrado para os demais objetos antes identificados, apenas situando que existe uma ordem na utilização de parâmetro, privilegiando sistemas de preços específicos da construção civil, passando estes a serem prioritários, conforme já farta jurisprudência do Tribunal de Contas da União, que privilegiava estes sistemas – Sistema de Custos Referenciais de Obras (Sicro), para serviços e obras de infraestrutura de transportes, ou Sistema Nacional de Pesquisa de Custos e Índices de Construção Civil (Sinapi) – por acolherem com mais precisão a realidade dos preços da construção civil no país.

A complexidade de cotação de preços de uma obra poderia ser um impeditivo para o setor do órgão público que tem como missão realizar a estimativa do preço da contratação, já que se apresenta com vários itens que devem ser considerados, havendo complexidade que envolve os custos diretos, indiretos e ainda as recomendações do Tribunal de Contas da União quanto à composição de custos, conforme observado por Pereira:[73]

---

[73] PEREIRA, Caio. Custos diretos e indiretos: o que são e como determiná-los. *Escola Engenharia*, 2018. Disponível em: https://www.escolaengenharia.com.br/custos-diretos-e-indiretos/. Acesso em: 11 abr. 2021.

O SICRO – Sistema de Custos Rodoviários – é um sistema de cálculo dos custos unitários dos insumos e serviços necessários à execução das obras de construção restauração e sinalização rodoviária e dos serviços de conservação rodoviária e foi desenvolvido para servir como referencial de custos para as licitações de obras rodoviárias, tendo sido inclusive mencionado na Lei de Diretrizes Orçamentárias.

A formação do Preço de Venda ou Preço Total de uma obra, em geral, e das obras rodoviárias, em particular, apresenta, na sua origem, estrutura assemelhada à seguinte:

Custo Direto dos Serviços representa a soma dos custos dos insumos (equipamentos, materiais e mão-de-obra) necessários à realização dos serviços de todos os itens da planilha.

Consideram-se como Custos Diretos (CD) todos os custos que constam na planilha orçamentária. Os itens de serviços que não constarem da planilha serão classificados como indiretos e, conseqüentemente, vão integrar o LDI (Lucro e Despesas Indiretas), sendo, portanto, rateados sobre os custos diretos.

Custo de Administração Local representa todos os custos locais que não são diretamente relacionados com os itens da planilha e, portanto, não são considerados na composição dos custos diretos. Inclui itens como: Custo da Estrutura Organizacional (pessoal), Seguros e Garantias de Obrigações Contratuais e Despesas Diversas.

Apesar de o SICRO não considerar a Administração Local como custo direto, integrando assim o custo indireto e o LDI, existe decisão do TCU, firmando o entendimento de que ela deve constar na planilha orçamentária e não no LDI, visando maior transparência. O mesmo se aplica aos itens Instalação de Canteiro e Acampamento e Mobilização e Desmobilização.

Mobilização e Desmobilização compreende as despesas para transportar, desde sua origem até o local onde se implantará o canteiro da obra, os recursos humanos, bem como todos os equipamentos e instalações [...] O SICRO considera a Mobilização e Desmobilização como Custo Direto. Entretanto, na maioria das vezes é prevista somente a parcela de Mobilização, conforme descrito.

Canteiro e Acampamento tem por finalidade cobrir os custos de construção das edificações e de suas instalações (hidráulicas, elétricas, esgotamento) destinadas a abrigar o pessoal (casas, alojamentos, refeitórios, sanitários, etc.) e as dependências necessárias à obra, (escritórios, laboratórios, oficinas, almoxarifados, balança, guarita, etc.), bem como dos arruamentos e caminhos de serviço. Também é considerado como Custo Direto, no SICRO.

Eventuais é percentual aplicado ao custo para cobertura de despesas não previstas. No SICRO, despesas eventuais são desconsideradas.

Despesas Financeiras resultam da necessidade de financiamento da obra por parte do Executor e integram o LDI. Esta necessidade ocorre sempre que os desembolsos mensais acumulados forem superiores às receitas acumuladas.

Administração Central é a parcela do Preço Total que corresponde à quota parte do custo da Administração Central do Executor, a ser absorvida pela obra em tela; A Administração Central é considerada Custo Indireto e integra o LDI. É calculada como um percentual do Custo Direto.

Margem é uma parcela destinada a remunerar os fatores da produção do Executor que intervêm na obra, tais como: capital aplicado em equipamento, capacidade administrativa, conhecimento tecnológico e risco do negócio, bem como de prover recursos para o pagamento de impostos sobre o resultado. Integra o LDI.

Impostos Incidentes sobre o Faturamento – são o ISS (quando devido, e de acordo com as alíquotas estabelecidas pelas Prefeituras Municipais), o PIS e a COFINS (ambos federais, incidem sobre o preço total). Integram o LDI.

Assim, utilizando-se o sistema Sicro, que já realiza esta tarefa para obras rodoviárias, ganha-se mais precisão na cotação dos valores e eficiência na verificação da realizabilidade dos preços e da própria obra.

O Tribunal de Contas da União já vinha recomendando a adoção da tabela Sicro, como se observa no acórdão a seguir, de forma preferencial e inafastável para obras com recursos da União:

GRUPO I - CLASSE V - Plenário
TC 011.535/2015-6
De acordo com os mencionados dispositivos do Decreto 7.983/2013, os custos unitários de serviços de obras executadas com recursos do orçamento da União não podem ultrapassar as medianas constantes do Sinapi e do Sicro. Exceções à regra devem ser justificadas por condições especiais, devidamente caracterizadas em relatório técnico circunstanciado, aprovado pela autoridade competente, o que não ocorre no presente caso.
É nesse mesmo sentido a jurisprudência desta Corte de Contas, segundo a qual, salvo justificativa técnica devidamente fundamentada, os preços constantes do orçamento de obras públicas executadas com recursos federais devem estar em conformidade com limites e critérios para fixação de preços máximos estipulados pela legislação (Acórdãos 314/2011, 273/2010, 1.925/2010, 331/2009, 1.981/2009, 1.732/2009, 2.002/2009 e 2.154/2009, todos do Plenário).
Assim, a fixação de preços acima dos valores contidos no Sinapi e no Sicro é irregular, uma vez que afronta os normativos vigentes.
Os indícios de sobrepreço constatado ficam evidentes a partir da comparação dos preços unitários orçados com os referenciais de mercado,

notadamente o Sicro e o Sinapi, conforme descrito no campo Situação Encontrada do presente achado. Essa situação enseja descumprimento do disposto no art. 3º e 4º do Decreto 7.983/2013 e na jurisprudência do TCU.

A jurisprudência desta Corte de Contas também deixa claro que o Sicro não pode ser desprezado como referencial de preço de obras públicas, mesmo aquelas localizadas em ambiente urbano, como demonstra o Acórdão 2.329/2011-TCU-Plenário, no qual o Plenário anotou que: "As obras em vias urbanas ou em rodovias custeadas, total ou parcialmente, com recursos da União devem observar o Sistema de Custos Rodoviárias (Sicro) como referencial de preços dos serviços a serem contratados, inclusive no que se refere aos Benefícios e Despesas Indiretas (BDI). O vinculado detalhamento destes encargos indiretos deve constar tanto no orçamento de referência da administração quanto na proposta das licitantes, e os eventuais custos diretos ou indiretos acima deste paradigma justificados em memorial próprio."
(grifo nosso)

158. Esta Corte de Contas também já se pronunciou no sentido de que, inexistindo referências no Sinapi, o Sicro deve ser utilizado (cf. Acórdão 2.668/2013-TCU-Plenário). Além disso, o TCU firmou entendimento de que os sistemas Sicro e Sinapi possuem preferência frente a outros sistemas de custos e eventuais cotações de mercado (cf. Acórdão 3.272/2011-TCU-Plenário).

159. Além do mais, a Caixa faz menção genérica a uma diferença entre as especificações técnicas da composição paradigma do Sicro e o serviço que será executado. Vale destacar que aquela empresa pública não diz quais seriam essas diferenças nem traz elementos comprobatórios de sua afirmativa.

160. Na falta de elementos que demonstrem eventuais diferenças de especificações técnicas, entende-se que o referencial paradigma da equipe, baseado no Sicro, está adequado, consoante linha de entendimento adotada pelo Acórdão 3.061/2011-TCU-Plenário.

A lógica constante do Tribunal de Contas da União foi finalmente incorporada no texto da nova lei *e há abertura apenas para obras com recursos exclusivamente de entes públicos diversos da esfera federal que poderão adotar outros sistemas de custos (art. 23, §3º).*

Ainda quanto à cotação de preços para estimação do valor da contratação, a nova lei exige regra específica para as hipóteses de inexigibilidade e dispensa, definindo o legislador que deve ser seguida a norma de estimação de preços disposta no art. 23 e já exposta neste tópico do livro. Caso não seja possível observar as regras de cotação dispostas nos §§1º, 2º e 3º do art. 23 da nova lei, o contratado deverá comprovar previamente que os preços estão em conformidade com os praticados em contratações semelhantes de objetos de mesma natureza, por meio da apresentação de notas fiscais emitidas para outros contratantes no período de até 1 (um) ano anterior à data da contratação pela Administração, ou por outro meio idôneo.

Vê-se que a nova lei de licitações tem todos os cuidados em fundamentar e justificar os preços que serão adotados para evitar o superfaturamento e garantir o melhor preço possível ao administrador, inclusive destacando a nova lei que os custos devem ser menores ou iguais à mediana constante de sistemas como o Sicro.

Mesmo quanto às contratações na modalidade integrada e semi-integrada, o legislador remete o gestor à utilização de sistemas como Sicro e Sinapi para estimação do valor contratado (art. 23, §5º), podendo haver orçamento sintético. Por fim, deve-se destacar que o orçamento estimado pelo gestor público antes da licitação pode ter o caráter sigiloso, com a devida justificativa, o que se explica quanto à necessidade de evitar combinação ou favorecimento quando da formulação da proposta de preços pelos licitantes. Neste caso, o sigilo não prevalecerá para os órgãos de controle interno e externo. Em matéria de sigilo nos orçamentos de estimativa, não há uma uniformidade no Brasil. Na lei das estatais, a regra é o orçamento sigiloso:

> Art. 34. O valor estimado do contrato a ser celebrado pela empresa pública ou pela sociedade de economia mista será sigiloso, facultando-se à contratante, mediante justificação na fase de preparação prevista no inciso I do art. 51 desta Lei, conferir publicidade ao valor estimado do objeto da licitação, sem prejuízo da divulgação do detalhamento dos quantitativos e das demais informações necessárias para a elaboração das propostas.

No *Boletim de Jurisprudência* nº 226 do TCU, foi estipulada regra para as estatais em que o orçamento não será sigiloso:

> Acórdão 1502/2018 Plenário (Representação, Relator Ministro Aroldo Cedraz)
> Licitação. Empresa estatal. Edital de licitação. Orçamento estimativo. Divulgação. Princípio da publicidade.

Nas licitações realizadas pelas empresas estatais, sempre que o orçamento de referência for utilizado como critério de aceitabilidade das propostas, sua divulgação no edital é obrigatória, e não facultativa, em observância ao princípio constitucional da publicidade e, ainda, por não haver no art. 34 da Lei nº 13.303/2016 (Lei das Estatais) proibição absoluta à revelação do orçamento. Entende-se que, no caso das licitações que serão realizadas pela Lei nº 14.133, de 1º.4.2021, não há obrigatoriedade do orçamento sigiloso, sendo uma faculdade de acordo com o que consta do art. 24 da nova lei:

> Art. 24. Desde que justificado, o orçamento estimado da contratação poderá ter caráter sigiloso, sem prejuízo da divulgação do detalhamento dos quantitativos e das demais informações necessárias para a elaboração das propostas, e, nesse caso:
> I - o sigilo não prevalecerá para os órgãos de controle interno e externo;
> II - (VETADO).
> Parágrafo único. Na hipótese de licitação em que for adotado o critério de julgamento por maior desconto, o preço estimado ou o máximo aceitável constará do edital da licitação.

4.13.11 Regras e cláusula editalícias obrigatórias no edital. O programa de integridade

Assim como na Lei de Licitações, nº 8.666/93, a nova lei também dispõe sobre os itens obrigatórios a serem adotados nas minutas de edital, a saber: o objeto da licitação e as regras relativas à convocação, ao julgamento, à habilitação, aos recursos e às penalidades da licitação, à fiscalização e à gestão do contrato, à entrega do objeto e às condições de pagamento. Além destes itens obrigatórios, desde que, conforme demonstrado em estudo técnico preliminar, não sejam causados prejuízos à competitividade do processo licitatório e à eficiência do respectivo contrato, o edital poderá prever a utilização de mão de obra, materiais, tecnologias e matérias-primas existentes no local da execução, conservação e operação do bem, serviço ou obra.

São ainda itens obrigatórios do edital a minuta de contrato, termos de referência, anteprojeto, projetos e, independentemente do prazo de duração do contrato, a previsão no edital de índice de reajustamento de preço, com data-base vinculada à data do orçamento estimado e com a possibilidade de ser estabelecido mais de um índice específico ou setorial, em conformidade com a realidade de mercado dos respectivos insumos.[74] Para contratações de obras, serviços e

---

[74] "Art. 25. [...] §7º Independentemente do prazo de duração do contrato, será obrigatória a previsão no edital de índice de reajustamento de preço, com data-base vinculada à data do orçamento estimado e com a possibilidade de ser estabelecido mais de um índice especí-

fornecimentos de grande vulto, o edital deverá prever a obrigatoriedade de implantação de programa de integridade pelo licitante vencedor, no prazo de 6 (seis) meses, contado da celebração do contrato, conforme regulamento que disporá sobre as medidas a serem adotadas, a forma de comprovação e as penalidades pelo seu descumprimento.

A nova lei de licitações não esclarece o que se entende por programa de integridade em obras, serviços e fornecimentos de grande vulto, podendo-se adotar como parâmetro para este programa diretrizes já adotadas pela Controladoria-Geral da União[75] e do Governo de Minas Gerais,[76] sendo fundamentais para programa de integridade os seguintes itens:

1. Comprometimento e apoio da Alta Administração: o comprometimento e apoio da Alta Direção para o fomento de uma cultura ética, de respeito às leis e de implementação das políticas de integridade é condição indispensável para criação e funcionamento de um plano de integridade.
2. *Accountability*: entendida como o resultado da equação "necessidade de prestar contas + responsabilização pelos atos praticados", exige a criação de regras e mecanismos capazes de promover a abertura da instituição para acompanhamento de todas as partes envolvidas, principalmente da sociedade.
3. Gestão de riscos (GR): elemento-chave da responsabilidade gerencial, os planos de integridade devem estar alicerçados em uma política, plano ou processo de gestão de riscos que contemple ações de identificação, avaliação, tratamento, monitoramento e comunicação dos riscos que possam comprometer o alcance dos objetivos estratégicos da instituição.

---

fico ou setorial, em conformidade com a realidade de mercado dos respectivos insumos. §8º Nas licitações de serviços contínuos, observado o interregno mínimo de 1 (um) ano, o critério de reajustamento será por: I - reajustamento em sentido estrito, quando não houver regime de dedicação exclusiva de mão de obra ou predominância de mão de obra, mediante previsão de índices específicos ou setoriais; II - repactuação, quando houver regime de dedicação exclusiva de mão de obra ou predominância de mão de obra, mediante demonstração analítica da variação dos custos".

[75] BRASIL. Ministério da Transparência e Controladoria-Geral da União. *Guia prático para implementação de programas de integridade pública* – Orientações para a administração pública federal direta, autárquica e fundacional. Brasília, DF: CGU, 2018. Disponível em: http://www.cgu.gov.br/Publicacoes/etica-e-integridade/arquivos/integridade-2018.pdf. Acesso em: abr. 2018.

[76] MINAS GERAIS. Controladoria-Geral do Estado. *Plano de Integridade*. 1. ed. Belo Horizonte: Controladoria-Geral do Estado, maio 2018.

4. Melhoria dos controles internos: é fundamental para assegurar a fidedignidade e integridade dos registros, bem como oferecer relatórios contábeis, financeiros e operacionais eficientes para o suporte das atividades rotineiras e para a correta tomada de decisões.
5. Código de ética e políticas de *compliance* escritas: códigos, políticas e procedimentos devem ser claros, concisos e acessíveis a todos os agentes, bem como a todos que realizam qualquer tipo de ação e/ou atividade em nome da instituição. Deverão ser incluídos processos de *due diligence*, políticas para doação e recebimento de hospitalidade, brindes, presentes e patrocínios.
6. Comunicação e treinamento: a instituição deve adotar as medidas necessárias para comunicar periodicamente suas políticas e procedimentos para seus agentes e para terceiros com os quais se relaciona.
7. Canal de denúncias: a instituição deve disponibilizar canal de denúncias (também denominado canal de linha ética) aos seus agentes e aos terceiros com os quais se relaciona, que possibilitem reportes de atos suspeitos de má conduta ou de violações reais de políticas internas da instituição, de forma confidencial e garantindo a devida proteção ao denunciante.
8. Incentivos e punições: a instituição deve responder rapidamente a alegações de desrespeito às leis e violações de suas políticas internas.
9. Monitoramento: deve-se avaliar regularmente a efetividade de seu plano de integridade para identificar as áreas que necessitam de modificação ou de reforço. O monitoramento permite à instituição determinar para onde direcionar seus esforços.

A nova lei de licitações, quando trata do programa de integridade, incorpora lógica já adotada para outras normas relacionadas às empresas, a exemplo da lei anticorrupção. Entretanto, nesta o estabelecimento de programas de integridade apenas serve como atenuante em possíveis sanções, enquanto que, na nova lei de licitações, passa a ser tal programa de integridade obrigatório nas hipóteses que a lei determina. Na esteira dos requisitos considerados obrigatórios no edital, o art. 25 da nova lei determina que a Administração adote minutas padronizadas de edital e de contrato com cláusulas uniformes, assim como que todos os elementos do edital, incluídos minuta de contrato, termos de referência, anteprojeto, projetos e outros anexos, devem ser divulgados em sítio eletrônico oficial na mesma data de divulgação do edital, sem necessidade de registro ou de identificação para acesso.

4.13.12 Regras e cláusulas editalícias facultativas no edital e o compromisso com o meio ambiente e direitos humanos

Assim como mencionamos as cláusulas obrigatórias quando da produção de edital de licitação, verifica-se que a nova lei de licitações também informa sobre a possibilidade de inclusão no edital, facultativamente, de algumas cláusulas relacionadas à preservação do meio ambiente, violência doméstica contra a mulher e egressos do sistema prisional, o que demonstra a abertura do sistema licitatório aos sistemas dos direitos humanos e da preservação da biodiversidade. Tradicionalmente, as leis licitatórias no Brasil não apresentavam preocupação com estes temas, mas a pressão da rua e dos movimentos sociais vem alcançando não só os tribunais, mas também os legisladores, sendo a nova lei de licitações e contratos exemplo de norma que acolhe a adoção de temas relacionados às ações afirmativas, inicialmente próprias da esfera do Poder Judiciário,[77] em prol de camadas da população tradicionalmente discriminadas, assim como na defesa de temas ainda com dificuldade de acolhida em setores da população, como o tema da preservação do meio ambiente. As ações afirmativas vêm sendo alvo de variadas decisões no seio das Cortes Supremas pelo mundo, garantindo-se o acesso a direitos fundamentais por parte de populações

---

[77] "[...] no caso Regents of the University of California v. Bakke Sem dúvida, o persistente racismo por parte dos brancos também afetou e continua a afetar as atitudes frente a ações afirmativas. Passada em 1868, logo depois da Guerra Civil, com a intenção de garantir a cidadania e os direitos dos negros recém libertados da escravidão, a 14ª Emenda declara, entre outras coisas, que todas as pessoas nascidas nos Estados Unidos são cidadãos e que todos os cidadãos têm o direito à 'proteção igual' das leis. No contexto dos EUA, a qualificação do juiz como 'liberal' significa que ele tinha simpatias por políticas socialdemocratas. A Suprema Corte dos EUA acolhe processos concretos, e não casos em que nenhuma parte tenha um interesse em jogo. Quatro juízes julgaram procedente a demanda de Allan Bakke, um branco que se candidatou à Faculdade de Medicina, da Universidade da Califórnia – Davis, mas teve sua admissão negada; e quatro juízes consideraram que, contanto que programas de apoio às minorias não degradem ou menosprezem os brancos, eles são constitucionais. Com essa divisão, a opinião do Juiz Powell, que emitiu o parecer final, definiu o resultado. O juiz Powell defendia que metas de admissão de minorias eram inconstitucionais se – como no sistema da Davis, que reservava 16 vagas para minorias – fossem metas ou cotas inflexíveis; mas que a ação afirmativa era constitucional se fosse necessária para promover a diversidade racial nas universidades. Ação afirmativa nos Estados Unidos: breve síntese da jurisprudência e da pesquisa social científica" (LEMPERT, Richard. *Sociologias*, Porto Alegre, ano 17, n. 40, p. 34-91, set./dez. 2015).

afetadas pelo déficit de produção legislativa quanto a estabelecimento de marcos normativos para execução de políticas públicas.

No Brasil, podem ser citadas as decisões do Supremo Tribunal Federal quanto à constitucionalidade das quotas para negros em concursos públicos e acesso universitário,[78] tratamento diferenciado e

---

[78] "Direito Constitucional. Ação Direta de Constitucionalidade. Reserva de vagas para negros em concursos públicos. Constitucionalidade da Lei nº 12.990/2014. Procedência do pedido. 1. É constitucional a Lei nº 12.990/2014, que reserva a pessoas negras 20% das vagas oferecidas nos concursos públicos para provimento de cargos efetivos e empregos públicos no âmbito da administração pública federal direta e indireta, por três fundamentos. 1.1. Em primeiro lugar, a desequiparação promovida pela política de ação afirmativa em questão está em consonância com o princípio da isonomia. Ela se funda na necessidade de superar o racismo estrutural e institucional ainda existente na sociedade brasileira, e garantir a igualdade material entre os cidadãos, por meio da distribuição mais equitativa de bens sociais e da promoção do reconhecimento da população afrodescendente. 1.2. Em segundo lugar, não há violação aos princípios do concurso público e da eficiência. A reserva de vagas para negros não os isenta da aprovação no concurso público. Como qualquer outro candidato, o beneficiário da política deve alcançar a nota necessária para que seja considerado apto a exercer, de forma adequada e eficiente, o cargo em questão. Além disso, a incorporação do fator "raça" como critério de seleção, ao invés de afetar o princípio da eficiência, contribui para sua realização em maior extensão, criando uma 'burocracia representativa', capaz de garantir que os pontos de vista e interesses de toda a população sejam considerados na tomada de decisões estatais. 1.3. Em terceiro lugar, a medida observa o princípio da proporcionalidade em sua tríplice dimensão. A existência de uma política de cotas para o acesso de negros à educação superior não torna a reserva de vagas nos quadros da administração pública desnecessária ou desproporcional em sentido estrito. Isso porque: (i) nem todos os cargos e empregos públicos exigem curso superior; (ii) ainda quando haja essa exigência, os beneficiários da ação afirmativa no serviço público podem não ter sido beneficiários das cotas nas universidades públicas; e (iii) mesmo que o concorrente tenha ingressado em curso de ensino superior por meio de cotas, há outros fatores que impedem os negros de competir em pé de igualdade nos concursos públicos, justificando a política de ação afirmativa instituída pela Lei nº 12.990/2014. 2. Ademais, a fim de garantir a efetividade da política em questão, também é constitucional a instituição de mecanismos para evitar fraudes pelos candidatos. É legítima a utilização, além da autodeclaração, de critérios subsidiários de heteroidentificação (e.g., a exigência de autodeclaração presencial perante a comissão do concurso), desde que respeitada a dignidade da pessoa humana e garantidos o contraditório e a ampla defesa. 3. Por fim, a administração pública deve atentar para os seguintes parâmetros: (i) os percentuais de reserva de vaga devem valer para todas as fases dos concursos; (ii) a reserva deve ser aplicada em todas as vagas oferecidas no concurso público (não apenas no edital de abertura); (iii) os concursos não podem fracionar as vagas de acordo com a especialização exigida para burlar a política de ação afirmativa, que só se aplica em concursos com mais de duas vagas; e (iv) a ordem classificatória obtida a partir da aplicação dos critérios de alternância e proporcionalidade na nomeação dos candidatos aprovados deve produzir efeitos durante toda a carreira funcional do beneficiário da reserva de vagas. 4. Procedência do pedido, para fins de declarar a integral constitucionalidade da Lei nº 12.990/2014. Tese de julgamento: 'É constitucional a reserva de 20% das vagas oferecidas nos concursos públicos para provimento de cargos efetivos e empregos públicos no âmbito da administração pública direta e indireta. É legítima a utilização, além da autodeclaração, de critérios subsidiários de heteroidentificação, desde que respeitada a dignidade da pessoa humana e garantidos o contraditório e a ampla defesa'" (ADC nº 41. Rel. Min. Roberto Barroso, Tribunal Pleno, j. 8.6.2017. DJe-180, divulg. 16.8.2017, public. 17.8.2017).

específico na violência contra as mulheres de acordo com a Lei Maria da Penha,[79] o reconhecimento de estado de coisas inconstitucional no sistema penitenciário,[80] entre outras decisões.

Marcado pelo conservadorismo e produção de leis comprometidas com a manutenção do *status quo*, o Congresso Nacional não se compromete com a edição de normas inclusivas que possam garantir o acesso de populações tradicionalmente discriminadas a direitos básicos como trabalho e renda. E mesmo quanto ao meio ambiente, em recentes normas, verifica-se a retirada de proteção do meio ambiente, por meio de lei ou mecanismos infralegais. Assim, pode soar animadora a redação do art. 25, §5º da nova lei, quando dispõe que o edital poderá prever a responsabilidade do contratado pela obtenção do licenciamento ambiental e pela adoção de percentual mínimo da mão de obra responsável pela execução do objeto da contratação constituído por mulheres vítimas de violência doméstica ou pessoas oriundas do sistema prisional.

Entretanto, o legislador apenas dispõe com caráter facultativo esta estipulação contratual, o que demonstra, mais uma vez, a continuidade de tradição do legislador brasileiro de impedir o acesso a direitos por partes tradicionalmente marginalizadas da sociedade, aprofundando a desigualdade social e perpetuando o cenário em que o Judiciário deverá ser protagonista para continuar garantindo ações afirmativas em prol destas parcelas da população.

---

[79] ADC nº 19: "O Supremo Tribunal Federal, por unanimidade, julgou procedente a ação ao argumento de que a Lei Maria da Penha deu efetividade à prescrição constitucional que dispõe que o Estado criará mecanismos para coibir a violência no âmbito das relações familiares (artigo 226, §8º). Decidiu-se que a norma representa um avanço legislativo com vistas a assegurar às mulheres agredidas o acesso efetivo à reparação, proteção e justiça. Nesse sentido, entendeu-se não ser desproporcional ou ilegítimo o uso do gênero como critério de diferenciação, na medida em que a mulher seria eminentemente vulnerável no tocante a constrangimento físico, moral e psicológico sofrido em âmbito privado. A Corte decidiu que a lei também reduz a realidade de discriminação social e cultural, que deve ser combatida por meio de legislação compensatória promovendo a igualdade material. Assim, a norma se compatibiliza com o princípio da igualdade e com a ordem jurídico-constitucional".

[80] ADPF nº 347: "no sistema prisional brasileiro, ocorre violação generalizada de direitos fundamentais dos presos no tocante à dignidade, higidez física e integridade psíquica. A superlotação carcerária e a precariedade das instalações das delegacias e presídios, mais do que inobservância, pelo Estado, da ordem jurídica correspondente, configuram tratamento degradante, ultrajante e indigno a pessoas que se encontram sob custódia. As penas privativas de liberdade aplicadas em nossos presídios convertem-se em penas cruéis e desumanas. Os presos tornam-se 'lixo digno do pior tratamento possível', sendo-lhes negado todo e qualquer direito à existência minimamente segura e salubre. Daí o acerto do Ministro da Justiça, José Eduardo Cardozo, na comparação com as 'masmorras medievais'".

Vale dizer: caso o edital de licitação não disponha de cláusulas com inserção de mulheres vítimas de violência doméstica ou pessoas oriundas do sistema prisional, pode ser adotada ação perante o sistema de justiça para garantir este direito, por meio de ação afirmativa, como consequência dos julgamentos pretéritos da Corte Suprema, que reconheceu a constitucionalidade da Lei Maria da Penha e do tratamento diferenciado preconizado pelo Supremo Tribunal Federal, bem como o julgamento que reconhece o estado de coisas inconstitucional no sistema penitenciário, tornando necessária, como consequência, a adoção de medidas que interrompam o abandono da população prisional.

Outra linha argumentativa encontra-se na compreensão do princípio da motivação, que inaugura a nova lei de licitações. Entende-se aqui que a não inserção de cláusulas relacionadas ao meio ambiente e do âmbito dos direitos humanos deve ser motivada, já sendo da tradição do direito administrativo hodierno o princípio da discricionariedade regrada, não sendo mais possível o retrocesso à discricionariedade absoluta do gestor, por não se coadunar com o sistema constitucional, fortemente centrado no autocontrole do gestor e no sistema de controles entre poderes.

Carvalho Filho[81] define poder administrativo como "o conjunto de prerrogativas de direito público que a ordem jurídica confere aos agentes administrativos para o fim de permitir que o Estado alcance seus fins". E, mais adiante, salienta que o exercício deste poder se encontra limitado pela lei, de forma que, se exercido em desconformidade com esta, irá configurar abuso de poder.

Aquele mesmo autor defende que a discricionariedade administrativa constitui um poder, uma prerrogativa dada ao administrador a quem compete escolher, entre as alternativas possíveis e previstas em lei, aquela que mais se adéqua ao fim contido na norma. Justifica sua opinião dispondo que, por ter a discricionariedade certa margem livre de atuação do administrador, embora esta liberdade esteja adstrita a condutas lícitas, trata-se do exercício de um poder, uma prerrogativa.

Di Pietro[82] acompanha este mesmo posicionamento, admitindo a existência de um poder discricionário, embora este poder seja regrado.

---

[81] CARVALHO FILHO, José dos Santos. A discricionariedade: análise de seu delineamento jurídico. *In*: GARCIA, Emerson (Coord.). *Discricionariedade administrativa*. Rio de Janeiro: Lumen Juris, 2005. p. 26.
[82] DI PIETRO, Maria Sylvia Zanella. *Direito administrativo*. 15. ed. São Paulo: Atlas, 2003. p. 599.

Da mesma forma, Meirelles,[83] ao tratar dos poderes da Administração Pública, conceitua o poder discricionário da seguinte maneira: "é o que o Direito concede à Administração de modo explícito ou implícito, para a prática de atos administrativos com liberdade na escolha de sua conveniência, oportunidade e conteúdo".

Também reconhece o citado doutrinador que tal poder não é arbitrário, posto que encontra limites na lei.

Assim, se a própria lei exige a motivação, que tem característica principiológica aqui, não se trata de discricionariedade absoluta, devendo haver a justificativa para não inclusão nas cláusulas editalícias dos temas relacionados a direitos humanos e proteção do meio ambiente. A nova lei ainda prevê a possibilidade de realização da desapropriação pelo contratado e confere prioridade na tramitação de processos nos órgãos e entidades integrantes do Sistema Nacional do Meio Ambiente (Sisnama) para obtenção de licenciamentos ambientais destinados à autorização de obras e serviços.

4.13.13 Critérios de reajustamento nas licitações para serviços contínuos. Conceito de serviço contínuo e não contínuo

A nova lei de licitações inova em relação à legislação anterior, abrigando detalhamento bem maior em relação ao que significa serviço contínuo:

Art. 6º [...]
XV - serviços e fornecimentos contínuos: serviços contratados e compras realizadas pela Administração Pública para a manutenção da atividade administrativa, decorrentes de necessidades permanentes ou prolongadas;
XVI - serviços contínuos com regime de dedicação exclusiva de mão de obra: aqueles cujo modelo de execução contratual exige, entre outros requisitos, que:
a) os empregados do contratado fiquem à disposição nas dependências do contratante para a prestação dos serviços;
b) o contratado não compartilhe os recursos humanos e materiais disponíveis de uma contratação para execução simultânea de outros contratos;
c) o contratado possibilite a fiscalização pelo contratante quanto à distribuição, controle e supervisão dos recursos humanos alocados aos seus contratos;

---

[83] MEIRELLES, Hely Lopes. *Direito administrativo brasileiro.* 27. ed. São Paulo: Malheiros, 2002.

XVII - serviços não contínuos ou contratados por escopo: aqueles que impõem ao contratado o dever de realizar a prestação de um serviço específico em período predeterminado, podendo ser prorrogado, desde que justificadamente, pelo prazo necessário à conclusão do objeto; [...].

Por estes conceitos dispostos na nova lei, o que se observa é que o serviço é contínuo se a Administração apresentar necessidade deste, de forma permanente, prolongada, a exemplo de vigilância e limpeza. Os serviços não contínuos são aqueles que têm período previamente determinado, o que segue antiga orientação do Tribunal de Contas da União sobre o que pode ser entendido como serviço contínuo:

> Voto do Ministro Relator [...]
> 28. Sem pretender reabrir a discussão das conclusões obtidas naqueles casos concretos, chamo a atenção para o fato de que a natureza contínua de um serviço não pode ser definida de forma genérica. Deve-se, isso sim, atentar para as peculiaridades de cada situação examinada.
> 29. Na realidade, o que caracteriza o caráter contínuo de um determinado serviço é sua essencialidade para assegurar a integridade do patrimônio público de forma rotineira e permanente ou para manter o funcionamento das atividades finalísticas do ente administrativo, de modo que sua interrupção possa comprometer a prestação de um serviço público ou o cumprimento da missão institucional. (TCU. Acórdão nº 132/2008 – Segunda Câmara. Rel. Min. Aroldo Cedraz, j. 12.2.2008)

A grande inovação da Lei nº 14.133/2021 se refere ao conceito de serviço contínuo com regime de dedicação exclusiva de mão de obra, aquele cujo modelo de execução contratual exige, entre outros requisitos, que:

a) os empregados do contratado fiquem à disposição nas dependências do contratante para a prestação dos serviços;
b) o contratado não compartilhe os recursos humanos e materiais disponíveis de uma contratação para execução simultânea de outros contratos;
c) o contratado possibilite a fiscalização pelo contratante quanto à distribuição, controle e supervisão dos recursos humanos alocados aos seus contratos.

Observa-se, no caso de serviços contínuos sem regime de dedicação exclusiva de mão de obra, que o índice de reajuste será por meio de índices específicos ou setoriais. Se há regime de dedicação exclusiva de mão de obra, o caso não é de índice específico ou setorial, mas por repactuação, mediante demonstração analítica da variação dos custos.

A diferença agora realizada na lei, diferentemente da Lei nº 8.666/93, identifica as peculiaridades dos contratos de prestação de serviços, havendo aqueles com regime de dedicação exclusiva de mão de obra em que os empregados do contratado ficam à disposição nas dependências do contratante para a prestação dos serviços, e outros contratos em que isso não acontece.

A repactuação exigirá a demonstração analítica da variação de custos para os contratos com dedicação exclusiva de mão de obra, isso porque, nestes, além do reajuste dos empregados que poderá acontecer, ainda há a variação dos preços dos insumos necessários à execução do serviço. Por isso, aqui cabe a regra diferenciada da repactuação, que terá que ser sensível a estas duas variáveis (variação dos preços dos insumos e variação do valor da mão de obra), diferenciando-se da primeira hipótese em que os contratos não têm dedicação exclusiva de mão de obra. Tradicionalmente este tem sido o entendimento dos órgãos federais, assim como da Corte de Contas da União.

Nos termos da Resolução nº 169/13 do Conselho Nacional de Justiça:

> considera-se dedicação exclusiva de mão de obra aquela em que o Edital de Licitação e anexos (Termo de Referência ou Projeto Básico e minuta de contrato) por via de regra estabelecem que a contratada deve alocar profissionais para trabalhar continuamente nas dependências do órgão, independentemente de o edital indicar perfil, requisitos técnicos e quantitativo de profissionais para a execução do contrato, sendo que a atuação simultânea devidamente comprovada de um mesmo empregado da contratada em diversos órgãos e/ou empresas descaracteriza a dedicação exclusiva de mão de obra.

Por seu turno, a Instrução Normativa nº 5/2017, do Ministério do Planejamento, preceitua:

> os serviços com regime de dedicação exclusiva de mão de obra são aqueles em que o modelo de execução contratual exija, entre outros requisitos, que: I – os empregados da contratada fiquem à disposição nas dependências da contratante para a prestação dos serviços; II – a contratada não compartilhe os recursos humanos e materiais disponíveis de uma contratação para execução simultânea de outros contratos; e III – a contratada possibilite a fiscalização pela contratante quanto à distribuição, controle e supervisão dos recursos humanos alocados aos seus contratos.

Quando pactuados com dedicação exclusiva de mão de obra, o reajuste dos contratos deve ocorrer por intermédio da repactuação, consoante já deliberou o Tribunal de Contas da União. O instituto da repactuação de preços aplica-se apenas a contratos de serviços continuados prestados com dedicação exclusiva da mão de obra, e ocorre a partir da variação dos componentes dos custos do contrato. A este propósito, cabe destacar a norma contida no art. 7º do Decreto Federal nº 9.507/18, importante referência sobre o tema, mesmo para órgãos e entidades que não têm submissão a ele:

> Art. 7º É vedada a inclusão de disposições nos instrumentos convocatórios que permitam:
> I - a indexação de preços por índices gerais, nas hipóteses de alocação de mão de obra; [...].

Por fim, cabe advertir que o reajuste ou repactuação só é admissível para contratos com duração superior a um ano, seja pela redação do art. 25, §8º da nova lei, que fala expressamente em reajuste após um ano, seja pela não revogação expressa da Lei nº 10.192/01, que estatui que os contratos em que seja parte órgão ou entidade da Administração Pública direta ou indireta da União, dos estados, do Distrito Federal e dos municípios, serão reajustados ou corrigidos monetariamente com periodicidade anual.

4.13.14 Da margem de preferência

Dispõe a Constituição Federal sobre uma série de dispositivos destinados a garantir o desenvolvimento nacional e a inclusão das parcelas da população mais desfavorecidas. Este é o papel indutor do Estado em garantir, de um lado, que o Brasil se desenvolva como projeto de nação, o que vem sendo incorporado na nova lei de licitações como princípio do desenvolvimento nacional sustentável e, de outro lado, visando à redução das desigualdades, tendo como fundamento central a dignidade da pessoa humana, o que pode ser feito por meio da inclusão cada vez maior com a indução da atividade econômica.

Em outros termos, adotando-se a definição de Eros Grau,[84] o Estado poderá agir no domínio econômico ou sobre o domínio

---

[84] GRAU, Eros Roberto. *A ordem econômica na Constituição de 1988*. 14. ed. São Paulo: Malheiros, 2010. p. 89-90.

econômico. Na primeira hipótese, agirá como verdadeiro empresário, explorando a atividade econômica de forma direta, por meio de empresas públicas ou sociedades de economia mista, sob regime de monopólio ou livre concorrência. No que diz respeito à segunda hipótese, atuará como agente regulador, seja por direção, quando emitirá comandos normativos de cumprimento obrigatório ou por indução, casos em que condicionará certos incentivos à prática de ações preestabelecidas. Para comprovar esta afirmação, podemos citar o art. 3º da Constituição Federal, quando trata da erradicação da pobreza e da marginalização, bem como a promoção do bem de todos; o art. 170, com o tratamento favorecido a empresas de pequeno porte e microempresas constituídas sob as leis brasileiras e que tenham sua sede e administração no país, e o art. 179, com o tratamento jurídico diferenciado, visando a incentivá-las pela simplificação de suas obrigações administrativas, tributárias, previdenciárias e creditícias, ou pela eliminação ou redução destas por meio de lei:

> Art. 3º Constituem objetivos fundamentais da República Federativa do Brasil:
> I - construir uma sociedade livre, justa e solidária;
> II - garantir o desenvolvimento nacional;
> III - erradicar a pobreza e a marginalização e reduzir as desigualdades sociais e regionais;
> IV - promover o bem de todos, sem preconceitos de origem, raça, sexo, cor, idade e quaisquer outras formas de discriminação. [...]
> Art. 170. A ordem econômica, fundada na valorização do trabalho humano e na livre iniciativa, tem por fim assegurar a todos existência digna, conforme os ditames da justiça social, observados os seguintes princípios:
> I - soberania nacional;
> II - propriedade privada;
> III - função social da propriedade;
> IV - livre concorrência;
> V - defesa do consumidor;
> VI - defesa do meio ambiente;
> VI - defesa do meio ambiente, inclusive mediante tratamento diferenciado conforme o impacto ambiental dos produtos e serviços e de seus processos de elaboração e prestação; (Redação dada pela Emenda Constitucional nº 42, de 19.12.2003)
> VII - redução das desigualdades regionais e sociais;
> VIII - busca do pleno emprego;

IX - tratamento favorecido para as empresas de pequeno porte constituídas sob as leis brasileiras e que tenham sua sede e administração no País. [...]

Art. 179. A União, os Estados, o Distrito Federal e os Municípios dispensarão às microempresas e às empresas de pequeno porte, assim definidas em lei, tratamento jurídico diferenciado, visando a incentivá-las pela simplificação de suas obrigações administrativas, tributárias, previdenciárias e creditícias, ou pela eliminação ou redução destas por meio de lei.

Assim, a adoção de margem de preferência na nova lei de licitações (art. 26), beneficiando empresas brasileiras, produtos nacionais, empresas sediadas nos estados ou municípios sedes da licitação para empresas neles sediadas, tem amparo na própria Constituição Federal. As empresas locais com menos competitividade poderão ser beneficiadas com contratos decisivos para dinamizar a economia local com impacto na geração de emprego e renda e redução das desigualdades.

Observe-se como estão dispostas as margens de preferência na nova lei de licitações:

Art. 26. No processo de licitação, poderá ser estabelecida margem de preferência para:

I - bens manufaturados e serviços nacionais que atendam a normas técnicas brasileiras;
II - bens reciclados, recicláveis ou biodegradáveis, conforme regulamento.

§1º A margem de preferência de que trata o *caput* deste artigo:
I - será definida em decisão fundamentada do Poder Executivo federal, no caso do inciso I do *caput* deste artigo;
II - poderá ser de até 10% (dez por cento) sobre o preço dos bens e serviços que não se enquadrem no disposto nos incisos I ou II do *caput* deste artigo;
III - poderá ser estendida a bens manufaturados e serviços originários de Estados Partes do Mercado Comum do Sul (Mercosul), desde que haja reciprocidade com o País prevista em acordo internacional aprovado pelo Congresso Nacional e ratificado pelo Presidente da República.

§2º Para os bens manufaturados nacionais e serviços nacionais resultantes de desenvolvimento e inovação tecnológica no País, definidos conforme regulamento do Poder Executivo federal, a margem de preferência a que se refere o *caput* deste artigo poderá ser de até 20% (vinte por cento).

§3º (VETADO).
§4º (VETADO).

§5º A margem de preferência não se aplica aos bens manufaturados nacionais e aos serviços nacionais se a capacidade de produção desses bens ou de prestação desses serviços no País for inferior:

I - à quantidade a ser adquirida ou contratada; ou

II - aos quantitativos fixados em razão do parcelamento do objeto, quando for o caso.

§6º Os editais de licitação para a contratação de bens, serviços e obras poderão, mediante prévia justificativa da autoridade competente, exigir que o contratado promova, em favor de órgão ou entidade integrante da Administração Pública ou daqueles por ela indicados a partir de processo isonômico, medidas de compensação comercial, industrial ou tecnológica ou acesso a condições vantajosas de financiamento, cumulativamente ou não, na forma estabelecida pelo Poder Executivo federal.

§7º Nas contratações destinadas à implantação, à manutenção e ao aperfeiçoamento dos sistemas de tecnologia de informação e comunicação considerados estratégicos em ato do Poder Executivo federal, a licitação poderá ser restrita a bens e serviços com tecnologia desenvolvida no País produzidos de acordo com o processo produtivo básico de que trata a Lei nº 10.176, de 11 de janeiro de 2001.

4.13.15 Das modalidades de licitação

Ainda como assunto da fase preparatória das licitações, torna-se fundamental a compreensão do tema das modalidades de licitação que se refere ao tipo de procedimento a ser escolhido para o desenvolvimento do certame, ora com mais etapas para objetos mais complexos, ora por meio de procedimentos mais simples, como o pregão.

A doutrina do direito administrativo brasileiro[85] conceitua modalidade de licitação como uma estrutura procedimental, seguindo um procedimento ordenado segundo certos princípios e finalidades, na busca de adequar, da melhor maneira possível, a disputa ao objeto a ser contratado.

Na Lei nº 8.666/93, a modalidade de licitação, ou seja, o tipo de procedimento a ser utilizado pela gestão pública, dependia, na maior parte das hipóteses, do valor do objeto, o que permitia enquadrar a modalidade licitatória como convite, tomada de preços ou concorrência, sendo esta para os maiores valores. Vasconcelos[86] classificava

---

[85] VASCONCELOS, Pedro Barreto. Pregão: nova modalidade de licitação. *R. Dir. Adm.*, Rio de Janeiro, v. 222, p. 213-238, out./dez. 2000.

[86] VASCONCELOS, Pedro Barreto. Pregão: nova modalidade de licitação. *R. Dir. Adm.*, Rio de Janeiro, v. 222, p. 213-238, out./dez. 2000.

as modalidades licitatórias em dois grupos distintos na antiga lei: as comuns e as especiais. As comuns seriam convite, tomada de preços ou concorrência. Concurso e leilão, considerados modalidades especiais, eram destinados a fins específicos.

Referida organização das modalidades licitatórias foi mantida parcialmente na nova lei, percebendo-se que existem modalidades comuns a serem utilizadas para os objetos em geral e as modalidades específicas de licitação para temas específicos, a exemplo do concurso e do leilão, como será explicitado adiante.

A nova lei de licitações representa uma mudança impactante na realidade das licitações no Brasil, ora condensando muitos assuntos que se encontravam em leis separadas, que passam a constar de um único diploma normativo, ora extinguindo modalidades licitatórias da antiga lei e criando novos modelos procedimentais licitatórios.

Assim, são modalidades licitatórias na Nova Lei de Licitações e Contratos Administrativos as que seguem:
I – pregão;
II – concorrência;
III – concurso;
IV – leilão;
V – diálogo competitivo.

O pregão era modalidade que constava da Lei nº 10.520, de 17.7.2002, entretanto, teve seu regramento revogado pelo art. 190 da nova lei de licitações, devendo agora ser regido por este novo diploma legal.

A nova lei extingue, igualmente, as antigas modalidades comuns de tomada de preços e convite, incluindo a nova modalidade de diálogo competitivo.

A nova lei de licitações, repetindo a lei anterior agora revogada, determina ser proibida a criação de outras modalidades de licitação ou, ainda, a combinação daquelas acima dispostas, sendo, portanto, o tema, vinculante para o gestor público, que não poderá inovar, devendo seguir estritamente os procedimentos previstos na nova lei de licitações, sob pena de improbidade administrativa. A seguir serão abordadas as diversas modalidades de licitação, iniciando-se pelo pregão.

4.13.15.1 Pregão

A partir do art. 29 da nova lei de licitações, observa-se como deve ser o rito do pregão, tendo o legislador atribuído rito comum que também deve ser utilizado na modalidade de concorrência, tudo de acordo com as regras do art. 17 da nova lei. Além disso, a nova lei determina que o pregão é reservado apenas para as situações em que o objeto da licitação possuir padrões de desempenho e qualidade que possam ser objetivamente definidos pelo edital, por meio de especificações usuais do mercado, o que mantém a tradição da agora revogada Lei nº 10.520, de 17.7.2002.

O pregão foi pensado para objetos de menor complexidade na lei que originalmente tratou sobre o assunto e inovou na realidade licitatória brasileira, para garantir rito mais rápido que possibilitava assegurar o acesso a bens ou serviços pela Administração, superando o procedimento bem mais demorado da antiga lei de licitações, Lei nº 8.666/93.

Levando-se em consideração os prazos previstos na antiga lei do pregão e das modalidades da Lei nº 8.666/93, verifica-se que já no antigo regramento o pregão ganhava em celeridade:

- Pregão – 15 a 20 dias;
- Convite – 30 a 40 dias;
- Tomada de preços – 40 a 50 dias;
- Concorrência – 60 a 70 dias.

E estes prazos acima definidos da antiga legislação não levavam em conta o tempo necessário para os procedimentos da fase interna, o que tornava todos os processos, à exceção do pregão, bem demorados. *Esta percepção levou o legislador, na nova lei de licitações e contratos, a adotar o rito do pregão como regra geral para a maior parte dos objetos a serem licitados, sendo a concorrência procedimento que será adotado sempre que não couber o pregão e não for o caso de inclusão em procedimentos específicos como concurso, leilão ou diálogo competitivo.*

Veja-se a redação do art. 29 da nova lei:

Art. 29. A concorrência e o pregão seguem o rito procedimental comum a que se refere o art. 17 desta Lei, adotando-se o pregão sempre que o objeto possuir padrões de desempenho e qualidade que possam ser objetivamente definidos pelo edital, por meio de especificações usuais de mercado.

Parágrafo único. O pregão não se aplica às contratações de serviços técnicos especializados de natureza predominantemente intelectual e de obras e serviços de engenharia, exceto os serviços de engenharia de que trata a alínea "a" do inciso XXI do *caput* do art. 6º desta Lei.

Pela redação do art. 29 acima e seu parágrafo, entende-se que o pregão é a modalidade para os objetos que possuem padrões de desempenho e qualidade que possam ser objetivamente definidos pelo edital, por meio de especificações usuais de mercado. A nova lei não levou em consideração a questão do valor. Independentemente deste, será o pregão a modalidade a ser adotada desde que preenchidos os requisitos do caput do art. 29 da nova lei. Ademais, nos termos do art. 29, o pregão passa a ser obrigatório e não mais uma faculdade, desde que preenchidos os requisitos do referido art. 29.

4.13.15.1.1 Do enquadramento do objeto como bem ou serviço comum com a finalidade de adoção do pregão

Apesar de tentar o legislador conceituar o pregão como modalidade obrigatória para objeto com especificações usuais do mercado, não teve clareza suficiente para entender esta expressão, sendo fundamental entender-se o que vem sendo compreendido como objeto que poderá ser licitado por meio do pregão, sendo importante a leitura do acórdão a seguir, que lança luzes sobre o tema:

> Acórdão no 2079/2007 – Plenário - Sessão de 3/10/2007 - Ata no 41, Proc. 009.930/2007-7, DOU de 5/10/2007: [...]
> III.2 Do enquadramento da obra como serviço comum
> 45. Relativamente à tipificação ou não do objeto do Pregão no 13/2007 como serviço comum, traz-se à baila que a Lei nº 10.520/2002, em art. 1º, parágrafo único, descreve os serviços comuns como aqueles cujos padrões de desempenho e qualidade possam ser objetivamente definidos pelo edital, por meio de especificações usuais no mercado.
> 46. Considerando que o objeto do Pregão no 13/2007 fez referência a serviço de engenharia, verifica-se que a definição legal não se revela bastante para se aferir o grau de complexidade dos serviços pretendidos pelo certame, razão pela qual trazemos entendimento jurisprudencial desta Corte, constante do Acórdão no 313/2004 – Plenário, a saber:
> "bem comum é aquele para o qual é possível definir padrões de desempenho ou qualidade, segundo especificações usuais de mercado.
> [...] o objeto da licitação deve se prestar a uma competição unicamente baseada nos preços propostos pelos concorrentes, pois não haverá propostas técnicas. Caso essas condições sejam atendidas, o pregão poderá ser utilizado.
> 47. Em acréscimo, cita-se entendimento do doutrinador Jorge Ulisses Jacoby Fernandes, acerca da qualificação dos serviços de engenharia como simples ou complexo [...], conforme transcrito a seguir:
> "b) serviço de engenharia, pode ser considerado como comum, quando:
> b.1) as características, quantidades e qualidade forem passíveis de "especificações usuais de mercado";

b.2) mesmo que exija profissional registrado no CREA para execução, a atuação desse não assume relevância, em termos de custos, complexidade e responsabilidade no conjunto do serviço.

b) em sendo comum, o serviço de engenharia poderá ser licitado por pregão, sendoa forma eletrônica ou presencial."

48. Desse modo, verifica-se que a tipificação como "comum" depende, substancialmente, das características do objeto, o qual deve se revestir de especificações usuais de mercado, de forma a permitir a avaliação das propostas dos licitantes com base, unicamente, nos preços.

49. Assim, da interlecção dos textos legais, jurisprudenciais e doutrinários, constata-se que os serviços de escavação poderiam, sim, ter sido contratados por meio do Pregão no 13/2007, haja vista a natureza do serviço, que, apesar de volumosa, era de natureza simplória e de baixa complexidade, não se imprimindo a necessidade de ser licitado por meio de outra modalidade.

50. Conforme afirmado pelo Representado (fl. 311V), o serviço contratado não necessitava de sofisticação tecnológica que já não fosse do conhecimento comum das empresas do ramo. Ademais, a quantidade de firmas no mercado mostrava-se suficiente para atestar que o serviço pretendido poderia ser, facilmente, obtido.

51. Com isso, não prospera a alegação de que o objeto do Pregão no 13/2007 revestia-se de complexidade, não classificável como "comum" e impossível de ser contratado por meio da modalidade pregão. [...] 9.1. conhecer desta representação, formalizada pela 3ª Secex em função de indícios levantados por servidor da Secex/PR contra o Pregão Eletrônico no 13/2007 deste Tribunal, para, no mérito, considerá-la improcedente; e 9.2. arquivar o processo.

Conforme o acórdão acima, verifica-se que a tipificação "comum" depende, substancialmente, das características do objeto, o qual deve se revestir de especificações usuais de mercado, de forma a permitir a avaliação das propostas dos licitantes com base nos preços, bem como se o serviço contratado *não necessita de sofisticação tecnológica, ou seja, é de conhecimento comum das empresas do ramo*. Ademais, a quantidade de empresas no mercado mostra-se suficiente para atestar que o serviço pretendido poderia ser facilmente obtido.

4.13.15.1.2 Enquadramento de bens e serviços de tecnologia da informação como bens e serviços comuns

Importante ponto a ser abordado é aquele relacionado à possibilidade de adoção da modalidade de pregão para contratação de bens e serviços relacionados à tecnologia da informação. O Tribunal de Contas da União, analisando a antiga lei do pregão, observou ser possível a utilização do pregão para esta finalidade, conforme precedentes a seguir transcritos:

> Entendimento I. A licitação de bens e serviços de tecnologia da informação considerados comuns, ou seja, aqueles que possuam padrões de desempenho e de qualidade objetivamente definidos pelo edital, com base em especificações usuais no mercado, deve ser obrigatoriamente realizada pela modalidade Pregão, preferencialmente na forma eletrônica. Quando, eventualmente, não for viável utilizar essa forma, deverá ser anexada a justificativa correspondente. (Lei nº 10.520/2002, art. 1º; Lei nº 8.248/1991, art. 3º, §3º; Decreto nº 3.555/2000, anexo II; Decreto nº 5.450/2005, art. 4º, e Acórdão nº 1.547/2004-TCU-Primeira Câmara; Acórdão nº 2.471/2008-TCU-Plenário, item 9.2.1)
>
> *Entendimento II. Devido à padronização existente no mercado, os bens e serviços de tecnologia da informação geralmente atendem a protocolos, métodos e técnicas preestabelecidos e conhecidos e a padrões de desempenho e qualidade que podem ser objetivamente definidos por meio de especificações usuais no mercado. Logo, via de regra, esses bens e serviços devem ser considerados comuns para fins de utilização da modalidade Pregão. (Lei nº 10.520/2002, art. 1º; Acórdão nº 2.471/2008-TCU-Plenário, item 9.2.2)*
>
> Entendimento III. Serviços de TI cuja natureza seja predominantemente intelectual não podem ser licitados por meio de pregão. Tal natureza é típica daqueles serviços em que a arte e a racionalidade humanas são essenciais para sua execução satisfatória. Não se trata, pois, de tarefas que possam ser executadas mecanicamente ou segundo protocolos, métodos e técnicas preestabelecidos e conhecidos. (Lei nº 8.666/1993, art. 46, *caput*; Acórdão nº 2.172/2008-TCU-Plenário, declaração de voto; Acórdão nº 2.471/2008-TCU-Plenário, item 9.2.3)
>
> Entendimento IV. Em geral, nem a complexidade dos bens ou serviços de tecnologia da informação nem o fato de eles serem críticos para a consecução das atividades dos entes da Administração descaracterizam a padronização com que tais objetos são usualmente comercializados no mercado. Logo, nem essa complexidade nem a relevância desses bens e serviços justificam o afastamento da obrigatoriedade de se licitar pela modalidade Pregão. (Lei nº 10.520/2002, art. 1º; Acórdão nº 1.114/2006-TCU-Plenário; Acórdão nº 2.471/2008-TCU-Plenário, item 9.2.4)
>
> Entendimento V. Nas aquisições mediante Pregão, o gestor deve avaliar a complexidade demandada na preparação das propostas pelos eventuais interessados e buscar definir o prazo mais adequado entre a data de publicação do aviso do Pregão e a de apresentação das propostas, a qual nunca poderá ser inferior a 8 dias úteis, de modo a garantir a isonomia entre os interessados que tenham acessado especificações do objeto antecipadamente, por terem colaborado na fase de planejamento pelo

fornecimento das informações mercadológicas e técnicas necessárias, e os demais interessados. Desse modo, procurar-se-á ampliar a possibilidade de competição. (Lei nº 8.666/1993, art. 3º; Lei nº 10.520/2002, art. 4º, V; Acórdão nº 2.658/2007-TCU-Plenário; Acórdão nº 2.471/2008-TCU-Plenário, item 9.2.5)

Entendimento VI. A decisão de não considerar comuns determinados bens ou serviços de tecnologia da informação deve ser justificada nos autos do processo licitatório. Nesse caso, a licitação não poderá ser do tipo "menor preço", visto que as licitações do tipo "menor preço" devem ser realizadas na modalidade Pregão. (Lei nº 8.666/1993, art. 15, III; Lei nº 10.520/2002, art. 1º; Decreto nº 5.450/2005, art. 4º; Acórdão nº 1.547/2004-TCU-Primeira Câmara; Acórdão nº 2.471/2008-TCU-Plenário, item 9.2.6).

A partir da compreensão desses comandos, é possível perceber que, quando se trata de tecnologia da informação, principalmente no que tange a *softwares*, não é necessário que a solução já exista pronta no mercado para ser considerada bem ou serviço comum. Basta que não seja um objeto predominantemente intelectual e que a empresa contratada, a partir dos padrões de desempenho e de qualidade objetivamente definidos no edital, com base em especificações usuais no mercado, possa desenvolvê-la.

Igualmente, conclui-se que a utilização do pregão é a regra para aquisição de bens e serviços de tecnologia da informação, com o tipo menor preço. A opção pela concorrência com tipo "técnica e preço" é exceção e deve ser devidamente justificada para os casos em que o objeto seja predominantemente intelectual. Como não houve considerável mudança no rito do pregão na nova lei de licitações, entende-se que na vigência da nova lei de licitações o pregão poderá continuar tratando sobre contratação de produtos de tecnologia da informação. *Por exclusão, o que não couber na modalidade da licitação pregão será licitado por meio de concorrência, a exemplo das contratações de serviços técnicos especializados de natureza predominantemente intelectual e de obras e serviços de engenharia.*

A esta conclusão se chega sobre o cabimento da modalidade de concorrência para obras de engenharia e para bens e serviços especiais, quando se realiza a leitura do art. 6º da nova lei:

Art. 6º [...]
XXXVIII - concorrência: modalidade de licitação para contratação de bens e serviços especiais e de obras e serviços comuns e especiais de engenharia, cujo critério de julgamento poderá ser:
a) menor preço;

b) melhor técnica ou conteúdo artístico;
c) técnica e preço;
d) maior retorno econômico;
e) maior desconto; [...].

Observe-se que o pregão será aplicável apenas para serviço comum de engenharia, que tem por objeto ações, objetivamente padronizáveis em termos de desempenho e qualidade, de manutenção, de adequação e de adaptação de bens móveis e imóveis, com preservação das características originais dos bens, nos termos do art. 29, parágrafo único. Esta redação da nova lei de licitações é o acolhimento, no nível legislativo, da recomendação reiterada do Tribunal de Contas da União sobre o cabimento do pregão para serviços comuns de engenharia.

A recente jurisprudência do Tribunal já consolidou o entendimento de que a Lei nº 10.520/2002 não vedava a contratação de obras e serviços de engenharia por meio da modalidade de pregão, desde que caracterizados como serviços comuns. Veja-se no acórdão a seguir:

b) Acórdão no 1947/2008 – Plenário - Sessão de 10/9/2008, Ata no 36, Proc. 007.982/2008-2, DOU de 12/9/2008:
[..] 9.2.3. quando for licitar a contratação de serviços de supervisão/ consultoria, realize a licitação na modalidade pregão, haja vista serem classificados como serviços comuns por terem padrões de qualidade e desempenho objetivamente definidos nas normas técnicas, especificando detalhadamente os serviços que a empresa de supervisão/consultoria deverá realizar;

Por meio desse acórdão, o TCU determinou que para licitar a contratação de serviços de supervisão/consultoria, que fosse realizada a licitação na modalidade pregão, mas que fosse especificando detalhadamente os serviços que a empresa de supervisão/consultoria deverá realizar.

c) Acórdão n o 2664/2007 - Plenário, Sessão de 5/12/2007, Ata no 51, Proc. 027.522/2007-1, DOU de 11/12/2007: [...] 9.3.1. faça cumprir o disposto na Lei n. 10.520/2002 (art. 1º, *caput*) e no Decreto n. 5.450/2005 (art. 1 o, *caput*, e art. 2 o, §1 o), providenciando a realização de pregão eletrônico para a contratação de serviços comuns de engenharia, ou seja, aqueles serviços cujos padrões de desempenho e qualidade possam ser objetivamente definidos pelo edital, por meio de especificações usuais no mercado, como já debatido por este Tribunal em diversas oportunidades

(Acórdãos ns. 817/2005 e 1.329/2006, ambos do Plenário, e Acórdão n. 286/2007 – 1ª Câmara, entre outros); [...] 9.5. arquivar o processo.

Por meio deste Acórdão, houve a determinação para a realização de pregão eletrônico para a contratação de serviços comuns de engenharia, ou seja, aqueles serviços cujos padrões de desempenho e qualidade possam ser objetivamente definidos pelo edital, por meio de especificações usuais no mercado.

d) Acórdão n o 2079/2007 – Plenário - Sessão de 3/10/2007 - Ata n o 41, Proc. 009.930/2007-7, DOU de 5/10/2007:

III.2 Do enquadramento da obra como serviço comum

45. Relativamente à tipificação ou não do objeto do Pregão n o 13/2007 como serviço comum, traz-se à baila que a Lei nº 10.520/2002, em art. 1 o, parágrafo único, descreve os serviços comuns como aqueles cujos padrões de desempenho e qualidade possam ser objetivamente definidos pelo edital, por meio de especificações usuais no mercado.

46. Considerando que o objeto do Pregão n o 13/2007 fez referência a serviço de engenharia, verifica-se que a definição legal não se revela bastante para se aferir o grau de complexidade dos serviços pretendidos pelo certame, razão pela qual trazemos entendimento jurisprudencial desta Corte, constante do Acórdão n o 313/2004 – Plenário, a saber: "bem comum é aquele para o qual é possível definir padrões de desempenho ou qualidade, segundo especificações usuais de mercado. [...] o objeto da licitação deve se prestar a uma competição unicamente baseada nos preços propostos pelos concorrentes, pois não haverá propostas técnicas. Caso essas condições sejam atendidas, o pregão poderá ser utilizado.

47. Em acréscimo, cita-se entendimento do doutrinador Jorge Ulisses Jacoby Fernandes, acerca da qualificação dos serviços de engenharia como simples ou complexo [...], conforme transcrito a seguir:

"b) serviço de engenharia, pode ser considerado como comum, quando:

b.1) as características, quantidades e qualidade forem passíveis de "especificações usuais de mercado";

b.2) mesmo que exija profissional registrado no CREA para execução, a atuação desse não assume relevância, em termos de custos, complexidade e responsabilidade no conjunto do serviço.

b) em sendo comum, o serviço de engenharia poderá ser licitado por pregão, sendo a forma eletrônica ou presencial."

48. Desse modo, verifica-se que a tipificação como "comum" depende, substancialmente, das características do objeto, o qual deve se revestir de especificações usuais de mercado, de forma a permitir a avaliação das propostas dos licitantes com base, unicamente, nos preços.

49. Assim, da interlecção dos textos legais, jurisprudenciais e doutrinários, constata-se que os serviços de escavação poderiam, sim, ter sido contratados por meio do Pregão n o 13/2007, haja vista a natureza do

serviço, que, apesar de volumosa, era de natureza simplória e de baixa complexidade, não se imprimindo a necessidade de ser licitado por meio de outra modalidade.

50. Conforme afirmado pelo Representado (fl. 311V), o serviço contratado não necessitava de sofisticação tecnológica que já não fosse do conhecimento comum das empresas do ramo. Ademais, a quantidade de firmas no mercado mostrava-se suficiente para atestar que o serviço pretendido poderia ser, facilmente, obtido.

51. Com isso, não prospera a alegação de que o objeto do Pregão n o 13/2007 revestia-se de complexidade, não classificável como "comum" e impossível de ser contratado por meio da modalidade pregão. [...] 9.1. conhecer desta representação, formalizada pela 3ª Secex em função de indícios levantados por servidor da Secex/PR contra o Pregão Eletrônico n o 13/2007 deste Tribunal, para, no mérito, considerá-la improcedente; e 9.2. arquivar o processo.

Conforme Acórdão, verifica-se que a tipificação "comum" depende, substancialmente, das características do objeto, o qual deve se revestir de especificações usuais de mercado, de forma a permitir a avaliação das propostas dos licitantes com base nos preços, bem como se o serviço contratado não necessita de sofisticação tecnológica, ou seja, é de conhecimento comum das empresas do ramo.

Ademais, a quantidade de empresas no mercado mostra-se suficiente para atestar que o serviço pretendido poderia ser facilmente obtido.

e) Acórdão n o 2314/2010-Plenário, TC-016.340/2010-8, rel. Min. Raimundo Carreiro, 08.09.2010: [...] 9.2.1. utilize, como regra, a modalidade pregão, preferencialmente em sua forma eletrônica, para aquisição de bens e serviços comuns, inclusive os de engenharia, que só poderá ser preterido quando comprovada e justificadamente for inviável sua utilização, por força do art. 1º da Lei nº 10.520/2002 e arts. 1º, 2º, §1º, e 4º do Decreto nº 5.450/2005 (Acórdãos 2.807/2009-2ª Câmara, 2.194/2009-2ª Câmara, 2.664/2007-Plenário, 988/2008-Plenário, 631/2007-2ª Câmara, 463/2008-1ª Câmara, 2.901/2007-1ª Câmara);

9.2.2. abstenha-se, quando vencido o prazo de 12 meses, de prorrogar o contrato oriundo da Concorrência no 8/2010, salvo pelo prazo máximo de 12 meses visando à realização de novo procedimento licitatório, na modalidade pregão, preferencialmente na forma eletrônica, caso julgue oportuno e conveniente realizar a contratação dos serviços de manutenção do sistema de distribuição de energia nas áreas comuns do porto de Santos.

9.2.3. quando da realização de licitação, promova a descrição detalhada do objeto no aviso de edital, de tal sorte a evitar futuras ambiguidades, afastando-se assim o comprometimento ao princípio da competitividade.

Na decisão deste acórdão, foi determinado que fosse utilizada, como regra, a modalidade pregão, preferencialmente em sua forma eletrônica, para aquisição de bens e serviços comuns, inclusive os de engenharia, que só poderá ser preterida quando sua utilização for comprovada e justificadamente inviável.

Portanto, a jurisprudência do Tribunal de Contas da União referente ao tema está consolidada, com base legal no art. 1º da Lei nº 10.520/2002, conforme voto proferido no Acórdão nº 847/2010 – TCU – Plenário, resultando na Súmula nº 257/2010, a seguir:

SÚMULA 257/2010 - TCU:
O USO DO PREGÃO NAS CONTRATAÇÕES DE SERVIÇOS COMUNS DE ENGENHARIA ENCONTRA AMPARO NA LEI No 10.520/2002.

Analisado, então, o cabimento do pregão, resta-nos identificar qual será o procedimento a ser adotado. O art. 29 da nova lei encaminha ao art. 17 da nova lei para identificar-se o procedimento, e, segundo este, devem ser obedecidas as seguintes fases no pregão:

Art. 17. O processo de licitação observará as seguintes fases, em sequência:
I - preparatória;
II - de divulgação do edital de licitação;
III - de apresentação de propostas e lances, quando for o caso;
IV - de julgamento;
V - de habilitação;
VI - recursal;
VII - de homologação.

Destacam-se a fase inicial, denominada fase preparatória, e a inversão de fases, de habilitação e julgamento de propostas.

Quanto à fase preparatória, observa-se ser, inclusive para o pregão, fase eminentemente técnica que deve ser cercada de estudos para o bom planejamento das licitações e deve ser coadunada com o plano de contratações anual, quando elaborado, havendo várias inovações que devem ser conhecidas por quem trabalhava com pregão antes da nova lei e precisa se atualizar. Remete-se, então, o leitor, à seção deste livro que trata sobre o assunto denominado fase interna para explicitar quais atividades devem ser adotadas pelo órgão público como fase preparatória obrigatória ao pregão.

Mas, neste momento, pretende-se dar enfoque às fases de habilitação e julgamento das propostas.

Antes da nova lei, a fase de habilitação, em que eram verificadas as condições de participação dos licitantes desde a habilitação jurídica até aquela financeira e técnica, acontecia em primeiro lugar, antes do julgamento das propostas, nos termos da antiga Lei nº 8.666/93.

Na nova lei, há inversão, e passa a ser regra geral que primeiro aconteça a fase de julgamento de propostas. Assim, após a fase de abertura do envelope com as propostas de preço, será aberto o envelope com os documentos de habilitação, apenas em relação ao vencedor na fase de propostas de preço, o que já acontecia na antiga lei do pregão, agora revogada.

Portanto, para o gestor público que já estava habituado com o rito do pregão, não haverá novidade nesta fase procedimental, porque já realizava, inicialmente, a abertura dos envelopes de propostas e finalmente abria o envelope dos documentos de habilitação apenas do vencedor da primeira fase de julgamento das propostas.

Finalmente a ordem jurídica relacionada às licitações no Brasil incorporou conselho da doutrina brasileira. Desde Hely Lopes Meirelles[87] já havia esta percepção de que realizar primeiro o julgamento das propostas comerciais com os preços dos licitantes e ao final a habilitação apenas do vencedor na proposta de preços era benéfico e compatível com o princípio da eficiência e da razoável duração do processo:

> Inverte-se a ordem procedimental: procura-se verificar primeiro quem venceu a etapa comercial, para depois conferir os documentos de habilitação do vencedor. Suprime-se, assim, tempo precioso despendido no exame da documentação de concorrentes que foram eliminados no julgamento das propostas.

Para Ivan Barbosa Rigolin e Marco Tullio Botinno,[88] a inversão de fases é a mais inteligente ideia que há décadas não ocorria em matéria de licitação, porque coíbe o que eles consideram o principal drama nos procedimentos seletivos: a violação ao princípio da competitividade.

Portanto, o que se observa é que o legislador estendeu o antigo rito do pregão, não estando mais limitada a este apenas a inversão de fases. Agora, por força do art. 29 da nova lei, é aplicável também à concorrência, esperando-se menos demora no encerramento das diversas licitações.

---

[87] MEIRELLES, Hely Lopes. *Direito administrativo*. São Paulo: Malheiros, 1999. p. 99.
[88] RIGOLIN, Ivan Barbosa; BOTINNO, Marco Tullio. *Manual prático das licitações*: Lei n. 8.666/93. 4. ed. São Paulo: Saraiva, 2002. p. 448.

O art. 17 contém parágrafo com regras específicas sobre esta inversão de fases. Dispõe o §1º que pode vir a fase de habilitação antes da fase de julgamento das propostas desde que mediante ato motivado com explicitação dos benefícios decorrentes e desde que expressamente previsto no edital de licitação.

Sobre o detalhamento do procedimento das fases de apresentação de propostas e lances, julgamento, habilitação, recursal e de homologação, faremos exposição adiante neste livro.

4.13.15.2 Concorrência

O legislador retirou o valor como critério a ser observado para adoção da concorrência como modalidade. No novo regramento, independentemente do valor, a concorrência deverá ser adotada levando em consideração o objeto como já definido no item anterior. Assim, sempre que o objeto envolver bens e serviços especiais e de obras e serviços comuns e especiais de engenharia, caberá a utilização, afastando-se o cabimento do pregão.

Entendem-se por bens e serviços especiais, para tornar cabível a concorrência, nos termos da própria lei de licitações, segundo o art. 6º, XIV, aqueles que, por sua alta heterogeneidade ou complexidade, não podem ser descritos com padrões de desempenho e qualidade que possam ser objetivamente definidos pelo edital, por meio de especificações usuais de mercado, exigida justificativa prévia do contratante.

Também se verifica que torna cabível a concorrência a licitação que tenha como objeto obras, entendidas, nos termos da nova lei de licitações, como toda atividade estabelecida, por força de lei, como privativa das profissões de arquiteto e engenheiro que implica intervenção no meio ambiente, por meio de um conjunto harmônico de ações que, agregadas, formam um todo que inova o espaço físico da natureza ou acarreta alteração substancial das características originais de bem imóvel.

Por fim, determina a nova lei que a modalidade a ser adotada será a concorrência se o objeto for serviços comuns e especiais de engenharia, nestes compreendidos aqueles cujos padrões de desempenho e qualidade podem ser objetivamente definidos pelo edital, por meio de especificações usuais de mercado; sejam aqueles mais complexos, que não possam ser definidos por meio de especificações usuais de mercado.

Quanto a esta última hipótese de cabimento, ao mencionar que a concorrência é cabível para serviços comuns de engenharia, deve-se perceber que o art. 29, parágrafo único da nova lei, também define que o pregão é cabível para os serviços comuns de engenharia, havendo claro conflito percebido neste ponto. Entende-se que poderá ser adotado pregão ou concorrência neste caso, já que o rito para as duas modalidades é o mesmo, segundo informa o art. 29 da nova lei. Por óbvio, caso se adote a concorrência, o critério de julgamento poderá ser:

    a) menor preço;
    b) melhor técnica ou conteúdo artístico;
    c) técnica e preço;
    d) maior retorno econômico;
    e) maior desconto.

O pregão tem menos critérios de julgamento, segundo a nova lei, menor preço ou maior desconto. Assim, a cautela que deve ter o agente responsável pela licitação é, quando da licitação de serviços comuns de engenharia, não utilizar a concorrência com critério de julgamento que torne mais demorado o deslinde do procedimento.

4.13.15.3 Concurso

A modalidade licitatória denominada concurso, desde a Lei nº 8.666/93, vem sendo reconhecida como aquela indicada para escolher trabalho técnico ou artístico, de criação predominantemente intelectual. Normalmente, há a atribuição de prêmio aos classificados, mas a lei admite a possibilidade de oferta de remuneração.

É modalidade licitatória especial, em razão do objeto pretendido, que se diferencia das modalidades comuns de licitação – pregão e concorrência –, que se aplicam à maior parte dos objetos, como antes já abordado neste livro.

O concurso encerra-se com a classificação dos trabalhos e a consequente premiação, "não conferindo qualquer direito a contrato com a Administração", como salienta Meirelles.[89]

São regras para a licitação na modalidade de concurso:

1. o concurso observará as regras e condições previstas em edital, que indicará: a qualificação exigida dos participantes; as diretrizes e formas de apresentação do trabalho; as condições de realização e o prêmio ou remuneração a ser concedido ao vencedor.

---

[89] MEIRELLES, Hely Lopes. *Licitação e contrato administrativo.* 15. ed. São Paulo: Malheiros, 2010. p. 386.

2. nos concursos destinados à elaboração de projeto, o vencedor deverá ceder à Administração Pública, nos termos do art. 93 da nova lei,[90] todos os direitos patrimoniais relativos ao projeto e autorizar sua execução conforme juízo de conveniência e oportunidade das autoridades competentes.

4.13.15.4 Leilão

Leilão é a modalidade especial de licitação "entre quaisquer interessados para a venda de bens móveis inservíveis para a Administração ou de produtos legalmente apreendidos ou penhorados, ou para a alienação de bens imóveis, a quem possa oferecer o maior lance, igual ou superior ao da avaliação", conforme ensina Di Pietro.[91] Na nova lei, encontram-se as seguintes regras que regerão o rito do leilão:

- O leilão poderá ser cometido a leiloeiro oficial ou a servidor designado pela autoridade competente da Administração, e o regulamento deverá dispor sobre seus procedimentos operacionais.

- Se optar pela realização de leilão por intermédio de leiloeiro oficial, a Administração deverá selecioná-lo mediante credenciamento ou licitação na modalidade pregão e adotar o critério de julgamento de maior desconto para as comissões a serem cobradas, utilizados como parâmetro máximo os percentuais definidos na lei que regula a referida profissão e observados os valores dos bens a serem leiloados.

---

[90] "Art. 93. Nas contratações de projetos ou de serviços técnicos especializados, inclusive daqueles que contemplem o desenvolvimento de programas e aplicações de internet para computadores, máquinas, equipamentos e dispositivos de tratamento e de comunicação da informação (software) – e a respectiva documentação técnica associada –, o autor deverá ceder todos os direitos patrimoniais a eles relativos para a Administração Pública, hipótese em que poderão ser livremente utilizados e alterados por ela em outras ocasiões, sem necessidade de nova autorização de seu autor. §1º Quando o projeto se referir a obra imaterial de caráter tecnológico, insuscetível de privilégio, a cessão dos direitos a que se refere o *caput* deste artigo incluirá o fornecimento de todos os dados, documentos e elementos de informação pertinentes à tecnologia de concepção, desenvolvimento, fixação em suporte físico de qualquer natureza e aplicação da obra. §2º É facultado à Administração Pública deixar de exigir a cessão de direitos a que se refere o *caput* deste artigo quando o objeto da contratação envolver atividade de pesquisa e desenvolvimento de caráter científico, tecnológico ou de inovação, considerados os princípios e os mecanismos instituídos pela Lei nº 10.973, de 2 de dezembro de 2004. §3º Na hipótese de posterior alteração do projeto pela Administração Pública, o autor deverá ser comunicado, e os registros serão promovidos nos órgãos ou entidades competentes".

[91] DI PIETRO, Maria Sylvia Zanella. *Direito administrativo*. 27. ed. São Paulo: Atlas, 2014. p. 454.

O leilão será precedido da divulgação do edital em sítio eletrônico oficial, que conterá:

I – a descrição do bem, com suas características, e, no caso de imóvel, sua situação e suas divisas, com remissão à matrícula e aos registros;

II – o valor pelo qual o bem foi avaliado, o preço mínimo pelo qual poderá ser alienado, as condições de pagamento e, se for o caso, a comissão do leiloeiro designado;

III – a indicação do lugar onde estão os móveis, os veículos e os semoventes;

IV – o sítio da internet e o período em que ocorrerá o leilão, salvo se excepcionalmente for realizado sob a forma presencial por comprovada inviabilidade técnica ou desvantagem para a Administração, hipótese em que serão indicados o local, o dia e a hora de sua realização;

V – a especificação de eventuais ônus, gravames ou pendências existentes sobre os bens a serem leiloados.

Além da divulgação no sítio eletrônico oficial, o edital do leilão será afixado em local de ampla circulação de pessoas na sede da Administração e poderá, ainda, ser divulgado por outros meios necessários para ampliar a publicidade e a competitividade da licitação.

O leilão não exigirá registro cadastral prévio, não terá fase de habilitação e deverá ser homologado assim que concluída a fase de lances, superada a fase recursal, na forma definida no edital.

4.13.15.5 Diálogo competitivo

A Lei nº 14.133, de 1º.4.2021, inova abrigando modalidade licitatória denominada diálogo competitivo, que se insere no atual momento enfrentado pela Administração Pública, caracterizado, de um lado, pelo exponencial avanço da demanda por tecnologia da informação e desenvolvimento de *softwares* que atendam ao interesse público e, de outro lado, pela escassez de recursos nos orçamentos das diversas esferas públicas, o que exige modalidade licitatória adequada a este momento, voltada para a constante necessidade de inovação na área governamental.

Pelo que se deduz da lei, o diálogo competitivo é a modalidade de licitação em que a Administração Pública realiza diálogos diretamente com os licitantes para buscar alternativas capazes de atender às necessidades de interesse público, devendo os licitantes apresentar proposta final após o encerramento deste diálogo competitivo.

Essa modalidade de licitação, conhecida também como "diálogo concorrencial", já é adotada em diversas legislações estrangeiras, utilizada em contratos complexos, em que os órgãos ou entidades contratantes não tenham domínio para resolver tal complexidade.

O mesmo acontecerá no Brasil, prevendo a nova lei que esta modalidade de licitação é cabível quando houver necessidade de inovação tecnológica e houver impossibilidade de o órgão ou entidade ter sua necessidade satisfeita sem a adaptação de soluções disponíveis no mercado, bem como impossibilidade de as especificações técnicas serem definidas com precisão suficiente pela Administração.

A nova lei, tratando sobre o diálogo competitivo, com estes parâmetros, fala sobre as hipóteses de cabimento:

Art. 32. A modalidade diálogo competitivo é restrita a contratações em que a Administração:
I - vise a contratar objeto que envolva as seguintes condições:
a) inovação tecnológica ou técnica;
b) impossibilidade de o órgão ou entidade ter sua necessidade satisfeita sem a adaptação de soluções disponíveis no mercado; e
c) impossibilidade de as especificações técnicas serem definidas com precisão suficiente pela Administração;
II - verifique a necessidade de definir e identificar os meios e as alternativas que possam satisfazer suas necessidades, com destaque para os seguintes aspectos:
a) a solução técnica mais adequada;
b) os requisitos técnicos aptos a concretizar a solução já definida;
c) a estrutura jurídica ou financeira do contrato; [...].

Posteriormente, a nova lei define o procedimento a ser adotado para o diálogo competitivo, deixando claro que esta modalidade de licitação é composta por duas grandes fases:
- a fase de diálogo, em que os interessados que preencham os requisitos objetivos estabelecidos apresentam a solução de inovação para atender às necessidades da administração;
- segunda fase, denominada na lei de fase competitiva, com a divulgação de edital contendo a especificação da solução que atenda às suas necessidades e os critérios objetivos para a seleção da proposta mais vantajosa.

Vejam-se, a seguir, as regras do diálogo competitivo identificadas na nova lei:
1. a Administração apresentará, por ocasião da divulgação do edital em sítio eletrônico oficial, suas necessidades e as

exigências já definidas e estabelecerá prazo mínimo de 25 (vinte e cinco) dias úteis para manifestação de interesse na participação da licitação;
2. os critérios empregados para pré-seleção dos licitantes deverão ser previstos em edital, e serão admitidos todos os interessados que preencherem os requisitos objetivos estabelecidos;
3. a divulgação de informações de modo discriminatório que possa implicar vantagem para algum licitante será vedada;
4. a Administração não poderá revelar a outros licitantes as soluções propostas ou as informações sigilosas comunicadas por um licitante sem o seu consentimento;
5. a fase de diálogo poderá ser mantida até que a Administração, em decisão fundamentada, identifique a solução ou as soluções que atendam às suas necessidades;
6. as reuniões com os licitantes pré-selecionados serão registradas em ata e gravadas mediante utilização de recursos tecnológicos de áudio e vídeo;
7. o edital poderá prever a realização de fases sucessivas, caso em que cada fase poderá restringir as soluções ou as propostas a serem discutidas;
8. a Administração deverá, ao declarar que o diálogo foi concluído, juntar aos autos do processo licitatório os registros e as gravações da fase de diálogo, iniciar a fase competitiva com a divulgação de edital contendo a especificação da solução que atenda às suas necessidades e os critérios objetivos a serem utilizados para seleção da proposta mais vantajosa e abrir prazo, não inferior a 60 (sessenta) dias úteis, para todos os licitantes pré-selecionados apresentarem suas propostas, que deverão conter os elementos necessários para a realização do projeto;
9. a Administração poderá solicitar esclarecimentos ou ajustes às propostas apresentadas, desde que não impliquem discriminação nem distorçam a concorrência entre as propostas;
10. a Administração definirá a proposta vencedora de acordo com critérios divulgados no início da fase competitiva, assegurada a contratação mais vantajosa como resultado.

Diante da complexidade do objeto, o diálogo competitivo será conduzido por comissão de contratação composta de pelo menos 3 (três) servidores efetivos ou empregados públicos pertencentes aos quadros permanentes da Administração, admitida a contratação de profissionais para assessoramento técnico da comissão, pois, em muitos casos, pode ser que o órgão público não tenha servidores capacitados a identificar a solução inovadora proposta pelo licitante. Estes profissionais contratados para auxiliar a comissão de contratação assinarão termo de confidencialidade e abster-se-ão de atividades que possam configurar conflito de interesses.

A seguir, veja-se modelo de diálogo competitivo, segundo regras do Banco Mundial, que podem inspirar a realização de editais dos futuros diálogos competitivos no Brasil:

1ª fase: seleção inicial
- 1º passo: emissão do documento de seleção inicial;
- 2º passo: recebimento e abertura em sessão pública das candidaturas apresentadas no processo de seleção inicial;
- 3º passo: avaliação dos documentos apresentados no processo de seleção inicial para identificar as empresas/os consórcios de empresas que serão habilitados e convidados a participar na fase de diálogo.

A lista de empresas/consórcios habilitados na seleção inicial será composta de número suficiente de participantes, normalmente não inferior a 3 (três) e não superior a 6 (seis) participantes.

2ª fase: solicitação de propostas provisórias e diálogo
- 1º passo: emissão do documento de solicitação de propostas de acordo destinado às empresas/aos consórcios habilitados na seleção inicial (proponentes). Nesta fase, normalmente, se adota o processo com um único envelope;
- 2º passo: apresentação, pelos proponentes, de propostas provisórias com soluções para o problema do ente público ou para as demandas ou exigências institucionais por ele enunciadas no documento de solicitação de propostas. As propostas provisórias são abertas em sessão pública;
- 3º passo: avaliação inicial, pelo ente público, das propostas provisórias com base nos critérios de avaliação descritos no documento de solicitação de propostas;
- 4º passo: início do processo de diálogo pelas partes. Este passo envolve a realização de reuniões bilaterais confidenciais (rodadas) entre o ente público e cada proponente para discutir todos os aspectos das respectivas propostas. A reunião de diálogo poderá tratar da solução, da transação comercial, das questões jurídicas e de quaisquer outros aspectos que o ente público julgue pertinentes.

As rodadas bilaterais de diálogo poderão se repetir até que o ente público considere esgotadas as discussões. O ente público indicará no documento de solicitação de propostas o número de rodadas de diálogo planejadas.

A eliminação progressiva de proponentes poderá ocorrer de acordo com a avaliação das soluções iniciais e com a aplicação dos critérios e da metodologia indicados no documento de solicitação de propostas.

Deverão restar pelo menos 3 (três) propostas quando a fase de diálogo se encerrar.

Os proponentes terão igual oportunidade de participar em cada rodada de diálogo, salvo quando forem eliminados do processo (como descrito acima).

5º passo: o ente público poderá testar a preparação dos proponentes para apresentar propostas finais de acordo com o documento de solicitação, pedindo-lhes que encaminhem, para avaliação, uma "minuta de proposta final", que constituirá uma versão inicial da proposta final. O ente público poderá encerrar o diálogo quando pelo menos uma proposta final for recebida a contento, mas o processo de diálogo prosseguirá até que se tenha pelo menos uma proposta final compatível;

6º passo: encerramento formal da fase de diálogo. As discussões se encerrarão quando o ente público declarar encerrado o diálogo.

O ente público irá aprimorar a definição do problema ou a descrição da demanda ou das exigências institucionais e preparará aditamentos ao documento de solicitação de propostas, o qual se tornará o documento de solicitação de propostas da 3ª fase.

3ª fase: solicitação de propostas finais

1º passo: emissão de versão atualizada do documento de solicitação de propostas dirigido aos proponentes (que não tenham sido eliminados na fase 2), de acordo com o documento padrão para aquisições do ente público. Nesta fase, normalmente, se adota o processo com dois envelopes;

2º passo: recebimento e abertura em sessão pública das propostas finais. Neste momento do processo, somente serão abertas as propostas técnicas. As propostas financeiras permanecerão lacradas;

3º passo: julgamento das propostas técnicas pelo ente público com base nos critérios de avaliação descritos no documento de solicitação de propostas. Não deverá ser necessário pedir ao proponente que faça esclarecimentos. As discussões se encerrarão quando o ente público declarar encerrado o diálogo;

4º passo: abertura das propostas financeiras pelo ente público. Em regra, a abertura não ocorre em público. O ente público julga as propostas financeiras com base nos critérios de avaliação descritos no documento de solicitação de propostas;

5º passo: uma vez concluído o julgamento, o ente público seleciona a proposta mais vantajosa para adjudicação conforme os critérios especificados no documento de solicitação de propostas;

6º passo: uma vez selecionada a proposta mais vantajosa, o ente público e o proponente selecionado procederão à finalização dos detalhes da solução. Este passo prevê apenas o esclarecimento de dúvidas e a confirmação de condições, de forma que não serão aceitos desvios em relação à proposta final na qual o ente público se embasou para tomar essa decisão;

7º passo: etapa com relatório de integridade a todos os proponentes que participaram da fase de diálogo (depois de excluídas todas as informações confidenciais) produzido pelo setor de controle interno;

8º passo: notificação de intenção de adjudicação e prazo suspensivo – o ente público transmite a notificação de intenção de adjudicação do contrato aos proponentes. Nesse momento, inicia o prazo suspensivo. No que couber, o ente público oferece esclarecimentos e gerencia todas as reclamações recebidas relacionadas à decisão de adjudicação do contrato;

9º passo: publicação de notificação de adjudicação do contrato pelo ente público, uma vez encerrado o prazo suspensivo.

4.13.16 Critério de julgamento

A nova lei de licitações inova na matéria de critérios de julgamento da melhor proposta. Sabe-se que o grande objetivo das licitações é obter a melhor proposta e, para tanto, deve haver critérios de julgamento para identificar qual a melhor proposta dos licitantes interessados. Vê-se, desde os princípios das licitações estipulados na nova lei, que devem estes critérios de julgamento ser regidos por valores como eficácia, julgamento objetivo, competitividade, economicidade e desenvolvimento nacional sustentável (art. 5º da nova lei). Assim, o julgamento realizado das propostas apresentadas deve ser regido por indicadores que, ao mesmo tempo, devem garantir menor custo, mas atender, igualmente, à qualidade do produto (eficácia) e à atenção ao desenvolvimento nacional, o que torna necessário, além do menor custo, que se observe a atenção a micro e pequenas empresas, tudo de acordo com parâmetros objetivos previamente estabelecidos, os quais serão estudados a seguir. Foram, então, fixados como critérios objetivos para julgamento das propostas os seguintes, conforme o art. 33 da nova lei:

> Art. 33. O julgamento das propostas será realizado de acordo com os seguintes critérios:
> I - menor preço;
> II - maior desconto;
> III - melhor técnica ou conteúdo artístico;
> IV - técnica e preço;
> V - maior lance, no caso de leilão;
> VI - maior retorno econômico.

A seguir, passa-se a analisar o primeiro critério de julgamento: menor preço.

4.13.16.1 Menor preço

O art. 34 da nova lei esclarece que o gestor, quando adotar o critério de julgamento pelo menor preço, não deve estar preocupado apenas com a questão numérica, quantitativa, mas também com o aspecto da qualidade.

É muito comum, no dia a dia da Administração Pública, que o gestor público enfrente a situação em que o menor preço do produto não está compatível com a qualidade necessária para o bom andamento dos trabalhos no órgão público. Devem, então, constar do edital da licitação os parâmetros mínimos de qualidade, além do menor preço, que devem ser levados em consideração quando do julgamento das propostas apresentadas. Veja-se a redação do art. 34 da nova lei:

> Art. 34. O julgamento por menor preço ou maior desconto e, quando couber, por técnica e preço considerará o menor dispêndio para a Administração, atendidos os parâmetros mínimos de qualidade definidos no edital de licitação.

A dificuldade encontrada na matéria refere-se à averiguação do preço ofertado, se exequível ou não, bem como na fixação dos parâmetros mínimos de qualidade. Quanto à exequibilidade dos preços, o que se relaciona a saber se o preço está exagerado ou ínfimo em relação ao produto ofertado, a nova lei já determina que deve a Administração Pública estipular orçamento prévio (valores estimados), por meio de pesquisa de mercado, utilizando, inclusive, o Portal Nacional de Contratações Públicas, fixando preços que serão utilizados como parâmetro para julgamento dos preços ofertados pelos licitantes:

Art. 18. A fase preparatória do processo licitatório é caracterizada pelo planejamento e deve compatibilizar-se com o plano de contratações anual de que trata o inciso VII do *caput* do art. 12 desta Lei, sempre que elaborado, e com as leis orçamentárias, bem como abordar todas as considerações técnicas, mercadológicas e de gestão que podem interferir na contratação, compreendidos: [...]
IV - o orçamento estimado, com as composições dos preços utilizados para sua formação; [...].

O Tribunal de Contas da União vem acentuando a necessidade de observação de fixação do orçamento estimado, desde a vigência da antiga lei de licitações:

19. Quanto à ausência de orçamento prévio, esta Corte tem se posicionado pela necessidade de que tal peça integre o edital (ainda que na condição de anexo), mesmo no caso de entes integrantes do "Sistema S", como forma de balizar o julgamento com os preços vigentes no mercado. Nessa linha, veja-se o teor da determinação constante do subitem 9.2.1 do Acórdão n. 356/2011 – TCU – Plenário, dirigida ao Sesi/PR:
"9.2. com fundamento no art. 250, inciso II, do Regimento Interno do TCU, determinar ao Serviço Social da Indústria – Departamento Regional/PR – Sesi/PR que, doravante, em obediência aos princípios da igualdade e da legalidade, estampados no art. 2º do Regulamento de Licitações e Contratos do Sesi, faça constar:
9.2.1. como anexo aos editais de licitações, o orçamento estimado em planilhas de quantitativos e preços unitários;". (Acórdão nº 2.965/2011 – Plenário. Rel. Min. Marcos Bemquerer)

Entretanto, a preocupação da Administração Pública não pode ser apenas em relação ao menor valor a todo custo, mas quanto à viabilidade de execução do objeto da licitação por um preço demasiadamente reduzido, considerando os custos diretos, indiretos e a margem de lucro buscada pelo empresário.

Isto porque aceitar o menor valor sem verificar se exequível a existência de produtos com valor tão baixo pode causar prejuízos sensíveis à Administração, seja com a ausência de entrega do produto, seja com o fornecimento de valores com qualidade que comprometa o interesse público, ou mesmo inservíveis para o uso a que se destinam. Assim, falar sobre exequibilidade ou não de preços torna-se fundamental quando o critério de julgamento em licitação for o menor preço, devendo-se estabelecer critérios objetivos no edital que permitam evitar a aceitação de produtos que obtenham o menor preço, mas inservíveis ou danosos.

A inexequibilidade de preços nas licitações públicas tem como consequência a desclassificação de uma proposta cujo preço é manifestamente insuficiente para cobrir os custos de produção, portanto, sem condições de ser cumprida. Ainda há a possibilidade de o produto nestas condições comportar risco à saúde ou segurança.

Lembre-se da lição de Pereira Júnior[92] sobre o preço inexequível:

> Preço inviável é aquele que sequer cobre o custo do produto, da obra ou do serviço. Inaceitável que empresa privada (que almeja sempre o lucro) possa cotar preço abaixo do custo, o que a levaria a arcar com prejuízo se saísse vencedora do certame, adjudicando-lhe o respectivo objeto. Tal fato, por incongruente com a razão de existir de todo empreendimento comercial ou industrial (o lucro), conduz, necessariamente, à presunção de que a empresa que assim age está a abusar do poder econômico, com o fim de ganhar mercado ilegitimamente, inclusive asfixiando competidores de menor porte. São hipóteses previstas na Lei nº 4.137, de 10.09.62, que regula a repressão ao abuso do poder econômico.

Segundo Meirelles,[93] evidencia-se o cuidado com os preços, no que tange à sua servibilidade ou exequibilidade, devendo-se considerar as seguintes situações:

> [...] A inexequibilidade se evidencia nos preços zero, simbólicos ou excessivamente baixos, nos prazos impraticáveis de entrega e nas condições irrealizáveis de execução diante da realidade do mercado, da situação efetiva do proponente e de outros fatores, preexistentes ou supervenientes, verificados pela Administração.

---

[92] PEREIRA JÚNIOR, Jesse Torres. *Comentários à Lei das Licitações e Contratações da Administração Pública*. 7. ed. Rio de Janeiro: Renovar, 2007. p. 557-558.
[93] MEIRELLES, Hely Lopes. *Direito administrativo*. São Paulo: Malheiros, 1999. p. 59.

O que tem sido verificado nos tribunais é entendimento mais flexível quanto à inexequibilidade dos preços. Vem sendo oportunizado ao licitante demonstrar que seu produto é viável e eficiente, apesar do preço baixo:

> RECURSO ESPECIAL. ADMINISTRATIVO. LICITAÇÃO. PROPOSTA INEXEQUÍVEL. ART. 48, I E II, §1º, DA LEI 8.666/93. PRESUNÇÃO RELATIVA. POSSIBILIDADE DE COMPROVAÇÃO PELO LICITANTE DA EXEQUIBILIDADE DA PROPOSTA. RECURSO DESPROVIDO. 1. A questão controvertida consiste em saber se o não atendimento dos critérios objetivos previstos no art. 48, I e II, §1º, a e b, da Lei 8.666/93 para fins de análise do caráter exequível/inexequível da proposta apresentada em procedimento licitatório gera presunção absoluta ou relativa de inexequibilidade. 2. A licitação visa a selecionar a proposta mais vantajosa à Administração Pública, de maneira que a inexequibilidade prevista no mencionado art. 48 da Lei de Licitações e Contratos Administrativos não pode ser avaliada de forma absoluta e rígida. *Ao contrário, deve ser examinada em cada caso, averiguando-se se a proposta apresentada, embora enquadrada em alguma das hipóteses de inexequibilidade, pode ser, concretamente, executada pelo proponente.* Destarte, a presunção de inexequibilidade deve ser considerada relativa, podendo ser afastada, por meio da demonstração, pelo licitante que apresenta a proposta, de que esta é de valor reduzido, mas exequível. 3. Nesse contexto, a proposta inferior a 70% do valor orçado pela Administração Pública (art. 48, §1º, b, da Lei 8.666/93) pode ser considerada exequível, se houver comprovação de que o proponente pode realizar o objeto da licitação. [...] a vencedora do certame "demonstrou que seu preço não é deficitário (o preço ofertado cobre o seu custo), tendo inclusive comprovado uma margem de lucratividade". [...]. (STJ. REsp nº 965.839 SP 2007/0152265-0. Rel. Min. Denise Arruda, T1 – Primeira Turma, j. 15.12.2009. DJe, 2 fev. 2010)

O Tribunal de Contas da União segue a mesma esteira disposta na jurisprudência anterior:

> O critério definido no art. 48, inciso II, §1º, alíneas "a" e "b", da Lei nº 8.666/93 conduz a uma presunção relativa de inexequibilidade de preços, devendo a Administração dar à licitante a oportunidade de demonstrar a exequibilidade da sua proposta. (Acórdão nº 587/2012 – Plenário, Rel. Min. Ana Arraes)

Corrobora deste entendimento o renomado doutrinador Marçal Justen Filho:[94]

> Como é vedada licitação de preço-base, não pode admitir-se que 70% do preço orçado seja o limite absoluto de validade das propostas. Tem de reputar-se, também por isso, que o licitante cuja proposta for inferior ao limite do §1º disporá da faculdade de provar à Administração que dispõe de condições materiais para executar sua proposta. Haverá uma inversão do ônus da prova, no sentido de que se presume inexequível a proposta de valor inferior, cabendo ao licitante o encargo de provar o oposto (JUSTEN FILHO, 2010, p. 609).

Justamente em razão do princípio da economicidade, o Tribunal de Contas da União vem definindo como ilegal a desclassificação da proposta inexequível se não dada oportunidade de defesa ao licitante prejudicado:

> 18. Não bastasse essa grave falha, verificou-se que não foi dada ao licitante desclassificado por inexequibilidade a oportunidade de demonstrar a viabilidade de sua oferta. Essa impropriedade também se afigura grave porque, como firmado na doutrina afeta à matéria e na jurisprudência desta Corte (vide relatório supra), o juízo de inexequibilidade de uma proposta não é absoluto, mas admite demonstração em contrário. Isso, porque não se pode descartar a possibilidade de que o licitante seja detentor de uma situação peculiar que lhe permita ofertar preço inferior ao limite de exequibilidade estimado pelo contratante. Por exemplo, é perfeitamente possível que uma empresa, em especial de maior porte, partilhe custos – como infraestrutura, pessoal etc., entre os diversos clientes, resultando em redução nos preços de seus serviços. Também não se pode descartar que, muitas vezes, a estimação da exequibilidade pelo contratante possa apresentar deficiências, visto que sua visão de mercado não tem abrangência e precisão comparáveis às da empresa que atua no ramo.
> 19. Em vista dessas ocorrências, restou prejudicado o contratante que poderia ter obtido melhor preço e, consequentemente, uma proposta mais vantajosa. (Acórdão nº 1.248/2009 – Plenário. Rel. Min. Augusto Sherman Cavalcanti)

Ainda quanto ao tema do critério de julgamento por menor preço, importante perceber que em alguns casos haverá poucos fornecedores

---

[94] JUSTEN FILHO, Marçal. *Comentários à Lei de Licitações e Contratos Administrativos.* 5. ed. São Paulo: Dialética, 1998. p. 409.

no mercado, sendo importante definir-se como será o julgamento nesta hipótese de mercado restrito, com poucos fornecedores.

O Tribunal de Contas da União colabora com a compreensão sobre o rumo a ser tomado, reproduzindo-se, a seguir, a análise técnica realizada sobre a matéria do Acórdão nº 1.850/202, que define ser possível a adoção de média de preços ou o menor preço:

> 239. De acordo com o Art. 2º, §2º, da Instrução Normativa – MPOG 3/2017, as metodologias para obtenção do preço de referência para a contratação, são a média, a mediana, ou o menor dos valores obtidos na pesquisa de preços, desde que o cálculo incida sobre um conjunto de três ou mais preços.
> 240. Ou seja, compete ao gestor decidir qual métrica melhor se adequa ao mercado do insumo a ser adquirido. Se os preços, por exemplo, forem bastante díspares, adotar-se-ia a mediana, tendo em vista que ela é menos sensível que a média a variações extremas. Já quando se tratar de um mercado restrito, com um único fabricante, por exemplo, julga-se que a melhor métrica seria o menor preço. Nos outros casos, entende-se que a média poderia ser aplicada.
> 241. A jurisprudência majoritária deste Tribunal (*Acórdão 1639/2016-Plenário, Acórdão 7290/2013-2ª Câmara e Acórdão 8514/2017-2ª Câmara*), *entende que, na elaboração do orçamento estimativo para equipamentos a serem fornecidos em mercado restrito, oligopolizado, deve ser adotada a cotação mínima e não a mediana ou a média*. (Grifos nossos) (TCU, Acórdão nº 1.850/2020 – Plenário)

Além desta observação quanto ao menor preço, o tribunal vem afastando o critério do menor preço por lote, primando pelo preço unitário:

> É obrigatória a admissão da adjudicação por item e não por preço global, nos editais das licitações para a contratação de obras, serviços, compras e alienações, cujo objeto seja divisível, desde que não haja prejuízo para o conjunto ou complexo ou perda de economia de escala, tendo em vista o objetivo de propiciar a ampla participação de licitantes que, embora não dispondo de capacidade para a execução, fornecimento ou aquisição da totalidade do objeto, possam fazê-lo com relação a itens ou unidades autônomas, devendo as exigências de habilitação adequar-se a essa divisibilidade. (Súmula nº 247 – TCU)

Veja-se a seguir decisões neste sentido:

> Em compras, a divisão do objeto em itens torna-se quase obrigatória, a não ser que fique comprovado prejuízo para o conjunto. Geralmente

são comprados itens distintos de materiais de expediente, de móveis, de equipamentos, de suprimentos etc. A divisão do objeto em lotes ou grupos como se itens individuais fossem, deve ser vista com cautela pelo agente público, porque pode afastar licitantes que não possam habilitar-se a fornecer a totalidade dos itens especificados nos lotes ou grupos, com prejuízo para a Administração. [...].[95]

> *conhecer da representação pelo fato dos quantitativos de medicamentos da Concorrência 042/2004 terem sido elaborados por lotes e não por itens, limitando a participação de laboratórios fabricantes e distribuidores de outros pontos do território nacional, frustrando o caráter competitivo do certame e o princípio da isonomia, previstos no art. 37, inciso XXI da CF/88 e art. 3º, caput, e §1º, inciso I, da Lei 8.666/93.*[96]

em futuras licitações sob a sistemática de Registro de Preços, proceda à análise mais detida no tocante aos agrupamentos de itens em lotes, de modo a evitar a reunião em mesmo lote de produtos que poderiam ser licitados isoladamente ou compondo lote distinto, de modo a possibilitar maior competitividade no certame e obtenção de proposta mais vantajosa para a administração, fazendo constar dos autos do procedimento o estudo que demonstre a inviabilidade técnica e/ou econômica do parcelamento.[97]

Ainda quanto ao assunto do menor preço, importante que a comissão de contratação fique vigilante em relação à oferta de vantagens ou benefícios previstos. Estes podem ser admitidos, desde que não alterem o gênero do produto, conforme lembrado por Marçal Justen Filho.[98]

> Obviamente, a oferta de vantagens ou benefícios não previstos ou superiores aos determinados no ato convocatório não prejudica o licitante. Se o benefício não for de ordem a alterar o gênero do produto ou do serviço, nenhum efeito dele se extrairá. Porém, se a vantagem configurar, na verdade, outra espécie de bem ou serviço, deverá ocorrer a desclassificação da proposta – não pela "vantagem" oferecida, mas por desconformidade com o objeto licitado.

---

[95] BRASIL. Tribunal de Contas da União. *Licitações e contratos*: orientações básicas. 3. ed. rev., atual. e ampl. Brasília: TCU, Secretaria de Controle Interno, 2006.
[96] Processo TC-011.662/2005-5, Acórdão nº 257/2006-2ª Câmara – TCU
[97] Processo TC-014.020/2009-9, Acórdão nº 2.410/2009-Plenário – TCU.
[98] JUSTEN FILHO, Marçal. *Comentários à Lei de Licitações e Contratos Administrativos*. 14. ed. São Paulo: Dialética, 2010.

Importa transcrever o seguinte julgado do Superior Tribunal de Justiça na mesma lógica:

> ADMINISTRATIVO. RECURSO ORDINÁRIO EM MANDADO DE SEGURANÇA. CONCORRÊNCIA DO TIPO MENOR PREÇO. ATENDIMENTO ÀS REGRAS PREVISTAS NO EDITAL. PRODUTO COM QUALIDADE SUPERIOR À MÍNIMA EXIGIDA.
> 1. Tratando-se de concorrência do tipo menor preço, não fere os princípios da isonomia e da vinculação ao edital a oferta de produto que possua qualidade superior à mínima exigida, desde que o gênero do bem licitado permaneça inalterado e seja atendido o requisito do menor preço.
> 2. Recurso ordinário não-provido. (STJ. MS nº 15.817 RS 2003/0001511-4. Rel. Min. João Otávio de Noronha, 2ª T. *DJ*, 3.10.2005. p. 156)

É como também entende o Tribunal de Contas da União na decisão a seguir:

> É admissível a flexibilização de critério de julgamento da proposta, na hipótese em que o produto ofertado apresentar qualidade superior à especificada no edital, não tiver havido prejuízo para a competitividade do obtido revelar-se vantajoso para a administração Representação formulada por empresa noticiou supostas irregularidades no Pregão Eletrônico 21/2011, conduzido pelo Centro de Obtenção da Marinha no Rio de Janeiro – COMRJ, cujo objeto é o registro de preços para fornecimento de macacão operativo de combate para a recomposição do estoque do Depósito de Fardamento da Marinha no Rio de Janeiro. A unidade técnica propôs a anulação do certame fundamentalmente em razão de a proposta vencedora ter cotado uniformes com gramatura superior à da faixa de variação especificada no edital (edital: 175 a 190 g/m²; tecido ofertado na proposta vencedora: 203 g/m²), o que deveria ter ensejado sua desclassificação. O relator, contudo, observou que o tecido ofertado "é mais 'grosso' ou mais resistente que o previsto no edital" e que o COMRJ havia reconhecido que o produto ofertado é de qualidade superior à prevista no edital. A esse respeito, anotou que a Marinha do Brasil está habilitada a "emitir opinião técnica sobre a qualidade do tecido". Levou em conta, ainda, a manifestação do Departamento Técnico da Diretoria de Abastecimento da Marinha, no sentido de que o produto atenderia "à finalidade a qual se destina, tanto no que se refere ao desempenho, quanto à durabilidade". Noticiou ainda que a norma técnica que trata desse quesito foi posteriormente alterada para admitir a gramatura 203 g/m² para os tecidos desses uniformes. Concluiu, então, não ter havido afronta ao interesse público nem aos princípios licitatórios, visto que o procedimento adotado pela

administração ensejará a aquisição de produto de qualidade superior ao desejado pela administração contratante, por preço significativamente inferior ao contido na proposta da segunda classificada. Ressaltou também a satisfatória competitividade do certame, do qual participaram 17 empresas. E arrematou: "considero improvável que a repetição do certame com a ínfima modificação do edital [...] possa trazer mais concorrentes e gerar um resultado mais vantajoso...". O Tribunal, então, ao acolher proposta do relator, decidiu julgar parcialmente procedente a representação, "em face da verificação de apenas de falhas formais na condução do Pregão Eletrônico 21/2011, que não justificam a sua anulação". (Acórdão nº 394/2013-Plenário, TC 044.822/2012-0. Rel. Min. Raimundo Carreiro, 6.3.2013)

4.13.16.2 Maior desconto

Desde a lei do regime diferenciado de contratações públicas, agora revogada, o critério do maior desconto tinha como diretriz o menor dispêndio para a Administração Pública, atendidos os parâmetros mínimos de qualidade definidos no instrumento convocatório. Ainda definia a antiga lei agora revogada que os custos indiretos, relacionados com as despesas de manutenção, utilização, reposição, depreciação e impacto ambiental, entre outros fatores, poderão ser considerados para a definição do menor dispêndio, sempre que objetivamente mensuráveis, conforme dispuser o regulamento. Por fim, definia a antiga lei que o julgamento por maior desconto terá como referência o preço global fixado no instrumento convocatório, sendo o desconto estendido aos eventuais termos aditivos.

Tal redação foi mantida de forma idêntica na nova lei, o que se aplica a outras partes da nova lei de licitações, que aproveita o já elogiado rito licitatório mais célere e eficiente da Lei nº 12.462, de 4.8.2011, agora revogada. *Segundo a nova lei, o critério do maior desconto poderá ser adotado pelas modalidades de licitação pregão e concorrência.*

4.13.16.3 Critério de julgamento por melhor técnica ou conteúdo artístico

Referido critério, segundo o art. 35 da nova lei, terá que considerar, quando do julgamento, as propostas técnicas ou artísticas apresentadas pelos licitantes e o edital deve definir o prêmio ou remuneração ao vencedor. Este critério pode ser aplicado quando o objetivo for a contratação de projetos e trabalhos de natureza técnica, científica ou artística.

A melhor técnica ou conteúdo artístico é critério de julgamento para as modalidades licitatórias de concorrência e de concurso, conforme art. 6º da nova lei:

Art. 6º [...]
XXXVIII - concorrência: modalidade de licitação para contratação de bens e serviços especiais e de obras e serviços comuns e especiais de engenharia, cujo critério de julgamento poderá ser:
a) menor preço;
b) melhor técnica ou conteúdo artístico;
c) técnica e preço;
d) maior retorno econômico;
e) maior desconto;
XXXIX - concurso: modalidade de licitação para escolha de trabalho técnico, científico ou artístico, cujo critério de julgamento será o de melhor técnica ou conteúdo artístico, e para concessão de prêmio ou remuneração ao vencedor; [...].

Referida técnica já era prevista na antiga Lei do Regime Diferenciado de Contratações com teor quase idêntico ao que agora é previsto na nova lei de licitações. Muito da experiência do antigo RDC (Regime Diferenciado de Contratações) foi mantida pela nova lei. Aliás, a previsão de doutrinadores da área era que o RDC seria o novo regime para todas as licitações, o que não foi concretizado, sendo a nova lei o resultado da fusão de vários ritos já previstos em lei ou ainda decorrentes do acúmulo de experiências jurisprudenciais e internacionais.

Como o valor a ser pago já será previamente identificado pela Administração, poderá a comissão de contratação se concentrar apenas na melhor técnica ou conteúdo artístico.

4.13.16.4 Critério do julgamento por técnica e preço

Segundo a nova lei, este critério deve ser obrigatoriamente escolhido sempre que o estudo técnico preliminar demonstrar que a avaliação e a ponderação da qualidade técnica das propostas que superarem os requisitos mínimos estabelecidos no edital forem relevantes aos fins pretendidos pela Administração nas licitações para contratação de:
   I – serviços técnicos especializados de natureza predominantemente intelectual, caso em que o critério de julgamento de técnica e preço deverá ser preferencialmente empregado;

II – serviços majoritariamente dependentes de tecnologia sofisticada e de domínio restrito, conforme atestado por autoridades técnicas de reconhecida qualificação;
III – bens e serviços especiais de tecnologia da informação e de comunicação;
IV – obras e serviços especiais de engenharia;
V – objetos que admitam soluções específicas e alternativas e variações de execução, com repercussões significativas e concretamente mensuráveis sobre sua qualidade, produtividade, rendimento e durabilidade, quando essas soluções e variações puderem ser adotadas à livre escolha dos licitantes, conforme critérios objetivamente definidos no edital de licitação.

Vê-se que a orientação do legislador é adotar este critério sempre que se tratar de objeto (bens, serviços ou obras) de natureza especial ou complexa, de acordo com critérios prévia e objetivamente identificados no edital.

A jurisprudência da Corte de Contas da União é plena em exemplos de aplicação do critério de julgamento por técnica e preço, sobretudo, definindo quais os percentuais que devem ser adotados para ponderar a técnica e preço na ocasião do julgamento. A nova lei define que devem ser atribuídas notas à técnica e ao preço (art. 36, *caput*), tendo sido o Tribunal de Contas da União provocado quanto ao peso que deve ser dado às notas de técnica e preço.

No julgamento do processo TC-019.562/2017-9, o Tribunal de Contas da União manifestou-se sobre a matéria. Determinado licitante estava irresignado quanto ao critério de julgamento do aludido certame (atribuição de peso de 70% para proposta técnica e 30% para a nota de preço).

O denunciante alegava que não havia justificativa no processo administrativo para o estabelecimento desse critério, e destacava que a sua utilização era contrária ao entendimento adotado pelo TCU. Citava a IN MPOG nº 2/2008, em especial, o art. 27 (licitação tipo técnica e preço deverá ser excepcional), e seu §3º, que veda a atribuição de fatores de ponderação distintos para os índices técnica e preço sem que haja a correspondente justificativa. Ao final, requeria a suspensão/anulação do certame.

Naquela oportunidade, foi definido pelo Tribunal de Contas da União que tal proporção até poderia ser admitida, entretanto, caberia justificativa técnica para tanto:

A jurisprudência desta Corte, evidenciada em diversos acórdãos citados pela unidade técnica, foi firmada a partir da premissa de que a adoção de pesos distintos pode ocasionar prejuízo à competitividade do certame e favorecer o direcionamento da licitação. É essencial, portanto, que a excessiva valoração ao quesito técnica, em detrimento do preço, esteja fundamentada em estudo que demonstre a sua necessidade. (TC-019.562/2017-9)

Na Nova Lei de Licitações e Contratos Administrativos, foi determinado, como proporção máxima, 70% de peso para a proposta técnica, mas, adotando-se a jurisprudência acima, o máximo deve ser justificado, assim como percentuais diferenciados, tudo de acordo com o princípio da motivação, disposto no art. 5º da nova lei.

Segundo a nova lei, serão avaliadas e ponderadas as propostas técnicas e, em seguida, as propostas de preço apresentadas pelo licitante.

O julgamento por melhor técnica ou por técnica e preço deverá ser realizado por:

I – verificação da capacitação e da experiência do licitante, comprovadas por meio da apresentação de atestados de obras, produtos ou serviços previamente realizados;

II – atribuição de notas a quesitos de natureza qualitativa por banca designada para esse fim, de acordo com orientações e limites definidos em edital, considerados a demonstração de conhecimento do objeto, a metodologia e o programa de trabalho, a qualificação das equipes técnicas e a relação dos produtos que serão entregues;

III – atribuição de notas por desempenho do licitante em contratações anteriores aferidas nos documentos comprobatórios de que trata o §3º do art. 88 desta lei e em registro cadastral unificado disponível no Portal Nacional de Contratações Públicas (PNCP).

A banca que atribuirá notas terá no mínimo 3 (três) membros e poderá ser composta de:

I – servidores efetivos ou empregados públicos pertencentes aos quadros permanentes da Administração Pública;

II – profissionais contratados por conhecimento técnico, experiência ou renome na avaliação dos quesitos especificados em edital, desde que seus trabalhos sejam supervisionados por profissionais designados conforme o disposto nas regras para os agentes de contratação da nova lei.

Alerte-se para a determinação da nova lei que define a obrigatoriedade de utilização do critério de melhor técnica ou técnica e preço, na proporção de 70% (setenta por cento) de valoração da proposta técnica sempre que o objeto se referir a serviços técnicos especializados de natureza predominantemente intelectual para estudos técnicos, planejamentos, projetos básicos e projetos executivos; fiscalização, supervisão e gerenciamento de obras e serviços; controles de qualidade e tecnológico, análises, testes e ensaios de campo e laboratoriais, instrumentação e monitoramento de parâmetros específicos de obras e do meio ambiente e demais serviços de engenharia, cujo valor seja superior a R$300.000,00.

Por fim, como regra que se compatibiliza com o princípio da moralidade, dispôs o legislador no art. 38 da nova lei:

> Art. 38. No julgamento por melhor técnica ou por técnica e preço, a obtenção de pontuação devido à capacitação técnico-profissional exigirá que a execução do respectivo contrato tenha participação direta e pessoal do profissional correspondente.

4.13.16.5 Critério de julgamento por maior retorno econômico

Referido critério será adotado obrigatória e exclusivamente para os contratos de eficiência que são previstos na nova lei de licitações.

Dispõe a nova lei que o contrato de eficiência pode ser entendido como contrato cujo objeto é a prestação de serviços, que pode incluir a realização de obras e o fornecimento de bens, com o objetivo de proporcionar economia ao contratante, na forma de redução de despesas correntes, remunerado o contratado com base em percentual da economia gerada.

Veja, a seguir, as regras dispostas na nova lei sobre o contrato de eficiência, sendo própria deste critério de julgamento a remuneração do contratado fixada em percentual que incidirá de forma proporcional à economia gerada pelo contratado na execução do contrato:

> Art. 39. O julgamento por maior retorno econômico, utilizado exclusivamente para a celebração de contrato de eficiência, considerará a maior economia para a Administração, e a remuneração deverá ser fixada em percentual que incidirá de forma proporcional à economia efetivamente obtida na execução do contrato.

§1º Nas licitações que adotarem o critério de julgamento de que trata o *caput* deste artigo, os licitantes apresentarão:
I - proposta de trabalho, que deverá contemplar:
a) as obras, os serviços ou os bens, com os respectivos prazos de realização ou fornecimento;
b) a economia que se estima gerar, expressa em unidade de medida associada à obra, ao bem ou ao serviço e em unidade monetária;
II - proposta de preço, que corresponderá a percentual sobre a economia que se estima gerar durante determinado período, expressa em unidade monetária.

§2º O edital de licitação deverá prever parâmetros objetivos de mensuração da economia gerada com a execução do contrato, que servirá de base de cálculo para a remuneração devida ao contratado.

§3º Para efeito de julgamento da proposta, o retorno econômico será o resultado da economia que se estima gerar com a execução da proposta de trabalho, deduzida a proposta de preço.

§4º Nos casos em que não for gerada a economia prevista no contrato de eficiência:
I - a diferença entre a economia contratada e a efetivamente obtida será descontada da remuneração do contratado;
II - se a diferença entre a economia contratada e a efetivamente obtida for superior ao limite máximo estabelecido no contrato, o contratado sujeitar-se-á, ainda, a outras sanções cabíveis.

Lembre-se de que, nos termos da nova lei (art. 110), os prazos serão de até 10 (dez) anos, nos contratos sem investimento, e de até 35 (trinta e cinco) anos, nos contratos com investimento, assim considerados aqueles que impliquem a elaboração de benfeitorias permanentes, realizadas exclusivamente a expensas do contratado, que serão revertidas ao patrimônio da Administração Pública ao término do contrato.

4.13.17 Disposições setoriais

O legislador responsável pela nova lei, depois de definir regras gerais, modalidades de licitação e critérios do julgamento, encerra a fase interna da licitação com as disposições setoriais, colocando em destaque regras próprias nos seguintes temas a serem objetos de licitação:
a) compras;
b) obras e serviços de engenharia;
c) serviços em geral;
d) locação de imóveis;
e) licitações internacionais.

Passa-se a analisar o tópico das disposições setoriais nos próximos itens.

4.13.17.1 Das compras

Na disposição setorial das compras, o legislador apontou como tópicos de destaque a obrigatoriedade de planejamento, padronização, parcelamento, termo de referência, indicação de marcas, prova de conceito. São todos tópicos indicados pelo legislador para as compras, passando-se a enfrentá-los a seguir.

4.13.17.1.1 Obrigatoriedade de planejamento nas compras

A nova lei de licitações lançou o planejamento como princípio regente das licitações, sob pena de fracassar o órgão público. Aliás, logo no início do tópico das compras, a obrigatoriedade de planejamento é colocada em destaque. Sem esse os prejuízos podem ser sensíveis aos cofres públicos.

Assim, passa a ser obrigatório na fase interna das compras públicas o cuidado com o planejamento nos seguintes itens:

I – condições de aquisição e pagamento semelhantes às do setor privado;
II – processamento por meio de sistema de registro de preços, quando pertinente;
III – determinação de unidades e quantidades a serem adquiridas em função de consumo e utilização prováveis, cuja estimativa será obtida, sempre que possível, mediante adequadas técnicas quantitativas, admitido o fornecimento contínuo;
IV – condições de guarda e armazenamento que não permitam a deterioração do material;
V – *atendimento aos princípios:*
a) da padronização, considerada a compatibilidade de especificações estéticas, técnicas ou de desempenho;
b) do parcelamento, quando for tecnicamente viável e economicamente vantajoso;
c) da responsabilidade fiscal, mediante a comparação da despesa estimada com a prevista no orçamento.

A aquisição e o pagamento em condições semelhantes ao setor privado se sustentam para evitar prática comum na Administração

Pública, coibida nas instâncias de controle, de preços maiores para o setor público. Deve ser evitado o superfaturamento, assim, nivelando-se às compras pelas condições do mercado privado, desde que aliadas e balizadas pelo preço estimado na fase interna.

O Tribunal de Contas da União pontua a necessidade de coibir o superfaturamento, vedando a adoção de preços em contraposição à realidade do mercado. Precedentes da Corte identificam várias modalidades de superfaturamento, entre as quais superfaturamento por preços, por jogo de planilha e por substituição de serviços previstos, conforme atestado na declaração de voto do Exmo. Sr. Ministro Walton Alencar Rodrigues, em deliberação do Acórdão nº 2.731/2012-TCU-Plenário:

> Os precedentes desta Corte identificam várias modalidades de superfaturamento, dentre as quais superfaturamento por preços, por jogo de planilha e por substituição de serviços previstos, como é o caso destes autos. [...] conceitua superfaturamento por preços como "pagamentos com preços manifestamente superiores aos praticados pelo mercado ou incompatíveis com os constantes em tabelas referencias de preços." [...] superfaturamento por jogo de planilhas é "quebra do equilíbrio econômico-financeiro inicial do contrato, em desfavor da Administração, por meio de alteração de quantitativos". (Acórdão nº 2.731/2012-TCU-Plenário. Declaração de voto Min. Walton Alencar Rodrigues)

Em outra ocasião, o Tribunal de Contas da União define que percentual aproximado de 9% de variação em relação ao mercado não pode ser considerado superfaturamento:

> 12. No mesmo sentido também se manifestou o Ministro Adhemar Paladini Ghisi, no voto condutor do Acórdão 136/1995-Plenário, in verbis: 'Ora, convenhamos que diferenças em patamares de 9,7% estão longe de caracterizar superfaturamento, mas refletem apenas variações normais de mercado. [...].

Outro ponto a ser cuidado como decorrente do princípio do planejamento é o processamento das compras por meio de sistema de registro de preços, quando pertinente, isto porque cadastrados no registro já se encontram preços aceitáveis e compatíveis com o mercado.

A atividade de planejamento a cargo do gestor deve se preocupar com quantidades razoáveis e adequadas com as necessidades do órgão, respeitando as condições de preservação do que for adquirido, sendo, assim, fundamental na fase interna do processo licitatório a atenção para a determinação de unidades e quantidades a serem adquiridas em função de consumo e utilização prováveis, cuja estimativa será obtida, sempre que possível, mediante adequadas técnicas quantitativas, admitido o fornecimento contínuo e para as condições de guarda e armazenamento que não permitam a deterioração do material.

A nova lei de licitações ainda estrutura como princípios do planejamento nas compras a padronização, o parcelamento e a responsabilidade fiscal, princípios estes que serão explicitados nos próximos itens.

4.13.17.1.2 Padronização nas compras

O tema da padronização na nova lei de licitações e contratos tem previsão no art. 43, trazendo regulamentação para garantir segurança e eficiência antes do início do processo de compras:

> Art. 43. O processo de padronização deverá conter:
> I - parecer técnico sobre o produto, considerados especificações técnicas e estéticas, desempenho, análise de contratações anteriores, custo e condições de manutenção e garantia;
> II - despacho motivado da autoridade superior, com a adoção do padrão;
> III - síntese da justificativa e descrição sucinta do padrão definido, divulgadas em sítio eletrônico oficial.

Os parágrafos do art. 43 ainda definem a permissão para padronização com base em processo de outro órgão ou entidade de nível federativo igual ou superior ao do órgão adquirente, devendo o ato que decidir pela adesão a outra padronização ser devidamente motivado, com indicação da necessidade da Administração e dos riscos decorrentes dessa decisão, e divulgado em sítio eletrônico oficial.

Ainda dispõe a nova lei, dentro do tema da padronização, a contratação de soluções baseadas em software de uso disseminado. Define a nova lei que serão tais contratações disciplinadas em regulamento que defina processo de gestão estratégica das contratações desse tipo de solução.

Fernandes[99] doutrina sobre a definição do princípio da padronização:

> Deve a entidade compradora, em todos os negócios para a aquisição de bens, observar as regras básicas que levam à adoção de um estander, de um padrão que, vantajosamente, possa satisfazer às necessidades

---

[99] FERNANDES, Jorge Ulisses Jacoby. *Sistema de registro de preços e pregão presencial e eletrônico.* Belo Horizonte: Fórum, 2015. v. 7. p. 65.

das atividades que estão a seu cargo. As compras, portanto, não devem ser simplesmente realizadas, mas pensadas e decididas antes de sua efetivação, segundo esse princípio e as finalidades de interesse público que se quer alcançar.

Entende-se a padronização não como uma mera faculdade do gestor, mas como verdadeira norma impositiva. É o que se verifica da leitura de vários dispositivos da nova lei que indicam a padronização na ocasião das compras, inclusive no art. 19 da nova lei, a definir a adoção do catálogo eletrônico de padronização, definindo a norma que, se não utilizado o catálogo de padronização, deve haver justificativa razoável:

Art. 19. Os órgãos da Administração com competências regulamentares relativas às atividades de administração de materiais, de obras e serviços e de licitações e contratos deverão:
I - instituir instrumentos que permitam, preferencialmente, a centralização dos procedimentos de aquisição e contratação de bens e serviços;
II - criar catálogo eletrônico de padronização de compras, serviços e obras, admitida a adoção do catálogo do Poder Executivo federal por todos os entes federativos;
III - instituir sistema informatizado de acompanhamento de obras, inclusive com recursos de imagem e vídeo;
IV - instituir, com auxílio dos órgãos de assessoramento jurídico e de controle interno, modelos de minutas de editais, de termos de referência, de contratos padronizados e de outros documentos, admitida a adoção das minutas do Poder Executivo federal por todos os entes federativos;
V - promover a adoção gradativa de tecnologias e processos integrados que permitam a criação, a utilização e a atualização de modelos digitais de obras e serviços de engenharia.
§1º O catálogo referido no inciso II do *caput* deste artigo poderá ser utilizado em licitações cujo critério de julgamento seja o de menor preço ou o de maior desconto e conterá toda a documentação e os procedimentos próprios da fase interna de licitações, assim como as especificações dos respectivos objetos, conforme disposto em regulamento.
§2º A não utilização do catálogo eletrônico de padronização de que trata o inciso II do *caput* ou dos modelos de minutas de que trata o inciso IV do *caput* deste artigo deverá ser justificada por escrito e anexada ao respectivo processo licitatório.

Além da alusão ao art. 19 da nova lei, também se impõe a padronização nas compras em razão do que define o art. 40 da nova lei, ao determinar que a padronização nas compras é um princípio, portanto, obrigatória.

Ao longo da história do Tribunal de Contas da União, várias vezes a Corte de Contas se debruçou sobre a matéria, dando os contornos de como se faz o processo de padronização e quais as cautelas do gestor:

> Abstenha-se de indicar preferência por marcas, e na hipótese de se tratar de objeto com características e especificações exclusivas, a justificativa para a indicação de marca, para fins de padronização, deverá ser fundamentada em razões de ordem técnica, as quais precisam, necessariamente, constar no processo respectivo. (Acórdão nº 62/2007 – Plenário)

> Efetuem, nas contratações que considere inexigível o procedimento licitatório por padronização, estudos técnicos que justifiquem tal situação, atentando para a existência prévia de objeto a ser padronizado e da necessidade futura de permanência de utilização do mesmo. (Acórdão nº 740/2004 – Plenário)

4.13.17.1.3 Parcelamento do objeto

O parcelamento do objeto nas licitações aparece como um verdadeiro princípio a ser respeitado quando das compras, trazendo a nova lei as regras que dão o contorno a ser observado pelo gestor. Já na lei anterior, havia a preocupação do legislador com o parcelamento do objeto sob a lógica de que haveria atração de mais concorrentes interessados que não necessariamente teriam todos os itens do objeto se este não fosse parcelado.

Na nova lei de licitações e contratos, há detalhamento sobre o parcelamento do objeto conforme os seguintes critérios:

I – a viabilidade da divisão do objeto em lotes;
II – o aproveitamento das peculiaridades do mercado local, com vistas à economicidade, sempre que possível, desde que atendidos os parâmetros de qualidade; e
III – o dever de buscar a ampliação da competição e de evitar a concentração de mercado.

Portanto, assim como na lei revogada, a nova lei aposta que o parcelamento do objeto permitirá a ampliação de competição e a obtenção de preços e produtos com mais facilidade e economia, sempre que atendida a qualidade e seja compatível com o mercado.

Nas seguintes hipóteses, veda a lei o parcelamento, considerando que não haverá economia nem redução de custo:

I – a economia de escala, a redução de custos de gestão de contratos ou a maior vantagem na contratação recomendar a compra do item do mesmo fornecedor;

II – o objeto a ser contratado configurar sistema único e integrado e houver a possibilidade de risco ao conjunto do objeto pretendido;
III – o processo de padronização ou de escolha de marca levar a fornecedor exclusivo.

O parcelamento do objeto na hora de licitar deve estar acompanhado de economia, segundo a orientação legal e também da Corte de Contas da União. Caso identificado que a economia não é viável, o parcelamento não será realizado:

> Atente para a imposição legal quanto ao parcelamento do objeto sempre que técnica e economicamente viável, demonstrando devidamente sua impossibilidade. (Acórdão nº 1.097/2007 – Plenário)

> Divida o objeto da contratação em tantas parcelas quantas se comprovarem técnica e economicamente viáveis, buscando a ampliação da competitividade sem perda da economia de escala, evitando contratar em conjunto objetos de natureza díspares, nos termos do art. 23, §1º, da Lei nº 8.666/1993. (Acórdão nº 827/2007 – Plenário)

4.13.17.1.4 Termo de referência

O documento denominado termo de referência é obrigatório para compras e serviços nos termos do art. 6º da nova lei, que abriga suas cláusulas obrigatórias:

> Art. 6º [...]
> XXIII - termo de referência: documento necessário para a contratação de bens e serviços, que deve conter os seguintes parâmetros e elementos descritivos:
> a) definição do objeto, incluídos sua natureza, os quantitativos, o prazo do contrato e, se for o caso, a possibilidade de sua prorrogação;
> b) fundamentação da contratação, que consiste na referência aos estudos técnicos preliminares correspondentes ou, quando não for possível divulgar esses estudos, no extrato das partes que não contiverem informações sigilosas;
> c) descrição da solução como um todo, considerado todo o ciclo de vida do objeto;
> d) requisitos da contratação;
> e) modelo de execução do objeto, que consiste na definição de como o contrato deverá produzir os resultados pretendidos desde o seu início até o seu encerramento;

f) modelo de gestão do contrato, que descreve como a execução do objeto será acompanhada e fiscalizada pelo órgão ou entidade;
g) critérios de medição e de pagamento;
h) forma e critérios de seleção do fornecedor;
i) estimativas do valor da contratação, acompanhadas dos preços unitários referenciais, das memórias de cálculo e dos documentos que lhe dão suporte, com os parâmetros utilizados para a obtenção dos preços e para os respectivos cálculos, que devem constar de documento separado e classificado;
j) adequação orçamentária; [...].

O detalhamento do termo de referência na nova lei revela o cuidado em garantir a execução contratual sem atropelos e com transparência, seja pelo estabelecimento do modelo de gestão do contrato, seja pelo estabelecimento de critérios de medição e pagamento.

De outro giro, o termo de referência decorre do princípio do planejamento, devendo conter referência ao primeiro documento da fase interna: estudo técnico preliminar, peça-chave no planejamento da licitação, assim como a atenção a todo o ciclo de vida do objeto.

O termo de referência ainda deve estar relacionado a princípio expressamente previsto na nova lei: responsabilidade fiscal. Deve, portanto, em razão desde princípio, o termo de referência indicar a adequação orçamentária.

Além dos elementos obrigatórios previstos no art. 6º acima, ainda deve conter os seguintes itens, conforme o art. 40 da nova lei:

I - especificação do produto, preferencialmente conforme catálogo eletrônico de padronização, observados os requisitos de qualidade, rendimento, compatibilidade, durabilidade e segurança;
II - indicação dos locais de entrega dos produtos e das regras para recebimentos provisório e definitivo, quando for o caso;
III - especificação da garantia exigida e das condições de manutenção e assistência técnica, quando for o caso.

A experiência no dia a dia da Administração permite constatar que quanto mais há detalhamento no início da fase interna das licitações, seja no estudo técnico preliminar, seja no termo de referência ou projeto básico, menos chances de ocorrer problemas ao longo da licitação e da execução contratual.

4.13.17.1.5 Indicação de marcas

As compras realizadas pela Administração Pública devem primar pela busca da proposta mais vantajosa, guiada pela qualidade, rendimento, compatibilidade, durabilidade e segurança.

Justamente em razão da busca da proposta mais vantajosa não admite a lei, como regra geral, que, previamente, em termo de referência, conste a indicação de marca de determinado produto como preferencial na aquisição. Deve constar apenas o gênero do bem a ser adquirido. Caso contrário, seriam afastadas propostas mais vantajosas.

Entretanto, de forma excepcional, a nova lei permite a indicação de marca no termo de referência para compras nas seguintes hipóteses que se relacionam com o princípio da padronização, com o princípio do interesse público ou com a necessidade de melhor especificação do objeto:

a) em decorrência da necessidade de padronização do objeto;
b) em decorrência da necessidade de manter a compatibilidade com plataformas e padrões já adotados pela Administração;
c) quando determinada marca ou modelo comercializados por mais de um fornecedor forem os únicos capazes de atender às necessidades do contratante;
d) quando a descrição do objeto a ser licitado puder ser mais bem compreendida pela identificação de determinada marca ou determinado modelo aptos a servir apenas como referência.

Ainda no tema da indicação de marcas, esta será possível para outro objetivo: evitar nova contratação de marcas ou produtos que se provarem ineficientes e prejudiciais para os objetivos que se propunham, conforme disposto no art. 41 da nova lei:

> Art. 41. [...]
> III - vedar a contratação de marca ou produto, quando, mediante processo administrativo, restar comprovado que produtos adquiridos e utilizados anteriormente pela Administração não atendem a requisitos indispensáveis ao pleno adimplemento da obrigação contratual; [...].

4.13.17.1.6 Prova de conceito

No quotidiano da Administração Pública, é recorrente a oferta de produtos que, quando de seu uso, mostram-se imprestáveis para os fins a que se destinam, causando prejuízos à Administração.

Andou bem a nova lei ao permitir a exigência de prova de conceito do produto para concretização das compras, conforme disposto no inc. II do art. 41 da nova lei, restringindo-se ao licitante vencedor quando realizada na fase de julgamento das propostas ou de lances, para identificação da qualidade do produto.

4.13.17.2 Das obras e serviços de engenharia

As disposições contidas na nova lei de licitações para obras e serviços e engenharia referem-se aos seguintes assuntos: desenvolvimento sustentável e direitos humanos, regimes para execução indireta de obras e serviços de engenharia e regras para desapropriação.

O primeiro tópico se refere a temas maiores do meio ambiente, como tratamento adequado de resíduos, licenciamento ambiental, avaliação ambiental, entre outros, com vasta amplitude, devendo-se proteger, inclusive, o patrimônio imaterial, como se percebe no inteiro teor do art. 45, a seguir reproduzido:

Subseção II
Das Obras e Serviços de Engenharia
Art. 45. As licitações de obras e serviços de engenharia devem respeitar, especialmente, as normas relativas a:
I - disposição final ambientalmente adequada dos resíduos sólidos gerados pelas obras contratadas;
II - mitigação por condicionantes e compensação ambiental, que serão definidas no procedimento de licenciamento ambiental;
III - utilização de produtos, de equipamentos e de serviços que, comprovadamente, favoreçam a redução do consumo de energia e de recursos naturais;
IV - avaliação de impacto de vizinhança, na forma da legislação urbanística;
V - proteção do patrimônio histórico, cultural, arqueológico e imaterial, inclusive por meio da avaliação do impacto direto ou indireto causado pelas obras contratadas;
VI - acessibilidade para pessoas com deficiência ou com mobilidade reduzida.

Ainda é patente o diálogo que a nova lei faz com o sistema dos direitos humanos, o que se constata no inc. VI acima reproduzido, com a menção ao tema da pessoa com deficiência, o que se alia às menções anteriores aos direitos das mulheres vítimas de violência doméstica e agora ao patrimônio imaterial. Sobre este, percebe-se uma verdadeira revolução no patamar legislativo quanto à preocupação com este tipo de direito humano.

As obras passam a ter que levar em consideração, desde o seu planejamento, as formas de vida tradicionais das comunidades tradicionais: ribeirinhos, quilombolas, indígenas, o que se relaciona aos ditames da Convenção nº 169 da Organização Internacional do Trabalho.

Patrimônio imaterial pode ser definido como um conjunto de práticas, representações, expressões, conhecimentos e técnicas que as comunidades reconhecem como parte integrante de sua cultura, tendo como uma de suas principais características o fato de tradicionalmente ser transmitido de geração a geração, gerando sentimento de identidade e continuidade em grupos populacionais, nas palavras de Costa e Castro.[100]

Devem, então, as obras e serviços atentar para os bens imateriais já registrados, de acordo com o Decreto nº 3.551, de 4.8.2000, que deu início ao registro dos bens imateriais que constituem o patrimônio cultural brasileiro, criando-se para isso 4 livros de registro desses bens:

I – Livro de Registro dos Saberes, em que são inscritos conhecimentos e modos de fazer enraizados no cotidiano das comunidades;

II – Livro de Registro das Celebrações, em que são inscritos rituais e festas que marcam a vivência coletiva do trabalho, da religiosidade, do entretenimento e de outras práticas da vida social;

III – Livro de Registro das Formas de Expressão, em que são inscritas manifestações literárias, musicais, plásticas, cênicas e lúdicas;

IV – Livro de Registro dos Lugares, em que serão inscritos mercados, feiras, santuários, praças e demais espaços onde se concentram e reproduzem práticas culturais coletivas.

Costa e Castro[101] listam exemplos de bens registrados como patrimônio imaterial:

---

[100] COSTA, Marli Lopes; CASTRO, Ricardo Vieira Alves. Patrimônio imaterial nacional: preservando memórias ou construindo histórias? Universidade do Estado do Rio de Janeiro. *Estudos de Psicologia*, v. 13, n. 2, p. 125-131, 2008, ISSN (versão eletrônica): 1678-4669.

[101] COSTA, Marli Lopes; CASTRO, Ricardo Vieira Alves. Patrimônio imaterial nacional: preservando memórias ou construindo histórias? Universidade do Estado do Rio de Janeiro. *Estudos de Psicologia*, v. 13, n. 2, p. 125-131, 2008, ISSN (versão eletrônica): 1678-4669.

Arte Kusiwa dos Índios Wajãpi (técnica de pintura e arte gráfica própria desse grupo indígena que vive no Amapá); Ofício das Paneleiras de Goiabeiras (assim chamadas por ser a maioria das artesãs, mulheres que residem no bairro de Goiabeiras, em Vitória, capital do Estado do Espírito Santo); Samba de Roda no Recôncavo Baiano (o samba praticado, principalmente, na região do Recôncavo é uma mistura de música, dança, poesia e festa aos orixás); Círio de Nossa Senhora de Nazaré (celebração religiosa que se caracteriza por uma procissão em que milhares de romeiros acompanham a imagem de Senhora de Fátima pelas ruas de Belém do Pará); Ofício das Baianas de Acarajé (que é tradicionalmente feito pelas chamadas "baianas de tabuleiro"); o Jongo (dança de origem africana que chegou ao Brasil colônia com os negros trazidos como escravos para o trabalho forçado nas fazendas de café); o frevo e a feira de Caruaru de Pernambuco e a Viola-de-cocho (encontrada no Pantanal do Mato Grosso e Mato Grosso do Sul, recebe este nome porque é confeccionada em um tronco de madeira inteiriço esculpido no formato de um cocho).

Portanto, o contato com o IPHAN e com os serviços de patrimônios estadual e municipal é fundamental para o planejamento das obras, já antes da nova lei de licitações, mas enfatizado com a nova lei de licitações, para mapeamento das formas de vida, práticas, representações, expressões, conhecimentos e técnicas que as comunidades reconhecem como parte integrante de sua cultura.

Além disso, fundamental a atenção para a Convenção nº 169 da OIT, que trata sobre a consulta a povos tradicionais antes de intervenções como obras, sendo conceitos básicos desta norma internacional a consulta e participação dos povos interessados e o direito destes de definir suas próprias prioridades e desenvolvimento na medida em que afetem suas vidas, crenças, instituições, valores espirituais e a própria terra que ocupam ou utilizam.

Diante deste novo contexto legislativo para obras e serviços de engenharia, o planejamento que não atentar para o sistema interamericano de direitos humanos e para a sistemática do direito ambiental estará condenado a ser anulado por afronta direta ao art. 45 da Nova Lei de Licitações e Contratos Administrativos, bem como ao bloco de constitucionalidade formado pelas normas da Carta Magna e do sistema onusiano e da OEA para os direitos humanos e ambientais.

O segundo tópico abordado pela lei na disposição setorial de obras e serviços de engenharia trata dos regimes de execução indireta. Esse termo se compreende em razão de ser recorrente a execução das obras por meio de execução direta. Diante de situação concreta do ente público, caso este tenha que realizar licitação para execução por empresas, ou seja, execução indireta, poderão ser adotadas, então, as seguintes modalidades:

I – *Empreitada por preço unitário:* contratação da execução da obra ou do serviço por preço certo de unidades determinadas.
II – *Empreitada por preço global:* contratação da execução da obra ou do serviço por preço certo e total.
III – *Empreitada integral:* contratação de empreendimento em sua integralidade, compreendida a totalidade das etapas de obras, serviços e instalações necessárias, sob inteira responsabilidade do contratado até sua entrega ao contratante em condições de entrada em operação, com características adequadas às finalidades para as quais foi contratado e atendidos os requisitos técnicos e legais para sua utilização com segurança estrutural e operacional.
IV – *Contratação por tarefa:* regime de contratação de mão de obra para pequenos trabalhos por preço certo, com ou sem fornecimento de materiais.
V – *Contratação integrada:* regime de contratação de obras e serviços de engenharia em que o contratado é responsável por elaborar e desenvolver os projetos básico e executivo, executar obras e serviços de engenharia, fornecer bens ou prestar serviços especiais e realizar montagem, teste, pré-operação e as demais operações necessárias e suficientes para a entrega final do objeto.
VI – *Contratação semi-integrada:* regime de contratação de obras e serviços de engenharia em que o contratado é responsável por elaborar e desenvolver o projeto executivo, executar obras e serviços de engenharia, fornecer bens ou prestar serviços especiais e realizar montagem, teste, pré-operação e as demais operações necessárias e suficientes para a entrega final do objeto.
VII – *Fornecimento e prestação de serviço associado:* regime de contratação em que, além do fornecimento do objeto, o contratado responsabiliza-se por sua operação, manutenção ou ambas, por tempo determinado.

Define a nova lei de licitações que, à exceção da empreitada por preço unitário e fornecimento e prestação de serviço associado, todos os demais regimes serão licitados por preço global e adotarão sistemática de medição e pagamento associada à execução de etapas do cronograma físico-financeiro vinculadas ao cumprimento de metas de resultado, vedada a adoção de sistemática de remuneração orientada por preços unitários ou referenciada pela execução de quantidades de itens unitários.

A diversidade de regimes de execução indireta na nova lei se explica tendo em vista que foi revogada a lei que tratava sobre o regime diferenciado de contratações. Os regimes que ali constavam – contratação integrada e contratação semi-integrada – foram incorporados pela nova lei de licitações.

Atente-se para as regras que devem ser obedecidas pela contratação integrada e semi-integrada dispostas na nova lei.

A Administração é dispensada da elaboração de projeto básico nos casos de contratação integrada, hipótese em que deverá ser elaborado anteprojeto de acordo com metodologia definida em ato do órgão competente.

a) Na contratação integrada, após a elaboração do projeto básico pelo contratado, o conjunto de desenhos, especificações, memoriais e cronograma físico-financeiro deverá ser submetido à aprovação da Administração, que avaliará sua adequação em relação aos parâmetros definidos no edital e conformidade com as normas técnicas, vedadas alterações que reduzam a qualidade ou a vida útil do empreendimento e mantida a responsabilidade integral do contratado pelos riscos associados ao projeto básico.

b) Nos regimes de contratação integrada e semi-integrada, o edital e o contrato, sempre que for o caso, deverão prever as providências necessárias para a efetivação de desapropriação autorizada pelo Poder Público, bem como:

I – o responsável por cada fase do procedimento expropriatório;

II – a responsabilidade pelo pagamento das indenizações devidas;

III – a estimativa do valor a ser pago a título de indenização pelos bens expropriados, inclusive de custos correlatos;

IV – a distribuição objetiva de riscos entre as partes, incluído o risco pela diferença entre o custo da desapropriação e a estimativa de valor e pelos eventuais danos e prejuízos ocasionados por atraso na disponibilização dos bens expropriados;

V – em nome de quem deverá ser promovido o registro de imissão provisória na posse e o registro de propriedade dos bens a serem desapropriados.

c) Na contratação semi-integrada, mediante prévia autorização da Administração, o projeto básico poderá ser alterado, desde que demonstrada a superioridade das inovações propostas pelo contratado em termos de redução de custos, de aumento da qualidade, de redução do prazo de execução ou de facilidade de manutenção ou operação, assumindo o contratado a responsabilidade integral pelos riscos associados à alteração do projeto básico.

d) A execução de cada etapa será obrigatoriamente precedida da conclusão e da aprovação, pela autoridade competente, dos trabalhos relativos às etapas anteriores.

Os regimes de contratação integrada e semi-integrada foram introduzidos no Brasil com o acontecimento das Olimpíadas e da Copa do Mundo realizados no Brasil, que necessitavam de regime de execução de obras mais célere, o que exigiu a edição da antiga lei do regime diferenciado de contratações, revogada pela nova lei de licitações e contratos.

Quanto à utilização da contratação integrada, José Antônio Pessoa Neto[102] ensina:

> As Administrações, ao se utilizarem do Regime de Contratação Integrada, devem planejar o empreendimento com gerenciamento adequado, mediante cronograma contendo a definição das sequências das tarefas predecessoras e sucessoras, de forma a possibilitar a elaboração dos projetos e a execução das obras e serviços das diversas disciplinas de engenharia. Tal condição reduzirá sensivelmente o tempo de execução do empreendimento como um todo, devido à possibilidade de simultaneidade de atividades, ou seja, elaboração de projeto e execução das obras.

O projeto executivo é documento obrigatório para obras e serviços, à exceção de obras e serviços comuns de engenharia, se demonstrada a inexistência de prejuízo para a aferição dos padrões de desempenho e qualidade almejados. Neste caso, a especificação do objeto poderá ser realizada apenas em termo de referência ou em projeto básico. Ainda como regras a serem observadas nas contratações integrada e semi-integrada, o valor para a adoção destes regimes deve ser o mesmo aplicável ao sistema de parcerias público-privadas disposto na Lei nº 11079, de 30.12.2004, o que não se aplica a projetos de ciência, tecnologia e inovação e de ensino técnico ou superior.

---

[102] PESSOA NETO, José Antônio. As obras públicas pelo RDC com o Regime de Contratação Integrada. *Revista Negócios Públicos*, Curitiba, n. 128, p. 17-21, mar. 2015.

4.13.17.3 Dos serviços em geral

Na subseção III, que rege normas específicas sobre os serviços em geral, teve o legislador duas grandes preocupações: a vantajosidade e o regime de pessoal dentro dos limites constitucionais e legais. Estes temas são inaugurados por meio de princípios.

São princípios obrigatórios nas licitações de serviços: *a padronização, o parcelamento e a vedação à caracterização exclusiva do objeto como fornecimento de mão de obra.*

Sobre padronização, atente-se para a lição de Gasparini:[103] "[...] em síntese, cabe a Administração Publica, sempre que possível, adotar o estander, o modelo, dentre os vários bens similares encontráveis no mercado, ou criar o seu próprio padrão, inconfundível com qualquer outro existente no comércio".

Continua Diógenes Gasparini sobre a padronização:

[...] Padronizar significa igualar, uniformizar, estandardizar. Padronização, por sua vez, quer dizer adoção de um estander, um modelo. A palavra 'principio' indica o básico, o elementar. Assim, deve a entidade compradora, em todos os negócios para a aquisição de bens, observar as regras básicas que levam à adoção de um estander, de um padrão que, vantajosamente, possa satisfazer as necessidades das atividades que estão a seu cargo [...].

No art. 19 da nova lei, vê-se, inclusive, a obrigatoriedade de instituição de catálogo eletrônico de padronização de compras, serviços e obras, admitida a adoção do catálogo do Poder Executivo federal por todos os entes federativos, ainda mencionando a nova lei, em seu art. 174, que o Portal Nacional de Contratações Públicas deve incluir o catálogo eletrônico de padronização.

Além da padronização, é também princípio dos serviços o parcelamento quando for tecnicamente viável e economicamente vantajoso. A nova lei estipula critérios que devem reger o parcelamento: I – a responsabilidade técnica; II – o custo para a Administração de vários contratos ante as vantagens da redução de custos, com divisão do objeto em itens; III – o dever de buscar a ampliação da competição e de evitar a concentração de mercado.

Por fim, no que se refere aos princípios obrigatórios nas licitações para serviços, vê-se preocupação com o regime de pessoal no princípio

---

[103] GASPARINI, Diógenes. *Direito administrativo*. São Paulo: Saraiva, 2010. p. 379.

que trata sobre a vedação à caracterização exclusiva do objeto como fornecimento de mão de obra.

Isso se explica porque, nos serviços previstos na nova lei de licitações, fica caracterizado que o interesse da Administração Pública é no serviço a ser prestado e no seu resultado, a exemplo de uma pintura de parede ou na limpeza de determinada repartição. Não são do âmbito do contrato administrativo, resultante da licitação de serviço, as relações trabalhistas entre os funcionários e a empresa vencedora da licitação, o que resta claro e deve ser evitado desde o planejamento da licitação de serviço.

Por fim, importante regra introduzida pela nova lei é a possibilidade de contratação de mais de uma empresa para executar o mesmo serviço com as seguintes cautelas:

> Art. 49. A Administração poderá, mediante justificativa expressa, contratar mais de uma empresa ou instituição para executar o mesmo serviço, desde que essa contratação não implique perda de economia de escala, quando:
> I - o objeto da contratação puder ser executado de forma concorrente e simultânea por mais de um contratado; e
> II - a múltipla execução for conveniente para atender à Administração.
> Parágrafo único. Na hipótese prevista no *caput* deste artigo, a Administração deverá manter o controle individualizado da execução do objeto contratual relativamente a cada um dos contratados.

4.13.17.4 Da locação de imóveis

Diferentemente da lei anterior, a nova lei estipula uma subseção completa para o tema da locação de imóveis. Esta é contrato previsto em lei específica com regras detalhadas sobre como se dá a locação, verdadeiro contrato privado, tudo conforme o que define a Lei nº 8.245, de 18.10.1991, conhecida como lei do inquilinato.

A nova lei de licitações não revoga a lei do inquilinato, mas dispõe sobre cautelas necessárias se em um dos polos do contrato de locação constar ente público. Assim, dispõe o art. 51 que a locação de imóveis deverá ser precedida de licitação e avaliação prévia do bem, do seu estado de conservação, dos custos de adaptações e do prazo de amortização dos investimentos necessários, o que evitará sejam causados prejuízos aos cofres públicos com aluguel de imóveis que estejam em péssimo estado de conservação.

4.13.17.5 Das licitações internacionais

O que se percebe da nova lei de licitações é que há ampla permissão de participação de licitantes de outros países, deixando claro a nova norma que não podem ser estipulados requisitos que quebrem o princípio da isonomia entre licitantes, à exceção da possibilidade de previsão de margem de preferência para bens produzidos no país e serviços nacionais que atendam às normas técnicas brasileiras, o que é previsto diante do princípio do desenvolvimento nacional sustentável.

CAPÍTULO 5

DO PARECER JURÍDICO SOBRE O PROCESSO LICITATÓRIO

A fase interna do processo licitatório demonstrada ao longo deste livro deve obedecer às seguintes etapas:

I – a descrição da necessidade da contratação fundamentada em estudo técnico preliminar que caracterize o interesse público envolvido;

II – a definição do objeto para o atendimento da necessidade, por meio de termo de referência, anteprojeto, projeto básico ou projeto executivo, conforme o caso;

III – a definição das condições de execução e pagamento, das garantias exigidas e ofertadas e das condições de recebimento;

IV – o orçamento estimado, com as composições dos preços utilizados para sua formação;

V – a elaboração do edital de licitação;

VI – a elaboração de minuta de contrato, quando necessária, que constará obrigatoriamente como anexo do edital de licitação;

VII – o regime de fornecimento de bens, de prestação de serviços ou de execução de obras e serviços de engenharia, observados os potenciais de economia de escala;

VIII – a modalidade de licitação, o critério de julgamento, o modo de disputa e a adequação e eficiência da forma de combinação desses parâmetros, para os fins de seleção da proposta apta a gerar o resultado de contratação mais vantajoso para a Administração Pública, considerado todo o ciclo de vida do objeto;

IX – a motivação circunstanciada das condições do edital, como justificativa de exigências de qualificação técnica, mediante indicação das parcelas de maior relevância técnica ou valor significativo do objeto, e de qualificação econômico-financeira, justificativa dos critérios de pontuação e julgamento das propostas técnicas, nas licitações com julgamento por melhor técnica ou técnica e preço, e justificativa das regras pertinentes à participação de empresas em consórcio;

X – a análise dos riscos que possam comprometer o sucesso da licitação e a boa execução contratual;

XI – a motivação sobre o momento da divulgação do orçamento da licitação.

Após todas estas etapas dispostas no art. 18 da nova lei, o passo a ser seguido é o encaminhamento de todo o processo licitatório, com todos os documentos até então reunidos à análise da assessoria jurídica para a emissão de parecer jurídico, o que já era previsão da Lei nº 8.666/93. Entretanto, na Nova Lei de Licitações e Contratos Administrativos, o detalhamento foi maior, passando o parecer da assessoria jurídica a ter elementos obrigatórios, dispostos no art. 53:

I – apreciação do processo licitatório conforme critérios objetivos prévios de atribuição de prioridade;

II – adoção de manifestação em linguagem simples e compreensível e de forma clara e objetiva, com apreciação de todos os elementos indispensáveis à contratação e com exposição dos pressupostos de fato e de direito levados em consideração na análise jurídica.

Além destes requisitos, deve-se lembrar que a Lei nº 13.655, de 25.4.2018, modificativa da Lei de Introdução às Normas do Direito Brasileiro (LINDB), alçou à condição de grande diretriz no ordenamento jurídico brasileiro o princípio do consequencialismo jurídico, o que se aplica à função do parecerista.

Pode-se verificar o princípio do consequencialismo no art. 20 da Lei nº 13.655, de 25.4.2018, que alterou a Lei de Introdução às Normas do Direito Brasileiro (LINDB) no trecho que ordena: "nas esferas administrativa, controladora e judicial, não se decidirá com base em valores jurídicos abstratos sem que sejam consideradas as consequências práticas da decisão". Assim, a lei remete à importância de considerar-se as consequências futuras na tomada das decisões no âmbito do Poder Público.

Assim, no processo licitatório, deve o parecerista obrigatoriamente manifestar-se sobre as consequências de seu parecer, inclusive quando definir que o procedimento licitatório analisado foi nulo, sendo obrigatório apontar o caminho em caso de anulação ao gestor, evitando termos abstratos, mas ligados ao caso concreto.

Observa-se em Marçal Justen Filho[104] a lição de que o art. 20 da LINDB, orientado pelo princípio do consequencialismo, conduz à redução da indeterminação das decisões estatais, que muitas vezes se restringe a invocar princípios abstratos.

O consequencialismo significa a necessidade de que o gestor e mesmo a assessoria jurídica, quando da análise do processo licitatório, utilizem palavras claras, bem ordenadas, evitando conceitos abstratos e ininteligíveis.

Deve-se adotar, na análise do processo licitatório, conclusões de fácil compreensão, e com indicação de medidas a serem adotadas. Assim, o gestor e todos os envolvidos no processo licitatório devem estar atentos às consequências de suas análises e decisões, o que se verifica no art. 20 da LINDB, não se tolerando mais providências ou pareceres com ideias abstratas, devendo haver indicação das consequências concretas e para o futuro, em caso de necessidade de retificação, considerando as condições concretas da realidade verificada no momento.

Justen Filho defende que as inovações introduzidas pela Lei nº 13.655, de 25.4.2018, destinam-se preponderantemente a reduzir certas práticas que resultam em insegurança jurídica no desenvolvimento da atividade estatal. O art. 20 relacionar-se-ia a um dos aspectos do problema, versando especificamente sobre as decisões proferidas pelos agentes estatais e fundadas em princípios e valores de dimensão abstrata. A finalidade buscada seria reduzir o subjetivismo e a superficialidade de decisões, impondo a obrigatoriedade do efetivo exame das circunstâncias do caso concreto, tal como a avaliação das diversas alternativas sob um prisma de proporcionalidade.

Tal diretriz é observada também na nova lei de licitações, vez que o art. 53 da nova lei define que o parecer jurídico deve expor os pressupostos de fato e de direito, o que se relaciona a evitar a atitude do parecerista apoiada apenas em teses abstratas sem atenção ao mundo concreto, o que impedirá a produção de pareceres-padrão, de forma mecânica. O fato concreto deverá ser apontado no parecer e ser demonstrada a conclusão nele contida diante daquele fato.

---

[104] JUSTEN FILHO, Marçal. Artigo 20 da LINDB – Dever de transparência, concretude e proporcionalidade nas decisões públicas. *Revista de Direito Administrativo*, Rio de Janeiro, p. 13-41, nov. 2018. Edição Especial – Direito Público na Lei de Introdução às Normas de Direito Brasileiro – LINDB – Lei nº 13.655/2018.

Esta nova dinâmica exigida do gestor e do parecerista, quanto à preocupação em relação às consequências, é uma mudança cultural que pode estar sujeita a alguma resistência, segundo apontado pelo Professor José Vicente Santos de Mendonça ao comentar sobre três futuros possíveis para o art. 20 – na verdade, diz ele, dois futuros e meio, porque o terceiro fica a meio caminho entre o primeiro e o segundo: a) o primeiro, menos provável, é o futuro em que o art. 20 será plenamente aplicado e as autoridades julgadoras observarão detidamente os seus termos; b) o segundo, mais provável, é o futuro em que o art. 20 será insinceramente cumprido, apenas com mudança da "gramática da decisão", para incorporar uma "retórica de consequências"; c) o terceiro, um meio caminho, de mudança paulatina de cultura, em que, pelo art. 20, "o juiz que buscar 'consequências práticas' para fundamentar seu decisionismo estará sendo educado e constrangido por uma nova gramática".[105]

O projeto de lei teve vetos em pontos importantes que deixavam mais detalhada a função do parecerista no sentido de evitar pareceres lacunosos e apartados da realidade, contendo apenas definições abstratas. Entretanto, como já definido sobre o art. 20 da LINDB, o veto contido na lei de licitações e contratos e administrativos não alcança os termos da LINDB, sendo esta obrigatória para os pareceristas, não se podendo mais admitir pareceres lacônicos e sem apontar consequências práticas, claras e específicas aos gestores.

Encerrada a instrução do processo sob os aspectos técnico e jurídico, a autoridade determinará a divulgação do edital de licitação. A nova lei ainda define que o órgão de assessoramento jurídico da Administração também realizará controle prévio de legalidade de contratações diretas, acordos, termos de cooperação, convênios, ajustes, adesões a atas de registro de preços, outros instrumentos congêneres e de seus termos aditivos.

A nova lei ainda define que é dispensável a análise jurídica nas hipóteses previamente definidas em ato da autoridade jurídica máxima competente, que deverá considerar o baixo valor, a baixa complexidade da contratação, a entrega imediata do bem ou a utilização de minutas de editais e instrumentos de contrato, convênio ou outros ajustes previamente padronizados pelo órgão de assessoramento jurídico.

---

[105] MENDONÇA, José Vicente Santos de. Dois futuros (e meio) para o projeto de lei do Carlos Ari. *In*: MENDONÇA, José Vicente Santos de; LEAL, Fernando (Coord.). *Transformações do direito administrativo*: consequencialismo e estratégias regulatórias. Rio de Janeiro: UERJ/FGV-Rio, 2017. p. 31-34.

CAPÍTULO 6

A FASE EXTERNA DO PROCEDIMENTO LICITATÓRIO

Justen Filho,[106] analisando a antiga lei de licitações, definiu a ordenação da fase externa de licitações, com as seguintes etapas:
a) fase de divulgação: destinada a dar ciência aos terceiros da existência da licitação (seja para que participem da licitação, seja para que fiscalizem sua regularidade);
b) fase de proposição: destinada à formulação de propostas pelos interessados em participar da licitação;
c) fase de habilitação: destinada à Administração verificar se os interessados possuem condições de satisfazer as obrigações que pretendam assumir;
d) fase de julgamento: destinada à seleção da proposta mais vantajosa;
e) fase de deliberação: destinada à revisão dos atos praticados e avaliação da conveniência e legalidade do resultado. Na nova lei a fase de divulgação é mantida como primeira parte da fase externa do procedimento licitatório, determinando o legislador (art. 54) que a publicidade do edital de licitação será realizada mediante divulgação e manutenção do inteiro teor do ato convocatório e de seus anexos no Portal Nacional de Contratações Públicas (PNCP).

Após a homologação do processo licitatório, serão disponibilizados no Portal Nacional de Contratações Públicas (PNCP) e, se o órgão ou entidade

---

[106] JUSTEN FILHO, Marçal. *Comentários à Lei de Licitações e Contratos Administrativos*. São Paulo: Dialética, 2012.

responsável pela licitação entender cabível, também no sítio relacionado ao órgão da entidade licitante, os documentos elaborados na fase preparatória que porventura não tenham integrado o edital e seus anexos. Na nova lei, a segunda etapa da fase externa se refere à apresentação de propostas e lances, mantendo a mesma sistemática da fase anterior, que também previa, após a fase de divulgação do edital, a apresentação das propostas.

Constam como regras, inicialmente, prazos mínimos para apresentação de propostas e lances, contados a partir da divulgação do edital de licitação:

I – para aquisição de bens:
   a) 8 (oito) dias úteis, quando adotados os critérios de julgamento de menor preço ou de maior desconto;
   b) 15 (quinze) dias úteis, nas hipóteses não abrangidas pela alínea "a";

II – no caso de serviços e obras:
   a) 10 (dez) dias úteis, quando adotados os critérios de julgamento de menor preço ou de maior desconto, no caso de serviços comuns e de obras e serviços comuns de engenharia;
   b) 25 (vinte e cinco) dias úteis, quando adotados os critérios de julgamento de menor preço ou de maior desconto, no caso de serviços especiais e de obras e serviços especiais de engenharia;
   c) 60 (sessenta) dias úteis, quando o regime de execução for de contratação integrada;
   d) 35 (trinta e cinco) dias úteis, quando o regime de execução for o de contratação semi-integrada ou nas hipóteses não abrangidas pelas alíneas "a", "b" e "c";

III – para licitação em que se adote o critério de julgamento de maior lance, 15 (quinze) dias úteis;

IV – para licitação em que se adote o critério de julgamento de técnica e preço ou de melhor técnica ou conteúdo artístico, 35 (trinta e cinco) dias úteis.

Caso ocorram modificações no edital, implicarão nova divulgação na mesma forma de sua divulgação inicial, além do cumprimento dos mesmos prazos dos atos e procedimentos originais, exceto quando a alteração não comprometer a formulação das propostas.

Diante da urgência que pode incidir nas licitações no âmbito do Sistema Único de Saúde, os prazos previstos no art. 55 da nova lei de licitações poderão, mediante decisão fundamentada, ser reduzidos até a metade.

Diferentemente da Lei nº 8.666/93, a nova lei abriga, após a fase de apresentação de propostas e lances, o modo de disputa como etapa da fase externa, com maior riqueza de procedimentos.

Assim, veja o quadro comparativo entre a antiga e a nova lei:

Modo de disputa do certame	Na Lei nº 8.666/93: a disputa se realiza em proposta fechada (art. 43, parágrafos e incisos). Na Lei nº 10.520/2002, art. 4º: para aquisições de bens e serviços comuns se realiza com proposta inicial e em lances abertos por tempo variável de até 30 min. Na Lei nº 12.462/2011 (RDC), art. 17: a disputa se realizava no modo aberto, fechado ou conjugado. Observação: as obras tinham a obrigatoriedade de se realizarem com propostas fechadas.	Art. 56: determina modo de disputa aberto (lances) ou fechado ou conjuntamente. No critério de julgamento menor preço ou maior desconto, o modo de disputa fechado é vedado (art. 56, §1º). No julgamento por técnica e preço, será vedado o modo de disputa aberto. Poderá ser admitido reinício da disputa aberta quando o segundo melhor preço tiver diferença menor que 5% (art. 56, §4º). Poderá ser exigida garantia de proposta para participar do certame, limitada a 1% (art. 58, §1º). Observação: nas obras com critério de julgamento por menor preço, o modo de disputa será sempre aberto.

Após a etapa de disputa de lances, na fase externa, apresenta a nova lei de licitações a etapa do julgamento de propostas, antes do momento da verificação dos documentos de habilitação, o que apresenta grande inovação no procedimento licitatório, já que, no regime anterior, as propostas eram julgadas apenas após a fase de habilitação.

A partir do art. 59 da nova lei, verifica-se no que consiste a etapa de julgamento das propostas dentro da fase externa:

1. Verificação de vícios insanáveis.
2. Análise da obediência às especificações técnicas pormenorizadas no edital.
3. Rejeição a preços inexequíveis ou que permaneçam acima do orçamento estimado para a contratação.
4. Possibilidade de exigência da exequibilidade da proposta.

5. Rejeição de desconformidade com quaisquer outras exigências do edital, desde que insanáveis.

O que garante agilidade ao procedimento é que a verificação da conformidade das propostas poderá ser feita exclusivamente em relação à proposta mais bem classificada, conforme dispõe o art. 59, na fase de disputa de preços ou lances.

A Administração poderá realizar diligências para aferir a exequibilidade das propostas ou exigir dos licitantes que ela seja demonstrada.

A nova lei, em seu art. 59, ainda abriga regra específica para o caso de avaliação da exequibilidade e de sobrepreço nas obras e serviços de engenharia e arquitetura: serão considerados o preço global, os quantitativos e os preços unitários tidos como relevantes, observado o critério de aceitabilidade de preços unitário e global a ser fixado no edital, conforme as especificidades do mercado correspondente. No caso de obras e serviços de engenharia, serão consideradas inexequíveis as propostas cujos valores forem inferiores a 75% (setenta e cinco por cento) do valor orçado pela Administração.

Nas contratações de obras e serviços de engenharia, será exigida garantia adicional do licitante vencedor cuja proposta for inferior a 85% (oitenta e cinco por cento) do valor orçado pela Administração, equivalente à diferença entre este último e o valor da proposta, sem prejuízo das demais garantias exigíveis.

Nesta fase, é possível que haja empate entre duas ou mais propostas. Nos termos do art. 60 da nova lei, o desempate será na seguinte ordem:

I – disputa final, hipótese em que os licitantes empatados poderão apresentar nova proposta em ato contínuo à classificação;

II – avaliação do desempenho contratual prévio dos licitantes, para a qual deverão preferencialmente ser utilizados registros cadastrais para efeito de atesto de cumprimento de obrigações;

III – desenvolvimento pelo licitante de ações de equidade entre homens e mulheres no ambiente de trabalho, conforme regulamento;

IV – desenvolvimento pelo licitante de programa de integridade, conforme orientações dos órgãos de controle.

Em igualdade de condições, se não houver desempate, será assegurada preferência, sucessivamente, aos bens e serviços produzidos ou prestados por:

I – empresas estabelecidas no território do estado ou do Distrito Federal do órgão ou entidade da Administração Pública estadual ou distrital licitante ou, no caso de licitação realizada por órgão ou entidade de município, no território do estado em que este se localize;
II – empresas brasileiras;
III – empresas que invistam em pesquisa e no desenvolvimento de tecnologia no país;
IV – empresas que comprovem a prática de mitigação, nos termos da Lei nº 12.187, de 29.12.2009, relacionada à política nacional de mudanças climáticas.

O art. 60 ainda define que as regras nele previstas não afastam a aplicação do disposto no art. 44 da Lei Complementar nº 123, de 14.12.2006, quanto às micro e pequenas empresas.

A nova lei de licitações e contratos aposta na constante negociação por melhores preços, definindo, mesmo após o resultado do julgamento disposto nos parágrafos anteriores, que a Administração poderá negociar condições mais vantajosas com o primeiro colocado, trazendo como regras obrigatórias: a negociação poderá ser feita com os demais licitantes, segundo a ordem de classificação inicialmente estabelecida, quando o primeiro colocado, mesmo após a negociação, for desclassificado em razão de sua proposta permanecer acima do preço máximo definido pela Administração; a negociação será conduzida por agente de contratação ou comissão de contratação, na forma de regulamento, e, depois de concluída, terá seu resultado divulgado a todos os licitantes e anexado aos autos do processo licitatório.

Após as etapas da fase externa de divulgação do edital, de apresentação de propostas e lances e julgamento de propostas, dispõe a nova lei que a próxima etapa se refere à habilitação. A própria lei define o que é a etapa de habilitação:

Art. 62. A habilitação é a fase da licitação em que se verifica o conjunto de informações e documentos necessários e suficientes para demonstrar a capacidade do licitante de realizar o objeto da licitação, dividindo-se em:
I - jurídica;
II - técnica;
III - fiscal, social e trabalhista;
IV - econômico-financeira.

Portanto, a fase de habilitação se destina a verificar a capacidade do licitante de executar o objeto da licitação, evitando prejuízos à

Administração Pública e ao interesse público. Esta capacidade, nos termos da nova lei, tem como pilares os aspectos jurídico, técnico, fiscal, social, trabalhista e econômico-financeiro.

A nova lei trata de especificar cada um destes aspectos, evitando que a Administração disponha sobre critérios não previstos na lei, de forma abusiva, para direcionar licitações, afastando indevidamente licitantes. Assim, são identificadas várias regras gerais a partir do art. 63, quando da fase de habilitação, suprindo várias dúvidas que eram recorrentes na antiga lei de licitações e atualizando o rito da nova lei para a nova sistemática da fase de habilitação após a fase de julgamento das propostas. Assim vejamos:

I – poderá ser exigida dos licitantes a declaração de que atendem aos requisitos de habilitação, e o declarante responderá pela veracidade das informações prestadas, na forma da lei;

II – será exigida a apresentação dos documentos de habilitação apenas pelo licitante vencedor, exceto quando a fase de habilitação anteceder a de julgamento;

III – serão exigidos os documentos relativos à regularidade fiscal, em qualquer caso, somente em momento posterior ao julgamento das propostas, e apenas do licitante mais bem classificado;

IV – será exigida do licitante declaração de que cumpre as exigências de reserva de cargos para pessoa com deficiência e para reabilitado da Previdência Social, previstas em lei e em outras normas específicas.

Para garantir que as empresas cumpram as obrigações vinculadas ao objeto licitado, evitando empresas com fragilidade financeira ou técnica, são exigidos os seguintes requisitos como documentos de habilitação:

1. Constará do edital de licitação cláusula que exija dos licitantes, sob pena de desclassificação, declaração de que suas propostas econômicas compreendem a integralidade dos custos para atendimento dos direitos trabalhistas assegurados na Constituição Federal, nas leis trabalhistas, nas normas infralegais, nas convenções coletivas de trabalho e nos termos de ajustamento de conduta vigentes na data de entrega das propostas.

2. Quando a avaliação prévia do local de execução for imprescindível para o conhecimento pleno das condições e peculiaridades do objeto a ser contratado, o edital de licitação poderá prever, sob pena de inabilitação, a necessidade de o licitante atestar que conhece o local e as condições de realização da

obra ou serviço, assegurado a ele o direito de realização de vistoria prévia. O edital de licitação sempre deverá prever a possibilidade de substituição da vistoria por declaração formal assinada pelo responsável técnico do licitante acerca do conhecimento pleno das condições e peculiaridades da contratação. Se os licitantes optarem por realizar vistoria prévia, a Administração deverá disponibilizar data e horário diferentes para os eventuais interessados.

Assim também há previsão de veto à inovação com novos documentos após a entrega dos documentos de habilitação (art. 64).

Mas, assim como na antiga lei, na nova norma vê-se que há possibilidade de que a comissão de licitação tenha o poder de diligenciar para complementar documentos e atualizar documentos cuja validade tenha expirado após a data de recebimento das propostas, desde que não altere a substância dos documentos e sua validade jurídica.

A nova lei de licitações e contratos também abriga a regra segundo a qual quando a fase de habilitação anteceder a de julgamento e já tiver sido encerrada, não caberá exclusão de licitante por motivo relacionado à habilitação, salvo em razão de fatos supervenientes ou só conhecidos após o julgamento. Reconhece-se, assim, verdadeira preclusão no processo administrativo que impede a renovação do questionamento quando já ultrapassada a fase, neste caso, de habilitação.

Ainda como normas gerais para a etapa de habilitação, discorre a norma sobre a necessidade de definição das condições de habilitação no edital, admitindo ainda a substituição dos demonstrativos contábeis pelo balanço de abertura na situação que especifica, definindo que a habilitação poderá ser realizada por processo eletrônico:

> Art. 65. As condições de habilitação serão definidas no edital.
>
> §1º As empresas criadas no exercício financeiro da licitação deverão atender a todas as exigências da habilitação e ficarão autorizadas a substituir os demonstrativos contábeis pelo balanço de abertura.
>
> §2º A habilitação poderá ser realizada por processo eletrônico de comunicação a distância, nos termos dispostos em regulamento.

A partir do art. 66 da norma licitatória, serão identificados cada um dos requisitos de habilitação que devem ser comprovados pelos licitantes:

I – habilitação jurídica;
II – habilitação técnica;
III – habilitação fiscal;

IV – habilitação social;
V – habilitação trabalhista;
IV – habilitação econômico-financeira.

A habilitação jurídica é a mais simples de todas, visando demonstrar a capacidade de o licitante exercer direitos e assumir obrigações, portanto, refere-se à demonstração de sua personalidade jurídica. A documentação a ser apresentada por ele se limita à comprovação de existência jurídica da pessoa e, quando cabível, de autorização para o exercício da atividade a ser contratada.

O segundo tipo de documentação se refere à habilitação técnica e foi fruto do maior número de embates jurídicos nos tribunais, abrigando a nova lei uma série de regras que visam incorporar as decisões dos tribunais superiores sobre o tema, esclarecendo temas como os atestados de comprovação de capacidade técnica, entre outras como adiante demonstrado, definindo a lei que apenas os documentos dispostos no art. 67 serão exigidos pelos agentes de contratação, evitando exigência documental excessiva que frustre o caráter competitivo do certame.

Assim são os únicos documentos exigidos para comprovar a qualificação técnico-profissional e técnico-operacional:

I – apresentação de profissional, devidamente registrado no conselho profissional competente, quando for o caso, detentor de atestado de responsabilidade técnica por execução de obra ou serviço de características semelhantes, para fins de contratação;

II – certidões ou atestados, regularmente emitidos pelo conselho profissional competente, quando for o caso, que demonstrem capacidade operacional na execução de serviços similares de complexidade tecnológica e operacional equivalente ou superior, bem como documentos comprobatórios emitidos na forma do §3º do art. 88 da nova lei;

III – indicação do pessoal técnico, das instalações e do aparelhamento adequados e disponíveis para a realização do objeto da licitação, bem como da qualificação de cada membro da equipe técnica que se responsabilizará pelos trabalhos;

IV – prova do atendimento de requisitos previstos em lei especial, quando for o caso;

V – registro ou inscrição na entidade profissional competente, quando for o caso;

VI – declaração de que o licitante tomou conhecimento de todas as informações e das condições locais para o cumprimento das obrigações objeto da licitação.

Importante dúvida sanada pela nova lei se refere ao caso em que determinada obra ou serviço detém complexidade tal que exigiria inúmeros atestados, tornando mais desafiador o procedimento, diante da crescente especialização identificada nas diversas atividades em desenvolvimento no século XXI.

Para evitar, então, procedimento com extrema lentidão, dispôs a nova lei que a exigência de atestados será restrita às parcelas de maior relevância ou valor significativo do objeto da licitação, assim consideradas as que tenham valor individual igual ou superior a 4% (quatro por cento) do valor total estimado da contratação.

Será admitida a exigência de atestados com quantidades mínimas de até 50% (cinquenta por cento) das parcelas de que trata o referido parágrafo, *vedadas limitações de tempo e de locais específicos relativas aos atestados*. Foi preocupação do legislador, ainda, o tema da subcontratação e como serão admitidos os atestados nesta hipótese:

> Art. 67. [...]
> §9º O edital poderá prever, para aspectos técnicos específicos, que a qualificação técnica seja demonstrada por meio de atestados relativos a potencial subcontratado, limitado a 25% (vinte e cinco por cento) do objeto a ser licitado, hipótese em que mais de um licitante poderá apresentar atestado relativo ao mesmo potencial subcontratado.

Por fim, importante destacar que a nova lei também trouxe regras específicas para consórcios e atestado de capacidade técnica nestes casos:

> Em caso de apresentação por licitante de atestado de desempenho anterior emitido em favor de consórcio do qual tenha feito parte, se o atestado ou o contrato de constituição do consórcio não identificar a atividade desempenhada por cada consorciado individualmente, serão adotados os seguintes critérios na avaliação de sua qualificação técnica:
> I - caso o atestado tenha sido emitido em favor de consórcio homogêneo, as experiências atestadas deverão ser reconhecidas para cada empresa consorciada na proporção quantitativa de sua participação no consórcio, salvo nas licitações para contratação de serviços técnicos especializados de natureza predominantemente intelectual, em que todas as experiências atestadas deverão ser reconhecidas para cada uma das empresas consorciadas;
> II - caso o atestado tenha sido emitido em favor de consórcio heterogêneo, as experiências atestadas deverão ser reconhecidas para cada consorciado de acordo com os respectivos campos de atuação, inclusive nas licitações para contratação de serviços técnicos especializados de natureza predominantemente intelectual.

Para fins de comprovação do percentual de participação do consorciado, caso este não conste expressamente do atestado ou da certidão, deverá ser juntada ao atestado ou à certidão cópia do instrumento de constituição do consórcio.

Importante mencionar-se que o requisito de habilitação técnica do licitante relacionado à relação de pessoal que desenvolverá o trabalho incorre em não se admitirem atestados de responsabilidade técnica de profissionais que, na forma de regulamento, tenham dado causa à aplicação das sanções previstas na nova lei, o que violaria o princípio da moralidade, expressamente citado na nova lei de licitações e contratos.

Passemos agora à regularidade dos documentos de habilitação referentes às habilitações fiscal, social e trabalhista. Exige a lei, neste caso, a apresentação, pelo licitante, dos seguintes documentos:

I – a inscrição no Cadastro de Pessoas Físicas (CPF) ou no Cadastro Nacional da Pessoa Jurídica (CNPJ);

II – a inscrição no cadastro de contribuintes estadual e/ou municipal, se houver, relativo ao domicílio ou sede do licitante, pertinente ao seu ramo de atividade e compatível com o objeto contratual;

III – a regularidade perante a Fazenda federal, estadual e/ou municipal do domicílio ou sede do licitante, ou outra equivalente, na forma da lei;

IV – a regularidade relativa à Seguridade Social e ao FGTS, que demonstre cumprimento dos encargos sociais instituídos por lei;

V – a regularidade perante a Justiça do Trabalho;

VI – o cumprimento do disposto no inc. XXXIII do art. 7º da Constituição Federal.

Estes documentos poderão ser substituídos ou supridos, no todo ou em parte, por outros meios hábeis a comprovar a regularidade do licitante, inclusive por meio eletrônico.

Por fim, ainda faz parte da documentação que deve ser juntada pelo licitante aquela relativa à habilitação econômico-financeira. Este requisito visa demonstrar a aptidão econômica do licitante para cumprir as obrigações decorrentes do futuro contrato, devendo ser comprovada de forma objetiva, por coeficientes e índices econômicos previstos no edital, devidamente justificados no processo licitatório.

Apenas poderão ser exigidos os seguintes documentos do licitante:

I – balanço patrimonial, demonstração de resultado de exercício e demais demonstrações contábeis dos 2 (dois) últimos exercícios sociais;

II – certidão negativa de feitos sobre falência expedida pelo distribuidor da sede do licitante. Os documentos referidos no item I acima limitar-se-ão ao último exercício no caso de a pessoa jurídica ter sido constituída há menos de 2 (dois) anos.

A critério da Administração, poderá ser exigida declaração, assinada por profissional habilitado da área contábil, que ateste o atendimento pelo licitante dos índices econômicos previstos no edital.

O art. 69 da lei ainda abriga algumas disposições que impedem constar de editais exigências abusivas dos licitantes, sendo vedadas:

- exigência de valores mínimos de faturamento anterior e de índices de rentabilidade ou lucratividade;
- exigência de índices e valores não usualmente adotados para a avaliação de situação econômico-financeira suficiente para o cumprimento das obrigações decorrentes da licitação.

Para melhor controle da capacidade econômica das licitantes, permite a nova lei os seguintes itens de controle no edital:

- exigência da relação dos compromissos assumidos pelo licitante que importem em diminuição de sua capacidade econômico-financeira, excluídas parcelas já executadas de contratos firmados;
- nas compras para entrega futura e na execução de obras e serviços, poderá estabelecer no edital a exigência de capital mínimo ou de patrimônio líquido mínimo equivalente a até 10% (dez por cento) do valor estimado da contratação.

Por fim a nova lei, no art. 70, define como deve ser apresentada a documentação referente aos documentos de habilitação:

I – apresentada em original, por cópia ou por qualquer outro meio expressamente admitido pela Administração;

II – substituída por registro cadastral emitido por órgão ou entidade pública, desde que previsto no edital e que o registro tenha sido feito em obediência ao disposto na nova lei;

III – dispensada, total ou parcialmente, nas contratações para entrega imediata, nas contratações em valores inferiores a 1/4 (um quarto) do limite para dispensa de licitação para compras em geral e nas contratações de produto para pesquisa e desenvolvimento até o valor de R$300.000,00 (trezentos mil reais);

IV – as empresas estrangeiras que não funcionem no país deverão apresentar documentos equivalentes, na forma de regulamento emitido pelo Poder Executivo federal.

CAPÍTULO 7

ENCERRAMENTO DA LICITAÇÃO

Seguindo-se a trilha do procedimento licitatório, chega-se ao encerramento da licitação, após as fases de julgamento de propostas e verificação dos documentos de habilitação.

Deverá ser o processo licitatório encaminhado, após a fase de recursos, à entidade superior do referido órgão licitante.

Neste momento, a autoridade superior tem importante papel, já que este é o momento final em que as irregularidades devem ser verificadas, inclusive, a conveniência e oportunidade da licitação, já que pode ter acontecido motivo superveniente ao início da licitação, que aconselha a sua revogação. Assim, vejamos os poderes da autoridade superior no encerramento da licitação:

CAPÍTULO VII
DO ENCERRAMENTO DA LICITAÇÃO
Art. 71. Encerradas as fases de julgamento e habilitação, e exauridos os recursos administrativos, o processo licitatório será encaminhado à autoridade superior, que poderá:
I - determinar o retorno dos autos para saneamento de irregularidades;
II - revogar a licitação por motivo de conveniência e oportunidade;
III - proceder à anulação da licitação, de ofício ou mediante provocação de terceiros, sempre que presente ilegalidade insanável;
IV - adjudicar o objeto e homologar a licitação.

Passa-se à análise dos atos de adjudicação e da homologação da licitação, lamentando-se, inicialmente, ter o legislador perdido a oportunidade de esclarecer os significados destas duas expressões, evitando a celeuma existente sobre este tema.

A doutrina, de longa data, vem enfrentando a matéria. Para Toshio Mukai,[107] Diógenes Gasparini[108] e Hely Lopes Meirelles,[109] a natureza jurídica da adjudicação é de ato constitutivo do direito ao contrato, condicionando a sua eficácia à sua confirmação pela autoridade superior, por meio da homologação.

Marçal Justen Filho[110] doutrina definindo que "[...] o direito à adjudicação não se confunde com o direito à contratação". Significa que não terá o direito a ser contratado, mas apenas de não ser preterido pelo segundo lugar. Isso porque, por razões de interesse público, pode não ser mais conveniente a contratação.

Importante lembrar a lição de Celso Antônio Bandeira de Mello, para quem a adjudicação é "[...] ato pelo qual a Administração, em vista do eventual contrato a ser travado, proclama satisfatória a proposta classificada em primeiro lugar".[111]

Na vigência da antiga lei de licitações e contratos, havia embate entre doutrinadores sobre qual ato deve acontecer primeiro, se a adjudicação ou homologação. Isso em razão de não ser esclarecedora a antiga redação da Lei nº 8.666/93, adiante disposta:

> Art. 38. O procedimento da licitação será iniciado com a abertura de processo administrativo, devidamente autuado, protocolado e numerado, contendo a autorização respectiva, a indicação sucinta de seu objeto e do recurso próprio para a despesa, e ao qual serão juntados oportunamente: [...]
> VII - atos de adjudicação do objeto da licitação e da sua homologação; [...]
> Art. 43. A licitação será processada e julgada com observância dos seguintes procedimentos: [...]
> VI - deliberação da autoridade competente quanto à homologação e adjudicação do objeto da licitação.

---

[107] MUKAI, Toshio. *Estatuto Jurídico das Licitações*. 2. ed. São Paulo: Saraiva, 1990. p. 69.
[108] GASPARINI, Diógenes. *Direito administrativo*. 2. ed. São Paulo: Saraiva, 1992. p. 367.
[109] MEIRELLES, Hely Lopes. *Licitação e contrato administrativo*. 6. ed. São Paulo: Revista dos Tribunais, 1985. p. 153.
[110] JUSTEN FILHO, Marçal. *Comentários à Lei de Licitações e Contratos Administrativos*. 5. ed. São Paulo: Dialética, 1998. p. 409.
[111] BANDEIRA DE MELLO, Celso Antônio. *Elementos de direito administrativo*. 3. ed. São Paulo: Malheiros, 1992. p. 210.

Sundfeld[112] dispõe sobre o debate como segue:

> A imprecisão legislativa é reflexo da divergência doutrinária existente na matéria. Parte dos estudiosos entende a adjudicação como ato da Comissão Julgadora, subsequente ao julgamento e antecedente da aprovação (homologação). Outros visualizam-na como ato da autoridade competente para decidir pela contratação, por meio do qual se atribui ao melhor classificado o objeto do certame, após a constatação de sua regularidade formal e da conveniência da celebração do ajuste.
>
> *Infelizmente, a nova lei não abriga precisão para espancar esta dúvida. Definiu a nova lei que a autoridade superior deverá adjudicar e homologar, mas não explicita qual ato acontecerá primeiro.*

Quanto à homologação, a doutrina entende ser ato administrativo que formalmente reconhece a legalidade e a conveniência do certame, reconhecendo terem sido atingidos os seus fins.[113] Para Hely Lopes, a homologação funciona como ato de controle para verificar se há ilegalidade na licitação.[114]

Por fim, no encerramento da licitação, define a nova lei que, nos casos de anulação e revogação, deverá ser assegurada a prévia manifestação dos interessados, o que se aplica à contratação direta e aos procedimentos auxiliares da licitação.

---

[112] SUNDFELD, Carlos Ari. *Licitação e contrato administrativo*. São Paulo: Malheiros, 1994.
[113] JUSTEN FILHO, Marçal. *Comentários à Lei de Licitações e Contratos Administrativos*. 11. ed. São Paulo: Dialética, 2005. p. 603.
[114] MEIRELLES, Hely Lopes. *Direito administrativo brasileiro*. 44. ed. Salvador: JusPodivm, 2020. p. 137.

CAPÍTULO 8

DA CONTRATAÇÃO DIRETA

A Nova Lei de Licitações e Contratos, a partir de seu art. 72, abriga uma série de dispositivos que regulamentarão o procedimento da contratação direta, nos casos em que não será necessária a licitação prévia, estando o gestor autorizado a contratar diretamente, nas hipóteses de inexigibilidade e de dispensa de licitação.

A regra geral, por força da própria Constituição Federal, é a licitação previamente ao procedimento de contrato. Entretanto, admitem-se exceções em razão de alguns motivos, mapeados por Maria Sylvia Zanella Di Pietro:[115]

a) em razão do pequeno valor;
b) em razão de situações excepcionais;
c) em razão do objeto a ser contratado;
d) em razão da pessoa a ser contratada.

Importante lição de Jorge Ulisses Jacoby Fernandes[116] se impõe tendo em vista que a exceção é a contratação direta, tendo esta limites diretamente decorrentes da própria lei:

> [...] Para que a situação possa implicar em dispensa de licitação, deve o fato concreto enquadrar-se no dispositivo legal, preenchendo todos os requisitos. Não é permitido qualquer exercício de criatividade ao administrador, encontrando-se as hipóteses de licitação dispensável, previstas expressamente em lei, numerus clausus, no jargão jurídico, querendo significar que são apenas aquelas hipóteses que o legislador expressamente indicou que comportam dispensa de licitação.

---

[115] DI PIETRO, Maria Sylvia Zanella. *Direito administrativo*. 18. ed. São Paulo: Atlas, 2004.
[116] FERNANDES, Jorge Ulisses Jacoby. *Contratação direta sem licitação*. 5. ed. Brasília: Brasília Jurídica, 2000. p. 55.

O fato de não haver licitação não significa que a contratação direta será sem obediência à regulamentação imposta pela lei. Marçal Justen Filho[117] ensina: "a contratação direta não significa eliminação de dois postulados consagrados a propósito da licitação. O primeiro é a existência de um procedimento administrativo. O segundo é a prevalência dos princípios da supremacia e indisponibilidade do interesse público".

Ao contrário, existe uma série de procedimentos de controle para que seja concluída contratação direta por dispensa ou inexigibilidade de licitação.

Inicialmente, deve ser aberto processo administrativo a ser instruído com os seguintes documentos:

I – documento de formalização de demanda e, se for o caso, estudo técnico preliminar, análise de riscos, termo de referência, projeto básico ou projeto executivo;
II – estimativa de despesa, que deverá ser calculada na forma estabelecida do art. 23 da nova lei;
III – parecer jurídico e pareceres técnicos, se for o caso, que demonstrem o atendimento dos requisitos exigidos;
IV – demonstração da compatibilidade da previsão de recursos orçamentários com o compromisso a ser assumido;
V – comprovação de que o contratado preenche os requisitos de habilitação e qualificação mínima necessária;
VI – razão da escolha do contratado;
VII – justificativa de preço;
VIII – autorização da autoridade competente.

Quanto à transparência de todo o procedimento, foi alçada a destaque na nova lei, definindo esta que o ato que autoriza a contratação direta ou o extrato decorrente do contrato deverá ser divulgado e mantido à disposição do público em sítio eletrônico oficial.

Caso haja má-fé nos procedimentos para contratação direta aqui mencionados, existem sanções previstas no art. 73 da nova lei:

> Na hipótese de contratação direta indevida ocorrida com dolo, fraude ou erro grosseiro, o contratado e o agente público responsável responderão solidariamente pelo dano causado ao erário, sem prejuízo de outras sanções legais cabíveis.

---

[117] JUSTEN FILHO, Marçal. *Comentários à Lei de Licitações e Contratos Administrativos*. 10. ed. São Paulo: Dialética, 2004. p. 229.

A seguir passam a ser analisadas as hipóteses de contratação direta, iniciando-se pela inexigibilidade.

8.1 Inexigibilidade de licitação

A nova lei mantém redação da antiga norma para inexigibilidade: "Art. 74. É inexigível a licitação quando inviável a competição, em especial nos casos de: [...]". Assim, mantém-se o entendimento de que as hipóteses mencionadas no art. 74 são apenas exemplificativas, podendo haver outras situações de inviabilidade de competição. Em contraposição à lei anterior, houve ampliação das hipóteses de inexigibilidade de licitação. Segundo a Lei nº 8.666/93, eram três hipóteses: fornecedor exclusivo, contratação de artista e contratação de serviços especializados. *Na nova lei, há acréscimo de mais duas hipóteses: locação de imóvel e objetos que devam ou possam ser contratados por meio de credenciamento.*

A ampliação de hipóteses de contratação direta, algo que já consta como rotineiro nas últimas décadas no Brasil, apresenta-se como preocupante, visto que afasta o princípio da competitividade e o próprio princípio republicano, vez que, em várias situações, os contemplados com contratações diretas o fazem por meio de fraude ou má-fé por meio de proximidade com a entidade contratante.

8.1.1 Fornecedor exclusivo

Passa-se à análise da primeira hipótese de inexigibilidade de licitação relacionada a fornecedor exclusivo. Assim dispõe a nova lei:

Art. 74. É inexigível a licitação quando inviável a competição, em especial nos casos de:
I - aquisição de materiais, de equipamentos ou de gêneros ou contratação de serviços que só possam ser fornecidos por produtor, empresa ou representante comercial exclusivos; [...].

Referido inc. I do art. 74 deve ser lido em conjunto com seu §1º, que determina que a Administração deverá demonstrar a inviabilidade de competição mediante atestado de exclusividade, contrato de exclusividade, declaração do fabricante ou outro documento idôneo capaz de comprovar que o objeto é fornecido ou prestado por produtor, empresa ou representante comercial exclusivos, vedada a preferência por marca específica.

Nesta redação, o legislador evita a falsa declaração de exclusividade, não sendo suficiente declaração apenas da empresa contratada, mas declaração de exclusividade do próprio fabricante, produtor, empresa ou representante comercial exclusivo.

Atenção para o que vem definido pelo Tribunal de Contas da União desde a vigência da lei anterior, quando se referia a fornecedor exclusivo. Deve o órgão público demonstrar que inexistem produtos similares que possam atender às necessidades do serviço, portanto, sendo fundamental a demonstração técnica pelo órgão público que o serviço necessário só pode ser atendido pelo produto fornecido pela empresa com exclusividade, não sendo suficiente demonstrar-se no processo administrativo que é produtor exclusivo, mas, sobretudo que o produto é o único que serve às necessidades da Administração:

> Determinar à Casa da Moeda do Brasil para que nas aquisições de materiais com fornecedor exclusivo...comprove nos autos...que inexistem produtos similares capazes de atender as necessidades do serviço, devendo ambas a assertivas estar devidamente comprovadas nos autos, mediante atestados emitidos pelos órgãos competentes. (Ac. nº 3.645/2008 – Plenário)

Quanto à comprovação da exclusividade, esta sempre foi uma questão tormentosa, o que não foi superado pela nova legislação, já que o atestado ou outro documento apresentado pode conter falsidade. Assim, fundamental para súmula do Tribunal de Contas da União que define cautela a ser adotada quando do recebimento de atestado:

> SÚMULA 255-TCU Nas contratações em que o objeto só possa ser fornecido por produtor, empresa ou representante comercial exclusivo, é dever do agente público responsável pela contratação a adoção das providências necessárias para confirmar a veracidade da documentação comprobatória da condição de exclusividade.

Em julgamento do Tribunal de Contas da União, verificou-se esta preocupação:

> Bem de ver que a regra na Administração Pública é a licitação, sendo que a contratação direta, sobretudo na hipótese de inexigibilidade, deve ser entendida como exceção, e como tal foi tratada pelo legislador a contratação junto a fornecedor exclusivo ao impor como condição para sua efetivação a comprovação, por meio de atestado, da exclusividade. Então, em sendo a exclusividade a causa da inviabilidade de competição, razão da inexigibilidade, há que se ter o devido cuidado com sua

caracterização. No entanto [...] o Tribunal lamentavelmente se deparou, em inúmeras oportunidades, com situações em que os atestados de exclusividade não condiziam com a realidade ou eram inverídicos, inclusive objeto de falsificação. Daí que a jurisprudência do Tribunal evoluiu no sentido de exigir dos agentes públicos responsáveis pelas contratações não só o recebimento e acolhimento do atestado de exclusividade mencionado no dispositivo legal, mas também a confirmação dessa condição, seja por diligências ou até mesmo consultas ao fabricantes, a exemplo do Acórdão 2.505/2006 - 2ª Câmara, em que se determinou à entidade jurisdicionada a adoção de medidas acautelatórias com vistas a assegurar a veracidade das declarações prestadas pelos órgãos e entidades emitentes. [...] Nesse contexto, afigura-se pertinente o projeto em questão, consistindo em mais um esforço do Tribunal no sentido de evitar irregularidades na comprovação da exclusividade de fornecedor e garantir a observância do preceito legal, não sendo demais ressaltar que a atuação do agente público não deve se resumir à exigência da documentação especificada, mas também à verificação da real condição de exclusividade invocada pelo fornecedor. (Grifos nossos) (Acórdão nº 633/2010 – Plenário, Rel. Min. José Jorge)

Vê-se também que, na redação do §1º do art. 74, não se menciona qual a territorialidade do atestado de exclusividade, se local, regional ou nacional, o que permite a interpretação de que o legislador privilegiou a característica da exclusividade em detrimento da regionalidade, não sendo mais admissível atestado de exclusividade apenas em relação ao local em que se realiza a licitação.

O entendimento deste autor é mais restritivo quanto ao quesito da exclusividade, devendo-se ampliar a competitividade não se podendo mais admitir que a exclusividade se refere apenas ao local da licitação.

O entendimento podia ser diverso na redação anterior sobre exclusividade do fornecedor da Lei nº 8.666/93, que assim dispunha:

Art. 25. É inexigível a licitação quando houver inviabilidade de competição, em especial:
I - para aquisição de materiais, equipamentos, ou gêneros que só possam ser fornecidos por produtor, empresa ou representante comercial exclusivo, vedada a preferência de marca, devendo a comprovação de exclusividade ser feita através de atestado fornecido pelo órgão de registro do comércio do local em que se realizaria a licitação ou a obra ou o serviço, pelo Sindicato, Federação ou Confederação Patronal, ou, ainda, pelas entidades equivalentes; [...].

Ao falar de fornecedor exclusivo, então, a lei era expressa em exigir o atestado por órgão local. Para esta redação, a interpretação da doutrina se dispunha como segue:

Há que distinguir, todavia, a exclusividade industrial da exclusividade comercial. Aquela é a do produtor privativo no País; esta é a dos vendedores e representantes na praça. Quando se trata de produtor não há dúvida possível: se só ele produz um determinado material, equipamento ou gênero, só dele a Administração pode adquirir tais coisas. Quando se trata de vendedor ou representante comercial já ocorre a possibilidade de existirem vários no País, e, neste caso, considera-se a exclusividade na praça de comércio que abranja a localidade da licitação. O conceito de exclusividade comercial está, pois, relacionado com a área privativa do vendedor ou do representante do produtor.[118]

Pronunciando-se sobre os tipos de exclusividade, Carvalho Filho[119] doutrina:

[...] De acordo com correta classificação, pode a exclusividade ser absoluta ou relativa. Aquela ocorre quando só há um produtor ou representante comercial exclusivo no país; a relativa, quando a exclusividade se dá apenas na praça em relação à qual vai haver a aquisição do bem. Na exclusividade relativa, havendo fora da praça mais de um fornecedor ou representante comercial, poderá ser realizada a licitação, se a Administração tiver interesse em comparar várias propostas. Na absoluta, a inexigibilidade é a única alternativa para a contratação.

Sustenta-se, portanto, que com a alteração legislativa a nova lei de licitações continua exigindo a exclusividade, mas, em razão dos princípios da própria lei como competividade e busca da proposta mais vantajosa, a exclusividade não está mais restrita ao âmbito local, o que restringiria a competividade, a não ser que seja caso de produtor exclusivo ou com regras específicas ditadas pela empresa para exclusividade regional, o que conduz à aceitação de atestados com características regionais, vez que se trata de conformação ao princípio da livre iniciativa, insculpido na ordem econômica da Constituição e compatível com a liberdade de iniciativa empresarial, que permite o estabelecimento de representantes exclusivos por áreas regionais específicas.

---

[118] MEIRELLES, Hely Lopes; BURLE FILHO, José Emmanuel. *Direito administrativo brasileiro*. 42. ed. São Paulo: Malheiros, 2016. p. 334.

[119] CARVALHO FILHO, José dos Santos. *Manual de direito administrativo*. 28. ed. São Paulo: Atlas, 2015.

8.1.2 Contratação de artistas

Um dos critérios para a licitação ser considerada inexigível é a contratação de artistas consagrados, tudo nos moldes do art. 74, II da Lei de Licitações e Contratos Administrativos:

> Art. 74. É inexigível a licitação quando inviável a competição, em especial nos casos de: [...]
> II - contratação de profissional do setor artístico, diretamente ou por meio de empresário exclusivo, desde que consagrado pela crítica especializada ou pela opinião pública; [...].

De acordo com este dispositivo legal, a contratação tem que ser realizada diretamente com o artista ou por meio de empresário exclusivo. Apesar de não constar da lei anterior agora revogada, que a exclusividade não vale apenas para o evento, tal observação era realizada pela Corte de Contas, como se observa no seguinte precedente do TCU:

> Acórdão 642/2014-Primeira Câmara (Representação, Relator Ministro Valmir Campelo)
> Contratação direta. Inexigibilidade. Artistas consagrados.
> Na contratação direta de artistas consagrados, com base no art. 25, inciso III, da Lei 8.666/93, por meio de intermediários ou representantes, deve ser apresentada cópia do contrato, registrado em cartório, de exclusividade dos artistas com o empresário contratado. O contrato de exclusividade difere da autorização que dá exclusividade apenas para os dias correspondentes à apresentação dos artistas e é restrita à localidade do evento, a qual não se presta para fundamentar a inexigibilidade.

Quando se observa o inteiro teor, verifica-se que, apesar de não constar da lei, o contrato constou de convênio como uma das condições para a contratação, o que sustenta a exigência do contrato de exclusividade, conforme se verifica no inteiro teor do acórdão, que faz referência a entendimento do TCU datado de 2008:

> Com relação à regularidade do processo de inexigibilidade de licitação, faz-se necessário averiguar a questão dos contratos de exclusividade, firmados para o festival da Carne de Sol, à luz da jurisprudência desta Casa, cujo entendimento está esboçado no item 9.5 do Acórdão 96/2008-TCU-Plenário.

ACÓRDÃO 96/2008-TCU-Plenário

determinar ao Ministério do Turismo que, em seus manuais de prestação de contas de convênios e nos termos dessas avenças, informe que:

quando da contratação de artistas consagrados, enquadrados na hipótese de inexigibilidade prevista no inciso III do art. 25 da Lei nº 8.666/1992, por meio de intermediários ou representantes:

deve ser apresentada cópia do contrato de exclusividade dos artistas com o empresário contratado, registrado em cartório. Deve ser ressaltado que o contrato de exclusividade difere da autorização que confere exclusividade apenas para os dias correspondentes à apresentação dos artistas e que é restrita à localidade do evento;

o contrato deve ser publicado no Diário Oficial da União, no prazo de cinco dias, previsto no art. 26 da Lei de Licitações e Contratos Administrativos, sob pena de glosa dos valores envolvidos;

os valores arrecadados com a cobrança de ingressos em shows e eventos ou com a venda de bens e serviços produzidos ou fornecidos em função dos projetos beneficiados com recursos dos convênios devem ser revertidos para a consecução do objeto conveniado ou recolhidos à conta do Tesouro Nacional. Adicionalmente, referidos valores devem integrar a prestação de contas.

No Acórdão 3826/2013-TCU-1ª Câmara (TC 006.167/2011-0), foi determinado ao Ministério do Turismo que instaurasse processo de tomada de contas especial quando, no exame da prestação de contas, fosse constatada a contratação de bandas de música, por meio de inexigibilidade de licitação, sob o fundamento da exclusividade de representação, com base na apresentação de "cartas" e de "declarações".

ACÓRDÃO 3826/2013-TCU-1ª Câmara

9.2. determinar ao Ministério do Turismo, remetendo cópia integral deste processo, que: [...]

9.2.2. instaure processo de Tomada de Contas Especial, quando no exame da prestação de contas forem constatadas as mesmas irregularidades aqui referidas, especialmente a seguinte, sujeita a glosa: contratação de bandas de música, por meio de inexigibilidade de licitação, sob o fundamento da exclusividade de representação, com base na apresentação de "cartas" e de "declarações" que supostamente atestariam a dita exclusividade, mas na verdade não se prestam para tanto, o que só pode ser feito por meio de contrato firmado entre artistas e empresários, devendo ainda constar registro em cartório, além de regular publicação, conforme as disposições contidas no termo de convênio, no item 9.5 do Acórdão nº 96/2008-TCU-Plenário e nos arts. 25, inciso III, e 26, todos da Lei 8.666/93; [...].

Tal orientação da Corte de Contas foi definitivamente incorporada à nova lei de licitações:

> Art. 74. [...]
> §2º Para fins do disposto no inciso II do *caput* deste artigo, considera-se empresário exclusivo a pessoa física ou jurídica que possua contrato, declaração, carta ou outro documento que ateste a exclusividade permanente e contínua de representação, no País ou em Estado específico, do profissional do setor artístico, afastada a possibilidade de contratação direta por inexigibilidade por meio de empresário com representação restrita a evento ou local específico.

8.1.3 Contratação de serviços técnicos singulares

Outra hipótese de inexigibilidade de licitação está disposta na nova lei, referindo-se a tema de sempre tormentosa interpretação relacionado à singularidade dos serviços:

> III - contratação dos seguintes serviços técnicos especializados de natureza predominantemente intelectual com profissionais ou empresas de notória especialização, vedada a inexigibilidade para serviços de publicidade e divulgação:
> a) estudos técnicos, planejamentos, projetos básicos ou projetos executivos;
> b) pareceres, perícias e avaliações em geral;
> c) assessorias ou consultorias técnicas e auditorias financeiras ou tributárias;
> d) fiscalização, supervisão ou gerenciamento de obras ou serviços;
> e) patrocínio ou defesa de causas judiciais ou administrativas;
> f) treinamento e aperfeiçoamento de pessoal;
> g) restauração de obras de arte e de bens de valor histórico;
> h) controles de qualidade e tecnológico, análises, testes e ensaios de campo e laboratoriais, instrumentação e monitoramento de parâmetros específicos de obras e do meio ambiente e demais serviços de engenharia que se enquadrem no disposto neste inciso; [...].

Quanto à contratação centrada na singularidade do objeto prevista na antiga lei em seu art. 25 (inc. II, da Lei nº 8.666/93), o entendimento consolidado no Tribunal de Contas da União era de que *singular não significa fornecedor único, mas objeto complexo a exigir acentuado nível de segurança e cuidado*:

Acórdão 7840/2013 Primeira Câmara
Contratação Direta. Pedido de Reexame. Singularidade do objeto.
O conceito de singularidade de que trata o art. 25, inciso II, da Lei 8.666/93 não está vinculado à ideia de unicidade, mas de complexidade e especificidade. Dessa forma, a natureza singular não deve ser compreendida como ausência de pluralidade de sujeitos em condições de executar o objeto, mas sim como uma situação diferenciada e sofisticada a exigir acentuado nível de segurança e cuidado.

A nova lei poderia ter esclarecido melhor o que significa a singularidade, mas apenas se refere à notória especialização dando seu significado, mas não enfrentou o tema da singularidade. Assim, aconselha-se que quando da justificativa dos processos de inexigibilidade por serviços singulares desenvolvidos por profissionais de notória especialização, seja demonstrado que a situação é diferenciada, não podendo valer para fatos corriqueiros e quotidianos da Administração, demandando sofisticação e acentuado nível de segurança e cuidado.

Além desta justificativa, deve o órgão público acautelar-se e, em obediência ao art. 74 §3º da nova lei, demonstrar no processo administrativo que o profissional ou a empresa contratados tenham conceito decorrente de desempenho anterior, estudos, experiência, publicações, organização, aparelhamento, equipe técnica ou outros requisitos relacionados com suas atividades, sendo seu trabalho essencial e reconhecidamente adequado à plena satisfação do objeto do contrato.

Aqui a lei determina que o órgão contratante demonstre que o profissional ou empresa não só detém notória especialização, mas que seu currículo e trabalhos anteriores permitam demonstrar que essa especialização é adequada ao objeto necessário à Administração.

O art. 74, §4º da nova lei veda a subcontratação quando é caso de inexigibilidade em razão do serviço especializado e singular.

A Lei nº 14.133, de 1º.4.2021, também esclarece o que pode ser tomado como serviço técnico singular especializado:
   a) estudos técnicos, planejamentos, projetos básicos ou projetos executivos;
   b) pareceres, perícias e avaliações em geral;
   c) assessorias ou consultorias técnicas e auditorias financeiras ou tributárias;
   d) fiscalização, supervisão ou gerenciamento de obras ou serviços;
   e) patrocínio ou defesa de causas judiciais ou administrativas;
   f) treinamento e aperfeiçoamento de pessoal;
   g) restauração de obras de arte e de bens de valor histórico;

h) controles de qualidade e tecnológico, análises, testes e ensaios de campo e laboratoriais, instrumentação e monitoramento de parâmetros específicos de obras e do meio ambiente e demais serviços de engenharia que se enquadrem no disposto neste inciso.

Vê-se nestes serviços o predomínio da atividade intelectual, o que os conduz à categoria de serviços técnicos especializados. O art. 74 da nova lei encerra polêmica ocorrida quanto à possibilidade de contratação, sem concurso público, mediante inexigibilidade, de advogados para patrocínio ou defesa de causas judiciais ou administrativas. A polêmica era crescente nos Tribunais e Cortes de Contas, tomando-se como exemplo o acórdão a seguir, do STJ:

> PROCESSUAL CIVIL E ADMINISTRATIVO. IMPROBIDADE ADMINISTRATIVA. CONTRATAÇÃO DE ADVOGADO. INEXIGIBILIDADE DE LICITAÇÃO. SERVIÇO SINGULAR PRESTADO POR PROFISSIONAIS DE NOTÓRIA ESPECIALIZAÇÃO.
> HISTÓRICO 1. O Ministério Público do Estado de Goiás ajuizou Ação Civil Pública por ato de Improbidade Administrativa questionando a contratação de escritórios de advocacia sem a realização de procedimento licitatório, por meio de três contratos, cada um prorrogado duas vezes, com a sociedade "Carneiro Nogueira Advogados Associados" e com a sociedade "Luiz Silveira Advocacia Empresarial".
> 2. Afirma o Ministério Público que a referida contratação configura improbidade administrativa, por ofensa aos princípios da legalidade e da moralidade, uma vez que inexistente qualquer singularidade a justificar a dispensa de licitação. Em memorial apresentado pelo Estado de Goiás, consta que o contratado Luiz Silveira Advocacia Empresarial S/C já ajuizou Execução dos honorários para pleitear o pagamento de R$54.000.000,00 (cinquenta e quatro milhões de reais).
> 3. A eminente Relatora não conheceu do Recurso Especial por entender que os elementos contidos na r. sentença e no v. acórdão hostilizado: a) não evidenciam a presença de dolo, mesmo na modalidade genérica, e b) desautorizam "concluir pela falta de singularidade do objeto e de notória especialização dos contratados, sendo inviável o reexame dos elementos fático-probatórios dos autos, nos termos da Súmula 7/STJ".
> CONHECIMENTO DO RECURSO ESPECIAL 4. Consta expressamente no acórdão hostilizado que as contratações feitas com duas diferentes sociedades de advogados tiveram os seguintes objetos: a) "a contratação se deu para prestação de serviço jurídico preciso, qual seja, 'prestações de serviços jurídicos na defesa dos direitos da CELG, como propositura de defesas administrativas perante o Instituto Nacional de Seguro Social - INSS, com argumentação jurídica, fática e juntada de documentos comprovatórios, objetivando a inexigibilidade dos débitos relativos

a solidariedade consubstanciada na Lei n. 8.212/91'"; e b) "o referido contrato tem como objeto a prestação de Serviços de Advocacia, para o patrocínio ou defesa de causas judiciais ou administrativas, nas áreas tributárias, comercial e institucional regulatória [...] que se fizessem necessárias para que fossem reconhecidos judicialmente ou administrativamente os direitos da CONTRATANTE de efetuar recuperação, através da compensação, repetição de indébito ou qualquer outro meio, em direito permitido, do que foi pago indevidamente ou em valores maiores do que o devido, ou ainda, propor ações e/ou procedimentos necessários para que fossem evitados pagamentos indevidos".

5. A decisão do órgão colegiado delineou expressamente o objeto do serviço contratado, razão pela qual, conforme será abaixo demonstrado, a solução da presente lide toma por base a valoração jurídica do Tribunal a quo, de modo que, com a devida vênia, não há necessidade de rediscutir fatos ou provas.

CONTRATAÇÃO DE SERVIÇOS TÉCNICOS (JURÍDICOS) E INEXIGIBILIDADE DE LICITAÇÃO 6. De acordo com o disposto nos arts. 13 e 25 da Lei 8.666/1993, a regra é que o patrocínio ou a defesa de causas judiciais ou administrativas, que caracterizam serviço técnico profissional especializado, devem ser contratados mediante concurso, com estipulação prévia do prêmio ou remuneração. Em caráter excepcional, verificável quando a atividade for de natureza singular e o profissional ou empresa possuir notória especialização, não será exigida a licitação.

7. Como a inexigibilidade é medida de exceção, deve ser interpretada restritivamente.

AUSÊNCIA DE SINGULARIDADE DO SERVIÇO CONTRATADO 8. Na hipótese dos autos, o Tribunal de origem julgou improcedente o pedido com base na seguinte premissa, estritamente jurídica: nas causas de grande repercussão econômica, a simples instauração de processo administrativo em que seja apurada a especialização do profissional contratado é suficiente para justificar a inexigibilidade da licitação.

9. A violação da legislação federal decorre da diminuta (para não dizer inexistente) importância atribuída ao critério verdadeiramente essencial que deve ser utilizado para justificar a inexigibilidade da licitação, isto é, a comprovação da singularidade do serviço a ser contratado.

10. Ora, todo e qualquer ramo do Direito, por razões didáticas, é especializado. Nos termos abstratos definidos no acórdão recorrido, qualquer escritório profissional com atuação no Direito Civil ou no Direito Internacional, por exemplo, poderia ser considerado especializado.

11. Deveria o órgão julgador, por exemplo, indicar: a) em que medida a discussão quanto à responsabilidade tributária solidária, no Direito Previdenciário, possui disciplina complexa e específica; e b) a singularidade no modo de prestação de seus serviços - apta a, concretamente, justificar com razoabilidade de que modo seria inviável a competição com outros profissionais igualmente especializados.

12. É justamente nesse ponto que se torna mais flagrante a infringência à legislação federal, pois o acórdão hostilizado não traz qualquer característica que evidencie a singularidade no serviço prestado pelas sociedades de advogados contratadas, ou seja, o que as diferencia de outros profissionais a ponto de justificar efetivamente a inexigibilidade do concurso.

13. Correto, portanto, o Parquet ao afirmar que "Há serviços que são considerados técnicos, mas constituem atividades comuns, corriqueiras, sem complexidade, ainda que concernentes à determinada área de interesse. Assim, nem todo serviço jurídico é necessariamente singular para efeito de inexigibilidade de licitação". Friso uma vez mais: não há singularidade na contratação de escritório de advocacia com a finalidade de ajuizar Ação de Repetição de Indébito Tributário, apresentar defesa judicial ou administrativa destinada a excluir a cobrança de tributos, ou, ainda, prestar de forma generalizada assessoria jurídica.

14. É pouco crível que, na própria capital do Estado de Goiás, inexistam outros escritórios igualmente especializados na atuação acima referida.

15. O STJ possui entendimento de que viola o disposto no art. 25 da Lei 8.666/1993 a contratação de advogado quando não caracterizada a singularidade na prestação do serviço e a inviabilidade da competição. Precedentes: REsp 1.210.756/MG, Rel. Ministro Mauro Campbell Marques, DJe 14/12/2010; REsp 436.869/SP, Rel. Ministro João Otávio de Noronha, DJ 01/02/2006, p. 477.

ILEGALIDADE DE CLÁUSULA CONTRATUAL DE REMUNERAÇÃO

16. Merece destaque, ainda, a informação de que os contratos contêm cláusulas que preveem a remuneração estipulada em percentual sobre os tributos cuja cobrança a contratante Celg consiga anular ou, em outras bases, cuja restituição seja reconhecida judicialmente (disposições que verdadeiramente transformam o escritório em sócio do Erário).

17. A licitude dessa modalidade específica de remuneração requer valoração individual, pois somente a ponderação das circunstâncias de cada caso é que poderá evidenciar a afronta aos princípios da Administração.

18. Relembre-se que, conforme Memorial do Estado de Goiás, o contratado Luiz Silveira Advocacia Empresarial S/C já ajuizou Execução dos honorários para pleitear o pagamento de R$54.000.000, 00 (cinquenta e quatro milhões de reais). O elevadíssimo valor em cobrança - não estou aqui a discutir se os serviços foram ou não prestados -, acrescido das ponderações acima, somente corrobora o quão prejudicial para a Administração Pública foi a contratação dos serviços sem a observância à instauração do procedimento licitatório.

ART. 11 DA LEI DE IMPROBIDADE ADMINISTRATIVA 19. A conduta dos recorridos de contratar diretamente serviços técnicos sem demonstrar a singularidade do objeto contratado e a notória especialização, e com cláusula de remuneração abusiva fere o dever do administrador de agir na estrita legalidade e moralidade que norteiam a Administração

Pública, amoldando-se ao ato de improbidade administrativa tipificado no art. 11 da Lei de Improbidade.

20. É desnecessário perquirir acerca da comprovação de enriquecimento ilícito do administrador público ou da caracterização de prejuízo ao Erário. O dolo está configurado pela manifesta vontade de realizar conduta contrária ao dever de legalidade, corroborada pelos sucessivos aditamentos contratuais, pois é inequívoca a obrigatoriedade de formalização de processo para justificar a contratação de serviços pela Administração Pública sem o procedimento licitatório (hipóteses de dispensa ou inexigibilidade de licitação).

21. Este Tribunal Superior já decidiu, por diversas ocasiões, ser absolutamente prescindível a constatação de dano efetivo ao patrimônio público, na sua acepção física, ou enriquecimento ilícito de quem se beneficia do ato questionado, quando a tipificação do ato considerado ímprobo recair sobre a cláusula geral do *caput* do artigo 11 da Lei 8.429/92.

22. Verificada a prática do ato de improbidade administrativa previsto no art. 11 da Lei 8.429/1992, consubstanciado na infringência aos princípios da legalidade e da moralidade, cabe aos julgadores impor as sanções descritas na mesma Lei, sob pena de tornar impunes tais condutas e estimular práticas ímprobas na Administração Pública.

DISCIPLINA CONSTITUCIONAL 23. De acordo com o exposto, a contratação de escritórios profissionais de advocacia sem a demonstração concreta das hipóteses de inexigibilidade de licitação (singularidade do serviço e notória especialização do prestador), acrescida da inserção de cláusulas que transformam o prestador de serviço em sócio do Estado, negam aplicação ao art. 37, *caput*, e inciso XXI, da CF/1988.

DISPOSITIVO DO VOTO-VISTA 24. Com as homenagens devidas à eminente Relatora, sempre brilhante, conheço e dou provimento ao Recurso Especial para reconhecer a violação dos arts. 13 e 25 da Lei 8.666/1993 e do art. 11 da Lei 8.429/1992 e enquadrar a conduta dos recorridos em ato de improbidade por ofensa do dever de legalidade e atentado aos princípios da Administração Pública. Determino o retorno dos autos ao egrégio Tribunal de origem para que sejam fixadas as penas, assim como as verbas de sucumbência. (REsp nº 1.377.703/GO. Rel. Min. Eliana Calmon, Rel. p/ Acórdão Min. Herman Benjamin, Segunda Turma, j. 3.12.2013. DJe, 12.3.2014)

Com fundamento no acórdão acima, vê-se que o entendimento pátrio era que não bastava ser um serviço técnico especializado, devendo ser o serviço advocatício também singular, ou seja, não corriqueiro na Administração Pública.

Mais recentemente, foi publicada a Lei nº 14.039/2020, que acrescentou à Lei nº 8.906/1994 o art. 3º-A:

Art. 3º-A. Os serviços profissionais de advogado são, por sua natureza, técnicos e singulares, quando comprovada sua notória especialização, nos termos da lei.

Parágrafo único. Considera-se notória especialização o profissional ou a sociedade de advogados cujo conceito no campo de sua especialidade, decorrente de desempenho anterior, estudos, experiências, publicações, organização, aparelhamento, equipe técnica ou de outros requisitos relacionados com suas atividades, permita inferir que o seu trabalho é essencial e indiscutivelmente o mais adequado à plena satisfação do objeto do contrato.

Ao incluir o art. 3º-A no Estatuto da Advocacia, o legislador atrelou a natureza técnica e singular dos serviços advocatícios ao requisito da notória especialização do profissional que o prestará. Poder-se-ia presumir que com esta modificação teria sido encerrada a polêmica sobre a necessidade de demonstrar-se a singularidade do serviço, bastando a notória especialização. Entretanto, a nova lei já foi questionada junto ao Supremo Tribunal Federal, por meio da Ação Direta de Inconstitucionalidade nº 6.569, de 2020.

A Associação Nacional dos Membros do Ministério Público – CONAMP ingressou com pedido de declaração de inconstitucionalidade em face da Lei nº 14.039/2020, que altera o Estatuto da Ordem dos Advogados do Brasil para dispor sobre a natureza singular dos serviços de advocacia.

O autor alegou que a nova lei afronta a regra constitucional da prévia licitação, a regra do concurso público e o exercício da advocacia pública como função essencial à Justiça. Entende o autor como violados os arts. 1º; 5º; 37, II e XXI; e 132 da Constituição Federal.

Defende o autor que a norma da inexigibilidade, neste caso, será aplicada apenas para situações excepcionais em que se demonstre, simultaneamente, a singularidade e a notória especialização profissional.

8.2 Dispensa de licitação

Mantendo a redação do antigo art. 24 da Lei nº 8.666/93, a nova lei prevê as hipóteses de licitação dispensável. A doutrina pátria interpreta o termo "dispensável" como hipótese em que o gestor não está obrigado a realizar a licitação, mas poderá fazê-lo, tudo devidamente justificado no processo administrativo, diferentemente do termo "licitação dispensada" segundo a qual não poderá o gestor realizar a licitação.[120]

---

[120] BACELLAR FILHO, Romeu Felipe. *Direito administrativo*. 2. ed. São Paulo: Saraiva, 2005. p. 114-115.

Já com a redação anterior, agora mantida na Lei nº 14.133, de 1º.4.2021, as hipóteses de licitação dispensável são consideradas taxativas, não podendo haver ampliação daquelas, juízo este que se entende preservado para o novo art. 75, já que a regra da licitação prévia é mantida no texto constitucional pátrio. Veja-se, a respeito, a lição de Jorge Ulisses Jacoby Fernandes,[121] *in verbis*:

> Não é permitido qualquer exercício de criatividade ao administrador, encontrando-se as hipóteses de licitação dispensável previstas expressamente na lei, numerus clausus, no jargão jurídico, querendo significar que são apenas aquelas hipóteses que o legislador expressamente indicou que comportam dispensa de licitação.

Assim passam a ser analisadas as hipóteses de dispensa de licitação, iniciando-se pela dispensa em razão do valor.

8.2.1 Dispensa em razão do valor

A nova lei dispõe ser dispensável a licitação em razão do valor nos seguintes termos:

> Art. 75. É dispensável a licitação:
> I - para contratação que envolva valores inferiores a R$100.000,00 (cem mil reais), no caso de obras e serviços de engenharia ou de serviços de manutenção de veículos automotores;
> II - para contratação que envolva valores inferiores a R$50.000,00 (cinquenta mil reais), no caso de outros serviços e compras; [...].

Assim, dependendo do objeto a ser contratado, caso o valor do contrato seja até R$50.000,00 ou até R$100.000,00, a dispensa de licitação é cabível.

A justificativa para a dispensa de licitação neste caso se refere à aliança da celeridade e economia que deve nortear as aquisições públicas, já que realizar o procedimento licitatório para valores menores acaba gerando demora e custos desproporcionais, levando-se em consideração a lógica do custo-benefício.

Muitas vezes a demora no procedimento licitatório pode gerar mais custos que o objeto a ser adquirido. Movimentar toda a máquina

---
[121] FERNANDES, Jorge Ulisses Jacoby. *Contratação direta sem licitação*. 5. ed. Brasília: Brasília Jurídica, 2000. p. 289.

administrativa para compras que poderiam ser realizadas diretamente acaba sendo desarrazoado e desproporcional. Marçal Justen Filho[122] explica sobre a matéria: "A pequena relevância econômica da contratação não justifica gastos com uma licitação comum". Entretanto, a doutrina pátria também adverte para as situações em que o valor é mantido artificialmente em patamares para se ajustar à dispensa de licitação. É o típico caso da burla à regra licitatória e verdadeira afronta à norma constitucional da licitação obrigatória, podendo gerar enquadramento como crime contra o sistema licitatório:

> Se o administrador utiliza-se do artifício de ajustar o contrato com dispensa de licitação para depois alertá-lo, fazendo acrescer o objeto do contrato nos limites permitidos do art. 65 §1.º, e, em decorrência, extrapola o valor do limite que o inciso I do art. 24 autoriza, sua conduta pode ser tipificada como crime, ensejando a punição sob esse aspecto, além da anulação do contrato e recomposição do erário, caracterizando-se também prejuízo.[123]

Para evitar a burla à licitação com fixação artificial do valor, o legislador responsável pela nova lei estabeleceu regras obrigatórias neste sentido.

Agora, nos parágrafos do art. 70, define a nova lei que para fins de aferição dos valores que atendam aos limites referidos nos incs. I e II do caput, deverão ser observados:

I – o somatório do que for despendido no exercício financeiro pela respectiva unidade gestora;

II – o somatório da despesa realizada com objetos de mesma natureza, entendidos como tais aqueles relativos a contratações no mesmo ramo de atividade.

Os valores referidos nos incs. I e II do *caput* deste artigo serão duplicados para compras, obras e serviços contratados por consórcio público ou por autarquia ou fundação qualificadas como agências executivas na forma da lei.

Para garantir maior transparência ao procedimento de dispensa de licitação, a nova lei determina que será precedida, preferencialmente, de divulgação de aviso em sítio eletrônico oficial, pelo prazo mínimo

---

[122] FERNANDES, Jorge Ulisses Jacoby. *Contratação direta sem licitação*. 5. ed. Brasília: Brasília Jurídica, 2000. p. 236.
[123] FERNANDES, Jorge Ulisses Jacoby. *Contratação direta sem licitação*. 5. ed. Brasília: Brasília Jurídica, 2000. p. 293.

de 3 (três) dias úteis, com a especificação do objeto pretendido e com a manifestação de interesse da Administração em obter propostas adicionais de eventuais interessados, devendo ser selecionada a proposta mais vantajosa.

Aqui se entende uma mudança fundamental em todo o procedimento até então presenciado nas práticas de dispensa. Isto porque a Administração passa a ter que aceitar propostas complementares da comunidade, além daquelas já colhidas pelo próprio Poder Público, devendo ser selecionada a proposta mais vantajosa.

Inicia-se, então, nos casos da dispensa em razão do valor, um procedimento misto, que inicia como dispensa, mas pode ser convertido em licitação se acudirem interessados em realizar o objeto pretendido no procedimento que iniciou como dispensa. Isto se justifica em razão dos princípios acolhidos pelo novo sistema licitatório como o princípio da vantajosidade, bem como os da eficiência e da economicidade.

Ainda quanto à dispensa em razão do valor, define a lei, em razão do princípio da transparência, quanto ao procedimento realizado dentro do Portal Nacional de Contratações Públicas:

> Art. 75. [...]
> §4º As contratações de que tratam os incisos I e II do *caput* deste artigo serão preferencialmente pagas por meio de cartão de pagamento, cujo extrato deverá ser divulgado e mantido à disposição do público no Portal Nacional de Contratações Públicas (PNCP).
> §5º A dispensa prevista na alínea "c" do inciso IV do *caput* deste artigo, quando aplicada a obras e serviços de engenharia, seguirá procedimentos especiais instituídos em regulamentação específica.

8.2.2 Dispensa em razão de licitação deserta ou fracassada

É comum na Administração Pública que as licitações não tenham sucesso por ausência de licitantes interessados ou com propostas incompatíveis com os preços de mercado.

Não pode o gestor aceitar propostas acima do preço de mercado, sob pena de enquadramento em crime de peculato, por desvio da verba pública, favorecendo a si próprio ou terceiro (art. 312 do Código Penal) ou ainda com preços considerados incompatíveis com a realidade do produto, que, da mesma forma, seria um procedimento irregular, já que contraria frontalmente a lei de licitações. Veja-se a solução dada pela nova lei para esta hipótese, definindo como cabível a dispensa:

Art. 75. [...]
III - para contratação que mantenha todas as condições definidas em edital de licitação realizada há menos de 1 (um) ano, quando se verificar que naquela licitação:
a) não surgiram licitantes interessados ou não foram apresentadas propostas válidas;
b) as propostas apresentadas consignaram preços manifestamente superiores aos praticados no mercado ou incompatíveis com os fixados pelos órgãos oficiais competentes;

> *Licitação deserta para a doutrina significa que há desinteresse dos particulares em uma licitação, que findou sem a presença de nenhum fornecedor, diversamente da licitação fracassada, "em que aparecem interessados, mas nenhum é selecionado, em decorrência da inabilitação ou da desclassificação", segundo ensinado por Di Pietro.*[124]

Para parte da doutrina, anteriormente à nova lei, havia possibilidade de dispensa de licitação apenas quando a licitação fosse deserta, mas não quando fracassada, entendimento da Professora Di Pietro. Entretanto, com lição diferente, Jorge Ulisses Jacob Fernandes, Joel de Menezes Niebuhr, Hely Lopes Meirelles, assim como o Tribunal de Contas da União (TCU), em sua Decisão nº 533/2001 – Plenário:

> entendo legítimo concluir que em tese seria possível a invocação do inciso V do art. 24 da Lei nº 8.666/93 para respaldar a contratação direta também nas hipóteses de licitação fracassada. Todavia, como passo a demonstrar, não poderá jamais essa possibilidade alcançar a hipótese de se contratar por dispensa de licitação as mesmas empresas que foram anteriormente desqualificadas do certame competitivo por não se revestirem de condições para firmar contrato com o Poder Público.

Com a nova lei, vê-se que, nos casos da dispensa por licitação deserta e também da fracassada, poderá haver dispensa, desde que a contratação mantenha todas as condições definidas em edital de licitação realizada há menos de 1 (um) ano. Novidade, portanto, da atual lei de licitações e contratos.

Justificando esta hipótese de dispensa de licitação, temos o Professor Marçal Justen Filho:[125]

---

[124] DI PIETRO, Maria Sylvia Zanella. *Direito administrativo*. 27. ed. São Paulo: Atlas, 2014. p. 400.
[125] JUSTEN FILHO, Marçal. *Comentários à Lei de Licitações e Contratos Administrativos*. 16. ed. São Paulo: Revista dos Tribunais, 2014. p. 417-418.

O problema não é realizar a licitação, mas repetir uma licitação que já foi processada regularmente, sem que despertasse interesse aos particulares. Há uma presunção de inutilidade de repetir licitação: se ninguém acorreu à anterior, por que viria a participar da nova? Haveria desperdício não apenas de tempo, mas também de recursos públicos... Em suma, a aplicação do inc. V pressupõe a validade e regularidade da licitação anterior.

Acrescente-se a esta lição a constatação de que a nova lei não exige para a realização da dispensa que seja justificado o prejuízo na repetição do procedimento licitatório, o que vai na esteira da lição do Professor Marçal Justen.

8.2.3 Dispensa em razão do objeto

A nova lei elenca dezesseis hipóteses em que a contratação poderá ser realizada mediante dispensa de licitação em razão do objeto sobre o qual passamos a dispor a seguir:

Art. 75. [...]
IV - para contratação que tenha por objeto:
a) bens, componentes ou peças de origem nacional ou estrangeira necessários à manutenção de equipamentos, a serem adquiridos do fornecedor original desses equipamentos durante o período de garantia técnica, quando essa condição de exclusividade for indispensável para a vigência da garantia;
b) bens, serviços, alienações ou obras, nos termos de acordo internacional específico aprovado pelo Congresso Nacional, quando as condições ofertadas forem manifestamente vantajosas para a Administração;
c) produtos para pesquisa e desenvolvimento, limitada a contratação, no caso de obras e serviços de engenharia, ao valor de R$300.000,00 (trezentos mil reais);
d) transferência de tecnologia ou licenciamento de direito de uso ou de exploração de criação protegida, nas contratações realizadas por instituição científica, tecnológica e de inovação (ICT) pública ou por agência de fomento, desde que demonstrada vantagem para a Administração;
e) hortifrutigranjeiros, pães e outros gêneros perecíveis, no período necessário para a realização dos processos licitatórios correspondentes, hipótese em que a contratação será realizada diretamente com base no preço do dia;
f) bens ou serviços produzidos ou prestados no País que envolvam, cumulativamente, alta complexidade tecnológica e defesa nacional;

g) materiais de uso das Forças Armadas, com exceção de materiais de uso pessoal e administrativo, quando houver necessidade de manter a padronização requerida pela estrutura de apoio logístico dos meios navais, aéreos e terrestres, mediante autorização por ato do comandante da força militar;

h) bens e serviços para atendimento dos contingentes militares das forças singulares brasileiras empregadas em operações de paz no exterior, hipótese em que a contratação deverá ser justificada quanto ao preço e à escolha do fornecedor ou executante e ratificada pelo comandante da força militar;

i) abastecimento ou suprimento de efetivos militares em estada eventual de curta duração em portos, aeroportos ou localidades diferentes de suas sedes, por motivo de movimentação operacional ou de adestramento;

j) coleta, processamento e comercialização de resíduos sólidos urbanos recicláveis ou reutilizáveis, em áreas com sistema de coleta seletiva de lixo, realizados por associações ou cooperativas formadas exclusivamente de pessoas físicas de baixa renda reconhecidas pelo poder público como catadores de materiais recicláveis, com o uso de equipamentos compatíveis com as normas técnicas, ambientais e de saúde pública;

k) aquisição ou restauração de obras de arte e objetos históricos, de autenticidade certificada, desde que inerente às finalidades do órgão ou com elas compatível;

l) serviços especializados ou aquisição ou locação de equipamentos destinados ao rastreamento e à obtenção de provas previstas nos incisos II e V do *caput* do art. 3º da Lei nº 12.850, de 2 de agosto de 2013, quando houver necessidade justificada de manutenção de sigilo sobre a investigação;

m) aquisição de medicamentos destinados exclusivamente ao tratamento de doenças raras definidas pelo Ministério da Saúde; [...].

Os objetos que são considerados de licitação dispensável envolvem os temas de manutenção de garantia técnica (a); acordo internacional (b), produtos com complexidade técnica na pesquisa e desenvolvimento (c, d, f); gêneros perecíveis (e); forças armadas (g, h, i); defesa do meio ambiente e proteção dos vulneráveis (j); combate às organizações criminosas (l) e saúde (m).

São os mais diversos temas escolhidos pelo legislador para dispensar a licitação, mas, em todos eles, vê-se a necessidade de garantir o atendimento a necessidades inadiáveis e evitar prejuízos ao Erário e à população, seja assegurando a garantia técnica de produtos já adquiridos, seja garantido a defesa da soberania e de bens tão caros quanto a saúde, o meio ambiente, a ordem e a paz como na dispensa para aquisição de produtos que ajudarão a combater as organizações criminosas.

Aqui, deve-se lembrar que a regra diferenciada da dispensa é discriminatória, já que inclui tratamento diferenciado em relação às demais hipóteses e só se justifica se o discrímen for razoável.

Celso Antônio Bandeira de Mello[126] indica quatro elementos para que um fator de discriminação legal seja compatível com o princípio da isonomia, e afirma que deve haver necessidade de correlação entre o sistema constitucional e o fundamento de desequiparação:

a) que a desequiparação não atinja, de modo atual e absoluto, um só indivíduo;
b) que as situações ou pessoas desequiparadas pela regra de direito sejam efetivamente distintas entre si, vale dizer, possuam características, traços, nelas residentes, diferenciados;
c) que exista, em abstrato, uma correlação lógica entre os fatores diferenciais existentes e a distinção de regime jurídico em função deles, estabelecida pela norma jurídica;
d) que, *in concreto*, o vínculo de correlação suprarreferido seja pertinente em função dos interesses constitucionalmente protegidos, isto é, resulte em diferenciação de tratamento jurídico fundada em razão valiosa – ao lume do texto constitucional – para o bem público.

Humberto Ávila,[127] na matéria, alerta para a questão do critério diferenciador, que muitas vezes é justificado pelos fins almejados:

> Vale dizer que a aplicação da igualdade depende de um critério diferenciador e de um fim a ser alcançado. Dessa constatação surge uma conclusão, do importante quanto menosprezada: fins diversos levam à utilização de critérios distintos, pela singela razão de que alguns critérios são adequados à realização de determinados fins; outros, não. Mais do que isso: fins diversos conduzem a medidas diferentes de controle. Há fins e fins no Direito. Como postulado, sua violação reconduz a uma violação de alguma norma jurídica. Os sujeitos devem ser considerados iguais em liberdade, propriedade, dignidade. A violação da igualdade implica a violação a algum princípio fundamental.

Das duas lições surge a ideia de que as hipóteses de dispensa são limitadas pelos próprios fins almejados pelo próprio texto constitucional. Se é constatação da leitura da Carta Magna que deve haver

---

[126] BANDEIRA DE MELLO, Celso Antônio. *Conteúdo jurídico do princípio da igualdade*. 3. ed. São Paulo: Malheiros, 1999. p. 41-42.
[127] ÁVILA, Humberto. *Teoria dos princípios*: da definição à aplicação dos princípios jurídicos. 12. ed. São Paulo: Malheiros. 2010. p. 162-163.

defesa do patrimônio público por meio da regra da licitação, apenas se encontradas no próprio texto constitucional finalidades que possam justificar a dispensa de licitação será esta legítima.

Assim como apontado anteriormente, são hipóteses de dispensa até aqui apontadas aquelas relacionadas aos temas de manutenção de garantia técnica (a); acordo internacional (b); produtos com complexidade técnica na pesquisa e desenvolvimento (c, d, f); gêneros perecíveis (e); forças armadas (g, h, i); defesa do meio ambiente e proteção dos vulneráveis (j); combate às organizações criminosas (l) e saúde (m). Entende-se que todos os temas apontados sustentam o discrímen razoável na utilização da regra diferenciada da dispensa, porque se assentam em temas com previsão constitucional envolvendo o respeito a acordos internacionais, segurança nacional, desenvolvimento científico e tecnológico, segurança pública, defesa do meio ambiente e da saúde, bem como na norma constitucional implícita do princípio da razoabilidade relacionada à manutenção da garantia dos produtos já adquiridos. Impor a licitação nestes casos poderia comprometer os interesses elencados nas diversas alíneas antes citadas.

Além do mais, as hipóteses trazidas pelo legislador não trazem redação abrangente, a exemplo daquela relacionada à aquisição para Forças Armadas. Houve o cuidado para especificar e limitar aquelas aquisições que serão realizadas sem licitação: para eventos de curta duração, ou em campanha no exterior.

Estas hipóteses restritivas são também percebidas nas demais hipóteses de dispensa de licitação dispostas a seguir.

8.2.4 Dispensa para contratação de pesquisa, desenvolvimento e inovação que envolvam risco tecnológico

Segundo o art. 20 da Lei nº 10.973, de 2.12.2004, observados os princípios gerais de contratação constantes da referida lei, os órgãos e entidades da Administração Pública, em matéria de interesse público, poderão contratar diretamente instituição científica, tecnológica e de inovação (ICT), entidades de direito privado sem fins lucrativos ou empresas, isoladamente ou em consórcios, voltadas para atividades de pesquisa e de reconhecida capacitação tecnológica no setor, visando à realização de atividades de pesquisa, desenvolvimento e inovação que envolvam risco tecnológico, para solução de problema técnico específico ou obtenção de produto, serviço ou processo inovador.

Tal normativa foi acolhida pela Lei nº 14.133, de 1º.4.2021, que apenas faz referência a esta hipótese de dispensa de licitação. Diante da complexidade do objeto em tela, a licitação é dispensável, apostando o legislador em um microssistema específico, regido pela lógica da simplicidade e do fomento.

Quando se realiza a leitura do marco da inovação brasileiro, disposto na Lei nº 10.973, de 2.12.2004, percebe-se que a intenção é criar a cultura da inovação e, para isso, o sistema licitatório foi identificado como inadequado, passando o próprio Estado a atrair as empresas e parceiros públicos por meio de mecanismos dispostos na referida lei:

I – apoio financeiro, econômico e fiscal direto a empresas para as atividades de pesquisa, desenvolvimento e inovação tecnológica;

II – constituição de parcerias estratégicas e desenvolvimento de projetos de cooperação entre ICT e empresas e entre empresas, em atividades de pesquisa e desenvolvimento, que tenham por objetivo a geração de produtos, serviços e processos inovadores (incluído pela Lei nº 13.243, de 2016);

III – criação, implantação e consolidação de incubadoras de empresas, de parques e polos tecnológicos e de demais ambientes promotores da inovação (incluído pela Lei nº 13.243, de 2016);

IV – implantação de redes cooperativas para inovação tecnológica (incluído pela Lei nº 13.243, de 2016);

V – adoção de mecanismos para atração, criação e consolidação de centros de pesquisa e desenvolvimento de empresas brasileiras e estrangeiras (incluído pela Lei nº 13.243, de 2016);

VI – utilização do mercado de capitais e de crédito em ações de inovação (incluído pela Lei nº 13.243, de 2016);

VII – cooperação internacional para inovação e para transferência de tecnologia (incluído pela Lei nº 13.243, de 2016);

VIII – internacionalização de empresas brasileiras por meio de inovação tecnológica (incluído pela Lei nº 13.243, de 2016);

IX – indução de inovação por meio de compras públicas (incluído pela Lei nº 13.243, de 2016);

X – utilização de compensação comercial, industrial e tecnológica em contratações públicas (incluído pela Lei nº 13.243, de 2016);

XI – previsão de cláusulas de investimento em pesquisa e desenvolvimento em concessões públicas e em regimes especiais de incentivos econômicos (incluído pela Lei nº 13.243, de 2016);

XII – implantação de solução de inovação para apoio e incentivo a atividades tecnológicas ou de inovação em microempresas e em empresas de pequeno porte (incluído pela Lei nº 13.243, de 2016).

Assim, contratar diretamente com atores públicos e privados para inovar foi disposto como o melhor mecanismo para induzir a pesquisa e inovação no Brasil. Para alcançar esta finalidade, justificada está a hipótese de dispensa de licitação, nos moldes do marco normativo específico.

8.2.5 Dispensa para contratação relacionada à segurança nacional e estados emergenciais (guerra, estado de defesa, estado de sítio, intervenção federal ou grave perturbação da ordem)

A lei continua elencando as hipóteses de dispensa de licitação, trazendo as situações de comprometimento à paz pública e segurança nacional. Nestes casos, a licitação, que tem demora nos seus procedimentos, não se apresenta compatível com a necessidade premente de defesa da nação.

8.2.6 Dispensa em razão da emergência

Na esteira da Lei nº 8.666/93, vários precedentes do Tribunal de Contas da União, lições da doutrina pátria e decisões de diversos outros Tribunais já identificavam que não pode ser confundida a emergência com falta de planejamento, desídia ou má-administração para efeito de dispensa de licitação, sendo tal procedimento inadequado.

Considera-se como situação emergencial, asseguradora da regular dispensa de licitação, aquela que precisa ser atendida com urgência, objetivando a não ocorrência de prejuízos, não sendo comprovada a desídia do administrador ou falta de planejamento.

O Professor Jessé Torres Pereira Júnior,[128] ao comentar o referido dispositivo, disposto na nova lei, mas que constava da norma anterior, afirma que:

---

[128] PEREIRA JÚNIOR, Jesse Torres. *Comentários à Lei das Licitações e Contratações da Administração Pública*. 7. ed. Rio de Janeiro: Renovar, 2007.

Já na vigência da Lei 8.666/93, o Tribunal de Contas da União definiu que: 'além da adoção das formalidades previstas no art. 26 e seu parágrafo único da Lei 8.666/93, são pressupostos da aplicação do caso de dispensa preconizados no art. 24, inciso IV, da mesma lei: a1) que a situação adversa, dada como de emergência ou de calamidade pública, não se tenha originado, total ou parcialmente da falta de planejamento, da desídia administrativa ou da má gestão dos recursos disponíveis, ou seja, que ela não possa, em alguma medida, ser atribuída à culpa ou dolo do agente público que tinha o dever de agir para prevenir a ocorrência de tal situação; a2) que exista urgência concreta e efetiva do atendimento a situação decorrente do estado emergencial ou calamitoso, visando afastar risco de danos a bens ou à saúde ou à vida das pessoas; a3) que o risco, além de concreto e efetivamente provável, se mostre iminente e especialmente gravoso; a4) que a imediata efetivação, por meio de contratação com terceiro, de determinadas obras, serviços ou compras, segundo as especificações e quantitativos tecnicamente apurados, seja o meio adequado, efetivo e eficiente de afastar o risco iminente detectado.

O entendimento acima disposto foi assentado pelo TCU na Decisão nº 347/1994, sendo mantido em vários julgados posteriores do TCU. Na oportunidade, dispôs que não pode a situação emergencial ter sido criada por desídia ou má gestão:

Identificação
347/1994 - Plenário
Número Interno do Documento
DC-0347-22/94-P
Decisão
Ementa
Consulta formulada pelo Ministério dos Transportes sobre a caracterização genérica dos casos de emergência ou de calamidade pública, para que se proceda à dispensa de licitação. Conhecimento.
Decisão
O Tribunal Pleno, diante das razões expostas pelo Relator, DECIDE:
1. conhecer do expediente formulado pelo ilustre Ministro de Estado dos Transportes para informar a Sua Excelência que, de acordo com as normas que disciplinam a matéria, o Tribunal não responde a consultas consubstanciadas em caso concreto;
responder ao ilustre Consulente, quanto à caracterização dos casos de emergência ou de calamidade pública, em tese:
que, além da adoção das formalidades previstas no art. 26 e seu parágrafo único da Lei nº 8.666/93, são pressupostos da aplicação do caso de dispensa preconizado no art. 24, inciso IV, da mesma Lei:
que a situação adversa, dada como de emergência ou de calamidade pública, não se tenha originado, total ou parcialmente, da falta de

planejamento, da desídia administrativa ou da má gestão dos recursos disponíveis, ou seja, que ela não possa, em alguma medida, ser atribuída à culpa ou dolo do agente público que tinha o dever de agir para prevenir a ocorrência de tal situação;

que exista urgência concreta e efetiva do atendimento a situação decorrente do estado emergencial ou calamitoso, visando afastar risco de danos a bens ou à saúde ou à vida de pessoas;

que o risco, além de concreto e efetivamente provável, se mostre iminente e especialmente gravoso;

que a imediata efetivação, por meio de contratação com terceiro, de determinadas obras, serviços ou compras, segundo as especificações e quantitativos tecnicamente apurados, seja o meio adequado, efetivo e eficiente de afastar o risco iminente detectado;

que, tratando-se de caso efetivamente enquadrável no art. 24, da Lei nº 8.666/93:

nada obsta, em princípio, sejam englobados, numa mesma aquisição, os quantitativos de material entendidos adequados para melhor atender à situação calamitosa ou emergencial de que se cuida;

tal procedimento, contudo, não deve ser adotado, se verificado não ser o que melhor aproveita as peculiaridades do mercado, tendo em vista o princípio da economicidade (arts. 15, IV, e 25, §2º, da Lei nº 8.666/93);

se o material se destinar à aplicação em contrato vigente de obra ou serviço, cujo valor inclua o relativo a material que devesse ser adquirido pelo contratado, devem ser adotadas as seguintes cautelas:

consignar em termo aditivo a alteração acordada;

cuidar para que, no cálculo do valor acumulado do contrato, para fins de observância ao limite de acréscimo fixado no art. 55, §1º, do revogado DL nº 2.300/86 ou no art. 65, §§1º e 2º, da Lei nº 8.666/93, seja incluído também o preço do material que antes integrava o valor do contrato e que passou a ser adquirido pela própria Administração";

recomendar à 1ª SECEX o acompanhamento das providências adotadas no âmbito do Ministério dos Transportes, extensivas ao DNER, na implementação das determinações contidas no Decreto de 19.04.94; e

4. determinar a juntada do presente processo às contas do DNER, referentes ao exercício em curso, para exame em conjunto.

Portanto, na esteira destas decisões, fundamental que haja a demonstração de que a emergência decorreu, ou não, de má gestão, desídia ou falta de planejamento, devendo haver no âmbito do processo manifestação quanto a este aspecto para que a dispensa seja regular, no esteio da orientação do TCU constante da Decisão nº 347/1994.

Vê-se nesta decisão que não só a situação de risco e emergência deve constar do processo, mas também a demonstração de que a imediata efetivação, por meio de contratação com terceiro, de determinadas obras, serviços ou compras, segundo as especificações e quantitativos tecnicamente apurados, seja o meio adequado, efetivo e eficiente de afastar o risco iminente detectado, ou seja, que não haja outro meio de contratação hábil a realizar o afastamento do risco, bem como a questão da falta de planejamento, desídia ou má gestão.

Na doutrina, verifica-se entendimento em contrário àqueles esposados acima, ressaltando referidos doutrinadores que o interesse público (por exemplo: na divulgação de campanhas relacionadas à saúde pública) deve preponderar para atender à situação urgente, mesmo que haja irregularidades cometidas pelo ex-gestor, permitindo-se, então, a contratação por dispensa de licitação. Trazem-se à colação os ensinamentos de Lúcia Valle Figueiredo e Sérgio Ferraz:[129]

> As balizas legais, no atinente ao conceito de emergência, devem ser de tal ordem que impliquem urgência de atendimento da situação, sob pena de se ocasionarem prejuízos ou comprometer-se a segurança de pessoas, obras, serviços, bens ou equipamentos.
> [...] A emergência é, a nosso ver, caracterizada pela inadequação do procedimento formal licitatório ao caso concreto. Mais especificamente: um caso é de emergência quando reclama solução imediata, de tal modo que a realização da licitação, com os prazos e formalidades que exige, pode causar prejuízo à empresa (obviamente prejuízo relevante) ou comprometer a segurança de pessoas, obras, serviços ou bens, ou ainda, provocar a paralisação ou prejudicar a regularidade de suas atividades específicas. Quando a realização de licitação não é incompatível com a solução necessária, no momento
> preconizado, não se caracteriza a emergência'.
> Mais adiante, vai distinguir a emergência 'real', resultante do imprevisível, daquela resultante da incúria ou inércia administrativa. A ambas dá idêntico tratamento, no que atina à possibilidade de contratação direta. Porém, não exime o responsável pela falha administrativa de sofrer as sanções disciplinares compatíveis.
> Em nosso entender somente dessa forma ficaria satisfeito o princípio da moralidade administrativa: isto é, se, realmente, responsabilizado for o funcionário que deu causa à situação surgida.

Semelhante posicionamento é defendido por Maria Sylvia Zanella Di Pietro:[130]

---

[129] FIGUEIREDO, Lúcia Valle Figueiredo; FERRAZ, Sérgio. *Dispensa e inexigibilidade de licitação*. 2. ed. São Paulo: Revista dos Tribunais, [s.d.]. p. 49.

[130] DI PIETRO, Maria Sylvia Zanella. *Temas polêmicos sobre licitações e contratos*. 2. ed. São Paulo: Malheiros, [s.d.]. p. 80.

[...] nesta questão cabe assinalar que, se estiverem presentes todos os requisitos previstos no dispositivo, cabe a dispensa de licitação, independentemente da culpa do servidor pela não realização do procedimento na época oportuna. Se a demora do procedimento puder ocasionar prejuízo ou comprometer a segurança de pessoas, obras, serviços, equipamentos e outros bens, públicos ou particulares, a dispensa tem que ser feita, porque o interesse público em jogo – a segurança – leva necessariamente a essa conclusão.

Por outras palavras, a inércia do servidor, culposa ou dolosa, não pode vir em prejuízo de interesse público maior a ser tutelado pela Administração.

No tocante a esse assunto, leciona Marçal Justen Filho[131] sobre o art. 24, IV da Lei de Licitações e Contratos Administrativos:

"O dispositivo enfocado refere-se aos casos onde o decurso de tempo necessário ao procedimento licitatório normal impediria a adoção de medidas indispensáveis para evitar danos irreparáveis. Quando fosse concluída a licitação, o dano já estaria concretizado. A dispensa de licitação e a contratação imediata representam uma modalidade de atividade acautelatória do interesse público. [...]
Isso não significa defender o sacrifício do interesse público como conseqüência da desídia do administrador. Havendo risco de lesão ao interesse público, a contratação deve ser realizada, punindo-se o agente que não adotou as cautelas necessárias. O que é necessário é verificar se a urgência existe efetivamente e, ademais, a contratação é a melhor possível nas circunstâncias. Comprovando-se que, mediante licitação formal e comum, a Administração obteria melhor resultado, o prejuízo sofrido deverá ser indenizado pelo agente que omitiu as providências necessárias. [...]
Isso coloca a Administração diante do dilema de fazer licitação (e cessar o atendimento a necessidades impostergáveis) ou realizar a contratação (sob invocação da emergência). O que é necessário é verificar se a urgência existe efetivamente e, ademais, se a contratação é a melhor possível das circunstâncias. Deverá fazer-se a contratação pelo menor prazo e com o objeto mais limitado possível visando a afastar o risco de dano irreparável. Simultaneamente deverá desencadear-se a licitação indispensável. Ou seja, a desídia administrativa não poderá redundar na concretização de danos irreparáveis aos valores buscados pelo Estado, mas se resolverá por outra via. Comprovando-se que, mediante licitação formal e comum, a Administração teria obtido melhor resultado, o

---

[131] JUSTEN FILHO, Marçal. *Comentários à Lei de Licitações e Contratos Administrativos*. 4. ed. Rio de Janeiro: Aide, [s.d.]. p. 152-154.

prejuízo sofrido deverá ser indenizado pelo agente que omitiu as providências necessárias. Ademais disso, deverá punir-se exemplarmente o agente público que omitiu o desencadeamento da licitação.

Lembre-se, no entanto, que a orientação do TCU parece, de algum modo, afastar-se da concepção acima defendida. Há um precedente, reiteradamente referido, consistente na Decisão nº 347/1994 do Plenário, que é seguidamente invocada a propósito da aplicação do art. 24, inciso IV, da Lei 8666. Respondendo a uma consulta o Tribunal assentou-se no voto do Ministro Carlos Átila no sentido de que, 'além da adoção das formalidades previstas no art. 26 e seu parágrafo único da Lei 8.666/93, são pressupostos da aplicação do caso de dispensa preconizados no art. 24, inciso IV, da mesma lei: a1) que a situação adversa, dada como de emergência ou de calamidade pública, não se tenha originado, total ou parcialmente da falta de planejamento, da desídia administrativa ou da má gestão dos recursos disponíveis, ou seja, que ela não possa, em alguma medida, ser atribuída à culpa ou dolo do agente público que tinha o dever de agir para prevenir a ocorrência de tal situação; a2) que exista urgência concreta e efetiva do atendimento a situação decorrente do estado emergencial ou calamitoso, visando afastar risco de danos a bens ou à saúde ou à vida das pessoas; a3) que o risco, além de concreto e efetivamente provável, se mostre iminente e especialmente gravoso; a4) que a imediata efetivação, por meio de contratação com terceiro, de determinadas obras, serviços ou compras, segundo as especificações e quantitativos tecnicamente apurados, seja o meio adequado, efetivo e eficiente de afastar o risco iminente detectado".

A própria doutrina refere-se ao entendimento majoritário do Tribunal de Contas da União no sentido de que este não admite a dispensa sempre que caracterizada a má gestão dos recursos. Não obstante assentam os mesmos respeitáveis doutrinadores que deve prevalecer o interesse público devidamente justificado para que se contrate por dispensa sempre que o demorado prazo de um processo licitatório comum inviabilizar o atendimento de situação emergencial.

Diante do exposto, verifica-se a existência de duas correntes no que tange à contratação de serviços por dispensa de licitação:

aquela filiada à orientação da Decisão nº 347/1994 do Plenário do Tribunal de Contas da União que dispõe ser inadmissível a dispensa de licitação sempre que caracterizada a má gestão de recursos ou desídia do administrador;

aquela relacionada à doutrina administrativa pátria que, diante da configuração da urgência e da impossibilidade de esperar o prazo em que se finda um processo licitatório, garante a contratação por dispensa de licitação visto que prepondera o interesse público.

Recentemente o Tribunal de Contas da União modificou sua orientação, tendo como relatora a Ministra Ana Arraes. Na oportunidade, o Tribunal analisou a situação de aeroporto de Cuiabá, tendo concluído que, apesar da comprovada desídia ou mau planejamento dos administradores anteriores, a emergência basta por si só para garantir a contratação por dispensa:

> AC-1217-16/14-P
> Relator:
> ANA ARRAES
> Processo:
> 005.590/2011-6
> Contratação emergencial
> As obras do aeroporto de Cuiabá foram iniciadas em 2000, a partir da assinatura do contrato 19/ENG/CNBR/0002/2000. Problemas na execução contratual, especialmente decorrentes das substanciais alterações no projeto inicial, tornaram insuficientes os recursos disponíveis, o que levou à paralisação das atividades e à posterior rescisão da avença. Em seguida, por meio de dispensa de licitação destinada à contratação de remanescente de obra, a Infraero firmou o contrato 2- EG/2004/0019 com a empresa Geosolo. Também aqui faltaram recursos para conclusão do objeto e as obras foram paralisadas. Assim, em nova tentativa, a Infraero sustentou a existência de situação emergencial e contratou novamente a empresa Geosolo, outra vez sem licitação.
> A jurisprudência do TCU é pacífica sobre a matéria. Para caracterizar situação emergencial passível de dispensa de licitação, deve restar evidente que a contratação imediata é a via adequada e efetiva para eliminar iminente risco de dano ou de comprometimento da segurança de pessoas, obras, serviços, equipamentos e outros bens, públicos ou particulares. A emergência, per si, é suficiente para justificar a dispensa do processo licitatório.
> Nesse aspecto, impende observar que a situação de risco foi atestada por diversos entidades que avaliaram o Aeroporto de Cuiabá, como o Corpo de Bombeiros (Relatório 039/DST/05 de 23/12/2005) e o Conselho Regional de Engenharia, Arquitetura e Agronomia do Estado do Mato Grosso - CREA/MT (Relatórios 154/05 e 14/2006), além da própria Diretoria de Operações da Infraero. Algumas constatações têm destaque e são aceitáveis para configurar o estado emergencial (peça 24, p. 89/98):
> "i) Laje do Bloco B sendo escorada provisoriamente por ferragem e madeiramento..."
> "pois se constata que o local não possui condições de segurança aos funcionários, clientes e passageiros que se utilizam diariamente dessa estação aeroportuária."
> "Ressalta-se que continua a necessidade de urgência nos serviços elétricos de alimentação, pois se constatou fios de alta tensão espalhados pelo pátio do Aeroporto e nas saídas da casa de subestação, impondo perigo para seus usuários."

"Torna-se imprescindível a opção de se concluir no mais curto prazo possível a obra em questão, ou então, a interdição do local para real adequação de segurança das pessoas que transitam e trabalham no local."

Nos termos da Lei 8.666/1993, além do cenário de urgência, a contratação direta deve se restringir aos bens necessários ao atendimento da situação calamitosa. Como anotado pela unidade técnica, o objeto pactuado não incluiu a totalidade das instalações aeroportuárias, mas essencialmente a conclusão de um setor já parcialmente executado, o que pode ser tido como necessário para afastar os iminentes riscos. Apenas uma parcela da contratação emergencial, relativa aos serviços de demolição, poderia ser dissociada das obras de urgência. Mesmo assim, além de pouco relevante em relação ao valor global da contratação (menos de 5%), a realização das referidas atividades a posteriori poderia interferir na operação aeroportuária. Também aqui, portanto, as evidências não apontam irregularidade.

Entretanto, ainda que comprovada a necessidade de atendimento imediato a determinada situação, cumpre avaliar eventual incúria ou inércia administrativa causadora da situação calamitosa, o que pode ensejar responsabilização dos gestores faltosos. É necessário, dessa forma, estabelecer corretamente as linhas de responsabilidades, de modo a divisar a conduta daqueles que concorreram para originar a situação emergencial e, eventualmente, de agentes que apenas atuaram para elidir o risco de dano.

No caso em exame, os responsáveis citados não agiram diretamente para consolidar o cenário emergencial. As primeiras contratações de obras no aeroporto de Cuiabá foram avaliadas na prolação do acórdão 3.058/2010- Plenário e, diante das falhas gerenciais e de planejamento então constatadas, os gestores da Infraero diretamente associados à caracterização do cenário calamitoso foram apenados. Neste passo, a assinatura do termo de contrato para conclusão das obras não é suficiente para configurar a culpabilidade pela situação emergencial que obrigou à contratação por dispensa de licitação.

A nova lei, sobre a dispensa emergencial, assim está disposta:

Art. 75. [...]

VIII - nos casos de emergência ou de calamidade pública, quando caracterizada urgência de atendimento de situação que possa ocasionar prejuízo ou comprometer a continuidade dos serviços públicos ou a segurança de pessoas, obras, serviços, equipamentos e outros bens, públicos ou particulares, e somente para aquisição dos bens necessários ao atendimento da situação emergencial ou calamitosa e para as parcelas de obras e serviços que possam ser concluídas no prazo máximo de 1 (um) ano, contado da data de ocorrência da emergência ou da calamidade, vedadas a prorrogação dos respectivos contratos e a recontratação de empresa já contratada com base no disposto neste inciso; [...].

Assim, a nova lei mantém as hipóteses de emergência ou calamidade, para sustentar a dispensa de licitação. Entende-se como cabíveis as cautelas acima dispostas na esteira da orientação do Tribunal de Contas da União, mesmo na vigência da nova lei, para evitar as emergências fabricadas artificialmente, o que é considerado crime contra o sistema licitatório.

Ainda é da nova lei a disposição de que se considera emergencial a contratação por dispensa com objetivo de manter a continuidade do serviço público, e deverão ser observados os valores praticados pelo mercado na forma do art. 23 desta lei e adotadas as providências necessárias para a conclusão do processo licitatório, sem prejuízo de apuração de responsabilidade dos agentes públicos que deram causa à situação emergencial. Assim, os preços na contratação por dispensa devem estar fundamentados nos seguintes critérios do art. 23 da nova lei de licitações:

> Art. 23. O valor previamente estimado da contratação deverá ser compatível com os valores praticados pelo mercado, considerados os preços constantes de bancos de dados públicos e as quantidades a serem contratadas, observadas a potencial economia de escala e as peculiaridades do local de execução do objeto.
> §1º No processo licitatório para aquisição de bens e contratação de serviços em geral, conforme regulamento, o valor estimado será definido com base no melhor preço aferido por meio da utilização dos seguintes parâmetros, adotados de forma combinada ou não:
> I - composição de custos unitários menores ou iguais à mediana do item correspondente no painel para consulta de preços ou no banco de preços em saúde disponíveis no Portal Nacional de Contratações Públicas (PNCP);
> II - contratações similares feitas pela Administração Pública, em execução ou concluídas no período de 1 (um) ano anterior à data da pesquisa de preços, inclusive mediante sistema de registro de preços, observado o índice de atualização de preços correspondente;
> III - utilização de dados de pesquisa publicada em mídia especializada, de tabela de referência formalmente aprovada pelo Poder Executivo federal e de sítios eletrônicos especializados ou de domínio amplo, desde que contenham a data e hora de acesso;
> IV - pesquisa direta com no mínimo 3 (três) fornecedores, mediante solicitação formal de cotação, desde que seja apresentada justificativa da escolha desses fornecedores e que não tenham sido obtidos os orçamentos com mais de 6 (seis) meses de antecedência da data de divulgação do edital;
> V - pesquisa na base nacional de notas fiscais eletrônicas, na forma de regulamento.

8.2.7 Dispensa para a aquisição de bens produzidos ou serviços prestados por órgão ou entidade que integrem a Administração Pública

É hipótese de dispensa de licitação aquela para a aquisição, por pessoa jurídica de direito público interno, de bens produzidos ou serviços prestados por órgão ou entidade que integrem a Administração Pública e que tenham sido criados para esse fim específico, desde que o preço contratado seja compatível com o praticado no mercado.

Fernandes[132] entende compatível com o mercado a necessidade de ser demonstrada a compatibilidade dos preços cobrados com os praticados no mercado, significando que compatível é o que se ajusta a uma média do mercado, sendo despiciendo que seja o mais vantajoso, ou o menor: "há se ser compatível, razoável, tão-somente".

Justen Filho[133] defende a tese de que compatível com o mercado não necessariamente é o menor preço, mas o mais vantajoso:

> É incompatível com aquele (princípio da moralidade) porque a Administração Pública não pode realizar contratos com preços meramente "compatíveis" com os de mercado: tem o dever de buscar a contratação mais vantajosa. E o preço ser "compatível" com o mercado não significa necessariamente ser o "mais vantajoso".

Entende-se esta a melhor posição pelo que já defendido no presente livro, vez que a nova lei de licitações manda considerar o ciclo de vida do produto e a economicidade. Assim, nem todo menor preço será aceitável se não comportar qualidade. Dessa forma, a realidade do mercado deve ser de propostas quantitativamente vantajosas, na média, desde que acompanhadas por padrão de qualidade, também dentro da realidade de mercado.

8.2.8 Dispensa para intervenção no domínio econômico

Está autorizada a União a intervir no domínio econômico para regular preços ou normalizar o abastecimento. Neste caso, não precisa realizar a licitação, o que se justifica pela própria situação evidenciada,

---

[132] FERNANDES, Jorge Ulisses Jacoby. *Contratação direta sem licitação*: modalidades, dispensa e inexigibilidade de licitação. 5. ed. Brasília: Brasília Jurídica, 2000. p. 381; 388; 401; 428; 433.
[133] JUSTEN FILHO, Marçal. *Comentários à Lei de Licitações e Contratos Administrativos*. 3. ed. Rio de Janeiro: Aide, 1994. p. 157-158; 163-164.

em que os preços já se encontram alterados pelo mercado, dificultando a obtenção da proposta mais vantajosa.

8.2.9 Dispensa para celebração de contrato de programa

A nova lei de licitações define como uma das hipóteses de dispensa de licitação aquela que permitirá a celebração de contrato de programa com ente federativo ou com entidade de sua Administração Pública indireta que envolva prestação de serviços públicos de forma associada nos termos autorizados em contrato de consórcio público ou em convênio de cooperação.

Deve-se lembrar que já na Constituição Federal o instrumento do consórcio público é previsto para execução de serviços públicos em parcerias pelos entes públicos:

> Art. 241. A União, os Estados, o Distrito Federal e os Municípios disciplinarão por meio de lei os consórcios públicos e os convênios de cooperação entre os entes federados, autorizando a gestão associada de serviços públicos, bem como a transferência total ou parcial de encargos, serviços, pessoal e bens essenciais à continuidade dos serviços transferidos. (Redação dada pela Emenda Constitucional nº 19, de 1998)

A matéria foi regulamentada pela Lei nº 11.107/2005, em que o consórcio público é instrumento em prol da realização de serviços públicos compartilhados. Assim, não havendo competição, mas compartilhamento entre entes públicos em prol de proposta mais vantajosa, não há possibilidade de competição, o que autoriza o reconhecimento da dispensa de licitação neste caso. O mesmo raciocínio se aplica aos convênios.

Lembre-se das lições da Profa. Di Pietro[134] sobre a natureza dos consórcios e convênios. De acordo com Maria Sylvia Zanella Di Pietro, em seu livro *Direito administrativo*,[135] consórcio administrativo é o acordo de vontades entre duas ou mais pessoas jurídicas públicas da mesma natureza e mesmo nível de governo ou entre entidades da Administração indireta para consecução de objetivos comuns.

Ademais, conforme José dos Santos Carvalho Filho,[136] a essência dos consórcios é a cooperação mútua:

---

[134] DI PIETRO, Maria Sylvia Zanella. *Direito administrativo*. 27. ed. São Paulo: Altas, 2014.
[135] DI PIETRO, Maria Sylvia Zanella. *Direito administrativo*. 27. ed. São Paulo: Altas, 2014. p. 394.
[136] CARVALHO FILHO, José dos Santos. *Manual de direito administrativo*. 31. ed. rev., atual. e ampl. São Paulo: Atlas, 2017. p. 172.

Como registramos anteriormente, os consórcios, tradicionalmente, nada mais eram do que convênios, instrumento em que pessoas públicas ou privadas ajustam direitos e obrigações com o objetivo de alcançar metas de interesse recíproco. Em outras palavras, sempre foram negócios jurídicos pelos quais se pode expressar a vontade de cooperação mútua dos pactuantes. A diferença apontada entre ambos, como vimos, era despida de fundamentação normativa. A disciplina da Lei nº 11.107/2005, entretanto, demonstra que os consórcios públicos passaram a espelhar nova modalidade de negócio jurídico de direito público, com espectro mais amplo do que os convênios administrativos, muito embora se possa considerá-los como espécie destes. Daí a necessidade de tecer breves comentários sobre o novo instituto.

Ao exame do delineamento jurídico dos consórcios públicos, pode afirmar-se que sua natureza jurídica é a de negócio jurídico plurilateral de direito público com o conteúdo de cooperação mútua entre os pactuantes. Em sentido lato, poder-se-á considerar contrato multilateral. Constitui negócio jurídico, porque as partes manifestam suas vontades com vistas a objetivos de natureza comum que pretendem alcançar. É plurilateral, porque semelhante instrumento admite a presença de vários pactuantes na relação jurídica, sem o regime de contraposição existente nos contratos; por isso, alguns o denominam de ato complexo. É de direito público, tendo em vista que as normas regentes se dirigem especificamente para os entes públicos que integram esse tipo de ajuste. Retratam cooperação mútua, numa demonstração de que os interesses não são antagônicos, como nos contratos, e sim paralelos, refletindo interesses comuns.

8.2.10 Dispensa para contratação em que houver transferência de tecnologia de produtos estratégicos para o Sistema Único de Saúde (SUS), bem como na aquisição de insumos estratégicos

Em outros dispositivos do art. 75, já fez o legislador a previsão de dispensa em casos de desenvolvimento tecnológico, bem como na área de saúde. Nos incs. XII e XVI, dispõe-se sobre os dois temas em conjunto, desde que conforme elencados em ato da direção nacional do SUS, inclusive por ocasião da aquisição desses produtos durante as etapas de absorção tecnológica, e em valores compatíveis com aqueles definidos no instrumento firmado para a transferência de tecnologia. Importante perceber que o legislador, desde o marco da inovação na primeira década deste século, já optara pelo caminho da dispensa quando se tratar de tema relacionado à inovação e desenvolvimento tecnológico.

8.2.11 Dispensa para contratação de profissionais para compor a comissão de avaliação de critérios de técnica, quando se tratar de profissional técnico de notória especialização

A nova lei de licitações, em seu art. 37, permite a contratação de profissionais especializados para auxiliar a comissão de contratação em licitações que sejam decididas mediante o critério da melhor técnica. No art. 75, define que, caso contratados estes profissionais, a hipótese é de dispensa de licitação.

8.2.12 Dispensa para contratação de associação de pessoas com deficiência

Assim dispõe a nova lei de licitações sobre este tipo de dispensa:

Art. 75. [...]
XIV - para contratação de associação de pessoas com deficiência, sem fins lucrativos e de comprovada idoneidade, por órgão ou entidade da Administração Pública, para a prestação de serviços, desde que o preço contratado seja compatível com o praticado no mercado e os serviços contratados sejam prestados exclusivamente por pessoas com deficiência; [...].

Cria-se, assim, uma espécie de "função social do contrato administrativo", nas palavras de Marçal Justen Filho.[137] Aqui também está patente a lei de licitações e contratos como instrumento de efetivação dos direitos humanos, oferecendo oportunidade de trabalho e renda para associação de deficientes, parcela da população mais vulnerável e que precisa de oportunidades. São verdadeiras ações afirmativas, que mitigam a marginalização e discriminação odiosa em relação a esta parcela da população.

---

[137] JUSTEN FILHO, Marçal. *Comentários à Lei de Licitações e Contratos Administrativos.* 10. ed. São Paulo: Dialética, 2004. p. 259.

8.2.13 Dispensa para contratação de instituição brasileira para executar atividades de ensino, pesquisa, extensão, desenvolvimento institucional, científico e tecnológico e estímulo à inovação, bem como de instituição dedicada à recuperação social da pessoa presa

Esta hipótese de dispensa de licitação está assim disposta no art. 75 da nova lei:

> Art. 75. [...]
> XV - para contratação de instituição brasileira que tenha por finalidade estatutária apoiar, captar e executar atividades de ensino, pesquisa, extensão, desenvolvimento institucional, científico e tecnológico e estímulo à inovação, inclusive para gerir administrativa e financeiramente essas atividades, ou para contratação de instituição dedicada à recuperação social da pessoa presa, desde que o contratado tenha inquestionável reputação ética e profissional e não tenha fins lucrativos; [...].

Um dos pontos mais polêmicos do sistema licitatório brasileiro sempre foi aquele que agora está disposto no inc. XV do art. 75 da nova lei, que dispõe sobre o conceito de desenvolvimento institucional.

Entretanto, o Tribunal de Contas da União vem nos socorrendo com importantes contribuições para entender este conceito e tem seguido na trilha mais acertada, ou seja, a da interpretação constitucional.

Assim, identifica o TCU que o princípio é a licitação, portanto, não se pode considerar que qualquer rotina interna, corriqueira, repetitiva pode ser entendida como desenvolvimento institucional apta a sustentar uma dispensa de licitação.

Neste passo, transcreve-se a Decisão nº 30/2000-TCU – Plenário, em que se pontua a necessidade de conferir-se interpretação restritiva à matéria:

> A regra da licitação tem sede constitucional, inspirada que é na defesa dos princípios da moralidade, da impessoalidade e da isonomia. Nesse sentido, apenas para se harmonizar com outros mandamentos constitucionais de igual relevo pode a lei autorizar o afastamento do procedimento licitatório por parte do administrador público. Jessé Torres Pereira Junior, examinando o teor do art. 24, inciso XIII, do Estatuto das Licitações e Contratos, registra que: "A lei licitatória cumpre, neste inciso, a ordem do art. 218 da Constituição Federal, que incumbe o Estado de promover e incentivar 'o desenvolvimento científico, a

pesquisa e a capacitação tecnológicas'. A determinação do §4º do preceito constitucional nitidamente inspira esta hipótese de dispensabilidade, ao cometer à lei, imperativamente, o dever de apoiar e estimular 'as empresas que invistam em pesquisa, criação de tecnologia adequada ao País, formação e aperfeiçoamento de recursos humanos...'" (in Comentários à Lei das Licitações e Contratações da Administração Pública, Rio de Janeiro, ed. Renovar, 1994, p. 161). No mesmo sentido, leciona Jorge Ulisses Jacoby Fernandes: "A licitação é por força da Constituição Federal a forma impositiva de seleção dos futuros contratantes e tem por objetivo fundamental a garantia do princípio da isonomia. A lei infraconstitucional só pode permitir ao administrador público afastar-se do procedimento licitatório quando buscar harmonizar o princípio da isonomia com outro tão intensamente relevante quanto esse" (in Contratação Direta sem Licitação, Brasília Jurídica, 1995, p. 225). É consenso, hoje, no Tribunal, que uma interpretação elastecida do art. 24, inciso XIII, da Lei conduziria, necessariamente, a sua inconstitucionalidade. O eminente Ministro Marcos Vilaça, nos autos do TC- 017.537/96-7 (Decisão nº 881/97 – Plenário, ata nº 52) anuiu à manifestação da 6ª SECEX no sentido de que, "a fim de compatibilizar a norma com o ordenamento jurídico vigente, [...] impõe-se uma interpretação rigorosa do dispositivo legal citado, de modo a exigir que a entidade contratada tenha objetivos condizentes com o objeto da contratação e estrutura que comporte o cumprimento pessoal dos compromissos assumidos". Foi tendo em conta essa premissa que S. Exa. submeteu ao Plenário, com aprovação unânime, a Decisão nº 830/98 (ata nº 48), onde, uniformizando posicionamentos divergentes no Tribunal, firmou-se o entendimento de que a dispensa de que trata o referido inciso apenas é admitida "quando, excepcionalmente, houver nexo entre este dispositivo, a natureza da instituição e o objeto a ser contratado". No caso dos autos, deve-se perquirir, portanto, a existência ou não de tal nexo, de modo que se possa, então, deliberar sobre a licitude da contratação efetuada. De plano, verifica-se que o INSS jamais se preocupou em demonstrar que o objeto contratual inseria-se entre as ações indicadas no dispositivo legal. Num primeiro momento, inclusive, já definidos o objeto, a entidade a ser contratada e a fundamentação legal para a dispensa, a procuradoria-geral da autarquia registrou, in verbis: "Ressalte-se que a justificativa [para a dispensa] deve evidenciar todos os requisitos necessários à caracterização da situação prevista na Lei e, no caso em que a descrição do objeto for relevante para definir a contratação direta, deve a autoridade administrativa mencionar que as características restritivas da licitação são necessárias e indispensáveis ao atendimento do interesse público. No presente processo, no entanto, não constam os elementos necessários para o enquadramento como dispensa de licitação" (grifei, fl. 130 do volume II). Em função disso, o diretor de recursos humanos da entidade, posteriormente, justificou assim a dispensa (fl. 165 do volume II): "Não se trata, por conseguinte, de proceder a simples reavaliação de órgãos existentes, da mera proposição de extinção ou fusão de entidades ou níveis hierárquicos, como eliminação de paralelismo e superposições, que se constituem em procedimentos corriqueiros contemplados, em geral, nas disciplinas usuais de organização e métodos. Trata-se, na verdade, de conseguir consenso acerca de uma estrutura que, se por um lado contempla as expectativas e as realidades vivenciadas até o presente pelos servidores do Instituto, tanto a nível estratégico como tático e operacional, por outro, guarda estreita adequação ao novo modelo de gestão, preconizado pela estratégia de desenvolvimento institucional. As peculiaridades inerentes à solução desta questão exigem uma abordagem multidisciplinar em Administração, além de experiência comprovada em consultoria no setor público" (grifei). Essa argumentação, acolhida pela procuradoria do INSS, não se presta a justificar a dispensa de licitação. As alusões à pretensa singularidade do trabalho e às rigorosas qualificações exigíveis da entidade a ser contratada se adequariam, quando muito, a uma tentativa de justificação de contratação por inexigibilidade, o que, no entanto, também não seria pertinente no caso. Na realidade, o que os elementos do processo sugerem é que a autarquia, determinada a não licitar, buscou justificativas variadas para realizar a contratação direta, ainda que essas justificativas não convergissem, necessariamente, para um ponto comum. No âmbito do TCU, os pareceres exarados nos autos não se ocuparam, com a detença que se fazia necessária, do exame desse aspecto. De passagem, a Unidade Técnica (fl. 96) registra que "a empresa contratada está estatutariamente incumbida da pesquisa", o que, associado a outros fatores (ausência de finalidade lucrativa e inquestionável reputação ético-profissional), tornaria legal a contratação, a menos de pequenas falhas de natureza formal (descumprimento do art. 26 da Lei). O Ministério Público, por sua vez, enfatiza um dos objetivos estatutários da Fundação ("realizar estudos, pesquisas e promover a prestação de serviços técnicos que atendam às necessidades dos setores públicos e privados, dentro dos princípios acadêmicos que permitam, simultaneamente, o atendimento dos seus objetivos e o desenvolvimento de pessoal especializado") e consigna que, "à luz dessas informações, vislumbra-se a relação do objeto contratado com os fins estatutários da instituição contratada". Com as vênias devidas, não vislumbro correlação entre o serviço contratado pelo INSS (revisão da estrutura organizacional da autarquia) e a atividade de pesquisa, na acepção que tem o termo no art. 24, XIII, da Lei nº 8.666/93. Ali, trata-se da pesquisa exploratória, formulada em tese; da busca do novo. No contrato, de modo diferente, busca-se apenas aplicar conhecimentos pré-existentes na solução de um caso concreto. Para tanto, evidentemente, é necessário um cuidadoso trabalho de pesquisa, tanto para a perfeita formulação da situação-problema como para a concepção de possíveis soluções. Esse tipo de pesquisa, entretanto, é requerido, via de regra, em qualquer trabalho de natureza intelectual, não podendo ser confundido com aquele que mereceu distinção especial do legislador constituinte. De outra parte, o objetivo estatutário da FIA enfatizado pelo Ministério Público (realização de estudos, pesquisas e prestação de serviços *técnicos aos setores público e privado) não abrange mais do que serviços ordinários de consultoria organizacional que são corriqueiramente prestados por inúmeras empresas do ramo existentes no mercado.* Também ações dessa natureza não foram amparadas pela Constituição. O que se poderia argumentar, contudo, é que o objeto contratual sob exame tipificaria a figura do desenvolvimento institucional, expressamente mencionado no dispositivo que amparou a dispensa de licitação. Nessa linha, ainda se poderia sustentar que as atribuições estatutárias da FIA, voltadas para o "desenvolvimento da Administração" em todos os setores (alínea a dos objetivos da entidade), igualmente se enquadrariam em desenvolvimento institucional, o que satisfaria à exigência de nexo, requerida pelo TCU, entre o dispositivo legal, a natureza da instituição e o objeto contratual. Para o exame dessa questão, é necessário interpretar o significado da expressão desenvolvimento institucional inserida no texto legal. O Dicionário Aurélio registra os vocábulos instituição e instituições. Instituição: "3. Associação ou organização de caráter social, educacional, religioso, filantrópico, etc.: A ONU é uma instituição internacional. 5. Sociol. Estrutura decorrente de necessidades sociais básicas, com caráter de relativa permanência, e identificável pelo valor de seus códigos de conduta, alguns deles expressos em leis; instituto." Instituições: "2. O conjunto de estruturas sociais estabelecidas pela tradição, especialmente as relacionadas com a coisa pública: um povo apegado a suas instituições." A respeito, escreve Jorge Ulisses Jacoby Fernandes, em sua já citada obra: "De todas as expressões utilizadas pelo legislador no inciso, o 'desenvolvimento institucional' foi a mais ampla. Se a doutrina até agora debate- se por açambarcar e analisar as acepções da palavra instituição, a rigor, 'desenvolvimento institucional' compreenderia crescimento, progresso, de qualquer coisa que possa estar compreendida no termo instituição. Cuida do desenvolvimento institucional tanto uma empresa que possui um centro de controle de qualidade, como uma faculdade, como um sindicato, como uma associação de moradores, enfim, qualquer 'instituição' que se dedique a um fim. *Por óbvio, impõe o interesse público a restrição do termo a fim de que o mesmo se harmonize com o ordenamento jurídico" (grifei). Para Marçal Justen Filho (in Comentários à Lei de Licitações e Contratos Administrativos, Rio de Janeiro, AIDE, 1994, p. 144), ao registrar o termo a Lei alude "às instituições sociais e políticas, que envolvam todos os segmentos possíveis da população". Segundo o autor, esse entendimento é corroborado pela menção expressa, no próprio dispositivo legal, às instituições dedicadas à recuperação social do preso. Uma interpretação apressada da Lei poderia conduzir à ilação de que desenvolvimento institucional seria qualquer ato voltado para o aperfeiçoamento das instituições, para a melhoria do desempenho das organizações. Nesse sentido, contudo, a simples automatização de procedimentos, a aquisição de equipamentos mais eficientes, a reforma das instalações de uma unidade, a ampliação das opções de atendimento aos clientes, o treinamento de servidores, a reestruturação organizacional e um sem-número de outras ações que significassem algum plus no relacionamento entre a Administração e a Sociedade poderiam ser entendidas como tal. Já foi registrado, no entanto, que uma interpretação larga da Lei, nesse ponto, conduziria, necessariamente, à inconstitucionalidade do dispositivo, uma vez que os valores fundamentais da isonomia, da moralidade e da impessoalidade, expressamente salvaguardados pela Constituição, estariam sendo, por força de norma de hierarquia inferior, relegados. Logo, desenvolvimento institucional não pode significar, simplesmente, ao menos no contexto do inciso XIII, melhoria ou aperfeiçoamento das organizações públicas. Os autores citados, em que pese às variações de abrangência admitidas, associam a expressão a alguma forma de ação social que tenha sido constitucionalmente especificada como de interesse do Estado.* Nesse sentido, seriam entidades dedicadas ao desenvolvimento institucional, por exemplo, aquelas voltadas para a proteção à infância (arts. 203, I, e 204, I, da C.F.), ao deficiente (arts. 203, IV, e 204, I), à saúde (arts. 196, 197 e 200, V), para o desenvolvimento do ensino (arts. 205, 213 e 214), para o desporto (art. 217), entre outras. Nesse rol, entrariam as APAEs, as Sociedades Pestalozzi, a CNEC, a Associação das Pioneiras Sociais, as associações esportivas, etc.

A nova lei não enfrenta esta temática, mas, diante da necessidade de garantir-se o texto constitucional, a melhor interpretação para o novo artigo é aquela que define não ser qualquer atividade de ensino, pesquisa, extensão, desenvolvimento institucional, científico e tecnológico e estímulo à inovação, mas alguma forma de ação social que tenha sido constitucionalmente especificada como de interesse do Estado.

Nesse sentido, seriam entidades dedicadas ao desenvolvimento institucional, por exemplo, aquelas voltadas para a proteção à infância (arts. 203, I, e 204, I, da CF), ao deficiente (arts. 203, IV, e 204, I), à saúde (arts. 196, 197 e 200, V), para o desenvolvimento do ensino (arts. 205, 213 e 214), para o desporto (art. 217), entre outras. Não seriam, portanto, desenvolvimento institucional atividades como simples automatização de procedimentos, a aquisição de equipamentos mais eficientes, a reforma das instalações de uma unidade, a ampliação das opções de atendimento aos clientes, o treinamento de servidores, a reestruturação organizacional e um sem-número de outras ações que significassem algum *plus* no relacionamento entre a Administração e a sociedade.

Sobre o desenvolvimento institucional da entidade contratada, deve-se identificar a reputação ético-profissional como disposto no art. 75, XV, da nova lei. Surge, então, dúvida quanto ao significado e alcance deste requisito.

Sobre o assunto, a doutrina pátria majoritária entende que não é necessário que a entidade goze de prestígio em toda a sociedade, mas, tão somente, no âmbito do seu ramo de mercado. Nessa linha é o pensamento de Fernandes:[138]

> Reputação é também requisito à válida aplicação desse inciso e diz respeito ao conceito de que desfruta a instituição perante a sociedade na qual exerce as funções, a sua fama, o seu renome. [...] exige a lei "inquestionável reputação ético-profissional", sendo insuficiente a ausência de comentários negativos ou a existência simultânea de fatores positivos e depreciativos, com prevalência do primeiro; mas é suficiente que a instituição só seja conhecida no âmbito restrito dos que atuam naquele segmento do mercado (caso típico das instituições dedicadas à recuperação do preso que são até "famosas" entre os que se dedicam a esse tipo de filantropia, mas absolutamente ignoradas pela grande maioria da sociedade). [...]

Nestes termos, decidiu o Tribunal de Contas da União:

Acórdão 3262/2014 Plenário (Pedido de Reexame, Relator Ministro Aroldo Cedraz)
Contratação Direta. Dispensa. Reputação ético-profissional.
O pouco tempo de existência da entidade não impossibilita, por si só, o atendimento ao requisito da inquestionável reputação ético- profissional exigido para as contratações por dispensa de licitação com base no art. 24, inciso XIII, da Lei 8.666/93.

---

[138] FERNANDES, Jorge Ulisses Jacoby. *Contratação direta sem licitação*: modalidades, dispensa e inexigibilidade de licitação. 5. ed. Brasília: Brasília Jurídica, 2000. p. 381; 388; 401; 428; 433.

CAPÍTULO 9

ALIENAÇÕES

Sob o termo *alienações*, o legislador elencou uma série de procedimentos, com naturezas jurídicas diversas, que permitem concluir ser a alienação no sistema do direito administrativo brasileiro toda transferência de propriedade, domínio útil ou posse a terceiro mediante processo administrativo devidamente formalizado, precedida ou não de autorização legislativa e licitação, dependendo do mecanismo adotado.

A esta conclusão se chega sobre o termo *alienação* na nova lei de licitações, porque expressamente o legislador elenca o que pode ser considerado alienação, estando entre as hipóteses desde a doação e a compra e venda até a locação, sendo que as primeiras representaram transferência de propriedade, na lógica civilista, o que não se aplica à última, típica da transferência apenas da posse.

De acordo com este conceito amplo de alienação, colocou o legislador condicionantes para que esta seja realizada, dependendo da escolha realizada pelo gestor, conforme resumo a seguir.

1) Bens imóveis (regra geral):

I – interesse público devidamente justificado em processo administrativo;

II – avaliação do imóvel;

III – autorização legislativa;

IV – prévia licitação na modalidade leilão.

Há exceção a esta regra geral se for o caso dos seguintes negócios jurídicos, sendo exigidos todos os requisitos anteriores, menos a licitação:

(continua)

Dação em pagamento	Acordo de vontades entre credor e devedor, por meio do qual o primeiro concorda em receber do segundo, para exonerá-lo da dívida, prestação diversa da que lhe é devida.
Doação, permitida exclusivamente para outro órgão ou entidade da Administração Pública, de qualquer esfera de governo, ressalvadas doações de caráter social.	Contrato em que uma pessoa, por liberalidade, transfere do seu patrimônio bens ou vantagens para o de outra.
Permuta por outros imóveis que atendam aos requisitos relacionados às finalidades precípuas da Administração, desde que a diferença apurada não ultrapasse a metade do valor do imóvel que será ofertado pela União, segundo avaliação prévia, e ocorra a torna de valores, sempre que for o caso.	Negócio jurídico em que as partes se obrigam, reciprocamente, a entregar coisas.
Investidura	I – alienação, ao proprietário de imóvel lindeiro, de área remanescente ou resultante de obra pública que se tornar inaproveitável isoladamente, por preço que não seja inferior ao da avaliação nem superior a 50% (cinquenta por cento) do valor máximo permitido para dispensa de licitação de bens e serviços previsto nesta lei; II – alienação, ao legítimo possuidor direto ou, na falta dele, ao poder público, de imóvel para fins residenciais construído em núcleo urbano anexo a usina hidrelétrica, desde que considerado dispensável na fase de operação da usina e que não integre a categoria de bens reversíveis ao final da concessão.
Venda a outro órgão ou entidade da Administração Pública de qualquer esfera de governo.	Obrigação de transferir o domínio de certa coisa, e o outro, a pagar-lhe certo preço em dinheiro.

(continua)

Alienação gratuita ou onerosa, aforamento, concessão de direito real de uso, locação e permissão de uso de bens imóveis residenciais construídos, destinados ou efetivamente usados em programas de habitação ou de regularização fundiária de interesse social desenvolvidos por órgão ou entidade da Administração Pública.	– alienação gratuita ou onerosa (transferência do imóvel a terceiro); – aforamento (por ato entre vivos, ou de última vontade, o proprietário atribui a outro o domínio útil do imóvel, pagando a pessoa, que o adquire, e assim se constitui enfiteuta, ao senhorio direto uma pensão, ou foro, anual, certo e invariável); – concessão de direito real de uso (contrato pelo qual a Administração transfere o uso remunerado ou gratuito de terreno público a particular, como direito real resolúvel, para que dele se utilize para fins específicos de urbanização, industrialização, edificação, cultivo ou qualquer outra exploração de interesse social); – locação (uma das partes cede a outra o uso e gozo de bem móvel ou imóvel); – permissão de uso (ato administrativo negocial, discricionário e precário, pelo qual o Poder Público faculta ao particular o uso especial de bens públicos, a título gratuito ou remunerado, nas condições estabelecidas pela Administração).
Alienação e concessão de direito real de uso, gratuita ou onerosa, de terras públicas rurais da União e do Instituto Nacional de Colonização e Reforma Agrária (Incra) onde incidam ocupações até o limite de que trata o §1º do art. 6º da Lei nº 11.952, de 25.6.2009, para fins de regularização fundiária, atendidos os requisitos legais.	

(conclusão)

Legitimação de posse de que trata o art. 29 da Lei nº 6.383, de 7.12.1976, mediante iniciativa e deliberação dos órgãos da Administração Pública competentes.	O ocupante de terras públicas, que as tenha tornado produtivas com o seu trabalho e o de sua família, fará jus à legitimação da posse de área contínua até 100 (cem) hectares, desde que preencha os seguintes requisitos: I – não seja proprietário de imóvel rural; II – comprove a morada permanente e cultura efetiva, pelo prazo mínimo de 1 (um) ano. A legitimação da posse consistirá no fornecimento de uma licença de ocupação, pelo prazo mínimo de mais 4 (quatro) anos, findo o qual o ocupante terá a preferência para aquisição do lote, pelo valor histórico da terra nua, satisfeitos os requisitos de morada permanente e cultura efetiva e comprovada a sua capacidade para desenvolver a área ocupada. Aos portadores de licenças de ocupação, concedidas na forma da legislação anterior, será assegurada a preferência para aquisição de área até 100 (cem) hectares, nas condições do parágrafo anterior, e, o que exceder esse limite, pelo valor atual da terra nua. A licença de ocupação será intransferível *inter vivos* e inegociável, não podendo ser objeto de penhora e arresto. A licença de ocupação dará acesso aos financiamentos concedidos pelas instituições financeiras integrantes do Sistema Nacional de Crédito Rural.
Legitimação fundiária e legitimação de posse de que trata a Lei nº 13.465, de 11.7.2017.	

Algumas observações ainda dispostas na lei sobre os bens imóveis:

a) A alienação de bens imóveis da Administração Pública, cuja aquisição tenha sido derivada de procedimentos judiciais ou de dação em pagamento, dispensará autorização legislativa e exigirá apenas avaliação prévia e licitação na modalidade leilão.

b) Os imóveis doados para outro órgão ou entidade da Administração Pública, de qualquer esfera de governo, cessadas as razões que justificaram sua doação, serão revertidos ao patrimônio da pessoa jurídica doadora, vedada sua alienação pelo beneficiário.

c) A Administração poderá conceder título de propriedade ou de direito real de uso de imóvel, admitida a dispensa de licitação, quando o uso se destinar a:

I – outro órgão ou entidade da Administração Pública, qualquer que seja a localização do imóvel;

II – pessoa natural que, nos termos de lei, regulamento ou ato normativo do órgão competente, haja implementado os requisitos mínimos de cultura, de ocupação mansa e pacífica e de exploração direta sobre área rural, observado o limite de que trata o §1º do art. 6º da Lei nº 11.952, de 25.6.2009.

d) No caso da doação para pessoa natural disposta acima, será dispensada de autorização legislativa e submeter-se-á aos seguintes condicionamentos:

I – aplicação exclusiva às áreas em que a detenção por particular seja comprovadamente anterior a 1º.12.2004;

II – submissão aos demais requisitos e impedimentos do regime legal e administrativo de destinação e de regularização fundiária de terras públicas;

III – vedação de concessão para exploração não contemplada na lei agrária, nas leis de destinação de terras públicas ou nas normas legais ou administrativas de zoneamento ecológico-econômico;

IV – previsão de extinção automática da concessão, dispensada notificação, em caso de declaração de utilidade pública, de necessidade pública ou de interesse social;

V – aplicação exclusiva a imóvel situado em zona rural e não sujeito a vedação, impedimento ou inconveniente à exploração mediante atividade agropecuária;

VI – limitação a áreas de que trata o §1º do art. 6º da Lei nº 11.952, de 25.6.2009, vedada a dispensa de licitação para áreas superiores;[139]

---

[139] "Art. 6º Preenchidos os requisitos previstos no art. 5º, o Ministério do Desenvolvimento Agrário ou, se for o caso, o Ministério do Planejamento, Orçamento e Gestão regularizará as áreas ocupadas mediante alienação. §1º Serão regularizadas as ocupações de áreas não superiores a 2.500 ha (dois mil e quinhentos hectares)".

VII – acúmulo com o quantitativo de área decorrente do caso previsto na alínea "i" do inc. I do *caput* deste artigo até o limite previsto no inc. VI deste parágrafo.[140]

e) A doação com encargo será licitada e de seu instrumento constarão, obrigatoriamente, os encargos, o prazo de seu cumprimento e a cláusula de reversão, sob pena de nulidade do ato, dispensada a licitação em caso de interesse público devidamente justificado. Nesta hipótese, caso o donatário necessite oferecer o imóvel em garantia de financiamento, a cláusula de reversão e as demais obrigações serão garantidas por hipoteca em segundo grau em favor do doador.

f) Para a venda de bens imóveis, será concedido direito de preferência ao licitante que, submetendo-se a todas as regras do edital, comprove a ocupação do imóvel objeto da licitação.

2) Móveis (regra geral):

I – interesse público devidamente justificado;

II – avaliação;

III – licitação na modalidade leilão.

Há exceção a esta regra geral no caso dos seguintes negócios jurídicos, sendo exigidos todos os requisitos anteriores, menos a licitação:

a) doação, permitida exclusivamente para fins e uso de interesse social, após avaliação de oportunidade e conveniência socioeconômica em relação à escolha de outra forma de alienação;

b) permuta, permitida exclusivamente entre órgãos ou entidades da Administração Pública;

c) venda de ações, que poderão ser negociadas em bolsa, observada a legislação específica;

d) venda de títulos, observada a legislação pertinente;

e) venda de bens produzidos ou comercializados por entidades da Administração Pública, em virtude de suas finalidades;

f) venda de materiais e equipamentos sem utilização previsível por quem deles dispõe para outros órgãos ou entidades da Administração Pública.

---

[140] 100 ha a 2500 ha.

CAPÍTULO 10

PROCEDIMENTOS AUXILIARES

A nova lei de licitações inova, criando capítulo específico para os procedimentos auxiliares à licitação, que, não fazendo parte da licitação, podem ser conceituados como procedimentos de caráter administrativo, de cunho preparatório, que permitem reunir informações sobre projetos e propostas, garantindo a preparação de futura licitação. Esta não fica vinculada aos procedimentos auxiliares, visto que a licitação não passa a ser obrigatória, se realizados os procedimentos auxiliares. Assim, nos próximos itens, passam a ser analisados os seguintes procedimentos auxiliares:

I – credenciamento;
II – pré-qualificação;
III – procedimento de manifestação de interesse;
IV – sistema de registro de preços;
V – registro cadastral.

10.1 Credenciamento

Antes da nova lei de licitações, o credenciamento já era estudado pela doutrina brasileira. Segundo Torres,[141] o credenciamento é uma hipótese de inexigibilidade de licitação na qual "[...] a Administração aceita como colaborador todos aqueles que, atendendo as motivadas exigências públicas, manifestem interesse em firmar contrato ou acordo administrativo".

---

[141] TORRES, Ronny Charles Lopes de. *Leis de licitações públicas comentadas*. Salvador: JusPodivm, 2019. p. 348.

Desse modo, o credenciamento é um procedimento por meio do qual a Administração Pública anuncia que precisa de pessoas para fornecer determinados bens ou para prestar algum serviço e que irá contratar os que se enquadrem nas qualificações que ela exigir. Após esse chamamento público, os interessados podem se habilitar para serem contratados.

Ainda explicando o tema, o Professor Joel de Menezes Niebuhr alerta ser o credenciamento verdadeira hipótese de inexigibilidade de licitação:

> Outra hipótese de inexigibilidade de licitação pública, que é cada vez mais frequente, relaciona-se ao denominado credenciamento, porquanto todos os Interessados em contratar com a Administração Pública são efetivamente contratados, sem que haja relação de exclusão. Como todos os interessados são contratados, não há que se competir por nada, forçando-se reconhecer, por dedução, a inviabilidade de competição e a inexigibilidade de licitação pública. [...]
> Seguindo essa linha de raciocínio, nas hipóteses em que o interesse público demanda contratar todos os possíveis interessados, todos em igualdade de condições, não há que se cogitar de licitação pública, porque não há competição, não há disputa.
> Em apertadíssima síntese: a licitação pública serve para regrar a disputa de um contrato; se todos são contratados, não há o que se disputar, inviável é a competição e, por corolário, está-se diante de mais um caso de inexigibilidade, quer queira ou não queira o legislador.[142]

Até a publicação da nova lei de licitações, não tinha sido o credenciamento previsto em lei, mas era amplamente aceito pelo Tribunal de Contas da União (Plenário, Acórdão nº 784/2018, Rel. Min. Marcos Bemquerer).

Segundo a Corte de Contas, a ausência de expressa previsão legal do credenciamento entre os casos de inexigibilidade de licitação previstos na Lei nº 8.666/93 não impede que a Administração lance mão de tal procedimento e efetue a contratação direta entre diversos fornecedores previamente cadastrados que satisfaçam os requisitos estabelecidos pela Administração (Plenário, Acórdão nº 768/2013, Rel. Min. Marcos Bemquerer).

---

[142] NIEBUHR, Joel de Menezes. *Licitação pública e contrato administrativo*. 4. ed. Belo Horizonte: Fórum, 2015. p. 119.

Para tanto, devem ser observados requisitos como:
a) contratação de todos os que tiverem interesse e que satisfaçam as condições fixadas pela Administração, não havendo relação de exclusão;
b) garantia de igualdade de condições entre todos os interessados hábeis a contratar com a Administração, pelo preço por ela definido;
c) demonstração inequívoca de que as necessidades da Administração somente poderão ser atendidas dessa forma (Primeira Câmara, Acórdão nº 2.504/2017, Rel. Augusto Sherman).

Como se observa no art. 79 da nova lei, foram seguidos os parâmetros já traçados para o credenciamento pelo Tribunal de Contas da União:

Art. 79. O credenciamento poderá ser usado nas seguintes hipóteses de contratação:
I - paralela e não excludente: caso em que é viável e vantajosa para a Administração a realização de contratações simultâneas em condições padronizadas;
II - com seleção a critério de terceiros: caso em que a seleção do contratado está a cargo do beneficiário direto da prestação;
III - em mercados fluidos: caso em que a flutuação constante do valor da prestação e das condições de contratação inviabiliza a seleção de agente por meio de processo de licitação.
Parágrafo único. Os procedimentos de credenciamento serão definidos em regulamento, observadas as seguintes regras:
I - a Administração deverá divulgar e manter à disposição do público, em sítio eletrônico oficial, edital de chamamento de interessados, de modo a permitir o cadastramento permanente de novos interessados;
II - na hipótese do inciso I do *caput* deste artigo, quando o objeto não permitir a contratação imediata e simultânea de todos os credenciados, deverão ser adotados critérios objetivos de distribuição da demanda;
III - o edital de chamamento de interessados deverá prever as condições padronizadas de contratação e, nas hipóteses dos incisos I e II do *caput* deste artigo, deverá definir o valor da contratação;
IV - na hipótese do inciso III do *caput* deste artigo, a Administração deverá registrar as cotações de mercado vigentes no momento da contratação;
V - não será permitido o cometimento a terceiros do objeto contratado sem autorização expressa da Administração;
VI - será admitida a denúncia por qualquer das partes nos prazos fixados no edital.

10.2 Pré-qualificação

Inicialmente, pode-se ver a pré-qualificação tratada no direito brasileiro, a partir da Lei nº 8.666/93. Nesta norma, a pré-qualificação tem como objetivo verificar os interessados em participar de futura licitação que têm condições técnicas de atender ao objeto pretendido pela Administração. Seria, então, uma fase de habilitação antecipada. Hely Lopes Meirelles[143] esclarece sobre este procedimento:

> Pré-qualificação é a verificação prévia das condições das firmas, consórcios ou profissionais que desejam participar de determinadas e futuras concorrências de um mesmo empreendimento. Não se confunde com a habilitação preliminar nas concorrências, porque esta se faz em cada concorrência e aquela se realiza para todas as concorrências de um empreendimento certo, que pode exigir uma única ou sucessivas concorrências. Também não se confunde com pré-classificação das propostas, mesmo porque na pré-qualificação os interessados não apresentam proposta, mas tão somente documentação comprobatória das condições técnicas, econômicas e jurídicas pedidas pelo edital como necessárias à execução do objeto do futuro contrato.

Marçal Justen Filho auxilia no entendimento deste procedimento: "a pré-qualificação consiste na dissociação da fase de habilitação do restante do procedimento da concorrência. [...] Instaura-se um procedimento seletivo preliminar destinado a verificar o preenchimento de tais requisitos".[144]

A nova lei mantém a lógica da pré-qualificação verificada na Lei nº 8.666/93 e acrescenta que o procedimento em questão também servirá para selecionar bens:

> Art. 80. A pré-qualificação é o procedimento técnico-administrativo para selecionar previamente:
> I - licitantes que reúnam condições de habilitação para participar de futura licitação ou de licitação vinculada a programas de obras ou de serviços objetivamente definidos;
> II - bens que atendam às exigências técnicas ou de qualidade estabelecidas pela Administração.

---

[143] MEIRELLES, Hely Lopes. *Licitação e contrato administrativo*. 15. ed. São Paulo: Malheiros, 2010. p. 114.
[144] JUSTEN FILHO, Marçal. *Comentários à Lei de Licitações e Contratos Administrativos*. 9. ed. São Paulo: Dialética, 2002. p. 603.

Na pré-qualificação, quando aberta a licitantes, poderão ser dispensados os documentos que já constarem do registro cadastral; quando aberta a bens, poderá ser exigida a comprovação de qualidade.

Define a nova lei que a pré-qualificação será na modalidade permanentemente aberta, permitindo, de modo contínuo, a inscrição de interessados.

O edital deverá ter requisitos mínimos obrigatórios: I – as informações mínimas necessárias para definição do objeto; II – a modalidade, a forma da futura licitação e os critérios de julgamento.

Comissão indicada pela Administração será responsável por examinar os documentos apresentados pelos interessados no prazo máximo de 10 (dez) dias úteis e determinar correção ou reapresentação de documentos, quando for o caso, com vistas à ampliação da competição. Aqueles bens e serviços que forem aprovados deverão integrar o catálogo de bens e serviços da Administração.

São possibilidades da pré-qualificação aquela por grupos ou segmentos, segundo as especialidades dos fornecedores. Ainda será possível a pré-qualificação parcial ou total, com alguns ou todos os requisitos técnicos ou de habilitação necessários à contratação, assegurada, em qualquer hipótese, a igualdade de condições entre os concorrentes.

Quanto ao prazo, a pré-qualificação terá validade:

I – de 1 (um) ano, no máximo, e poderá ser atualizada a qualquer tempo;

II – não superior ao prazo de validade dos documentos apresentados pelos interessados.

Os licitantes e os bens pré-qualificados serão obrigatoriamente divulgados e mantidos à disposição do público.

A licitação que se seguir ao procedimento da pré-qualificação poderá ser restrita a licitantes ou bens pré-qualificados, tudo de acordo com o art. 80 da nova lei.

10.3 Procedimento de manifestação de interesse

O procedimento de manifestação de interesse encontrou previsão no direito brasileiro já com a Lei nº 8.987/95. Nesta norma, assim está previsto o procedimento:

> Art. 21. Os estudos, investigações, levantamentos, projetos, obras e despesas ou investimentos já efetuados, vinculados à concessão, de utilidade para a licitação, realizados pelo poder concedente ou com a sua

autorização, estarão à disposição dos interessados, devendo o vencedor da licitação ressarcir os dispêndios correspondentes, especificados no edital.

Apesar de não constar o termo "procedimento de manifestação de interesse", expressamente, na redação do art. 21 acima, a doutrina pátria vem entendendo ser do que se trata neste caso. Como se observa na norma, o procedimento de manifestação de interesse consiste em estudos técnicos vinculados ao futuro contrato, neste caso, de concessão, com utilidade para a licitação, realizados com autorização do poder concedente, devendo o vencedor da licitação ressarcir os dispêndios correspondentes, especificados no edital.

Esta lógica da década de 90, no século XX, foi mantida na nova lei de licitações, representando o procedimento de manifestação de interesse importante mecanismo em situações em que o Estado demanda objeto com nível de complexidade que exige maiores estudos em direção à necessidade de inovação nos procedimentos da Administração Pública.

Assim, determina o art. 81 da nova lei o que deve ser entendido como procedimento de manifestação de interesse:

> Do Procedimento de Manifestação de Interesse
> Art. 81. A Administração poderá solicitar à iniciativa privada, mediante procedimento aberto de manifestação de interesse a ser iniciado com a publicação de edital de chamamento público, a propositura e a realização de estudos, investigações, levantamentos e projetos de soluções inovadoras que contribuam com questões de relevância pública, na forma de regulamento.

Portanto, o procedimento de manifestação de interesse é chamamento à iniciativa privada que deseje auxiliar a Administração Pública na inovação, apresentando estudos, investigações, levantamentos e projetos. Uma vez entregues os estudos, estes estarão à disposição dos interessados, e o vencedor da licitação deverá ressarcir os dispêndios correspondentes, conforme especificado no edital.

Entretanto, como já disposto acerca dos procedimentos auxiliares, estes não vinculam a aceitação dos estudos entregues nem a realização de futura licitação ou contratação, incluindo as regras do art. 81, §2º da nova lei:

> Art. 81. [...]

§2º A realização, pela iniciativa privada, de estudos, investigações, levantamentos e projetos em decorrência do procedimento de manifestação de interesse previsto no *caput* deste artigo:

I - não atribuirá ao realizador direito de preferência no processo licitatório;

II - não obrigará o poder público a realizar licitação;

III - não implicará, por si só, direito a ressarcimento de valores envolvidos em sua elaboração;

IV - será remunerada somente pelo vencedor da licitação, vedada, em qualquer hipótese, a cobrança de valores do poder público.

Como fase final do procedimento de manifestação de interesse, deve ser produzido parecer pela Administração demonstrando que os produtos e serviços apresentados são adequados e suficientes à compreensão do objeto, que as premissas adotadas são compatíveis com as reais necessidades do órgão e que a metodologia proposta é a que propicia maior economia e vantagem entre as demais possíveis.

Já existem vários regulamentos nos estados e municípios sobre o procedimento de manifestação de interesse que deverão ser ajustados à nova lei.

10.4 Sistema de registro de preços

O sistema de registro de preços é procedimento auxiliar que não obriga a Administração Pública a realizar contratação, mas que facilita a obtenção dos melhores preços que, após procedimento previsto em lei, serão registrados para futura contratação, desde que esta seja conveniente para a Administração.

10.4.1 Requisitos do edital do procedimento de registro de preços

A nova lei determina que será lançado edital de licitação objetivando o registro de preços, definindo, ainda, no art. 82, quais os requisitos do edital:

I – as especificidades da licitação e de seu objeto, inclusive a quantidade máxima de cada item que poderá ser adquirida;

II – a quantidade mínima a ser cotada de unidades de bens ou, no caso de serviços, de unidades de medida;

III – a possibilidade de prever preços diferentes:

a) quando o objeto for realizado ou entregue em locais diferentes;
b) em razão da forma e do local de acondicionamento;
c) quando admitida cotação variável em razão do tamanho do lote;
d) por outros motivos justificados no processo;

IV – a possibilidade de o licitante oferecer ou não proposta em quantitativo inferior ao máximo previsto no edital, obrigando-se nos limites dela;

V – o critério de julgamento da licitação, que será o de menor preço ou o de maior desconto sobre tabela de preços praticada no mercado;

VI – as condições para alteração de preços registrados;

VII – o registro de mais de um fornecedor ou prestador de serviço, desde que aceitem cotar o objeto em preço igual ao do licitante vencedor, assegurada a preferência de contratação de acordo com a ordem de classificação;

VIII – a vedação à participação do órgão ou entidade em mais de uma ata de registro de preços com o mesmo objeto no prazo de validade daquela de que já tiver participado, salvo na ocorrência de ata que tenha registrado quantitativo inferior ao máximo previsto no edital;

IX – as hipóteses de cancelamento da ata de registro de preços e suas consequências.

Portanto, de acordo com os requisitos do edital, o objetivo primordial do procedimento é o registro dos preços relacionados ao objeto pretendido, devendo haver, no edital, tanto detalhamento dos quantitativos mínimos e máximos do objeto, quanto a possibilidade de o licitante oferecer ou não proposta em quantitativo inferior ao máximo previsto no edital, o que, por óbvio, será fundamental para que o fornecedor possa calcular a margem de desconto que poderá ofertar no decorrer do procedimento.

10.4.2 Regra geral da cotação de itens no registro de preços

Destaque-se que a cotação dos preços deve ser por item, o que permite mais transparência em todo o procedimento, o que não se vislumbra na cotação de preços globais, aliás, orientação já pugnada pelo Tribunal de contas da União:

"no âmbito do sistema de registro de preços, a modelagem de aquisição por preço global de grupo de itens é medida excepcional que precisa ser devidamente justificada, além de ser, em regra, incompatível com a aquisição futura de itens isoladamente",
"9.2.2. a jurisprudência pacífica do TCU [...] é no sentido de que, no âmbito do sistema de registro de preços, a modelagem de aquisição por preço global de grupo de itens é medida excepcional que precisa ser devidamente justificada, além de ser, em regra, incompatível com a aquisição futura de itens isoladamente [...]; 9.2.3.1. no âmbito das licitações para registro de preços realizadas sob a modelagem de aquisição por preço global de grupo de itens, somente serão admitidas as seguintes circunstâncias: *9.2.3.1.1. aquisição da totalidade dos itens de grupo, respeitadas as proporções de quantitativos definidos no certame; ou 9.2.3.1.2. aquisição de item isolado para o qual o preço unitário adjudicado ao vencedor seja o menor preço válido ofertado para o mesmo item na fase de lances; 9.2.3.2. constitui irregularidade a aquisição de item de grupo adjudicado por preço global, de forma isolada, quando o preço unitário adjudicado ao vencedor do grupo não for o menor lance válido ofertado na disputa relativo ao item;* [...]; *9.2.4. no âmbito do sistema de registro de preços, não é admissível a aquisição/ contratação avulsa de item não registrado, uma vez que, nos termos dos arts. 13 e 15 do Decreto 7.892/2013, a licitação para registro de preços objetiva a convocação dos fornecedores mais bem classificados para assinar as atas de registro de preços, sendo possível, única e exclusivamente, a contratação com as empresas vencedoras para fornecimento dos itens nelas registrados* [...]".
(Grifos nossos) (TCU, Acórdão nº 1.347/2018 – Plenário)

Seguindo esta orientação, a nova lei define, em seu art. 82, apenas excepcionalmente, a adjudicação por grupo de itens:

Art. 82. [...]
§1º O critério de julgamento de menor preço por grupo de itens somente poderá ser adotado quando for demonstrada a inviabilidade de se promover a adjudicação por item e for evidenciada a sua vantagem técnica e econômica, e o critério de aceitabilidade de preços unitários máximos deverá ser indicado no edital.
§2º Na hipótese de que trata o §1º deste artigo, observados os parâmetros estabelecidos nos §§1º, 2º e 3º do art. 23 desta Lei, a contratação posterior de item específico constante de grupo de itens exigirá prévia pesquisa de mercado e demonstração de sua vantagem para o órgão ou entidade.

Não se confunda a regra obrigatória da apresentação, pelos interessados, dos preços de cada item, com a regra da obrigatoriedade de indicação, pela Administração, do total máximo que pretende contratar. Aquela regra deve ser observada pelos interessados em cotar preços e esta, pela Administração, como adiante explicitado.

10.4.3 Indicação da quantidade das unidades a serem contratadas

Como antes definido, o procedimento de registro de preços deve indicar, já no edital da licitação, a quantidade total das unidades de contratação que a Administração pretende adquirir. Entretanto, pode ser dispensada a indicação do total a ser adquirido, sendo, entretanto, obrigatória a indicação do valor máximo da despesa e vedada a participação de outro órgão ou entidade na ata.

10.4.4 Condição para realização do procedimento de registro de preços

A nova lei de licitações define como fundamental regulamento para o registro de preços a ser determinado pelos entes públicos em cada esfera, para definição das condições do edital, entretanto, algumas destas já vêm expressas na própria lei (Aart. 82, §5º):

I – realização prévia de ampla pesquisa de mercado;
II – seleção de acordo com os procedimentos previstos em regulamento;
III – desenvolvimento obrigatório de rotina de controle;
IV – atualização periódica dos preços registrados;
V – definição do período de validade do registro de preços;
VI – inclusão, em ata de registro de preços, do licitante que aceitar cotar os bens ou serviços em preços iguais aos do licitante vencedor na sequência de classificação da licitação e inclusão do licitante que mantiver sua proposta original.

10.4.5 Aplicação do registro de preços às contratações diretas

Nos termos da nova lei, o sistema de registro de preços poderá, na forma de regulamento, ser utilizado nas hipóteses de inexigibilidade e de dispensa de licitação para a aquisição de bens ou para a contratação de serviços por mais de um órgão ou entidade.

10.4.6 Registro de preços como procedimento não vinculante

Mantendo a orientação da norma anterior, a nova lei define ser o procedimento de registro de preços como não vinculante de futura contratação, mantendo a lei o compromisso com o princípio do interesse público, já que as condições fáticas podem mudar, desaconselhando a contratação. Entretanto, em relação ao fornecedor, existe vinculação, sendo consequência dos preços registrados o compromisso do fornecimento nas condições estabelecidas, conforme art. 83 da nova lei:

> Art. 83. A existência de preços registrados implicará compromisso de fornecimento nas condições estabelecidas, mas não obrigará a Administração a contratar, facultada a realização de licitação específica para a aquisição pretendida, desde que devidamente motivada.

Como se observa no art. 83, mesmo havendo preços registrados, estes podem ser desconsiderados, podendo haver licitação específica para a aquisição pretendida, o que só pode ser entendido como decorrência do princípio do interesse público, em situações como grande flutuação de preços.

10.4.7 Prazos no procedimento de registro de preços

O prazo de vigência da ata de registro de preços será de 1 (um) ano e poderá ser prorrogado, por igual período, desde que comprovado o preço vantajoso.

Regra geral na lei de licitações é que as prorrogações não sejam realizadas de forma automática, sendo realizada, de acordo com o princípio da vantajosidade, fundamental pesquisa de mercado que sustente a prorrogação, bem como parecer técnico que identifique o interesse público, posto que em muitos casos pode não ser mais necessária tal aquisição.

A vigência do contrato decorrente do registro de preços deve ser disposta de acordo com o que está descrito na ata de registro de preços, conforme art. 84 da nova lei.

10.4.8 Registro de preços para execução de obras e serviços de engenharia

A antiga lei de licitações, quando tratava de registro de preços, não mencionava a hipótese de utilização deste para objetos relacionados à engenharia. Assim dispunha a antiga redação:

> Das Compras
> Art. 14. Nenhuma compra será feita sem a adequada caracterização de seu objeto e indicação dos recursos orçamentários para seu pagamento,

sob pena de nulidade do ato e responsabilidade de quem lhe tiver dado causa.

Art. 15. As compras, sempre que possível, deverão:

I - atender ao princípio da padronização, que imponha compatibilidade de especificações técnicas e de desempenho, observadas, quando for o caso, as condições de manutenção, assistência técnica e garantia oferecidas;

II - ser processadas através de sistema de registro de preços; [...].

Portanto, o registro de preços, na antiga legislação, era relacionado a serviços e compras. Não indicava a lei revogada que o procedimento era destinado a obras ou serviços de engenharia. O Decreto nº 7.892, de 23.1.2013, dispõe que seria o procedimento destinado a serviços, mas não informa sobre a possibilidade de utilização deste para obras:

> Art. 1º As contratações de serviços e a aquisição de bens, quando efetuadas pelo Sistema de Registro de Preços - SRP, no âmbito da administração pública federal direta, autárquica e fundacional, fundos especiais, empresas públicas, sociedades de economia mista e demais entidades controladas, direta ou indiretamente pela União, obedecerão ao disposto neste Decreto.
>
> Art. 2º Para os efeitos deste Decreto, são adotadas as seguintes definições:
> I - Sistema de Registro de Preços - conjunto de procedimentos para registro formal de preços relativos à prestação de serviços e aquisição de bens, para contratações futuras; [...].

Na evolução da jurisprudência do Tribunal de Contas da União, passou a haver a permissão da utilização do registro de preços para serviços de engenharia menos complexos, que pudessem ser padronizados, mas, quanto a obras, o Tribunal de Contas da União, reiteradas vezes, vedou essa possibilidade.

A respeito, o Acórdão nº 3.605/2014 do Plenário do TCU:

> É possível a contratação de serviços comuns de engenharia com base em registro de preços quando a finalidade é a manutenção e a conservação de instalações prediais, em que a demanda pelo objeto é repetida e rotineira. Contudo, o sistema de registro de preços não é aplicável à contratação de obras, uma vez que nesta situação não há demanda de itens isolados, pois os serviços não podem ser dissociados uns dos outros. (TCU, Acórdão nº 3.605/2014, Plenário)

A essa conclusão chegou o Tribunal de Contas da União, por não haver lei autorizando, o que se constata no Acórdão nº 296/2007 da 2ª Câmara:

> [...] 9.3. determinar à [...] que, com respeito à utilização do Sistema de Registro de Preços (SRP), observe o seguinte:
> 9.3.1. não há amparo legal para adoção desse procedimento para contratação de obras de engenharia;
> 9.3.2. atente as condições previstas nos incisos I a IV do art. 2º do Decreto federal nº 3.931/2001, caso opte pela utilização do SRP. (TCU, Acórdão nº 296/2007, 2ª Câmara)

O sistema de registro de preços não é aplicável à contratação de obras, pelo fato de o objeto não se enquadrar em nenhuma das hipóteses previstas no art. 3º do Decreto nº 7.892/2013 e também porque, na contratação de obras, não há demanda por itens isolados, pois os serviços não podem ser dissociados uns dos outros (TCU, Acórdão nº 980/2018, Plenário).

Antes da nova lei de licitações, o registro de preços poderia ser utilizado para obras apenas quando vinculado à contratação submetida ao Regime Diferenciado de Contratações (RDC), a Lei nº 12.462/2011. A este respeito, veja-se o Acórdão nº 2.600/2013, Plenário do TCU:

> possível a adoção do registro de preços nas licitações de obras, sob o regime do RDC, em que seja demonstrada a viabilidade de se estabelecer a padronização do objeto e das propostas, de modo que se permitam a obtenção da melhor proposta e contratações adequadas e vantajosas às necessidades dos interessados.

Após estes entendimentos e normas anteriores, define a nova lei ser possível o registro de preços para obras e serviços de engenharia, mas com amplitude limitada, nos termos do art. 85 da nova lei:

> Art. 85. A Administração poderá contratar a execução de obras e serviços de engenharia pelo sistema de registro de preços, desde que atendidos os seguintes requisitos:
> I - existência de projeto padronizado, sem complexidade técnica e operacional;
> II - necessidade permanente ou frequente de obra ou serviço a ser contratado.

10.4.9 O procedimento do registro de preços e a entidade carona

Vê-se na nova lei que o procedimento de registro de preços contém alguns sujeitos bem delimitados: o órgão ou entidade gerenciadora da ata de registro de preços, entidades participantes e entidades não participantes da ata de registro de preços.

Cabe à entidade gerenciadora da ata de registro de preços uma série de responsabilidades. Assim, inicialmente, deve realizar (art. 86) procedimento público de intenção de registro de preços para, nos termos de regulamento, possibilitar, pelo prazo mínimo de 8 (oito) dias úteis, a participação de outros órgãos ou entidades na respectiva ata e determinar a estimativa total de quantidades da contratação. Este procedimento de intenção pode ser dispensado se a entidade gerenciadora for o único contratante.

Assim, segundo esta primeira possibilidade da ata de registro de preços, temos a entidade gerenciadora sozinha ou juntamente com as entidades participantes que, no prazo mínimo de oito dias úteis, demonstraram a intenção de participar da ata.

Entretanto, ainda existe a possibilidade de que entidades que não participaram dos procedimentos acima descritos também participem posteriormente da ata, nos termos do art. 86, §2º e seguintes da nova lei, o que ficou conhecido como procedimento carona:

> Art. 86. [...]
> §2º Se não participarem do procedimento previsto no *caput* deste artigo, os órgãos e entidades poderão aderir à ata de registro de preços na condição de não participantes, observados os seguintes requisitos:
> I - apresentação de justificativa da vantagem da adesão, inclusive em situações de provável desabastecimento ou descontinuidade de serviço público;
> II - demonstração de que os valores registrados estão compatíveis com os valores praticados pelo mercado na forma do art. 23 desta Lei;
> III - prévias consulta e aceitação do órgão ou entidade gerenciadora e do fornecedor.
> §3º A faculdade conferida pelo §2º deste artigo estará limitada a órgãos e entidades da Administração Pública federal, estadual, distrital e municipal que, na condição de não participantes, desejarem aderir à ata de registro de preços de órgão ou entidade gerenciadora federal, estadual ou distrital.
> §4º As aquisições ou as contratações adicionais a que se refere o §2º deste artigo não poderão exceder, por órgão ou entidade, a 50% (cinquenta

por cento) dos quantitativos dos itens do instrumento convocatório registrados na ata de registro de preços para o órgão gerenciador e para os órgãos participantes.

§5º O quantitativo decorrente das adesões à ata de registro de preços a que se refere o §2º deste artigo não poderá exceder, na totalidade, ao dobro do quantitativo de cada item registrado na ata de registro de preços para o órgão gerenciador e órgãos participantes, independentemente do número de órgãos não participantes que aderirem.

§6º A adesão à ata de registro de preços de órgão ou entidade gerenciadora do Poder Executivo federal por órgãos e entidades da Administração Pública estadual, distrital e municipal poderá ser exigida para fins de transferências voluntárias, não ficando sujeita ao limite de que trata o §5º deste artigo se destinada à execução descentralizada de programa ou projeto federal e comprovada a compatibilidade dos preços registrados com os valores praticados no mercado na forma do art. 23 desta Lei.

§7º Para aquisição emergencial de medicamentos e material de consumo médico-hospitalar por órgãos e entidades da Administração Pública federal, estadual, distrital e municipal, a adesão à ata de registro de preços gerenciada pelo Ministério da Saúde não estará sujeita ao limite de que trata o §5º deste artigo.

§8º Será vedada aos órgãos e entidades da Administração Pública federal a adesão à ata de registro de preços gerenciada por órgão ou entidade estadual, distrital ou municipal.

10.5 Do registro cadastral

O último procedimento auxiliar disposto na nova lei é o registro cadastral que se entende, nos termos dos arts. 87 e 88, como procedimento prévio à futura licitação que permite, antes do procedimento licitatório, sejam registrados e cadastrados os licitantes para fins de requisitos de habilitação, incluindo a habilitação técnica e econômica.

Tal registro passa a ser, obrigatoriamente, unificado no Portal Nacional de Contratações Públicas, conforme regulamento, tudo de forma pública, e deverá ser amplamente divulgado, permanecendo permanentemente aberto aos interessados, sendo obrigatória a realização de chamamento público pela internet, no mínimo anualmente, para atualização dos registros existentes e para ingresso de novos interessados.

Por ser procedimento unificado no Portal Nacional de Contratações Públicas, veda a nova lei registros cadastrais complementares.

Diante do prestígio que foi conferido pela nova lei ao procedimento de registro cadastral, fica definido que a Administração poderá realizar licitação restrita a fornecedores cadastrados, atendidos os critérios, as condições e os limites estabelecidos em regulamento, bem como a ampla publicidade dos procedimentos para o cadastramento.

Como um dos princípios previstos na nova lei é a competitividade, quanto mais participantes, mais próximo de cumprir este princípio estará o procedimento. Assim, mesmo na hipótese de licitação a quem está previamente cadastrado, será admitido fornecedor que realize seu cadastro dentro do prazo previsto no edital para apresentação de propostas. Ao requerer, a qualquer tempo, inscrição no cadastro ou a sua atualização, o interessado fornecerá os elementos necessários exigidos para habilitação previstos na lei.

A nova lei ainda exige o cadastro de forma organizada por áreas temáticas:

> Art. 88. [...]
> §1º O inscrito, considerada sua área de atuação, será classificado por categorias, subdivididas em grupos, segundo a qualificação técnica e econômico-financeira avaliada, de acordo com regras objetivas divulgadas em sítio eletrônico oficial.

O procedimento de registro cadastral culminará com o fornecimento de certificado ao licitante cadastrado.

Além da informação de que o inscrito cumpre as condições de habilitação, o registro cadastral passa a se ocupar também do desempenho deste inscrito no cumprimento do objeto contratado, o que se adequa ao princípio da eficiência, evitando que a Administração contrate pessoas previamente identificadas como inadimplentes ou ineficientes. Assim, merece atenção o art. 88, §3º e seguintes:

> Art. 88. [...].
> §3º A atuação do contratado no cumprimento de obrigações assumidas será avaliada pelo contratante, que emitirá documento comprobatório da avaliação realizada, com menção ao seu desempenho na execução contratual, baseado em indicadores objetivamente definidos e aferidos, e a eventuais penalidades aplicadas, o que constará do registro cadastral em que a inscrição for realizada.
> §4º A anotação do cumprimento de obrigações pelo contratado, de que trata o §3º deste artigo, será condicionada à implantação e à regulamentação do cadastro de atesto de cumprimento de obrigações, apto à realização do registro de forma objetiva, em atendimento aos princípios da impessoalidade, da igualdade, da isonomia, da publicidade e da transparência, de modo a possibilitar a implementação

de medidas de incentivo aos licitantes que possuírem ótimo desempenho anotado em seu registro cadastral.

§5º A qualquer tempo poderá ser alterado, suspenso ou cancelado o registro de inscrito que deixar de satisfazer exigências determinadas por esta Lei ou por regulamento.

CAPÍTULO 11

FORMALIZAÇÃO, GARANTIAS E ALOCAÇÃO DE RISCOS NOS CONTRATOS ADMINISTRATIVOS SEGUNDO A LEI Nº 14.133/2021

11.1 Introdução

Os contratos administrativos, apesar de suas peculiaridades decorrentes do princípio do interesse público, estão relacionados à moderna teoria dos contratos, havendo conexões com o direito civil brasileiro. É a partir desta teoria que se pode conceituar o contrato como acordo de vontades que tem por finalidade criar, modificar ou extinguir direitos. É como ensinam Clovis Bevilaqua[145] e Washington de Barros Monteiro.[146]

No texto do Código Civil brasileiro de 2002, vê-se o mesmo entendimento, tomando esta norma o contrato como instrumento destinado a criar, modificar e extinguir direitos. Ao lado desta noção contratual mais tradicional, inclui, ainda, princípios como o fim social dos contratos, a probidade e a boa-fé. Já aqui se percebe o contrato como mecanismo não só de atendimento a valores individuais, mas voltando-se cada vez mais para finalidades sociais, o que se compatibiliza com o princípio do interesse público.

A partir desta compreensão, será adotado neste texto o conceito de contrato administrativo a partir da visão tomada pelo Conselho de

---

[145] BEVILAQUA, Clovis. *Código Civil dos Estados Unidos do Brasil*: comentado. Rio de Janeiro: Francisco Alves, 1926. v. 4. p. 245.
[146] MONTEIRO, Washington de Barros. *Curso de direito civil*: direito das obrigações. 7. ed. São Paulo: Saraiva, 1967. p. 5.

Estado francês, proveniente do século XIX, segundo o qual *a essência do contrato administrativo precisa considerar peculiaridades que impedem seja o contrato civil comum utilizado para o dia a dia da Administração Pública*, conforme decisões do Conselho de Estado francês[147] listadas por Orbach: *arrêt Compagnie Nouvelle du Gaz de Deville-lès-Rouen*, CE 10.1.1902; o *arrêt Terrier*, CE 6.2.1903; o *arrêt Thérond*, CE 4.3.1910; o *arrêt Compagnie Générale Française des Tramways*, CE 11.3.1910; o *arrêt Société des Granits Porphyroïdes des Vosges*, CE 31.7.1912; e, finalmente, o *arrêt Compagnie Générale d'Éclairage de Bordeaux*, CE 30.3.1916.

Segundo estes diferentes julgados, foi se construindo o entendimento segundo o qual o contrato administrativo precisa ter as seguintes características:[148]

a) *a Administração Pública celebra, com os particulares, contratos regidos pelo direito civil e outros que são regulados pelo direito público, os contratos administrativos;*

b) *esses contratos administrativos têm como diferencial a possibilidade de o conteúdo de suas prestações ser alterado em nome do interesse público; e*

c) *essas alterações geram para o contratado a necessidade de manutenção do equilíbrio financeiro do contrato, sob pena de impor ao particular o ônus de realização do interesse coletivo.*

Diante desta noção, os contratos administrativos são identificados como regidos pelos princípios do interesse público, da manutenção do equilíbrio econômico-financeiro e da vedação do locupletamento ilícito, mantendo-se na tradição do direito ocidental o contrato administrativo como mecanismo fundamental para garantir a execução das políticas públicas. Estas, para serem implementadas, precisam ser conduzidas pelo Estado com poderes, muitas vezes, de alteração e punição unilaterais, as chamadas cláusulas exorbitantes.

Para além destas observações, a doutrina tem se debruçado sobre quais critérios podem ser adotados para que determinado ajuste celebrado pela Administração Pública possa ser caracterizado como contrato administrativo.

Para esta tarefa, os seguintes critérios são levados em consideração: a) subjetivo ou orgânico; b) sujeição; c) objeto; d) finalidade; e) procedimento; f) cláusulas exorbitantes.

---

[147] ORBACH, Carlos Bastide. Contratos administrativos: conceito e critérios distintivos. *Rev. Bras. Polít. Públicas (Online)*, Brasília, v. 6, n. 1, p. 52-68, 2016.

[148] AMARAL, Diogo Freitas do. *Curso de direito administrativo*. Coimbra: Almedina, 2001. v. 2. p. 500.

Segundo o primeiro critério, basta a presença da Administração Pública para que o contrato seja contrato administrativo.[149] Conforme o critério da sujeição, é contrato administrativo todo aquele em que o particular se encontra em posição de sujeição perante o ente público.[150] Outro critério para identificar os contratos administrativos é o do objeto, segundo o qual se o contrato tem como objeto o funcionamento de um serviço público então administrativo é.[151]

De acordo com o critério da finalidade, é contrato administrativo aquele que atende a uma finalidade coletiva.[152] Ainda é apresentado pela doutrina outro parâmetro, o procedimental. Segundo este, o contrato administrativo deve ter alguns procedimentos específicos que não são observados pelos contratos privados, a exemplo da licitação.[153]

Por fim, ainda se observa como critério aquele das cláusulas exorbitantes, segundo o qual, em razão do interesse público, o contrato administrativo deve ter cláusulas que colocam o Poder Público e o particular em patamares diferentes, sujeitando o particular a alterações unilaterais no contrato, mesmo contra a sua vontade, entre outras modificações, tudo em razão de garantir-se o cumprimento do interesse público.

Quando se analisa a nova lei de licitações e contratos, verifica-se que os contratos administrativos são aqueles que cumprem vários dos critérios dispostos nos itens anteriores. Adotando-se o critério do procedimento acima listado, o que se verifica é a exigência, não só de licitação, mas de uma série de procedimentos formais que devem ser obrigatoriamente realizados nos contratos administrativos, o que pode ser verificado a partir do art. 89 da Lei de Licitações e que serão dispostos nos itens a seguir, iniciando-se pela questão da formalização.

Posteriormente, serão abordados os assuntos das garantias contratuais e da alocação de riscos, próprias desta compreensão do contrato administrativo como instrumento em prol do interesse público, que deve ter cláusulas que não são da natureza dos contratos de natureza privada, porque se destinam a garantir a continuidade da eficiência das políticas públicas.

---

[149] DI PIETRO, Maria Sylvia Zanella. *Direito administrativo*. 20. ed. São Paulo: Atlas, 2007. p. 235.
[150] CAETANO, Marcello. *Manual de direito administrativo*. 10. ed. Coimbra: Almedina, 1997. t. 1. p. 183.
[151] RIVERO, Jean. *Direito administrativo*. Coimbra: Almedina, 1981. p. 135.
[152] ESTORNINHO, Maria João. *Requiem pelo contrato administrativo*. Coimbra: Almedina, 1990. p. 83.
[153] ESTORNINHO, Maria João. *Requiem pelo contrato administrativo*. Coimbra: Almedina, 1990. p. 83.

11.2 Da formalização dos contratos administrativos

Os contratos administrativos são espécie de atividade administrativa vinculada, já que existem vários parâmetros que devem ser obrigatoriamente seguidos pelo gestor público quando da redação do contrato.

São requisitos compulsórios nos contratos administrativos, segundo a Lei nº 14.133, de 1º.4.2021:

I – Todo contrato deverá mencionar os nomes das partes e os de seus representantes, a finalidade, o ato que autorizou sua lavratura, o número do processo da licitação ou da contratação direta e a sujeição dos contratantes às normas da lei licitatória e às cláusulas contratuais.

II – Os contratos deverão estabelecer com clareza e precisão as condições para sua execução, expressas em cláusulas que definam os direitos, as obrigações e as responsabilidades das partes, em conformidade com os termos do edital de licitação e os da proposta vencedora ou com os termos do ato que autorizou a contratação direta e os da respectiva proposta.

III – Os contratos e seus aditamentos terão forma escrita e serão juntados ao processo que tiver dado origem à contratação, divulgados e mantidos à disposição do público em sítio eletrônico oficial.

IV – Contratos relativos a direitos reais sobre imóveis serão formalizados por escritura pública lavrada em notas de tabelião, cujo teor deverá ser divulgado e mantido à disposição do público em sítio eletrônico oficial.

V – Será admitida a forma eletrônica na celebração de contratos e de termos aditivos, atendidas as exigências previstas em regulamento.

Importante a atenção, além dos itens anteriormente citados, para as seguintes cláusulas obrigatórias nos contratos:

1. o objeto e seus elementos característicos;
2. vinculação ao edital de licitação e à proposta do licitante vencedor ou ao ato que tiver autorizado a contratação direta e à respectiva proposta;
3. a legislação aplicável à execução do contrato, inclusive quanto aos casos omissos;
4. o regime de execução ou a forma de fornecimento;

5. o preço e as condições de pagamento, os critérios, a data-base e a periodicidade do reajustamento de preços e os critérios de atualização monetária entre a data do adimplemento das obrigações e a do efetivo pagamento;
6. os critérios e a periodicidade da medição, quando for o caso, e o prazo para liquidação e para pagamento;
7. os prazos de início das etapas de execução, conclusão, entrega, observação e recebimento definitivo, quando for o caso;
8. o crédito pelo qual correrá a despesa, com a indicação da classificação funcional programática e da categoria econômica;
9. a matriz de risco, quando for o caso;
10. o prazo para resposta ao pedido de repactuação de preços, quando for o caso;
11. o prazo para resposta ao pedido de restabelecimento do equilíbrio econômico-financeiro, quando for o caso;
12. as garantias oferecidas para assegurar sua plena execução, quando exigidas, inclusive as que forem oferecidas pelo contratado no caso de antecipação de valores a título de pagamento;
13. o prazo de garantia mínima do objeto, observados os prazos mínimos estabelecidos nesta lei e nas normas técnicas aplicáveis, e as condições de manutenção e assistência técnica, quando for o caso;
14. os direitos e as responsabilidades das partes, as penalidades cabíveis e os valores das multas e suas bases de cálculo;
15. as condições de importação e a data e a taxa de câmbio para conversão, quando for o caso;
16. a obrigação do contratado de manter, durante toda a execução do contrato, em compatibilidade com as obrigações por ele assumidas, todas as condições exigidas para a habilitação na licitação, ou para a qualificação, na contratação direta;
17. a obrigação de o contratado cumprir as exigências de reserva de cargos prevista em lei, bem como em outras normas específicas, para pessoa com deficiência, para reabilitado da Previdência Social e para aprendiz;
18. o modelo de gestão do contrato, observados os requisitos definidos em regulamento;
19. os casos de extinção.

A seguir, importante a análise das cláusulas obrigatórias dos contratos, iniciando-se pela identificação do objeto.

11.2.1 O objeto e seus elementos característicos

A Administração pública deve especificar o objeto a ser contratado, tudo de acordo com a transparência que deve reger os atos públicos. Redações confusas, omissas ou obscuras não se coadunam com o princípio da transparência. Assim, deve haver o compromisso, desde o início da fase interna, com a descrição mais precisa do objeto, culminando com a inclusão da cláusula descritiva detalhada do objeto no contrato.

Como não há parâmetros na lei para descrição do objeto, aqui prevalece certa discricionariedade administrativa, tanto no que tange ao quantitativo, quanto ao que se refere ao quesito qualitativo.

A discricionariedade, por sua vez, encontra balizas na teoria do direito administrativo. Para Meirelles,[154] o poder discricionário é caracterizado como sendo o que o direito concede à Administração, de modo explícito ou implícito, para a prática dos atos administrativos com liberdade de sua conveniência, conteúdo e oportunidade. Para Di Pietro, discricionariedade significa a possibilidade de se ter mais de uma alternativa de escolha no exercício da função administrativa, para determinado caso concreto, respeitados os limites legais.[155]

Nota-se que Couto[156] adverte não significar discricionariedade uma arbitrariedade, devendo representar o atendimento a finalidades públicas:

> Ciente da sua incapacidade e da necessidade de ação do agente público, o legislador estabelece, em determinados casos, uma pauta aberta com mais de uma solução. Ressalte-se, por oportuno, que essa margem de liberdade não tem como objetivo outorgar poder ilimitado ao Administrador Público, mas tem como escopo melhor atender ao interesse público. Não há qualquer margem para a arbitrariedade, pois a liberdade de escolha outorgada pela lei tem que observar a conveniência e a oportunidade para a satisfação das finalidades públicas e não dos interesses pessoais daqueles que detêm tal poder-dever.

---

[154] MEIRELLES, Hely Lopes. *Direito administrativo brasileiro*. 40. ed. atual. São Paulo: Malheiros, 2014.
[155] DI PIETRO, Maria Sylvia Zanella. *Direito administrativo*. 25. ed. São Paulo: Atlas, 2012.
[156] COUTO, Reinaldo. *Curso de direito administrativo*. 3. ed. São Paulo: Saraiva Educação, 2019.

O exercício do poder discricionário deve ser realizado com observância a determinados limites, caso contrário, poderá configurar atividade arbitrária do agente público. Assim, devem ser identificados os limites para a escolha do objeto, evitando arbitrariedades. Um dos fatores exigidos para a legalidade do exercício desse poder consiste na adequação da conduta escolhida pelo agente à finalidade que a lei expressa, bem como a verificação dos motivos inspiradores da conduta, tudo devidamente fundamentado no processo administrativo, conforme observado por Carvalho Filho.[157]

Na esteira da doutrina de Carvalho Filho, entende-se que tem prioridade na descrição do objeto a observação do princípio da motivação. *Apenas descrever o objeto, mesmo com muitos detalhes, sem atenção à motivação para a referida contratação, significará ato nulo, posto que em afronta ao art. 5º da Lei nº 14.133, de 1º.4.2021, que trata sobre o princípio da motivação.*

Assim, além da observância dos motivos na descrição do objeto, ainda se relembra o que tem entendido o Tribunal de Contas da União sobre falhas na descrição do objeto que devem ser evitadas, como falta de detalhamento e identificação sem apoio em projeto básico:

Acórdão 3015/2012 - plenário relator Walton Alencar Rodrigues – a existência de objetos contratuais amplos e imprecisos, e, ainda, sem justificativa de preços, é erro grosseiro facilmente aferível pelo gestor público médio, não se exigindo conhecimentos técnicos profundos para a sua aferição.

Acórdão 1542/2016 - relator Augusto Sherman – [...] em se tratando de descrições e especificações em tecnologia, 'a ocorrência de imprecisão técnica é indesejável, mas plenamente possível, sem que isso necessariamente decorra de dolo, premeditação ou erro grosseiro do agente público'. A título de exemplo, mencionaram trecho da própria instrução da unidade técnica do tribunal (peça 53), na qual apontaram corretamente a ocorrência de duas imprecisões no uso de termos afetos à área do audiovisual [...].

Acórdão 2982/2014 - relator Walton Alencar Rodrigues – [...]cabe ressaltar que o parecer pela aprovação deu-se em flagrante desrespeito à lei 8.666/1993, que é enfática sobre a necessidade de prévia aprovação do projeto básico antes da deflagração do processo licitatório. Plenamente enquadrável, portanto, como erro grosseiro, tendo em vista que o parecer

---

[157] CARVALHO FILHO, José dos Santos. *Manual de direito administrativo*. 33. ed. Rio de Janeiro: Atlas, 2019. p. 101.

infringiu disposição literal de lei (art. 7º, §2º, inciso i, da lei 8.666/1993), fato que torna a responsabilização do parecerista jurídico plausível, de acordo com a jurisprudência do tribunal de contas [...].

11.2.2 Vinculação ao edital de licitação e à proposta do licitante vencedor ou ao ato que tiver autorizado a contratação direta e à respectiva proposta

Na tradição do direito brasileiro, o contrato administrativo é vinculado ao edital, documento prévio preparatório de escolha da melhor proposta. E esta rotina continua na Nova Lei de Licitações e Contratos Administrativos, em atendimento à dicção da Constituição Federal, definindo que a contratação também será vinculada à proposta do licitante vencedor:

> Art. 37. [...]
> XXI - ressalvados os casos especificados na legislação, as obras, serviços, compras e alienações serão contratados mediante processo de licitação pública que assegure igualdade de condições a todos os concorrentes, com cláusulas que estabeleçam obrigações de pagamento, mantidas as condições efetivas da proposta, nos termos da lei, o qual somente permitirá as exigências de qualificação técnica e econômica indispensáveis à garantia do cumprimento das obrigações.

Portanto, a inovação no contrato, contrariando o previsto na proposta do licitante vencedor e no edital, só poderá ser autorizada caso seja verificada hipótese de alteração do contrato prevista na nova lei, a partir do art. 124, conforme será abordado posteriormente.

11.2.3 A legislação aplicável à execução do contrato, inclusive quanto aos casos omissos

Importante que haja a identificação da lei aplicável ao contrato no próprio instrumento. Isso porque existem também leis estaduais, municipais, decretos, regulamentos, instruções normativas, entre outros atos que se destacam como regulamentares e que devem ser de conhecimento do contratado para cumprimento na execução do contrato, tudo em conformidade com o princípio da transparência e da boa-fé que devem reger as condutas da Administração Pública, permitindo ao licitante interessado que se planeje para concorrer na licitação e para a futura execução, conhecendo previamente todas as obrigações previstas na legislação aplicável.

11.2.4 O regime de execução ou a forma de fornecimento

A Lei nº 14.133, de 1º.4.2021, identifica as hipóteses de regime de execução, devendo constar do contrato aquela à qual estará submetido o contratado:

> Art. 46. Na execução indireta de obras e serviços de engenharia, são admitidos os seguintes regimes:
> I - empreitada por preço unitário;
> II - empreitada por preço global;
> III - empreitada integral;
> IV - contratação por tarefa;
> V - contratação integrada;
> VI - contratação semi-integrada;
> VII - fornecimento e prestação de serviço associado.

A seguir, apresenta-se quadro sinóptico que pode auxiliar na compreensão dos diferentes regimes, devendo o gestor fazer incluir no contrato o regime destinado à respectiva contratação:

(continua)

Empreitada por preço unitário	Contratação da execução da obra ou do serviço por preço certo de unidades determinadas.
Empreitada por preço global	Contratação da execução da obra ou do serviço por preço certo e total.
Empreitada integral	Contratação de empreendimento em sua integralidade, compreendida a totalidade das etapas de obras, serviços e instalações necessárias, sob inteira responsabilidade do contratado até sua entrega ao contratante em condições de entrada em operação, com características adequadas às finalidades para as quais foi contratado e atendidos os requisitos técnicos e legais para sua utilização com segurança estrutural e operacional.

(conclusão)

Contratação por tarefa	Regime de contratação de mão de obra para pequenos trabalhos por preço certo, com ou sem fornecimento de materiais.
Contratação integrada	Regime de contratação de obras e serviços de engenharia em que o contratado é responsável por elaborar e desenvolver os projetos básico e executivo, executar obras e serviços de engenharia, fornecer bens ou prestar serviços especiais e realizar montagem, teste, pré-operação e as demais operações necessárias e suficientes para a entrega final do objeto.
Contratação semi-integrada	Regime de contratação de obras e serviços de engenharia em que o contratado é responsável por elaborar e desenvolver o projeto executivo, executar obras e serviços de engenharia, fornecer bens ou prestar serviços especiais e realizar montagem, teste, pré-operação e as demais operações necessárias e suficientes para a entrega final do objeto.
Fornecimento e prestação de serviço associado	Regime de contratação em que, além do fornecimento do objeto, o contratado responsabiliza-se por sua operação, manutenção ou ambas, por tempo determinado.

Define a Nova Lei de Licitações e Contratos Administrativos que, à exceção da empreitada por preço unitário e fornecimento e prestação de serviço associado, todos os demais regimes serão licitados por preço global e adotarão sistemática de medição e pagamento associada à execução de etapas do cronograma físico-financeiro vinculadas ao cumprimento de metas de resultado, vedada a adoção de sistemática de remuneração orientada por preços unitários ou referenciada pela execução de quantidades de itens unitários.

A diversidade de regimes de execução indireta se explica tendo em vista que foi revogada a lei que tratava sobre o regime diferenciado de contratações. Os regimes que ali constavam – contratação integrada e contratação semi-integrada – foram incorporados pela nova lei de licitações.

Atente-se para as regras que devem ser obedecidas pela contratação integrada e semi-integrada dispostas na nova lei e que devem balizar o contrato assinado:

   a) A Administração é dispensada da elaboração de projeto básico nos casos de contratação integrada, hipótese em que deverá ser elaborado anteprojeto de acordo com metodologia definida em ato do órgão competente.

   b) Na contratação integrada, após a elaboração do projeto básico pelo contratado, o conjunto de desenhos, especificações, memoriais e cronograma físico-financeiro deverá ser submetido à aprovação da Administração, que avaliará sua adequação em relação aos parâmetros definidos no edital e conformidade com as normas técnicas, vedadas alterações que reduzam a qualidade ou a vida útil do empreendimento e mantida a responsabilidade integral do contratado pelos riscos associados ao projeto básico.

   c) Nos regimes de contratação integrada e semi-integrada, o edital e o contrato, sempre que for o caso, deverão prever as providências necessárias para a efetivação de desapropriação autorizada pelo Poder Público, bem como:
   I – o responsável por cada fase do procedimento expropriatório;
   II – a responsabilidade pelo pagamento das indenizações devidas;
   III – a estimativa do valor a ser pago a título de indenização pelos bens expropriados, inclusive de custos correlatos;
   IV – a distribuição objetiva de riscos entre as partes, incluído o risco pela diferença entre o custo da desapropriação e a estimativa de valor e pelos eventuais danos e prejuízos ocasionados por atraso na disponibilização dos bens expropriados;
   V – em nome de quem deverá ser promovido o registro de imissão provisória na posse e o registro de propriedade dos bens a serem desapropriados.

   d) Na contratação semi-integrada, mediante prévia autorização da Administração, o projeto básico poderá ser alterado, desde que demonstrada a superioridade das inovações propostas pelo contratado em termos de redução de custos, de aumento da qualidade, de redução do prazo de execução ou de facilidade de manutenção ou operação, assumindo o contratado a responsabilidade integral pelos riscos associados à alteração do projeto básico.

e) A execução de cada etapa será obrigatoriamente precedida da conclusão e da aprovação, pela autoridade competente, dos trabalhos relativos às etapas anteriores.

Os regimes de contratação integrada e semi-integrada foram introduzidos no Brasil com os eventos das Olimpíadas e da Copa do Mundo realizados no Brasil em 2014 e 2016, que necessitavam de regime de execução de obras mais célere, o que exigiu a edição da antiga lei do regime diferenciado de contratações, revogada pela nova lei de licitações e contratos.

Quanto à utilização da contratação integrada, José Antônio Pessoa Neto[158] ensina:

> As Administrações, ao se utilizarem do Regime de Contratação Integrada, devem planejar o empreendimento com gerenciamento adequado, mediante cronograma contendo a definição das sequências das tarefas predecessoras e sucessoras, de forma a possibilitar a elaboração dos projetos e a execução das obras e serviços das diversas disciplinas de engenharia. Tal condição reduzirá sensivelmente o tempo de execução do empreendimento como um todo, devido à possibilidade de simultaneidade de atividades, ou seja, elaboração de projeto e execução das obras.
>
> *O projeto executivo é colocado como documento obrigatório para obras e serviços à exceção de obras e serviços comuns de engenharia, se demonstrada a inexistência de prejuízo para a aferição dos padrões de desempenho e qualidade almejados. Neste caso, a especificação do objeto poderá ser realizada apenas em termo de referência ou em projeto básico, dispensada a elaboração de projetos.*

11.2.5 O preço e as condições de pagamento, os critérios, a data-base e a periodicidade do reajustamento de preços e os critérios de atualização monetária entre a data do adimplemento das obrigações e a do efetivo pagamento

Vê-se no art. 46 da nova lei que o preço é condição fundamental para a escolha do regime de execução, devendo constar, desde a fase interna, as condições de sua aceitabilidade, desde a empreitada por preço unitário até as contratações integradas e semi-integradas como já disposto nos itens anteriores.

---

[158] PESSOA NETO, José Antônio. As obras públicas pelo RDC com o Regime de Contratação Integrada. *Revista Negócios Públicos*, Curitiba, n. 128, p. 17-21, mar. 2015.

Assim, não se deve confundir o preço da fase interna de preparação, que resulta da pesquisa de preços realizada pelo próprio órgão para evitar propostas com preços superfaturados, com o preço que deve constar do contrato.

O preço que deve constar do contrato é aquele relacionado à proposta vencedora, devendo o contrato ainda especificar, conforme a nova lei, as condições de pagamento.

Quando se realiza a leitura do art. 92 da nova lei, observa-se que as condições de pagamento no contrato devem estar atentas a alguns critérios dispostos no próprio dispositivo:

a) deve ser constatado o adimplemento da obrigação do contratado antes do pagamento do preço (art. 92, V);
b) pagamento apenas após a medição do que foi realizado pelo contratado (art. 92, VI), quando for o caso, devendo-se observar os serviços de pronto pagamento como exceção à medição (art. 95, §2º);[159]
c) vedação do pagamento antecipado, como regra geral.

Importante destacar-se que o pagamento antecipado do preço é exceção, devendo ser cercado de justificativas razoáveis, como destacado no art. 145 da nova lei:

Art. 145. Não será permitido pagamento antecipado, parcial ou total, relativo a parcelas contratuais vinculadas ao fornecimento de bens, à execução de obras ou à prestação de serviços.

§1º A antecipação de pagamento somente será permitida se propiciar sensível economia de recursos ou se representar condição indispensável para a obtenção do bem ou para a prestação do serviço, hipótese que deverá ser previamente justificada no processo licitatório e expressamente prevista no edital de licitação ou instrumento formal de contratação direta.

§2º A Administração poderá exigir a prestação de garantia adicional como condição para o pagamento antecipado.

§3º Caso o objeto não seja executado no prazo contratual, o valor antecipado deverá ser devolvido.

---

[159] "Art. 95. O instrumento de contrato é obrigatório, salvo nas seguintes hipóteses, em que a Administração poderá substituí-lo por outro instrumento hábil, como carta-contrato, nota de empenho de despesa, autorização de compra ou ordem de execução de serviço: I - dispensa de licitação em razão de valor; II - compras com entrega imediata e integral dos bens adquiridos e dos quais não resultem obrigações futuras, inclusive quanto à assistência técnica, independentemente de seu valor. §1º Às hipóteses de substituição do instrumento de contrato, aplica-se, no que couber, o disposto no art. 92 desta Lei. §2º É nulo e de nenhum efeito o contrato verbal com a Administração, salvo o de pequenas compras ou o de prestação de serviços de pronto pagamento, assim entendidos aqueles de valor não superior a R$10.000,00 (dez mil reais)".

O Tribunal de Contas da União, à luz da antiga lei do sistema licitatório, já vedava, como regra geral, o pagamento antecipado, antes da execução do objeto pelo contrato, medida que se coaduna como princípio da moralidade, sendo permitido em situações muito excepcionais, o que foi observado pela nova lei. Veja-se os arestos a seguir da Corte de Contas a este respeito:

> A jurisprudência do TCU também é firme no sentido de admitir o pagamento antecipado apenas em condições excepcionais, contratualmente previstas, sendo necessárias ainda garantias que assegurem o pleno cumprimento do objeto. (Acórdão nº 1.614/2013)

> Não obstante a correção da falha, ele considerou pertinente reforçar o entendimento de que a realização de pagamentos antecipados aos contratados somente poderá ocorrer com a conjunção dos seguintes requisitos: I) previsão no ato convocatório; II) existência, no processo licitatório, de estudo fundamentado comprovando a real necessidade e economicidade da medida; e III) estabelecimento de garantias específicas e suficientes, que resguardem a Administração dos riscos inerentes à operação. Considerando que tais requisitos não se fizeram presentes no caso examinado, o relator propôs e o Plenário decidiu expedir determinação corretiva à municipalidade. (Acórdão nº 1.341/2010)

A Advocacia-Geral da União editou a Orientação Normativa nº 37, comungando com o mesmo entendimento, servindo como advertência para o pagamento antecipado que não pode funcionar de forma generalizada:

> A antecipação de pagamento somente deve ser admitida em situações excepcionais, devidamente justificada pela administração, demonstrando-se a existência de interesse público, observados os seguintes critérios: 1) represente condição sem a qual não seja possível obter o bem ou assegurar a prestação do serviço, ou propicie sensível economia de recursos; 2) existência de previsão no edital de licitação ou nos instrumentos formais de contratação direta; e 3) adoção de indispensáveis garantias, como as do art. 56 da lei nº 8.666/93, ou cautelas, como por exemplo a previsão de devolução do valor antecipado caso não executado o objeto, a comprovação de execução de parte ou etapa do objeto e a emissão de título de crédito pelo contratado, entre outras.

Assim, a nova lei segue o entendimento de que o pagamento antecipado é excepcional, devendo ser cercado das cautelas acima dispostas.

Por fim, quanto ao preço, importante analisar o que significam os critérios, a data-base e a periodicidade do reajustamento de preços e os critérios de atualização monetária entre a data do adimplemento das obrigações e a do efetivo pagamento.

A Lei nº 14.133, de 1º.4.2021, define, em diferentes artigos, critérios de atualização dos preços contratuais. Dispõe que, independentemente do prazo de duração, o contrato deverá conter cláusula que estabeleça o índice de reajustamento de preço (art. 92, §3º).

Assim, por ser cláusula obrigatória, o índice de reajuste deve constar do contrato. Resta saber qual índice será o indicado. O mesmo dispositivo legal orienta que o índice pode ser específico ou setorial, levando em consideração a realidade dos respectivos insumos.

Entende-se que no caso não há discricionariedade, mas deve haver atenção à realidade dos índices acompanhando a situação dos respectivos insumos. Assim, decisões antigas do Tribunal de Contas da União já apontavam para esta correspondência, esclarecedoras sobre a necessidade de atenção para índices setoriais de preços sob pena de superfaturamento e condutas consideradas ímprobas. Veja o aresto a seguir, representativo desta ideia:

> TCU – Acórdão nº 114/2013 – Plenário Voto 6. Relativamente à previsão de reajuste por meio da utilização de índices setoriais (irregularidade "d", retro), concordo com as análises apresentadas pela Sefti no sentido de que o enquadramento está correto. O serviço licitado, por suas características, não exige a dedicação exclusiva de mão de obra, pelo que, de acordo com o art. 19, 2 inciso XXII, da IN-SLTI/MP-2/2008, pode ter seus valores contratuais corrigidos, após um ano, por índices setoriais ou específicos. [...] Acórdão 9.6. recomendar à Secretaria de Logística e Tecnologia da Informação do Ministério do Planejamento – SLTI/MP que considere a conveniência e oportunidade de definir índice específico de reajuste, ou cesta de índices, que reflita a variação efetiva dos custos de TI, de forma a orientar a administração pública federal. (Rel. Augusto Sherman Cavalcanti, j. 30.1.2013)

Assim, é conduta irregular a adoção de índices de reajuste apartados da realidade do mercado de insumos específico. No acórdão a seguir, identifica-se a atenção do Tribunal de Contas da União para os índices setoriais, condenando condutas que usam índice genérico:

ACÓRDÃO 361/2006 - PLENÁRIO
RELATOR
UBIRATAN AGUIAR
Representação formulada com base no art. 113, §1º, da Lei nº 8.666/93, versando sobre possíveis irregularidades no Edital da Concorrência nº 52/2005 da CAIXA. Concessão de medida cautelar. Oitiva da CAIXA. Irregularidades confirmadas. Notícia de alteração do edital. Representação conhecida e considerada parcialmente procedente. Suspensão da medida cautelar após efetivadas as correções pertinentes no Edital. Determinação à CAIXA. Ciência à Entidade e à interessada. Arquivamento dos autos.

ACÓRDÃO
VISTOS, relatados e discutidos estes autos que tratam de representação formulada pela empresa Engeprom Engenharia Ltda., nos termos do art. 113, §1º, da Lei nº 8.666/93, versando sobre possíveis irregularidades verificadas no Edital da Concorrência nº 52/2005, lançado pela Caixa Econômica Federal, objetivando a contratação da prestação de serviços de manutenção preventiva e corretiva nas instalações e equipamentos elétricos, cabeamento estruturado, sistema hidrossanitário, sistema de combate a incêndio e execução de obras de pequeno porte em unidades da CAIXA situadas no Distrito Federal e entorno.

ACORDAM os Ministros do Tribunal de Contas da União, reunidos em Sessão Plenária, diante das razões expostas pelo Relator, em:

9.1. conhecer da representação formulada pela empresa Engeprom Engenharia Ltda., por preencher os requisitos de admissibilidade previstos no art. 237, inciso VII do Regimento Interno do TCU c/c o art. §1º do art. 113 da Lei nº 8.666/1993, para, no mérito, julgá-la parcialmente procedente; [...]

9.3. *determinar à Caixa Econômica Federal que os reajustes de preços nos contratos que vierem a ser celebrados sejam efetuados com base na efetiva variação de custos na execução desses contratos, mediante comprovação do contratado, admitindo-se a adoção de índice setorial de reajuste, consoante prescreve o art. 40, inciso XI, da Lei nº 8.666/93, com a redação dada pela Lei nº 8.883/94, devendo tal providência ser adotada já em relação à Concorrência nº 52/2005 - CPL/GILIC-BR;* [...]

10. Ocorre que discordamos da utilização do critério utilizado pela Caixa, "preços de mercado e qualidade", a teor da Resolução nº 10/1996, da Coordenação e Controle das Empresas Estatais, como balizadores da alteração dos preços, por entendermos esta norma extrapolando o comando contido no art. 40, XI, da Lei nº 8.666/93, que expressamente estabelece como critérios de reajuste: "a variação efetiva do custo de produção" e "admitida a adoção de índices específicos ou setoriais".

11. Não tem sido diferente a compreensão do Tribunal sobre a matéria, que por meio da Decisão nº 235/2002-TCU-Plenário, assim deliberou:
"8.2 - determinar ao Banco do Brasil S.A. que:

8.2.1 - os reajustes de preços nos contratos de transporte de valores que vierem a ser celebrados sejam efetuados com base na efetiva variação de custos na execução desses contratos, mediante comprovação do contratado, admitindo-se a adoção de índice setorial de reajuste, consoante prescreve o art. 40, inciso XI, da Lei nº 8.666/93, com a redação dada pela Lei nº 8.883/94;".

12. A reforçar a tese albergada, o Acórdão 34/2004-TCU-Plenário, prolatado em sede de Pedido de Reexame que insurgia-se contra o item 8.2.1 da Decisão supra-referida, manteve os exatos termos da deliberação.

13. Assim, entendemos deva, no caso, expedir-se determinação específica à Caixa Econômica Federal para que o Edital relativo à Concorrência nº 52/2005 - CPL/GILIC-BR seja alterado para fazer cumprir o dispositivo legal de regência da matéria, art. 40, XI, da Lei nº 8.666/93, bem como determinação geral, similar àquela endereçada ao Banco do Brasil no bojo da mencionada Decisão nº 235/2002-Plenário, para orientar ações subsequentes:

8.2.1 - os reajustes de preços nos contratos que vierem a ser celebrados sejam efetuados com base na efetiva variação de custos na execução desses contratos, mediante comprovação do contratado, admitindo-se a adoção de índice setorial de reajuste, consoante prescreve o art. 40, inciso XI, da Lei nº 8.666/93, com a redação dada pela Lei nº 8.883/94;".

14. Em reforço à tese, reproduzimos parte do voto que fundamentou a Decisão nº 235/2002-Plenário:

4. No caso concreto, portanto, dever-se-ia falar em reajuste, onde não se opera a modificação do contrato celebrado. Segundo Marçal Justen Filho (Comentários à Lei de Licitações e Contratos Administrativos, 8º Edição, Ed. Dialética, São Paulo, 2000, pgs. 407 e 408):

'O reajustamento de preços [...] consiste na previsão antecipada da ocorrência da inflação e na adoção de uma solução para neutralizar seus efeitos. É a determinação de que os preços ofertados pelos interessados serão reajustados de modo automático, independentemente inclusive de pleito do interessado'. [...]

6. Considero, entretanto, que devem ser observados os ditames estabelecidos no inciso XI do art. 40 da Lei nº 8.666/93. Segundo esse dispositivo legal, o Edital deverá indicar critério de reajuste, que deverá retratar a variação efetiva do custo de produção, admitida a adoção de índices específicos...

7. Em síntese, o reajuste dos preços a serem pagos às empresas contratadas não pode ser resultado de 'repactuação', nem podem ter como 'parâmetros básicos a qualidade e os preços vigentes no mercado...'. A despeito disso, entendo que tal ocorrência não implica reconhecimento de vício que conduziria a nulidade procedimento licitatório, visto que não contribuiu para a restrição do caráter competitivo da licitação, nem violou o princípio da isonomia, especialmente porque se impunha indistintamente a todos os licitantes e não impediu o acesso de licitantes ao certame.

8. Impõe-se, contudo, seja expedida determinação ao Banco do Brasil, a fim de que, nas futuras licitações, adote providências no sentido de evitar a inserção de cláusulas, nos respectivos contratos, que estipulem reajuste de preços em desacordo com o que prescreve o inciso XI do art. 40 da Lei nº 8.666/93'.

A fixação do índice de reajuste de preço é fundamental e não pode ser vista como mera faculdade do gestor, como já decidia o Tribunal de Contas da União, conforme excerto constante do *Boletim* nº 301 do Tribunal de Contas da União, ainda à luz na antiga lei de licitações e contratos administrativos:

[...] o estabelecimento dos critérios de reajuste dos preços, tanto no edital quanto no instrumento contratual, não constitui discricionariedade conferida ao gestor, mas sim verdadeira imposição, ante o disposto nos arts. 40, inciso XI, e 55, inciso III, da Lei 8.666/93, ainda que a vigência prevista para o contrato não supere doze meses.

Ainda na Auditoria para verificar a construção da cadeia pública masculina de São Luís Gonzaga/MA, constatou-se que o edital da concorrência não indicara o critério de reajuste de preços a ser utilizado durante a execução dos serviços, estipulada em doze meses. Para a unidade instrutiva, esse fora um dos motivos da anulação do certame, em face da impossibilidade da convocação da segunda colocada, tendo em vista a falta de definição dos critérios para realinhamento dos preços após a rescisão do contrato. Em resposta às audiências, alegaram os responsáveis que "a ausência de cláusula de reajuste de preço no edital se dera pelo fato de que o contrato teria prazo de vigência de doze meses, sendo que a legislação somente determina a estipulação de correção monetária em contratos com prazo igual ou superior a um ano". Acrescentaram que a Lei 10.192/2001 não obrigou a Administração a prever cláusula de reajuste em seus contratos administrativos, mas proibiu o reajuste para períodos inferiores a um ano. *Analisando o ponto, asseverou a relatora que "o estabelecimento dos critérios de reajuste dos preços, tanto no edital quanto no instrumento contratual, não constitui discricionariedade conferida ao gestor, mas sim verdadeira imposição, ante o disposto nos artigos 40, inciso XI, e 55, inciso III, da Lei 8.666/93 – acórdão 2.804/2010 – Plenário". Em tais circunstâncias, prosseguiu "é adequada a proposta da unidade técnica de não acatar as justificativas dos gestores e aplicar-lhes multas".* Diante dessa e de outras falhas, acompanhou o Plenário o voto da relatora no sentido de aplicar multa aos responsáveis e dar ciência à Seap/MA acerca da "ausência de critérios de reajustamento de preços no contrato firmado".

A Nova Lei de Licitações e Contratos Administrativos, na mesma trilha, adverte para a fixação de índices de reajustes setoriais, o que deve constar do instrumento contratual, devendo-se evitar índices genéricos ou que não reflitam a situação do mercado específico de insumos que balizam o objeto do contrato:

> Art. 92. [...]
> §3º Independentemente do prazo de duração, o contrato deverá conter cláusula que estabeleça o índice de reajustamento de preço, com database vinculada à data do orçamento estimado, e poderá ser estabelecido mais de um índice específico ou setorial, em conformidade com a realidade de mercado dos respectivos insumos.
> §4º Nos contratos de serviços contínuos, observado o interregno mínimo de 1 (um) ano, o critério de reajustamento de preços será por:
> I - reajustamento em sentido estrito, quando não houver regime de dedicação exclusiva de mão de obra ou predominância de mão de obra, mediante previsão de índices específicos ou setoriais; [...].

Os índices setoriais aconselhados pelo Tribunal de Contas da União são os que melhor refletem a realidade específica do insumo, como visto no acórdão a seguir, em que é questionada a utilização universal do índice INCC quando presentes obras:

> Diante da falta do índice específico referido na cláusula editalícia, o mais razoável seria a busca por índices que melhor retratassem a variação efetiva do custo de produção e dos preços dos insumos utilizados, a fim de assegurar, da forma mais justa possível, a manutenção do equilíbrio econômico-financeiro do contrato.
> 8.3.18. Procedimento no mesmo sentido do que esta Secex adotou para a apuração do débito, aliás, foi também inicialmente empregado pela própria Administração estadual, sem que se tenha registro de qualquer oposição ou questionamento por parte dos responsáveis neste processo. Prova disso é que, examinando-se as faturas pagas, verifica-se que o Governo Estadual utilizou índice de obras rodoviárias (Coluna 39 da revista Conjuntura Econômica/FGV - Índice de Obras Rodoviárias - Consultoria – Supervisão e Projetos) no cálculo do reajustamento de parte dos serviços da primeira medição (fls. 1919/1921), seguindo, assim, linha de entendimento idêntica à da instrução de fls. 2881/2887.
> 8.3.19. No que se refere à alegação de que o Plenário deste Tribunal, mediante os Acórdãos nºs. 679/2004, 756/2004 e 780/2004, teria consagrado o uso do INCC – Coluna 35 como parâmetro confiável na correção de preços de obras públicas, cabe ponderar que as referidas deliberações não autorizam essa interpretação do defendente.
> 8.3.20. Examinando-se o conteúdo desses Acórdãos, constata-se que em momento algum é suscitada, ainda que superficialmente, a questão da adequação do INCC como índice universal de reajustamento de obras públicas. Na realidade, os acórdãos referidos cuidam de construção de

edifícios, obras de fato mais compatíveis com o INCC, e fiscalização de adutora, nos quais há referências laterais a reajuste de itens de serviço com base nesse índice.

8.3.21. Entretanto, em nenhuma das oportunidades mencionadas esta Corte de Contas entrou em debate aprofundado nem se pronunciou sobre o tema, tal como exposto nas irregularidades tratadas nos presentes autos, muito menos firmou entendimento no sentido em que o defendente apregoa.

8.3.22. Por essas razões, opina-se pela rejeição das alegações de defesa. (TC 350.268/1997-5)

Quando ausente índice de reajuste no contrato, o Tribunal de Contas da União prevê a celebração de aditivo para que seja fixado, o que é medida de saneamento admitida pela Corte de Contas:

12. Por certo, não seria a ausência de previsão de reajuste de preços, no edital e no contrato, impedimento à manutenção do equilíbrio econômico-financeiro dos contratos (art. 37, inciso XXI), sob pena de ofensa à garantia constitucional inserta no art. 37, inciso XXI da Carta Maior. Ademais, a execução do contrato, com a recusa no reajustamento dos preços oferecidos à época da proposta, configuraria enriquecimento ilícito do erário e violaria o princípio da boa-fé objetiva, cuja presença no âmbito do direito público é também primordial.

13. Há que se considerar ainda que o ex-prefeito fez ingerências junto à Funasa, alertando-a da necessidade de se promover o reajuste de preços – o qual, ao final, foi feito com base em variações do Índice Nacional da Construção Civil (INCC), índice adequado ao caso e validado pela jurisprudência deste Tribunal –, procedimento resultante da celebração, entre as partes, de termo aditivo para aquela finalidade.

14. *Todo esse imbróglio nasceu de falha da Administração, não atribuível ao particular contratado com o poder público, ao ter a Funasa deixado de incluir no edital cláusula de reajuste contratual quando, inicialmente, previu a execução da obra em prazo inferior a um ano. Essa situação aparentemente ocorreu como forma de assegurar atendimento à periodicidade anual estabelecida na Lei 10.192/2001 – que dispôs sobre o Plano Real – para fins de reajuste de preços dos contratos. Contudo, essa omissão dos gestores públicos – a meu ver escusável diante da falta de uniformização da questão, até mesmo internamente, e das circunstâncias da época – não deixa de conflitar com o entendimento atual perfilhado nesta Corte a respeito da obrigatoriedade de previsão de cláusula de reajuste, independentemente do prazo inicialmente estipulado de execução da avença:*

66. Entretanto, o estabelecimento dos critérios de reajuste dos preços, tanto no edital quanto no instrumento contratual, não constitui discricionariedade conferida ao gestor, mas sim verdadeira imposição, ante o disposto nos artigos 40, inciso XI, e 55, inciso III, da Lei 8.666/93.

Assim, a sua ausência constitui irregularidade, tendo, inclusive, este Tribunal se manifestado acerca da matéria, por meio do Acórdão 2804/2010-TCU-Plenário, no qual julgou ilegal a ausência de cláusula neste sentido, por violar os dispositivos legais acima reproduzidos. Até em contratos com prazo de duração inferior a doze meses, o TCU determina que conste no edital cláusula que estabeleça o critério de reajustamento de preço (Acórdão 73/2010-TCU-Plenário, Acórdão 597/2008-TCU-Plenário e Acórdão 2715/2008-TCU-Plenário, entre outros) [trecho extraído do relatório precedente ao Acórdão 2205/2016-TCU-Plenário, cuja fundamentação foi acompanhada pela relatora, Min. Ana Arraes, em seu voto] [grifei].

15. Na mesma linha a Decisão 698/2000-TCU-Plenário (Rel. Min. Humberto Guimarães Souto):

8.1. determinar à SERGIPORTOS que: [...]

8.1.6. nos contratos relativos às obras financiadas com recursos federais, mesmo nos casos cuja duração seja inferior a um ano, preveja a possibilidade de reajuste, fazendo menção ao indicador setorial aplicável, nos casos em que, inexistindo culpa do contratado, o prazo inicialmente pactuado não seja cumprido; (grifei).

16. A propósito, o caso apreciado nesse julgado se assemelha ao destes autos no tocante ao índice acordado entre as partes, o INCC, durante a execução contratual, conforme se verifica do trecho a seguir, extraído do voto do relator:

Já a aplicação anual do INCC – coluna 43 da FGV, inicialmente não prevista em razão do prazo contratual de 11 meses (inferior ao período mínimo de um ano para a ocorrência de reajuste), encontra respaldo na doutrina e jurisprudência no presente caso, uma vez que a variação de preços entre o valor contratual pactuado em outubro de 1997 e a data do aditivo em que tal correção foi aplicada configura desequilíbrio na equação econômico-financeira do contrato.

O art. 92 da nova lei ainda trata dos contratos de serviços contínuos e seus reajustes, seguindo reiterada jurisprudência da Corte de Contas segundo a qual, quando o contrato é contínuo e ultrapassa um ano de duração, duas situações são possíveis e com soluções diferentes, ou é caso de reajuste em sentido estrito, quando não houver regime de dedicação exclusiva de mão de obra, ou é ocasião para repactuação quando houver regime de dedicação exclusiva de mão de obra ou predominância de mão de obra, mediante demonstração analítica da variação dos custos, conforme os termos do art. 92 adiante dispostos:

Art. 92. [...]

§4º Nos contratos de serviços contínuos, observado o interregno mínimo de 1 (um) ano, o critério de reajustamento de preços será por:

I - reajustamento em sentido estrito, quando não houver regime de dedicação exclusiva de mão de obra ou predominância de mão de obra, mediante previsão de índices específicos ou setoriais;

II - repactuação, quando houver regime de dedicação exclusiva de mão de obra ou predominância de mão de obra, mediante demonstração analítica da variação dos custos.

Assim, na esteira da prática já admitida no direito administrativo, reajuste será destinado a situações em que os contratos não têm regime de dedicação exclusiva de mão de obra ou predominância de mão de obra, utilizando-se, para o reajuste, índices específicos ou setoriais. Já a repactuação será quando houver regime de dedicação exclusiva de mão de obra, assim como já vinha decidindo a Corte de Contas da União:

TCU – Informativo de Jurisprudência nº 290 1. O instituto da repactuação de preços aplica-se apenas a contratos de serviços continuados prestados com dedicação exclusiva da mão de obra. O Plenário apreciou monitoramento do Acórdão 1.677/2015 Plenário, proferido em processo de Representação que apontara possíveis irregularidades em edital de pregão eletrônico promovido pelo Departamento de Polícia Rodoviária Federal (DPRF), destinado à contratação de serviço de monitoramento eletrônico de veículos mediante sistema de leitura automática de placas, utilizando tecnologia de Reconhecimento Ótico de Caracteres (OCR). Dentre outras questões tratadas nos autos, dissentiu parcialmente o relator da proposta formulada pelo titular da unidade técnica de determinação ao DPRF para condicionar a adjudicação do certame ao fornecimento pela licitante de planilha detalhada de quantitativos e preços unitários relativos à sua proposta, "inserindo-a nos autos do procedimento licitatório para fins de subsidiar eventuais repactuações e reajustes futuros". Mais especificamente, um dos pontos da divergência referiu-se à menção ao instituto da repactuação. Observou o relator que, no voto condutor do Acórdão 1.574/2015 Plenário, restou consignado que o instituto da repactuação "só se aplica a serviços continuados prestados com dedicação exclusiva da mão de obra, isto é, mediante cessão da mão de obra, o que não corresponde ao objeto da contratação a ser realizada pelo DPRF, eis que se trata de serviços contínuos que não serão prestados mediante dedicação exclusiva da mão de obra". Nesse sentido, transcreveu excerto da fundamentação do citado precedente, no qual se afirma que "a repactuação de preços, como espécie de reajuste contratual, deverá ser utilizada apenas nas contratações de serviços continuados com dedicação exclusiva de mão de obra, desde que seja observado o interregno mínimo de um ano das datas dos orçamentos aos quais a proposta se referir, conforme estabelece o art. 5º do Decreto nº 2.271, de 1997", e, explicando os institutos, se esclarece que "o reajuste de preços é a reposição da perda do poder aquisitivo da moeda por meio do emprego de índices de preços prefixados no contrato administrativo. Por sua vez, a repactuação, referente a contratos de serviços contínuos, ocorre a partir da variação dos componentes dos custos do contrato, devendo ser demonstrada analiticamente, de acordo com a Planilha de Custos e Formação de Preços". Destacou ainda o relator que o edital da contratação sob exame fez expressa alusão ao instituto do reajuste de preços e não ao da repactuação. Ademais, finalizou, "a Lei 8.666/1993 prevê a possibilidade de readequar a equação econômico-financeira dos contratos nas hipóteses de álea ordinária e extraordinária. Na situação em tela, a primeira será efetuada por meio do reajuste de preços. A segunda será realizada via reequilíbrio econômico-financeiro insculpido na alínea d do inciso II do art. 65 (instituto da revisão ou do realinhamento de preços)". Assim, ajustou a proposta de determinação ao DPRF, no sentido de que a mencionada planilha fosse inserida nos autos do processo licitatório e utilizada "como parâmetro para subsidiar futuros reajustes e/ou revisões de preço", o que foi acolhido pelo Colegiado. (Acórdão nº 1.488/2016 – Plenário, Monitoramento. Rel. Mini. Vital do Rêgo)

Aqui, como em vários dispositivos da Nova Lei de Licitações e Contratos, as boas práticas recomendadas pelo Tribunal de Contas da União, fundadas em bases principiológicas da boa administração, são respeitadas pelo legislador responsável pela Lei nº 14.133, de 1º.4.2021.

11.2.6 Os critérios e a periodicidade da medição, quando for o caso, e o prazo para liquidação e para pagamento

Devem constar do contrato as indicações da periodicidade de medição, sendo que nos contratos de obras e serviços de engenharia, sempre que compatível com o regime de execução, a medição será mensal (art. 92).

A nova lei faz menção aos prazos para liquidação e para pagamento, lembrando-se que são estas fases da despesa, nos termos da Lei nº 4.320/64, devendo constar expressamente do contrato quando estas serão realizadas, para garantir ao contratado previsibilidade e garantindo-se obediência ao princípio da não surpresa (princípio da boa-fé).

11.2.7 Os prazos de início das etapas de execução, conclusão, entrega, observação e recebimento definitivo, quando for o caso

Algumas observações devem ser realizadas quanto às cláusulas obrigatórias sobre prazos dos contratos. Em comparação com a lei de licitações anterior, a nova lei traz um detalhamento bem maior, inclusive com maior rigor quanto ao controle de prazos para resposta ao pedido de repactuação de preços, quando for o caso; prazo para resposta ao pedido de restabelecimento do equilíbrio econômico-financeiro, quando for o caso; prazo de garantia mínima do objeto, observados os prazos mínimos estabelecidos nesta lei e nas normas técnicas aplicáveis, e as condições de manutenção e assistência técnica, quando for o caso.

Quanto ao prazo para decisão sobre a repactuação, o Governo Federal já dispunha sobre ele em instrução normativa (Instrução Normativa nº 5, de 26.5.2017), como observado a seguir:

> Art. 57. As repactuações serão precedidas de solicitação da contratada, acompanhada de demonstração analítica da alteração dos custos, por meio de apresentação da planilha de custos e formação de preços ou do novo Acordo, Convenção ou Dissídio Coletivo de Trabalho que fundamenta a repactuação, conforme for a variação de custos objeto da repactuação. [...]
> §3º A decisão sobre o pedido de repactuação deve ser feita no prazo máximo de sessenta dias, contados a partir da solicitação da entrega dos comprovantes de variação dos custos.

Entretanto, nem todas as demais esferas da Federação apresentavam normas análogas, o que poderia causar agressão ao princípio do não locupletamento ilícito em prejuízo ao particular, caso não repactuado o preço em tempo hábil, desde que devidamente comprovado. Assim, em boa hora foi incluída a norma na Lei nº 14.133, de 1º.4.2021. O reequilíbrio ou pagamento em prazo indefinido impede o bom planejamento das empresas privadas contratadas e pode levar à falência destas.

Observa-se, ainda, que o Tribunal de Contas da União vem definindo como instrumento hábil para a repactuação a celebração de termo aditivo e não mero apostilamento. Nesse sentido, já se posicionou o Tribunal de Contas da União, no Acórdão nº 1.827/2008, Plenário:

> [...] a repactuação de preços poderia dar-se mediante apostilamento, no limite jurídico, já que o art. 65, §8º, da Lei nº 8.666/93, faz essa alusão

quanto ao reajuste. Contudo, não seria antijurídico e seria, inclusive, mais conveniente que fosse aperfeiçoada por meio de termo aditivo, uma vez que a repactuação tem como requisitos a necessidade de prévia demonstração analítica quanto ao aumento dos custos do contrato, a demonstração de efetiva repercussão dos fatos alegados pelo contratado nos custos dos preços inicialmente pactuados e, ainda, a negociação bilateral entre as partes. E, para reforçar o entendimento ora exposto, vale mencionar que o referido termo aditivo teria natureza declaratória, e não constitutiva de direitos, pois apenas reconheceria o direito à repactuação preexistente.

A mesma lógica se refere ao prazo para decisão sobre o reequilíbrio econômico, já que a demora no atendimento do pedido tem efeito de gerar prejuízos ao contratado.

Celso Antônio Bandeira de Mello, acerca desse conceito, preceitua o seguinte:[160] "Equilíbrio econômico-financeiro (ou equação econômico-financeira) é a relação de igualdade formada, de um lado, pelas obrigações assumidas pelo contratante no momento do ajuste e, de outro, pela compensação econômica que lhe corresponderá".

O equilíbrio econômico-financeiro tem assento constitucional no art. 37, inc. XXI, da Constituição Federal:

> Art. 37. [...]
> XXI - ressalvados os casos especificados na legislação, as obras, serviços, compras e alienações serão contratados mediante processo de licitação pública que assegure igualdade de condições a todos os concorrentes, com cláusulas que estabeleçam obrigações de pagamento, mantidas as condições efetivas da proposta, nos termos da lei, o qual somente permitirá as exigências de qualificação técnica e econômica indispensáveis à garantia do cumprimento das obrigações.

Diferentemente da hipótese do reajustamento, que visa recompor a desvalorização da moeda, o reequilíbrio econômico-financeiro (também chamado por revisão ou recomposição), por sua vez, tem fundamentos diferentes do reajustamento e não depende de previsão no edital, podendo ser concedido a qualquer tempo ao longo do contrato.

Esse instituto encontrava-se indicado no art. 65, inc. II, alínea "d", da antiga Lei nº 8.666/1993, ao estabelecer que os contratos regidos por essa lei poderão ser alterados, com as devidas justificativas, para

---

[160] BANDEIRA DE MELLO, Celso Antônio. *Curso de direito administrativo*. 24. ed. São Paulo: Malheiros, 2007. p. 625-626.

restabelecer a relação que as partes pactuaram inicialmente entre os encargos do contratado e a retribuição da administração para a justa remuneração da obra, serviço ou fornecimento, objetivando a manutenção do equilíbrio econômico-financeiro inicial do contrato, na hipótese de sobrevirem fatos imprevisíveis, ou previsíveis, porém, de consequências incalculáveis, retardadores ou impeditivos da execução do ajustado, ou, ainda, em caso de força maior, caso fortuito ou fato do príncipe, configurando álea econômica extraordinária e extracontratual.

Na nova lei, ele continua previsto, entretanto, agora com prazo definido para que a Administração decida sobre a procedência do pedido de reequilíbrio, com fundamento na *teoria da imprevisão* (*rebus sic stantibus*) aos contratos administrativos. Pertinente a definição de Fernanda Marinela a respeito do tema:[161]

> [...] consiste no reconhecimento de que eventos novos, imprevistos e imprevisíveis pelas partes e a elas não imputados, alteram o equilíbrio econômico-financeiro refletindo na economia ou na execução do contrato, autorizam sua revisão para ajustá-lo à situação superveniente, equilibrando novamente a relação contratual. Portanto a ocorrência deve ser superveniente, imprevista (porque as partes não imaginaram), imprevisível (porque ninguém no lugar delas conseguiria imaginar – algo impensável) e que onera demais o contrato para uma das partes, exigindo-se a recomposição.

Eventos com potencial para desequilibrar a equação econômica inicial do contrato administrativo são, segundo a doutrina majoritária, caso fortuito e força maior, ato do homem ou fato da natureza, fato do príncipe, como toda a determinação estatal.

Lembre-se da lição de Caio Tácito,[162] para quem a revisão do contrato por imprevisão é excepcional, devendo ocorrer quando identificada crise com consequências intoleráveis ao contratado.

Já decidiu o Tribunal de Contas da União, nos autos do TC nº 007.615/2015-9, do qual se originou o Acórdão nº 1.604/2015-TCU-Plenário (Rel. Min. Augusto Nardes), sobre a matéria, que não há óbice à concessão de reequilíbrio econômico-financeiro visando à revisão (ou recomposição) de preços de itens isolados, com fundamento no art. 65, inc. II, alínea "d", da Lei nº 8.666/1993, desde que estejam presentes

---

[161] MARINELA, Fernanda. *Direito administrativo*. 4. ed. Niterói: Impetus, 2010. p. 429.

[162] TÁCITO, Caio. Contrato administrativo: revisão de preço: teoria da imprevisão: pressupostos de imprevisibilidade e de excessiva onerosidade. *Boletim de Licitações e Contratos*, p. 370-373, set. 1993.

a imprevisibilidade ou a previsibilidade de efeitos incalculáveis e o impacto acentuado na relação contratual (teoria da imprevisão); e que haja análise demonstrativa acerca do comportamento dos demais insumos relevantes que possam impactar o valor do contrato.

Portanto, andou bem a nova redação ao determinar que deve ser fixado prazo contratual para definição da recomposição do equilíbrio econômico-financeiro, porque traz previsibilidade ao contrato e atende ao princípio da boa-fé, basilar da teoria geral do direito.

11.2.8 O crédito pelo qual correrá a despesa, com a indicação da classificação funcional programática e da categoria econômica

Em decorrência do que dispõe a Constituição Federal, no capítulo da ordem financeira, apenas será realizada despesa se houver previsão orçamentária, por meio da inclusão do respectivo crédito na lei orçamentária. É o que define o art. 167 da Constituição Federal:

> Art. 167. São vedados:
> I - o início de programas ou projetos não incluídos na lei orçamentária anual;
> II - a realização de despesas ou a assunção de obrigações diretas que excedam os créditos orçamentários ou adicionais; [...].

Assim, é hipótese de ilegalidade não fazer constar do contrato o crédito pelo qual correrá a despesa.[163]

Há necessidade de indicação, além do crédito, sobre a especificação da classificação funcional programática e da categoria econômica.

A classificação funcional é formada por funções, subfunções e busca responder basicamente à indagação "em que áreas de despesa a ação governamental será realizada?".

Dessa forma, cada atividade, projeto e operação especial identificará a função e a subfunção às quais se vincula.

---

[163] Reveste-se de plausibilidade jurídica, no entanto, a tese, sustentada em ação direta, de que o legislador estadual, condicionado em sua ação normativa por princípios superiores enunciados na CF, não pode, ao fixar a despesa pública, autorizar gastos que excedam os créditos orçamentários ou adicionais, ou omitir-lhes a correspondente fonte de custeio, com a necessária indicação dos recursos existentes (ADI nº 352 MC. Rel. Min. Celso de Mello, j. 29.8.1990, P, *DJ*, 8 mar. 1991).

A atual classificação funcional foi instituída pela Portaria nº 42, de 14.4.1999, do então Ministério do Orçamento e Gestão (MOG), e é composta de um rol de funções e subfunções, que serve como agregador dos gastos públicos por área de ação governamental nos três níveis de governo.

11.2.9 A matriz de risco

A nova lei de licitações esclarece o que pode ser definido como matriz de risco, cláusula a ser prevista nos contratos, quando for o caso:

> Art. 6º Para os fins desta Lei, consideram-se: [...]
> XXVII - matriz de riscos: cláusula contratual definidora de riscos e de responsabilidades entre as partes e caracterizadora do equilíbrio econômico-financeiro inicial do contrato, em termos de ônus financeiro decorrente de eventos supervenientes à contratação, contendo, no mínimo, as seguintes informações:
> a) listagem de possíveis eventos supervenientes à assinatura do contrato que possam causar impacto em seu equilíbrio econômico-financeiro e previsão de eventual necessidade de prolação de termo aditivo por ocasião de sua ocorrência;
> b) no caso de obrigações de resultado, estabelecimento das frações do objeto com relação às quais haverá liberdade para os contratados inovarem em soluções metodológicas ou tecnológicas, em termos de modificação das soluções previamente delineadas no anteprojeto ou no projeto básico;
> c) no caso de obrigações de meio, estabelecimento preciso das frações do objeto com relação às quais não haverá liberdade para os contratados inovarem em soluções metodológicas ou tecnológicas, devendo haver obrigação de aderência entre a execução e a solução predefinida no anteprojeto ou no projeto básico, consideradas as características do regime de execução no caso de obras e serviços de engenharia; [...].

Estabelecida a cláusula de matriz de riscos, o reequilíbrio econômico-financeiro do valor contratado – diante da ocorrência de qualquer fato extraordinário que repercuta sobre o encargo (para mais ou para menos) e que apresente natureza extracontratual, antes previsto na Lei nº 8.666/1993, em seu art. 65, inc. II, alínea "d" c/c §5º, e agora assegurado pelo art. 124, inc. II, alínea "d" c/c art. 134, ambos da Lei nº 14.133/2021 – *somente terá cabimento se o fato extraordinário ocorrido não tiver sido contemplado na matriz de riscos.*

De acordo com o disposto no seu art. 22 da Lei nº 14.133/2021, o edital poderá contemplar (e não obrigatoriamente deverá) matriz de alocação de riscos entre o contratante e o contratado. Contudo, consoante dispõe o §3º deste artigo: *"Quando a contratação se referir a obras e serviços de grande vulto ou forem adotados os regimes de contratação integrada e semi-integrada, o edital obrigatoriamente contemplará matriz de alocação de riscos entre o contratante e o contratado".*

No contexto brasileiro, é importante lembrar da Emenda Constitucional nº 19, de 1998, que acrescentou o conceito da eficiência no rol dos princípios que regem toda a Administração Pública federal (CF, art. 37, *caput*).

O objetivo principal da gestão de riscos é aumentar o grau de certeza na consecução dos objetivos, o que tem impacto direto na eficiência. Da exposição de motivos que encaminhou a PEC que originou a EC nº 19, destacam-se os seguintes pontos: a) a Constituição de 1988 corporificou uma concepção de Administração Pública verticalizada, hierárquica, rígida, que favoreceu a proliferação de controles muitas vezes desnecessários. Cumpre agora reavaliar algumas das opções e modelos adotados, assimilando novos conceitos que reorientem a ação estatal em direção à eficiência e à qualidade dos serviços prestados ao cidadão; b) enfatizar a qualidade e o desempenho nos serviços públicos: assimilação pelo serviço público da centralidade do cidadão e da contínua superação de metas de desempenho conjugada com a retirada de controles e obstruções legais desnecessárias.

Segundo documento do Tribunal de Contas da União, ao interpretar a questão da matriz de risco, adverte para algumas cautelas necessárias, alertando para a multidisciplinaridade do tema, advertindo, ainda, para a necessidade de atenção ao planejamento para melhor calibre da matriz de risco. Destacam-se nos conselhos do Tribunal de Contas da União o que segue:

> Dada a natureza multidisciplinar da gestão de riscos, o processo deve ser conduzido, preferencialmente, de forma coletiva, em oficinas de trabalho, por pessoas que conhecem aquele processo, projeto etc.
> Compreende o planejamento e a realização de ações para modificar o nível do risco. O nível do risco pode ser modificado por meio de medidas de resposta ao risco que mitiguem, transfiram ou evitem esses riscos. Somente devem ser objeto de tratamento os riscos priorizados. O tratamento dos riscos deve seguir os seguintes passos: identificar as causas e consequências dos riscos priorizados; levantadas as causas e consequências, registrar as possíveis medidas de resposta ao risco; avaliar a viabilidade da implantação dessas medidas (custo-benefício,

viabilidade técnica, tempestividade, efeitos colaterais do tratamento etc.); decidir quais serão implementadas; elaborar plano de implementação das medidas para inclusão nos planos institucionais. A identificação das medidas de resposta ao risco, assim como a identificação de riscos, deve ser realizada em oficinas de trabalho ou, conforme o caso, pelo próprio gestor do risco, com a participação de pessoas que conheçam bem o objeto de gestão de riscos. Devem ser utilizadas técnicas/ferramentas que permitam a identificação da maior quantidade de medidas de resposta ao risco, tais como brainstorming, brainwriting, entrevistas, visitas técnicas, pesquisas etc.

As medidas mitigadoras podem envolver, por exemplo, a adoção de controles, o redesenho de processos, a realocação de pessoas, a realização de ações de capacitação, o desenvolvimento ou aperfeiçoamento de soluções de TI, a adequação da estrutura organizacional, entre outros. Para permitir uma gestão mais efetiva dos riscos, é importante o registro das informações, que pode ser feito por meio da técnica do bow-tie. A partir do evento de risco identificado como relevante pela unidade para ser trabalhado, são levantadas as causas e consequências e ele associadas. As causas são os "gatilhos" dos riscos, ou seja, tudo que colabora para o que o evento de risco aconteça. Para tratar as causas são identificadas as medidas preventivas que possam minimizar ou evitar a ocorrência do risco. Já as consequências são os efeitos negativos que advirão caso o risco se concretize. A partir das possíveis consequências, devem-se identificar ações que podem ser implementadas para lidar com elas. (medidas atenuantes).

O monitoramento é parte integrante do processo de gestão e de tomada de decisão e deve acompanhar o ciclo de planejamento institucional. O monitoramento deve ser efetivo sem onerar demasiadamente o processo. Os riscos-chave do Tribunal serão monitorados a cada ciclo de avaliação da estratégia organizacional pela Seplan, em conjunto com o gestor do risco. O monitoramento consistirá na atualização da análise e avaliação do risco, assim como do estágio de execução das medidas de tratamento do risco e dos resultados dessas medidas.[164]

Sobre a matriz de risco, já há experiência pretérita no Brasil desde a Lei do Regime Diferenciado de Contratações, que previa esta verificação, já no contrato, dos riscos e as suas consequências.

De acordo com a Lei nº 12.462/2011, nesta modalidade de contratação não são permitidos aditivos (exceto nas condições legalmente previstas), circunstância que, aliada à utilização de um anteprojeto disponibilizado pela Administração, introduz um maior grau de

---

[164] BRASIL. Tribunal de Contas da União. *Manual de gestão de riscos do TCU*. Brasília: TCU, Secretaria de Planejamento, Governança e Gestão (Seplan), 2020. 48 p.

certeza em todo o processo, desde a contratação até a execução do empreendimento.

Desta forma, quando da utilização da contratação integrada, a referida lei autoriza a elaboração de matriz de alocação de riscos entre a Administração Pública e o contratado, devendo o valor estimado da contratação considerar a taxa de risco compatível com o objeto da licitação e as contingências atribuídas ao contratado.

Este modo de contratação adotado objetiva o aumento da eficiência nas contratações públicas. Para a elaboração da matriz de risco, foram identificados os principais riscos que podem afetar o empreendimento e caracterizados quanto às consequências de ocorrência do evento e formas de mitigá-las, além da respectiva alocação, em que se identifica o responsável pela assunção do risco apontado. A regulamentação da taxa de risco (reserva de contingência) deu-se por meio do Decreto nº 8.080/2013, que altera o Decreto nº 7.581/2011, regulamentando o Regime Diferenciado de Contratações Públicas – RDC, inserindo os §§1º e 2º no art. 75, que possibilitam a inserção da taxa de risco nos orçamentos estimados das contratações integradas.

Como exemplo de elaboração de matriz de risco, pode-se citar o projeto do Tramo III da Linha 1 do SMSL,[165] em que foram previstas duas formas de alocação dos riscos, conforme matriz de risco: alocação ao contratante, em que os riscos são assumidos e gerenciados pelo contratante; e alocação à contratada, em que os riscos são transferidos à contratada.

Esta transferência foi feita por meio de consideração de reserva de contingência proporcional ao risco de materialização do evento apontado e impacto financeiro ao orçamento estimado. De forma complementar foi prevista a participação de seguradora nestas alocações, mediante a contratação dos seguros previstos no edital e no contrato, além de outros complementares que a contratada optasse por contratar.

Referida lógica pode servir de inspiração na utilização da Lei nº 14.133, de 1º.4.2021, para construção de cláusulas sobre a matriz de risco. A seguir exemplo de manejo para matriz de risco:

---

[165] Disponível em: http://www.ctb.ba.gov.br/arquivos/File/AnexoCMatrizdeRisco.pdf.

Tipo de Risco	Descrição	Materialização	Mitigação	Alocação
Necessidade de alteração do projeto pela não disponibilização da faixa de domínio da BR-324.	- Necessidade de alteração do projeto ou das especificações que já tenha sido aprovadas que seja solicitada pela Contratante, em função da não aprovação quanto à utilização da faixa de domínio da BR-324, junto a ANTT.	- Eventual negativa da ANTT para aprovar o traçado previsto e disponibilização da faixa de domínio da BR-324 para o empreendimento sobre a justificativa de possível ampliação futura da capacidade do trecho da BR-324 em questão. - Possibilidade de aditivo de prazo e reequilíbrio econômico financeiro decorrente do atraso nesta atividade, caso a Contratada não tenha dado causa ou se omitido;	- Contratação de Seguro; - Contratante obteve anuência prévia à licitação junto à ANTT - Submissão do projeto básico proposto pela Contratante para aprovação da ANTT;	Contratante
Projeto Básico e Executivo.	- Inadequação para provimento dos serviços na qualidade, quantidade e prazo. - Dificuldades para aprovação dos projetos nos órgãos competentes visando a obtenção dos alvarás.	- Variação dos custos de implantação, quantitativos e inadequação dos serviços. - Atraso no cronograma.	- Não pagamento caso os níveis de serviço não sejam atingidos; - Contratação de seguro; - Fornecimento dos elementos de projeto necessários; - Remuneração do risco.	Contratada
Ações de Meio Ambiente.	- Dificuldades para obtenção da Licença de Instalação (LI). - Entraves para execução e implementação dos Planos Básicos Ambientais (PBAs). - Necessidade de complementação de estudos	- Variação dos custos de implantação, quantitativos e inadequação dos serviços.	- Não pagamento caso os níveis de serviço não sejam atingidos; - Contratação de seguro; - Remuneração do risco.	Contratada

Desta forma, quando da utilização da contratação integrada, a referida lei autoriza a elaboração de matriz de alocação de riscos entre a Administração Pública e o contratado, devendo o valor estimado da contratação considerar a taxa de risco compatível com o objeto da licitação e as contingências atribuídas ao contratado.

A nova lei traz especificações sobre esta lógica da matriz de riscos, que segue a regra estabelecida desde a lei do regime diferenciado de contratações públicas, como vemos no trecho da norma a seguir:

CAPÍTULO III
DA ALOCAÇÃO DE RISCOS

Art. 103. O contrato poderá identificar os riscos contratuais previstos e presumíveis e prever matriz de alocação de riscos, alocando-os entre contratante e contratado, mediante indicação daqueles a serem assumidos pelo setor público ou pelo setor privado ou daqueles a serem compartilhados.

§1º A alocação de riscos de que trata o *caput* deste artigo considerará, em compatibilidade com as obrigações e os encargos atribuídos às partes no contrato, a natureza do risco, o beneficiário das prestações a que se vincula e a capacidade de cada setor para melhor gerenciá-lo.

§2º Os riscos que tenham cobertura oferecida por seguradoras serão preferencialmente transferidos ao contratado.

§3º A alocação dos riscos contratuais será quantificada para fins de projeção dos reflexos de seus custos no valor estimado da contratação.

§4º A matriz de alocação de riscos definirá o equilíbrio econômico-financeiro inicial do contrato em relação a eventos supervenientes e deverá ser observada na solução de eventuais pleitos das partes.

§5º Sempre que atendidas as condições do contrato e da matriz de alocação de riscos, será considerado mantido o equilíbrio econômico-financeiro, renunciando as partes aos pedidos de restabelecimento do equilíbrio relacionados aos riscos assumidos, exceto no que se refere:

I - às alterações unilaterais determinadas pela Administração, nas hipóteses do inciso I do *caput* do art. 124 desta Lei;

II - ao aumento ou à redução, por legislação superveniente, dos tributos diretamente pagos pelo contratado em decorrência do contrato.

§6º Na alocação de que trata o *caput* deste artigo, poderão ser adotados métodos e padrões usualmente utilizados por entidades públicas e privadas, e os ministérios e secretarias supervisores dos órgãos e das entidades da Administração Pública poderão definir os parâmetros e o detalhamento dos procedimentos necessários a sua identificação, alocação e quantificação financeira.

A principal consequência do estabelecimento da matriz de riscos é a renúncia das partes aos pedidos de restabelecimento do equilíbrio relacionados aos riscos assumidos, exceto no que se refere às alterações unilaterais determinadas pela Administração, nas hipóteses do inc. I do *caput* do art. 124 da Nova Lei e ao aumento ou à redução, por legislação superveniente, dos tributos diretamente pagos pelo contratado em decorrência do contrato.

11.2.10 As garantias oferecidas para assegurar sua plena execução, quando exigidas, inclusive as que forem oferecidas pelo contratado no caso de antecipação de valores a título de pagamento

A partir do art. 96 da nova lei, vê-se amplo regramento sobre as garantias no sistema licitatório. Define a lei que a exigência da garantia (caução em dinheiro, seguro-garantia, fiança bancária) ficará a critério da autoridade competente. Se cabível, deve constar desde a previsão editalícia.

Entretanto, neste trecho, a nova lei não adotou o melhor caminho, porque deixar o contrato sem garantias é desconhecer uma das principais características dos ajustes administrativos referente às cláusulas exorbitantes,[166] entre elas inserindo-se a garantia de cumprimento do contrato. Caso não cumprido o contrato, pode a Administração Pública e a própria coletividade serem prejudicadas, com danos à continuidade dos serviços públicos, já que não haverá garantias para sustentar a execução do objeto.

A grande inovação na atual lei em termos de garantia é o protagonismo do seguro-garantia, definindo o art. 97 que esse tem por objetivo garantir o fiel cumprimento das obrigações assumidas pelo contratado perante a Administração, inclusive as multas, os prejuízos e as indenizações decorrentes de inadimplemento, devendo-se atentar para as regras do art. 98.

Observem-se ainda as regras sobre liberação da garantia em contratos em que o contratado é depositário:

> Art. 100. A garantia prestada pelo contratado será liberada ou restituída após a fiel execução do contrato ou após a sua extinção por culpa exclusiva da Administração e, quando em dinheiro, atualizada monetariamente.
> Art. 101. Nos casos de contratos que impliquem a entrega de bens pela Administração, dos quais o contratado ficará depositário, o valor desses bens deverá ser acrescido ao valor da garantia.

Por fim, na hipótese de suspensão do contrato por ordem ou inadimplemento da Administração, o contratado ficará desobrigado de renovar a garantia ou de endossar a apólice de seguro até a ordem de reinício da execução ou o adimplemento pela Administração.

Os professores Ronny Charles e Flávio Amaral Garcia, comentando o projeto de lei posteriormente convertido na nova lei de licitações, alertavam para a insuficiência do seguro-garantia na antiga lei, já que o percentual máximo era de apenas 5%, não fazendo frente à necessidade maior de cobertura, principalmente nas obras de grande vulto. Ensinam os professores antes citados:

> Assim, o percentual seria aumentado dos atuais 5% (cinco por cento) para 20% (vinte por cento) nas obras, serviços e fornecimentos, sendo que nas contratações de grande vulto, o percentual seria ampliado dos atuais 10% (dez por cento) para 30% (trinta por cento). De fato, os percentuais que estão em vigor se mostram insatisfatórios e acabam ocasionando, em certa medida, cobertura insuficiente.[167]

---

[166] DI PIETRO, Maria Sylvia Zanella. *Direito administrativo*. 14. ed. São Paulo: Atlas, 2002. p. 255.
[167] CHARLES, Ronny; GARCIA, Flávio Amaral. O projeto da nova lei de licitações brasileira e alguns de seus desafios. *Revista de Contratos Públicos*, n. 21, set. 2019.

Assim, vem o novo modelo como alternativa importante para garantir a conclusão da obra, inclusive porque a seguradora é interveniente no contrato e principal interessada na conclusão da obra ou serviço, porque poderá pagar pesada multa em caso contrário.

Sobre a nova sistemática do seguro-garantia, o Professor Maurício Portugal Ribeiro aponta duas consequências que não devem, de fato, ser desconsideradas antes da sua efetiva implementação: a primeira delas é o inevitável aumento dos custos da obra, em razão de as seguradoras cobrarem que os tomadores do seguro lhes ofereçam contragarantias, o que dependerá, evidentemente, da disponibilidade de patrimônio das empresas. A segunda consequência apontada é o risco de que o seguro-garantia se configure como barreira à entrada de parte das sociedades empresárias, porquanto nem todas terão condições de oferecer as contragarantias, em especial nos contratos de obra pública de maior vulto.

Discussões adicionais podem surgir em razão de ser o seguro contrato próprio do direito privado, mas se entende que devem vigorar as regras da nova lei de licitações, a despeito de normas em contrário da Susep que possam impedir ou dificultar a cobertura do sinistro, já que se trata da incidência da cláusula exorbitante da garantia.

Sobre a matéria, a seguir, a lição dos professores Marcos Nóbrega e Pedro Dias de Oliveira Netto,[168] na modalidade do seguro-garantia com as cautelas a seguir dispostas:

> Houve certo avanço advindo da Lei nº 14.133/2021 para garantir a execução das contratações públicas. Entre as modalidades de garantias previstas na lei, ganhou destaque o seguro-garantia. A ampliação do percentual exigível para cobertura do seguro no patamar de até 30% representa uma relativa melhora, pois, ao utilizarmos como paradigma o modelo norte-americano, é possível observar que o valor do seguro deverá corresponder a patamares entre 50% e 100% do valor inicial do contrato da obra.
>
> Com efeito, o contexto dos dois países no mercado de seguros é distinto, haja vista sua utilização ser mais consolidada nos EUA desde a promulgação do Heard Act no ano de 1894. Não obstante, o instituto de performance bond, se bem aplicado, pode gerar incentivos para permitir que, por meio desta relação trilateral entre o tomador, segura-

---

[168] NÓBREGA, Marcos; OLIVEIRA NETTO, Pedro Dias de. O seguro-garantia na Nova Lei de Licitação e os problemas de seleção adversa e moral Hazard. *Sollicita Portal*, 10 jun. 2021. Disponível em: https://www.sollicita.com.br/Noticia/?p–idNoticia=17773&n=o-seguro-garantia-na-nova-lei-de-licita%C3%A7%C3%A3o. Acesso em: 14 ago. 2021.

dora e segurado, as obras e serviços possam ser executados nos termos que inicialmente foram pactuados, reduzindo os atrasos na execução contratual e as infindáveis obras inacabadas.

O art. 102, da Lei nº 14.133/2021, poderia ter adotado uma postura mais incisiva para estabelecer um dever e não uma mera faculdade da Administração Pública para a utilização do seguro-garantia nas contratações de obras de grande vulto. Ao utilizar a expressão "o edital poderá exigir", a lei acaba concedendo margem de interpretação para que os diversos gestores públicos possam optar entre utilizar ou não a modalidade de seguro-garantia nos casos de obras de grande vulto.

Se o mercado interno de seguros estiver composto por empresas capacitadas para modelagem e fiscalização de contratos na modalidade de seguro-garantia, os incentivos gerados podem contribuir para reduzir a assimetria de informações e, de igual forma, evitar a ocorrência do sinistro nas contratações públicas.

À derradeira, há de se destacar que as seguradoras aceitarão pactuar contratos de seguro-garantia apenas com as empresas que apresentem uma alta taxa de confiabilidade técnica para executar a obra, isto é, quando houver ampla margem de segurança e um risco zero de ocorrência do sinistro, de sorte que afastará dos certames licitatórios aqueles que não consigam atender aos parâmetros de análise da seguradora. Se bem estruturados, os contratos de seguro-garantia podem contribuir no supervisionamento da execução da obra e no combate de condutas oportunistas, inclusive, nas tentativas de reajustes contratuais para elevar excessivamente o valor final da obra.

11.2.11 Os direitos e as responsabilidades das partes, as penalidades cabíveis e os valores das multas e suas bases de cálculo

Os contratos são acerto de vontades destinados a estipular direitos e obrigações mútuas entre as partes. Esta é a característica contratual denominada comutatividade. Matheus Carvalho[169] aponta as seguintes características constantes em todos os contratos administrativos: comutativo; consensual; de adesão; oneroso; sinalagmático; personalíssimo e formal.

Comutativo se refere ao contrato que previamente estabelece direitos e deveres às partes. Assim, de acordo com a natureza do objeto, o contrato administrativo terá direitos e deveres que devem se coadunar com as necessidades da Administração Pública.

---
[169] CARVALHO, Matheus. *Manual de direito administrativo*. 4. ed. Salvador: JusPodivm, 2017.

Como consequência do estabelecimento destas obrigações, em caso de descumprimento, deve o contrato ainda estabelecer valores de multas e suas bases de cálculo.

Sobre o cálculo do valor da multa, a própria lei de licitações traz os parâmetros (art. 156). Sobre estes deve a Administração realizar justificativa caso a caso.

Ainda devem constar do contrato cláusulas que garantem a manutenção das condições de habilitação e qualificação durante todo o contrato, bem como o compromisso com os direitos humanos vinculadas à reserva de vagas (art. 116).

11.2.12 Gestão do contrato

Importante item que deve constar do contrato é aquele vinculado à gestão do contrato, fazendo cumprir o princípio da eficiência. Na matéria, recomenda-se a atenção aos alertas e boas práticas a partir da experiência do Tribunal de Contas da União, fixada em seu guia de boas práticas,[170] sendo compatível com a Lei nº 14.133, de 1º.4.2021. Segundo o manual, a gestão do contrato é fase que recebe como insumo o contrato e gera como saída uma solução, que produz resultados, os quais atendem à necessidade que desencadeou a contratação.

Identifica a Corte de Contas que há risco nesta atividade de gestão por deficiências na governança, ausências de processo de trabalho formalizado e falta de definição clara de papéis e responsabilidades. Para enfrentar esta situação, o Tribunal de Contas da União defende que a alta administração implemente estruturas de governança das aquisições na organização, de forma a controlar melhor o ambiente (Acórdão nº 3.231/2011-TCU-Plenário); que os atores que se encontram na gestão do contrato atuem com nomeação formal, para que seja possível a responsabilização (Acórdão nº 2.471/2008-TCU-Plenário); que constem das minutas contratuais: a) exigência de apresentação de preposto antes do início da execução; b) nomeação de fiscais com competência para analisar o objeto do contrato;[171] que o gestor do

---

[170] BRASIL. Tribunal de Contas da União. *Guia de boas práticas em contratação de soluções de tecnologia da informação* – Riscos e controles para o planejamento da contratação – versão 1.0. Brasília: TCU, [s.d.].

[171] Tribunal de Contas da União. Acórdão nº 1.610/2013-TCU-Plenário: "• 9.3.1 institua norma geral, estabelecendo regras e critérios, obedecida a legislação aplicável, a serem observados nos processos de recrutamento e seleção dos profissionais a serem alocados no desenvolvimento das atividades dos hospitais universitários, especialmente para a área de licitações e contratos, buscando privilegiar a alocação de mão de obra capacitada; •

contrato avalie se há mecanismos mínimos de gestão que permitam executar o contrato até o prazo estipulado.

Caso não haja mecanismos mínimos, o gestor negocia com a contratada aditivo bilateral para incluir os mecanismos mínimos. Em caso de recusa da contratada, o gestor deve propor a rescisão e nova contratação. Em qualquer caso o gestor do contrato informa à autoridade competente das deficiências que devem ser sanadas para a próxima contratação (Acórdão nº 2.471/2008-TCU-Plenário).

11.2.13 Os casos de extinção

Por fim, é cláusula obrigatória dos contratos os casos de extinção constando da lei a partir do art. 137.

9.3.3 institua política de capacitação [...] com o objetivo de estimular o aprimoramento dos servidores [...] na legislação e jurisprudência aplicáveis aos seus processos de trabalho, especialmente aqueles relacionados com as áreas de licitações e contratos, planejamento e execução orçamentária, acompanhamento e fiscalização contratual e outras áreas da esfera administrativa, de modo a subsidiar melhorias no desenvolvimento de atividades nas áreas de suprimentos/compras, licitações/contratos e recebimento e atesto de serviços, bem como identificação de fraudes, conluios e outros ilícitos relacionados às contratações da entidade; [...]".

CAPÍTULO 12

DAS PRERROGATIVAS DA ADMINISTRAÇÃO NOS CONTRATOS ADMINISTRATIVOS

Em capítulo específico da nova lei, vê-se o tratamento sobre as prerrogativas da Administração e a definição do que pode ser considerado contrato administrativo, marcado pela desigualdade de poderes entre poder público e particular, para garantia do interesse público.

Sem as prerrogativas da Administração nos contratos administrativos, estaria o Poder Público submetido apenas ao princípio do *pacta sunt servanda*, segundo o qual o contrato deve ser cumprido. Em caso de necessidade pública, não poderia a Administração Pública alterar ou extinguir o contrato ou mesmo fiscalizar e aplicar sanções entre outros poderes fundamentais para a continuidade dos serviços públicos.

Assim, os contratos administrativos necessitam das prerrogativas da Administração Pública para que não esteja o interesse público submetido unicamente à autonomia privada. Assim, dispõe o art. 104 da nova lei sobre estas prerrogativas que podem ser resumidas em modificação unilateral para melhor adequação ao interesse público, extinção contratual, fiscalização e aplicação de sanções, ocupação provisória de bens móveis e imóveis.

Não se observa nestas prerrogativas qualquer abuso, visto que o regime jurídico administrativo tem como essência a supremacia do interesse público. Entretanto, o uso das prerrogativas da Administração, também chamadas de cláusulas exorbitantes, não pode ser realizado sem motivação, devendo-se evitar arbitrariedades.

Assim, lembre-se da teoria da dupla motivação de Diogo de Figueiredo Moreira Neto para utilização e afastamento das cláusulas exorbitantes, que se constitui em um caminho para sistematizar o uso das cláusulas exorbitantes, e aplicar esse método de utilização do poder de forma a coibir arbitrariedades, e abandonar a supremacia do interesse público.

Esse pensamento já traz em si a lógica de ponderação e proporcionalidade que deve acompanhar sempre a atividade administrativa. Sobre a teoria, Diego afirma:

> [...] se aplica, como se indica, em dois momentos distintos do processo de escolha discricionária delegada à Administração:
> 1. Um momento de motivação, para a adoção ou para o afastamento em tese de cláusula exorbitante em contratos em que a Administração vá buscar prestações no mercado sob a égide do sinalagma, seguindo-se,
> 2. Um novo momento da motivação, para a aplicação de uma determinada cláusula exorbitante, inserida em determinado contrato com previsão para atuar em determinadas circunstâncias.[172]

Um dos impactos das prerrogativas da Administração é a alteração dos contratos, excepcionalmente, mesmo sem autorização do contratado. Entretanto, o art. 104, §2º da nova lei de licitações define que as cláusulas econômico-financeiras do contrato deverão ser revistas para que se mantenha o equilíbrio contratual, não podendo haver prejuízos ao contratado. A regra geral é a alteração do contrato apenas com autorização do contratado (art. 104, §2º da nova lei).

12.1 Da duração dos contratos administrativos

No tema da duração dos contratos, várias regras novas foram inseridas, adotando-se, ainda, as boas práticas já definidas pelas Cortes de Contas.

Assim, inicialmente, percebe-se que deve haver a devida motivação no processo administrativo vinculado ao contrato, de que existe amparo orçamentário, tanto no plano plurianual, quanto na lei orçamentária, para a duração do respectivo contrato e deve haver previsão editalícia quanto à sua duração.

Uma das maiores inovações quanto aos prazos se refere à duração dos contratos. A partir da nova lei, os contratos poderão ser assinados já com prazo inicial de cinco anos, podendo, em alguns casos, ter prazo inicial de 35 anos.

---

[172] MOREIRA NETO, Diogo de Figueiredo. *O futuro das cláusulas exorbitantes nos contratos administrativos*. Belo Horizonte: Fórum, 2016. p. 557.

Os contratos com prazo inicial de cinco anos são admissíveis para serviços contínuos, devendo haver a seguinte motivação:

I – a autoridade competente do órgão ou entidade contratante deverá atestar a maior vantagem econômica vislumbrada em razão da contratação plurianual;

II – a Administração deverá atestar, no início da contratação e de cada exercício, a existência de créditos orçamentários vinculados à contratação e a vantagem em sua manutenção;

III – a Administração terá a opção de extinguir o contrato, sem ônus, quando não dispuser de créditos orçamentários para sua continuidade ou quando entender que o contrato não mais lhe oferece vantagem.

Assim, neste caso de prazos iniciais mais alongados, foi acolhida a boa prática recomendada pelo Tribunal de Contas da União de que a cada exercício deve haver a motivação de que a continuação do contrato é vantajosa.

Quanto à opção de extinguir o contrato de prazo alongado de até cinco anos, define a nova lei que ocorrerá apenas na próxima data de aniversário do contrato e não poderá ocorrer em prazo inferior a 2 (dois) meses, contado da referida data.

Outra novidade, além do prazo inicial do contrato para serviços contínuos de cinco anos, é a possibilidade de prorrogação até dez anos, desde que haja previsão em edital e que a autoridade competente ateste que as condições e os preços permanecem vantajosos para a Administração, permitida a negociação com o contratado ou a extinção contratual sem ônus para qualquer das partes.

Assim, preserva a lei o princípio da vantajosidade, já que em contratos com prazo longo as condições do mundo da vida podem desaconselhar a continuação do contrato, tudo devidamente motivado.

No art. 108 da nova lei, encontra-se outra regra excepcional em que o contrato, desde o início, já pode ser celebrado com o prazo de dez anos. Trata-se das seguintes hipóteses:

a) bens ou serviços produzidos ou prestados no país que envolvam, cumulativamente, alta complexidade tecnológica e defesa nacional;

b) materiais de uso das Forças Armadas, com exceção de materiais de uso pessoal e administrativo, quando houver necessidade de manter a padronização requerida pela estrutura de apoio logístico dos meios navais, aéreos e terrestres, mediante autorização por ato do comandante da força militar;

c) para contratação referente a procedimentos de inovação nos termos dos arts. 3º, 3º-A, 4º, 5º e 20 da Lei nº 10.973, de 2.12.2004;

d) para contratação que possa acarretar comprometimento da segurança nacional, nos casos estabelecidos pelo Ministro de Estado da Defesa, mediante demanda dos comandos das Forças Armadas ou dos demais ministérios;
e) para contratação em que houver transferência de tecnologia de produtos estratégicos para o Sistema Único de Saúde (SUS), conforme elencados em ato da direção nacional do SUS, inclusive por ocasião da aquisição desses produtos durante as etapas de absorção tecnológica, e em valores compatíveis com aqueles definidos no instrumento firmado para a transferência de tecnologia;
f) para aquisição, por pessoa jurídica de direito público interno, de insumos estratégicos para a saúde produzidos por fundação que, regimental ou estatutariamente, tenha por finalidade apoiar órgão da Administração Pública direta, sua autarquia ou fundação em projetos de ensino, pesquisa, extensão, desenvolvimento institucional, científico e tecnológico e de estímulo à inovação, inclusive na gestão administrativa e financeira necessária à execução desses projetos, ou em parcerias que envolvam transferência de tecnologia de produtos estratégicos para o SUS e que tenha sido criada para esse fim específico em data anterior à entrada em vigor desta lei, desde que o preço contratado seja compatível com o praticado no mercado.

Mudando a orientação de décadas quanto a prazos contratuais que deveriam ser definidos expressamente nos contratos com limitação, a nova lei prevê a possibilidade de contrato por prazo indeterminado, desde que presentes créditos orçamentários que sustentem a despesa, nos casos especificados no art. 109:

> Art. 109. A Administração poderá estabelecer a vigência por prazo indeterminado nos contratos em que seja usuária de serviço público oferecido em regime de monopólio, desde que comprovada, a cada exercício financeiro, a existência de créditos orçamentários vinculados à contratação.

Devem ser observadas outras regras específicas nos casos de contratos que gerem receita, de eficiência e nos casos de contratos de escopo predefinido:

> Art. 110. Na contratação que gere receita e no contrato de eficiência que gere economia para a Administração, os prazos serão de:

I - até 10 (dez) anos, nos contratos sem investimento;
II - até 35 (trinta e cinco) anos, nos contratos com investimento, assim considerados aqueles que impliquem a elaboração de benfeitorias permanentes, realizadas exclusivamente a expensas do contratado, que serão revertidas ao patrimônio da Administração Pública ao término do contrato.
Art. 111. Na contratação que previr a conclusão de escopo predefinido, o prazo de vigência será automaticamente prorrogado quando seu objeto não for concluído no período firmado no contrato.
Parágrafo único. Quando a não conclusão decorrer de culpa do contratado:
I - o contratado será constituído em mora, aplicáveis a ele as respectivas sanções administrativas;
II - a Administração poderá optar pela extinção do contrato e, nesse caso, adotará as medidas admitidas em lei para a continuidade da execução contratual.

Importante esta mudança de regras quanto aos prazos contratuais que visam adequar a Administração Pública a uma lógica menos burocrática dos procedimentos, diminuindo a necessidade de licitações frequentes, já que vários contratos poderão ser inicialmente com prazos de cinco anos. Ainda são previstos como novas regras sobre prazos contratuais:

Art. 112. Os prazos contratuais previstos nesta Lei não excluem nem revogam os prazos contratuais previstos em lei especial.
Art. 113. O contrato firmado sob o regime de fornecimento e prestação de serviço associado terá sua vigência máxima definida pela soma do prazo relativo ao fornecimento inicial ou à entrega da obra com o prazo relativo ao serviço de operação e manutenção, este limitado a 5 (cinco) anos contados da data de recebimento do objeto inicial, autorizada a prorrogação na forma do art. 107 desta Lei.
Art. 114. O contrato que previr a operação continuada de sistemas estruturantes de tecnologia da informação poderá ter vigência máxima de 15 (quinze) anos.

12.2 Da execução dos contratos administrativos

No tema da execução dos contratos, o legislador responsável pela nova lei identificou uma série de boas práticas destinadas a garantir a transparência e a evitar a interrupção do contrato e o consequente prejuízo ao interesse coletivo. Assim, podemos destacar os seguintes temas fundamentais para a regular execução do contrato:

a) responsabilidade pelo cumprimento das cláusulas contratuais e as consequências pelo descumprimento;
b) obediência ao princípio da continuidade do serviço público;
c) prorrogação automática;
d) licenciamento ambiental prévio ao edital;
e) transparência quanto a atraso de obras;
f) obediência às quotas para populações vulneráveis;
g) boas práticas de fiscalização e gestão;
h) regras de subcontratação;
i) dever de decidir.

A seguir, importante o detalhamento de cada uma dessas regras de conduta para a boa execução do contrato administrativo.

a) Responsabilidade pelo cumprimento das cláusulas contratuais e as consequências pelo descumprimento.

Segundo o art. 115 da nova lei, o contrato deverá ser executado fielmente pelas partes, de acordo com as cláusulas avençadas e as normas da lei, e cada parte responderá pelas consequências de sua inexecução total ou parcial.

b) Obediência ao princípio da continuidade do serviço público.

Em atenção ao princípio da continuidade do serviço público, evitando a interrupção do serviço público, a nova lei fez constar que é proibido à Administração retardar imotivadamente a execução de obra ou serviço, ou de suas parcelas, inclusive na hipótese de posse do respectivo chefe do Poder Executivo ou de novo titular no órgão ou entidade contratante.

c) Licenciamento ambiental prévio ao edital.

Nas contratações de obras e serviços de engenharia, sempre que a responsabilidade pelo licenciamento ambiental for da Administração, a manifestação prévia ou licença prévia, quando cabíveis, deverão ser obtidas antes da divulgação do edital.

d) Prorrogação automática.

Em caso de impedimento, ordem de paralisação ou suspensão do contrato, o cronograma de execução será prorrogado automaticamente pelo tempo correspondente, anotadas tais circunstâncias mediante simples apostila.

e) Transparência quanto a atraso de obras.

Nas contratações de obras, verificada a ocorrência de paralisação ou suspensão do contrato por mais de 1 (um) mês, a Administração deverá divulgar, em sítio eletrônico oficial e em placa a ser afixada em local da obra de fácil visualização pelos cidadãos, aviso público de obra paralisada, com o motivo e o responsável pela inexecução temporária do objeto do contrato e a data prevista para o reinício da sua execução. Os textos com estas informações deverão ser elaborados pela Administração.

f) Obediência às quotas para populações vulneráveis.

Ao longo de toda a execução do contrato, o contratado deverá cumprir a reserva de cargos prevista em lei para pessoa com deficiência, para reabilitado da Previdência Social ou para aprendiz, bem como as reservas de cargos previstas em outras normas específicas. Sempre que solicitado pela Administração, o contratado deverá comprovar o cumprimento da reserva de cargos a que se refere o *caput* deste artigo, com a indicação dos empregados que preencherem as referidas vagas.

g) Boas práticas de fiscalização e gestão.

A maior parte das regras sobre execução contratual cinge-se às normas sobre gestão e fiscalização dos contratos. É cediço que falhas na execução podem ser evitadas com regular fiscalização. Boas práticas neste campo foram reunidas como adiante disposto, inclusive definindo a lei a possibilidade de auxílio terceirizado para a fiscalização.

Assim, a execução do contrato deverá ser acompanhada e fiscalizada por 1 (um) ou mais fiscais do contrato, representantes da Administração especialmente designados ou pelos respectivos substitutos, permitida a contratação de terceiros para assisti-los e subsidiá-los com informações pertinentes a essa atribuição.

O fiscal do contrato anotará em registro próprio todas as ocorrências relacionadas à execução do contrato, determinando o que for necessário para a regularização das faltas ou dos defeitos observados. O fiscal do contrato informará a seus superiores, em tempo hábil para a adoção das medidas convenientes, a situação que demandar decisão ou providência que ultrapasse sua competência. Será o fiscal auxiliado pelos órgãos de assessoramento jurídico e de controle interno da Administração, que deverão dirimir dúvidas e subsidiá-lo com informações relevantes para prevenir riscos na execução contratual.

Caso tenha sido terceirizado o auxílio ao fiscal do contrato algumas regras devem ser observadas:

 I – a empresa ou o profissional contratado assumirá responsabilidade civil objetiva pela veracidade e pela precisão das informações prestadas, firmará termo de compromisso de confidencialidade e não poderá exercer atribuição própria e exclusiva de fiscal de contrato;

 II – a contratação de terceiros não eximirá de responsabilidade o fiscal do contrato, nos limites das informações recebidas do terceiro contratado.

O contratado deverá manter preposto aceito pela Administração no local da obra ou do serviço para representá-lo na execução do contrato.

Em decorrência da fiscalização, algumas inexecuções ou impropriedades de responsabilidade da contratada podem ser verificadas e a lei define qual o caminho a ser seguido neste caso:

> Art. 119. O contratado será obrigado a reparar, corrigir, remover, reconstruir ou substituir, a suas expensas, no total ou em parte, o objeto do contrato em que se verificarem vícios, defeitos ou incorreções resultantes de sua execução ou de materiais nela empregados.
> Art. 120. O contratado será responsável pelos danos causados diretamente à Administração ou a terceiros em razão da execução do contrato, e não excluirá nem reduzirá essa responsabilidade a fiscalização ou o acompanhamento pelo contratante.

A fiscalização inserida na nova lei também tem como um dos principais objetivos evitar que a empresa contratada encerre o contrato sem quitar as diversas responsabilidades trabalhistas, previdenciárias, fiscais e comerciais resultantes da execução do contrato. Assim várias cautelas foram exigidas na nova lei, inclusive em consonância com as decisões do STF na ADC nº 16.

A seguir vejamos quais são essas cautelas fundamentais no campo da fiscalização em relação às empresas contratadas.

> *Nas contratações de serviços contínuos com regime de dedicação exclusiva de mão de obra, para assegurar o cumprimento de obrigações trabalhistas pelo contratado, a Administração, mediante disposição em edital ou em contrato, poderá, entre outras medidas:*
> *I – exigir caução, fiança bancária ou contratação de seguro-garantia com cobertura para verbas rescisórias inadimplidas;*
> *II – condicionar o pagamento à comprovação de quitação das obrigações trabalhistas vencidas relativas ao contrato;*
> *III – efetuar o depósito de valores em conta vinculada;*
> *IV – em caso de inadimplemento, efetuar diretamente o pagamento das verbas trabalhistas, que serão deduzidas do pagamento devido ao contratado;*
> *V – estabelecer que os valores destinados a férias, a décimo terceiro salário, a ausências legais e a verbas rescisórias dos empregados do contratado que participarem da execução dos serviços contratados serão pagos pelo contratante ao contratado somente na ocorrência do fato gerador.*

Os valores depositados na conta vinculada são absolutamente impenhoráveis. O recolhimento das contribuições previdenciárias observará o disposto no art. 31 da Lei nº 8.212, de 24.7.1991.

Tomadas pela fiscalização do contrato estas cautelas, define a nova lei que a inadimplência do contratado em relação aos encargos trabalhistas, fiscais e comerciais não transferirá à Administração a responsabilidade pelo seu pagamento e não poderá onerar o objeto do contrato nem restringir a regularização e o uso das obras e das edificações, inclusive perante o registro de imóveis.

A *única hipótese em que a Administração Pública responde pela inadimplência do contratado se dá nas contratações de serviços contínuos com regime de dedicação exclusiva de mão de obra, em que a Administração responderá solidariamente pelos encargos previdenciários e subsidiariamente pelos encargos trabalhistas, se comprovada falha na fiscalização do cumprimento das obrigações do contratado.*

a) Regras de subcontratação.

Na execução do contrato e sem prejuízo das responsabilidades contratuais e legais, o contratado poderá subcontratar partes da obra, do serviço ou do fornecimento até o limite autorizado, em cada caso, pela Administração.

Para evitar a interrupção do contrato ou prejuízos ao interesse público, algumas cautelas devem ser tomadas antes da subcontratação, conforme disposto na dicção do art. 122:

> Art. 122. [...]
> §1º O contratado apresentará à Administração documentação que comprove a capacidade técnica do subcontratado, que será avaliada e juntada aos autos do processo correspondente.
> §2º Regulamento ou edital de licitação poderão vedar, restringir ou estabelecer condições para a subcontratação.
> §3º Será vedada a subcontratação de pessoa física ou jurídica, se aquela ou os dirigentes desta mantiverem vínculo de natureza técnica, comercial, econômica, financeira, trabalhista ou civil com dirigente do órgão ou entidade contratante ou com agente público que desempenhe função na licitação ou atue na fiscalização ou na gestão do contrato, ou se deles forem cônjuge, companheiro ou parente em linha reta, colateral, ou por afinidade, até o terceiro grau, devendo essa proibição constar expressamente do edital de licitação.

b) Dever de decidir.

Seguindo lógica já disposta na Lei nº 9.784, de 29.1.1999 – Lei do Processo Administrativo –, a Administração Pública terá o dever de decidir quanto a impugnações ou reclamações apresentadas durante a execução do contrato, havendo prazo de 1 mês para tal decisão, o que se coaduna com o princípio da celeridade, expressamente definido na nova lei:

> Art. 123. A Administração terá o dever de explicitamente emitir decisão sobre todas as solicitações e reclamações relacionadas à execução dos contratos regidos por esta Lei, ressalvados os requerimentos manifestamente impertinentes, meramente protelatórios ou de nenhum interesse para a boa execução do contrato.
> Parágrafo único. Salvo disposição legal ou cláusula contratual que estabeleça prazo específico, concluída a instrução do requerimento, a Administração terá o prazo de 1 (um) mês para decidir, admitida a prorrogação motivada por igual período.

12.3 Da alteração dos contratos administrativos e dos respectivos preços

O contrato administrativo, como já antes identificado neste curso, é acordo de vontades destinado a ser cumprido. Em caso de desobediência às cláusulas contratuais, há penalidades que recairão sobre o contratado, inclusive com possibilidade da respectiva indenização.

Entretanto, a doutrina do direito administrativo entende que em algumas situações podem ocorrer fatos que funcionariam como obstáculos à regular execução do contrato, surgindo hipótese, nos termos da lei, para alteração unilateral ou bilateral do contrato.

Em caso de modificação, nos termos da Constituição Federal, art. 37, XXI, deve ser mantido o equilíbrio financeiro fixado com a apresentação da proposta pelo licitante vencedor:

> Art. 37. A administração pública direta e indireta de qualquer dos Poderes da União, dos Estados, do Distrito Federal e dos Municípios obedecerá aos princípios de legalidade, impessoalidade, moralidade, publicidade e eficiência e, também, ao seguinte: [...]
> XXI - ressalvados os casos especificados na legislação, as obras, serviços, compras e alienações serão contratados mediante processo de licitação pública que assegure igualdade de condições a todos os concorrentes, com cláusulas que estabeleçam obrigações de pagamento, mantidas as condições efetivas da proposta, nos termos da lei, o qual somente permitirá as exigências de qualificação técnica e econômica indispensáveis à garantia do cumprimento das obrigações.

Assim, importante identificar quais os fatos que possam suscitar a modificação dos contratos, ressaltando-se que não há liberdade no caso da alteração contratual, sendo situação para reconhecimento de atividade vinculada aos estritos termos do art. 124 e seguintes da Nova Lei de Licitações e Contratos Administrativos.

A teoria da imprevisão é fundamental para sustentar a possibilidade de alteração dos contratos administrativos.

Segundo a teoria da imprevisão, fatos que sejam estranhos à vontade das partes ou, ainda, imprevisíveis, geram a revisão do contrato administrativo sob pena de rescisão unilateral de tal contrato. Leia-se Pires, a respeito:

> A rescisão do contrato administrativo, com sustentáculo da inexecução sem culpa, assenta-se na chamada teoria da imprevisão. A teoria da imprevisão funda-se na ocorrência de eventos novos, imprevistos e imprevisíveis pelas partes e a elas não imputáveis, refletindo sobre a economia ou a execução do contrato, autorizando sua revisão para ajustá-lo às circunstâncias supervenientes, sob pena de rescisão.[173]

Nesse contexto, na tradição do sistema licitatório brasileiro, para Hely Lopes Meirelles,[174] as causas que justificam a inexecução do contrato administrativo podem ser classificadas da seguinte forma: força maior, caso fortuito, fato do príncipe, fato da administração, interferências imprevistas.

Sobre caso fortuito e força maior, adota-se o entendimento de José dos Santos Carvalho Filho, para quem:

> São fatos imprevisíveis aqueles eventos que constituem o que a doutrina tem denominado de força maior e de caso fortuito. Não distinguiremos estas categorias, visto que há grande divergência doutrinária na caracterização de cada um dos eventos. Alguns autores entendem que a força maior é o acontecimento originário da vontade do homem, como é o caso da greve, por exemplo, sendo o caso fortuito o evento produzido pela natureza, como os terremotos, as tempestades, os raios e os trovões.[175]

---

[173] PIRES, Antonio Cecilio Moreira. *Direito administrativo*. 2. ed. São Paulo: Atlas, 2013. p. 63.
[174] MEIRELLES, Hely Lopes. *Licitação e contrato administrativo*. 12. ed. São Paulo: Malheiros, 1999. p. 238.
[175] CARVALHO FILHO, José dos Santos. *Manual de direito administrativo*. 11. ed. [s.l.]: [s.n.], [s.d.]. p. 458.

A nova lei de licitações entende que, nestes casos, cabe a alteração dos contratos administrativos, mantendo-se o equilíbrio contratual. Importante a análise, neste caso, do art. 124, II, "d":

> Art. 124. Os contratos regidos por esta Lei poderão ser alterados, com as devidas justificativas, nos seguintes casos: [...]
> II - por acordo entre as partes: [...]
> d) para restabelecer o equilíbrio econômico-financeiro inicial do contrato em caso de força maior, caso fortuito ou fato do príncipe ou em decorrência de fatos imprevisíveis ou previsíveis de consequências incalculáveis, que inviabilizem a execução do contrato tal como pactuado, respeitada, em qualquer caso, a repartição objetiva de risco estabelecida no contrato.

Assim, não resta dúvida de que, em razão de fatos imprevistos – teoria da imprevisão –, cabe o reequilíbrio do contrato, e informa claramente a lei que será por acordo entre as partes.

Entende-se que na hipótese de inexistência de acordo entre Poder Público e contratado surge hipótese de rescisão dos contratos nos termos do art. 137, inc. V da nova lei:

> Art. 137. Constituirão motivos para extinção do contrato, a qual deverá ser formalmente motivada nos autos do processo, assegurados o contraditório e a ampla defesa, as seguintes situações: [...]
> V - caso fortuito ou força maior, regularmente comprovados, impeditivos da execução do contrato; [...].

Ainda informa o art. 124 da nova lei que o reequilíbrio do contrato na situação de caso fortuito ou força maior respeitará, em qualquer caso, a repartição objetiva de risco estabelecida no contrato.

Isto se deve à inovação trazida pela nova lei da matriz de riscos que permite a repartição de riscos entre contratante e contratado, sem direito a pagamentos adicionais se ocorrerem os riscos, o que se encontra devidamente disposto na nova lei, aconselhando-se a leitura dos artigos a seguir:

> Art. 22. O edital poderá contemplar matriz de alocação de riscos entre o contratante e o contratado, hipótese em que o cálculo do valor estimado da contratação poderá considerar taxa de risco compatível com o objeto da licitação e com os riscos atribuídos ao contratado, de acordo com metodologia predefinida pelo ente federativo.
> §1º A matriz de que trata o *caput* deste artigo deverá promover a alocação eficiente dos riscos de cada contrato e estabelecer a responsabilidade que

caiba a cada parte contratante, bem como os mecanismos que afastem a ocorrência do sinistro e mitiguem os seus efeitos, caso este ocorra durante a execução contratual.

§2º O contrato deverá refletir a alocação realizada pela matriz de riscos, especialmente quanto:

I - às hipóteses de alteração para o restabelecimento da equação econômico-financeira do contrato nos casos em que o sinistro seja considerado na matriz de riscos como causa de desequilíbrio não suportada pela parte que pretenda o restabelecimento;

II - à possibilidade de resolução quando o sinistro majorar excessivamente ou impedir a continuidade da execução contratual;

III - à contratação de seguros obrigatórios previamente definidos no contrato, integrado o custo de contratação ao preço ofertado.

§3º Quando a contratação se referir a obras e serviços de grande vulto ou forem adotados os regimes de contratação integrada e semi-integrada, o edital obrigatoriamente contemplará matriz de alocação de riscos entre o contratante e o contratado.

§4º Nas contratações integradas ou semi-integradas, os riscos decorrentes de fatos supervenientes à contratação associados à escolha da solução de projeto básico pelo contratado deverão ser alocados como de sua responsabilidade na matriz de riscos. [...]

CAPÍTULO III
DA ALOCAÇÃO DE RISCOS

Art. 103. O contrato poderá identificar os riscos contratuais previstos e presumíveis e prever matriz de alocação de riscos, alocando-os entre contratante e contratado, mediante indicação daqueles a serem assumidos pelo setor público ou pelo setor privado ou daqueles a serem compartilhados.

§1º A alocação de riscos de que trata o *caput* deste artigo considerará, em compatibilidade com as obrigações e os encargos atribuídos às partes no contrato, a natureza do risco, o beneficiário das prestações a que se vincula e a capacidade de cada setor para melhor gerenciá-lo.

§2º Os riscos que tenham cobertura oferecida por seguradoras serão preferencialmente transferidos ao contratado.

§3º A alocação dos riscos contratuais será quantificada para fins de projeção dos reflexos de seus custos no valor estimado da contratação.

§4º A matriz de alocação de riscos definirá o equilíbrio econômico-financeiro inicial do contrato em relação a eventos supervenientes e deverá ser observada na solução de eventuais pleitos das partes.

§5º Sempre que atendidas as condições do contrato e da matriz de alocação de riscos, será considerado mantido o equilíbrio econômico-financeiro, renunciando as partes aos pedidos de restabelecimento do equilíbrio relacionados aos riscos assumidos, exceto no que se refere:

I - às alterações unilaterais determinadas pela Administração, nas hipóteses do inciso I do *caput* do art. 124 desta Lei;
II - ao aumento ou à redução, por legislação superveniente, dos tributos diretamente pagos pelo contratado em decorrência do contrato.

§6º Na alocação de que trata o *caput* deste artigo, poderão ser adotados métodos e padrões usualmente utilizados por entidades públicas e privadas, e os ministérios e secretarias supervisores dos órgãos e das entidades da Administração Pública poderão definir os parâmetros e o detalhamento dos procedimentos necessários a sua identificação, alocação e quantificação financeira.

Cabe, ainda, mencionar-se o tratamento da alteração unilateral conferido pela nova lei no caso do fato do príncipe, previsto no art. 124:

CAPÍTULO VII
DA ALTERAÇÃO DOS CONTRATOS E DOS PREÇOS
Art. 124. Os contratos regidos por esta Lei poderão ser alterados, com as devidas justificativas, nos seguintes casos: [...]
II - por acordo entre as partes: [...]
d) para restabelecer o equilíbrio econômico-financeiro inicial do contrato em caso de força maior, caso fortuito ou fato do príncipe ou em decorrência de fatos imprevisíveis ou previsíveis de consequências incalculáveis, que inviabilizem a execução do contrato tal como pactuado, respeitada, em qualquer caso, a repartição objetiva de risco estabelecida no contrato.

Na doutrina do direito administrativo, o fato do príncipe tem conceito diverso da lógica do caso fortuito e da força maior.

O fato do príncipe é um ato lícito e legítimo que, conforme definição de Celso Antônio Bandeira de Mello, se trata de "agravo econômico resultante de medida tomada sob titulação diversa da contratual, isto é, no exercício de outra competência, cujo desempenho vem a ter repercussão direta na econômica contratual estabelecida na avença".[176]

No mesmo sentido, Diogo Moreira Neto aponta que ações estatais de ordem geral, mesmo que não possuam relação direta com o contrato administrativo, mas que produzam efeitos sobre este, onerando, dificultando ou mesmo impedindo a satisfação das obrigações, são caracterizadas como *fato do príncipe*, que acarretam desequilíbrio econômico-financeiro, previsto no contrato original, podendo trazer a impossibilidade de continuidade do contrato administrativo,

---

[176] BANDEIRA DE MELLO, Celso Antônio. *Curso de direito administrativo*. 27. ed. São Paulo: Malheiros, 2010.

possibilitando ao contratado o direito à repactuação do equilíbrio, permitindo o direito à rescisão do contrato, com ressarcimento das perdas e danos.[177]

Como decorrência do reconhecimento da teoria da imprevisão no direito brasileiro, especialmente quanto ao fato do príncipe, a nova lei de licitações dispõe ser hipótese de alteração bilateral do contrato, desde que respeitada a alocação de riscos.

Alerta-se para o art. 134 da nova lei que se refere à aplicação do fato do príncipe no direito administrativo:

> Art. 134. Os preços contratados serão alterados, para mais ou para menos, conforme o caso, se houver, após a data da apresentação da proposta, criação, alteração ou extinção de quaisquer tributos ou encargos legais ou a superveniência de disposições legais, com comprovada repercussão sobre os preços contratados.

Ainda como decorrência da teoria da imprevisão, reconhece-se no direito administrativo o fato da administração, que implica a alteração do contrato.

Conforme entendimento de Maria Sylvia Zanella Di Pietro, "o fato da Administração compreende qualquer conduta ou comportamento da Administração que como parte contratual pode tornar impossível a execução do contrato ou provocar seu desequilíbrio econômico".[178]

Fato da administração está ligado à ação ou omissão por parte da Administração Pública, que impede o regular cumprimento do contrato administrativo. Por exemplo, o próprio Poder Público não providencia as desapropriações necessárias ou até mesmo atrasa os pagamentos por longos períodos de tempo. Assim, vê-se que é motivo para alteração bilateral do contrato de acordo com os seguintes dispositivos da nova lei que revelam o fato da Administração:

> Art. 124. Os contratos regidos por esta Lei poderão ser alterados, com as devidas justificativas, nos seguintes casos: [...]
> II - por acordo entre as partes: [...]
> d) para restabelecer o equilíbrio econômico-financeiro inicial do contrato em caso de força maior, caso fortuito ou fato do príncipe ou em decorrência de fatos imprevisíveis ou previsíveis de consequências

---

[177] MOREIRA NETO, Diogo de Figueiredo. *Curso de direito administrativo*. Belo Horizonte: Forense, 2009.
[178] DI PIETRO, Maria Sylvia Zanella. *Direito administrativo*. São Paulo: Atlas, 2010. p. 280.

incalculáveis, que inviabilizem a execução do contrato tal como pactuado, respeitada, em qualquer caso, a repartição objetiva de risco estabelecida no contrato. [...]

§2º Será aplicado o disposto na alínea "d" do inciso II do *caput* deste artigo às contratações de obras e serviços de engenharia, quando a execução for obstada pelo atraso na conclusão de procedimentos de desapropriação, desocupação, servidão administrativa ou licenciamento ambiental, por circunstâncias alheias ao contratado.

Importante modificação realizada pela nova lei é reconhecer que são casos de reequilíbrio econômico-financeiro modificações supervenientes decorrentes de custos do mercado ou de acordo, convenção coletiva ou dissídio coletivo ao qual a proposta esteja vinculada, para os custos da mão de obra, conforme disposto no art. 135, da nova lei.

Na nova dicção legal, há amparo para que a contratada obtenha a alteração contratual para repactuação dos preços desde que demonstre o contratado analiticamente a variação dos custos com planilha de custos e formação de preços, ou do novo acordo, convenção ou de sentença normativa que fundamenta a repactuação em atenção às seguintes regras da nova lei:

Art. 135. Os preços dos contratos para serviços contínuos com regime de dedicação exclusiva de mão de obra ou com predominância de mão de obra serão repactuados para manutenção do equilíbrio econômico-financeiro, mediante demonstração analítica da variação dos custos contratuais, com data vinculada:

I - à da apresentação da proposta, para custos decorrentes do mercado;
II - ao acordo, à convenção coletiva ou ao dissídio coletivo ao qual a proposta esteja vinculada, para os custos de mão de obra.

§1º A Administração não se vinculará às disposições contidas em acordos, convenções ou dissídios coletivos de trabalho que tratem de matéria não trabalhista, de pagamento de participação dos trabalhadores nos lucros ou resultados do contratado, ou que estabeleçam direitos não previstos em lei, como valores ou índices obrigatórios de encargos sociais ou previdenciários, bem como de preços para os insumos relacionados ao exercício da atividade.

§2º É vedado a órgão ou entidade contratante vincular-se às disposições previstas nos acordos, convenções ou dissídios coletivos de trabalho que tratem de obrigações e direitos que somente se aplicam aos contratos com a Administração Pública.

§3º A repactuação deverá observar o interregno mínimo de 1 (um) ano, contado da data da apresentação da proposta ou da data da última repactuação.

§4º A repactuação poderá ser dividida em tantas parcelas quantas forem necessárias, observado o princípio da anualidade do reajuste de preços da contratação, podendo ser realizada em momentos distintos para discutir a variação de custos que tenham sua anualidade resultante em datas diferenciadas, como os decorrentes de mão de obra e os decorrentes dos insumos necessários à execução dos serviços.

§5º Quando a contratação envolver mais de uma categoria profissional, a repactuação a que se refere o inciso II do *caput* deste artigo poderá ser dividida em tantos quantos forem os acordos, convenções ou dissídios coletivos de trabalho das categorias envolvidas na contratação.

§6º A repactuação será precedida de solicitação do contratado, acompanhada de demonstração analítica da variação dos custos, por meio de apresentação da planilha de custos e formação de preços, ou do novo acordo, convenção ou sentença normativa que fundamenta a repactuação.

Mas deve-se considerar que a repactuação não é obrigatória. Marçal Justen Filho[179] faz a advertência para as hipóteses em que aquela deve ser rejeitada pela Administração Pública:

> Uma vez verificado rompimento do equilíbrio econômico-financeiro, o particular deve provocar a Administração para adoção das providências adequadas. Inexiste discricionariedade. A administração pode recusar o restabelecimento da equação apenas mediante invocação da ausência dos pressupostos necessários. Poderá invocar: ausência de elevação dos encargos do particular; ocorrência do evento antes da formulação das propostas; ausência de vínculo de causalidade entre o evento ocorrido e a majoração dos encargos do contratado; culpa do contratado pela majoração dos seus encargos (o que inclui a previsibilidade e da ocorrência do evento).

A mutabilidade contratual ocorre não apenas pela aplicação da teoria da imprevisão, amplamente acolhida na nova lei de licitações. Os contratos também podem ser alterados por força da aplicação da supremacia do interesse público, por meio das cláusulas exorbitantes, estando o contratado obrigado a aceitar as alterações, de forma unilateral nos seguintes casos:

Art. 124. Os contratos regidos por esta Lei poderão ser alterados, com as devidas justificativas, nos seguintes casos:
I - unilateralmente pela Administração:

---

[179] JUSTEN FILHO, Marçal. *Comentários à Lei de Licitações e Contratos Administrativos*. 11. ed. São Paulo: Dialética, 2006. p. 538.

a) quando houver modificação do projeto ou das especificações, para melhor adequação técnica a seus objetivos;
b) quando for necessária a modificação do valor contratual em decorrência de acréscimo ou diminuição quantitativa de seu objeto, nos limites permitidos por esta Lei; [...].

Entende a doutrina pátria que a modificação unilateral só pode ser aceita por fatos supervenientes.

Marçal Justen Filho destaca que a Administração "tem de evidenciar que a solução localizada na fase interna da licitação não se revelou, posteriormente, como a mais adequada. Deve indicar que fatos posteriores alteraram a situação de fato ou de direito e exigem um tratamento distinto daquele adotado".[180]

Por meio do Acórdão nº 170/18-Plenário, o Tribunal de Contas da União reiterou o entendimento de que "as alterações contratuais devem estar embasadas em pareceres e estudos técnicos pertinentes, nos quais reste caracterizada a superveniência dos fatos motivadores das alterações em relação à época da licitação".

Entende-se que a mesma lógica se aplica à alteração no caso de modificação bilateral, sob pena de burla à regra do princípio da licitação, já que seriam alterados os parâmetros editalícios.

Inova a lei ao definir que, se houver falha no projeto que suscite a necessidade de alteração no contrato, deve haver apuração da responsabilidade pelo erro, inclusive com a necessidade de início de procedimento para ressarcir a Administração pela alteração do projeto. É o que se verifica no art. 124:

> Art. 124. Os contratos regidos por esta Lei poderão ser alterados, com as devidas justificativas, nos seguintes casos: [...]
> §1º Se forem decorrentes de falhas de projeto, as alterações de contratos de obras e serviços de engenharia ensejarão apuração de responsabilidade do responsável técnico e adoção das providências necessárias para o ressarcimento dos danos causados à Administração.

Neste caso, mesmo por fatos não supervenientes, a lei permite a alteração, o que se coaduna com o princípio do interesse público, já que a paralisação de uma obra pode ser extremamente danosa. A respeito do tema, veja-se o que já definia o TCU:

---

[180] JUSTEN FILHO, Marçal. *Comentários à Lei de Licitações e Contratos Administrativos*. 11. ed. São Paulo: Dialética, 2006. p. 538.

Um critério decisivo nessa avaliação de "vantajosidade" na manutenção de contratos inquinados de vícios – a ser apreciada, frisamos, em cada caso concreto – tem sido o estágio de execução contratual. Em obras ainda em seu embrião, quando não iniciadas (ou quando recém começadas), tem-se optado pela anulação da licitação. Nesses casos, via de regra, a depreciação da obra e os eventuais prejuízos à manutenção do passivo de serviços não é de tal monta que materialize o interesse público primário na sua continuidade.

Outra linha jurisprudencial convergente diz respeito às obras em estágio mais avançado de execução, mais próximas de seu término. No caso de irregularidade envolvendo dano concreto e quantificável, frustradas as tratativas de convalidação dos vícios pela via administrativa (art. 8º da Lei 8.443/92), tende-se a possibilitar a continuidade dos contratos e determinar a instauração de tomada de Contas Especial para reaver o dano, mesmo antes do término daqueles ajustes.

A retenção cautelar de valores, até o deslinde meritório do vício, ou o estabelecimento de garantias extras, como fianças, também são largamente utilizados pelo TCU como alternativa à paralisação dos empreendimentos.

Nessas hipóteses, admite-se que a Administração, baseada nesse menor prejuízo, saneie erros de projeto mediante modificações contratuais, as quais deverão se ajustar aos limites para as alterações qualitativas ou quantitativas, previstos na lei.

A seguir, precedente do Tribunal de Contas da União neste sentido:

> 9.5.1. falhas no projeto básico decorrente do descumprimento do inciso IX artigo 6º da Lei nº 8.666/1993, conforme tratado no achado relativo ao projeto básico deficiente ou desatualizado, atentando ainda para o fato de que, em caso de eventuais aditivos, inclusive os que se destinem a corrigir as falhas de projeto, deve ser observado o limite de 25% de acréscimos ou supressões, de acordo com o estabelecido pelo art. 65, §1º, da Lei nº 8.666/1993, cujo cálculo deve levar em conta o disposto no item 9.2 do Acórdão nº [...] (749/2010 – TCU – Plenário). (TCU, Acórdão nº 1.543/2010 – Plenário, Rel. Min. Marcos Bemquerer. *DOU*, 9.7.2010)

12.3.1 Limite para variação quantitativa nas alterações unilaterais

Na matéria, deve-se observar o que define o art. 125 da nova lei:

> Art. 125. Nas alterações unilaterais a que se refere o inciso I do *caput* do art. 124 desta Lei, o contratado será obrigado a aceitar, nas mesmas

condições contratuais, acréscimos ou supressões de até 25% (vinte e cinco por cento) do valor inicial atualizado do contrato que se fizerem nas obras, nos serviços ou nas compras, e, no caso de reforma de edifício ou de equipamento, o limite para os acréscimos será de 50% (cinquenta por cento).

Entretanto, a alteração não pode desnaturar o objeto do contrato, devendo a alteração ser aceita apenas se o objeto fixado desde o estudo técnico preliminar continuar incólume.

12.3.2 Da rejeição ao jogo de planilhas

Prática recorrente no quotidiano das licitações brasileiras é o jogo de planilhas. Ocorre o expediente denominado "jogo de planilha" durante a execução de um contrato administrativo, cujo objeto é uma obra ou serviço de engenharia, quando se acrescem itens de quantidades inexpressivas, quanto aos quais se observa sobrepreço, passando a haver quantidades significativas na execução do contrato, realizando-se, ato contínuo, a supressão de itens que se apresentam com quantidades elevadas e aos quais o particular ofertou preço ínfimo.

Mas, para o "jogo de planilha" efetivamente ocorrer, é necessário que o contratado, durante o processamento da licitação, tome conhecimento da inadequação do projeto básico, em especial da planilha, elaborado para subsidiar a execução do objeto licitado. Logo, sabendo-se que o referido objeto será devidamente alterado durante sua execução, a fim de corrigir a distorção e viabilizar sua conclusão, ofertará o licitante sobrepreço para determinados itens cujos quantitativos licitados são subestimados, e subpreço para os superestimados, o que torna o valor global da sua proposta reduzido, sagrando-se, desta feita, vencedor da licitação. Logo, durante a execução do objeto contratado, momento em que se observará a inconsistência do projeto básico, em sendo realizados tais acréscimos e supressões, por meio de competente termo aditivo contratual, verificar-se-á que a remuneração do particular contratado, reduzida inicialmente, será majorada indevidamente, circunstância que anula a vantajosidade observada na licitação, fato que é extremamente danoso ao interesse público.

Ademais, tendo em vista a alteração substancial das quantidades constantes do edital e proposta, o objeto que efetivamente será recebido pela Administração Pública não será o que passou pelo crivo da licitação.

Melhor ilustrando tal expediente, o eg. Tribunal de Contas da União já salientou:

> O "jogo de planilha" ocorre em dois momentos distintos. No primeiro, verifica-se a adoção de projeto básico deficiente, que dará origem ao dano ao erário. Em uma segunda etapa, há a consumação do prejuízo, com as revisões no contrato para acréscimo de quantitativos de itens com preços acima dos praticados no mercado ou para a redução ou exclusão de itens que foram contratados com valores inferiores aos habitualmente negociados. (Acórdão nº 1.380/08 – Plenário, trecho do voto do Min. Rel. Marcos Vinicios Vilaça)

Para afastar a ocorrência do "jogo de planilha", deve o projeto básico ser elaborado adequadamente, sendo desprovido de erros ou omissões, e tais estudos devem subsidiar a elaboração das planilhas de composição de custos e de quantitativos do objeto que futuramente será licitado, o que, com a devida precisão, minimizaria a realização de alterações quantitativas no objeto.

Nesse sentido, ensina Marçal Justen Filho[181] que, *in verbis*:

> É evidente que a melhor solução para eliminar o "jogo de planilha" reside em tornar mais confiáveis os projetos da Administração Pública. Enquanto tal não se passar, a licitação continuará a ser uma disputa entre licitantes para descobrir os pontos falhos do projeto e adotar soluções que permitam ampliar o ganho durante a execução.

Com esse intento, também deverá o ato convocatório estabelecer critérios de aceitabilidade de preços unitários, fixando os preços máximos aceitáveis por itens, de acordo com os valores praticados no mercado ou constantes de fontes oficiais, o que afastaria a possibilidade de o particular, em sua proposta, oferecer sobrepreço para os itens em quantidades subestimadas que, posteriormente, poderiam ser acrescidos, circunstância que caracterizará o "jogo de planilha".

Nesse sentido, com o objetivo de afastar a ocorrência do artifício acima apontado, grife-se que o tema em destaque foi devidamente sumulado pelo eg. Tribunal de Contas da União, bem como objeto de orientação normativa fixada pela AGU, a saber, respectivamente, *in verbis*:

---

[181] JUSTEN FILHO, Marçal. *Comentários à Lei de Licitações e Contratos Administrativos.* 15. ed. São Paulo: Dialética, 2012. p. 747

Nas contratações de obras e serviços de engenharia, a definição do critério de aceitabilidade dos preços unitários e global, com fixação de preços máximos para ambos, é obrigação e não faculdade do gestor. (Súmula nº 259/10)

Na contratação de obra ou serviço de engenharia, o instrumento convocatório deve estabelecer critérios de aceitabilidade dos preços unitários e global. (Orientação Normativa AGU nº 5/09)

Assim, tomando-se tais cautelas, afasta-se das licitações públicas a ocorrência do "jogo de planilha", expediente que torna efetivamente desvantajosa uma proposta que, inicialmente, se apresentava como a mais benéfica para o erário.

A nova lei combate o jogo de planilhas, proibindo a alteração contratual em decorrência de aditamentos que modifiquem a planilha orçamentária, devendo-se manter a diferença percentual entre o valor global do contrato e o preço global de referência (art. 127 da nova lei).

12.3.3 Da vedação ao locupletamento ilícito na alteração contratual

Como já definido, a alteração contratual decorre da teoria da imprevisão e da aplicação de cláusulas exorbitantes. De outro giro, há necessidade de garantir o cumprimento de princípio da teoria geral do direito denominado princípio do não enriquecimento ilícito. Segundo este, caso já tenha o contratado desenvolvido a obra, serviço ou fornecimento pelo contrato, deve aquele ser ressarcido. Ademais, caso a alteração contratual signifique redução de encargos do contrato, a revisão do contrato deve significar também diminuição do valor a ele devido. Em atenção a esta lógica, a nova lei abriga uma série de normas que garantirão o reequilíbrio do contrato, inclusive no aspecto formal, como adiante disposto:

Art. 129. Nas alterações contratuais para supressão de obras, bens ou serviços, se o contratado já houver adquirido os materiais e os colocado no local dos trabalhos, estes deverão ser pagos pela Administração pelos custos de aquisição regularmente comprovados e monetariamente reajustados, podendo caber indenização por outros danos eventualmente decorrentes da supressão, desde que regularmente comprovados.

Art. 130. Caso haja alteração unilateral do contrato que aumente ou diminua os encargos do contratado, a Administração deverá restabelecer, no mesmo termo aditivo, o equilíbrio econômico-financeiro inicial.

Art. 131. A extinção do contrato não configurará óbice para o reconhecimento do desequilíbrio econômico-financeiro, hipótese em que será concedida indenização por meio de termo indenizatório.

Parágrafo único. O pedido de restabelecimento do equilíbrio econômico-financeiro deverá ser formulado durante a vigência do contrato e antes de eventual prorrogação nos termos do art. 107 desta Lei.

Art. 132. A formalização do termo aditivo é condição para a execução, pelo contratado, das prestações determinadas pela Administração no curso da execução do contrato, salvo nos casos de justificada necessidade de antecipação de seus efeitos, hipótese em que a formalização deverá ocorrer no prazo máximo de 1 (um) mês.

12.3.4 A alteração dos contratos de regime de execução integrada ou semi-integrada

Lembre-se que os regimes de execução integrada ou semi-integrada já encontravam previsão na Lei do Regime Diferenciado de Contratações Públicas.

Como regra geral, era vedada a celebração de aditivos se a contratação era na modalidade integrada, com exceções vinculadas à teoria da imprevisão ou para melhor adequação do projeto. Tal lógica foi trazida para a nova lei de licitações no art. 133, ainda em atenção à matriz de riscos quando estes ficam a cargo da Administração.

12.3.5 Do apostilamento

Vê-se ao longo do capítulo sobre alteração do contrato administrativo que o legislador indica como instrumento a ser utilizado o aditivo contratual. Entretanto, o apostilamento foi previsto para as seguintes situações em que o aditivo não é necessário:

I – variação do valor contratual para fazer face ao reajuste ou à repactuação de preços previstos no próprio contrato;

II – atualizações, compensações ou penalizações financeiras decorrentes das condições de pagamento previstas no contrato;

III – alterações na razão ou na denominação social do contratado;

IV – empenho de dotações orçamentárias.

O Tribunal de Contas da União já vem utilizando esta lógica, desaconselhando o aditivo nestas hipóteses:

As alterações decorrentes de reajustes previstos no próprio contrato devem ser formalizadas mediante simples apostilamento, conforme art. 65, §8º, da Lei nº 8.666/93, evitando a utilização de aditamentos contratuais para esse fim. (Acórdão nº 976/2005 TCU-Plenário)

Renato Geraldo Mendes, ao estabelecer a distinção entre apostilamento e termo aditivo, ensina sobre a matéria:

> Apostilar é registrar, fazer anotação. É o termo utilizado para designar a anotação que se deve fazer nos autos do processo administrativo de que determinada condição do contrato foi atendida, sem ser necessário firmar termo aditivo. Quando houver alteração nas condições e cláusulas do contrato, é necessário firmar termo aditivo, justamente porque houve inovação nas bases contratuais. O aditivo traduz-se na inclusão de algo novo e que não constava no instrumento do contrato ou na exclusão de algo já previsto. Então, o termo aditivo é o documento que serve para materializar uma alteração contratual. O apostilamento é apenas o registro do implemento de uma condição que estava prevista no contrato. Assim, quando se concede o reajuste do preço previsto no contrato, o percentual respectivo e o novo valor do contrato devem ser formalizados via apostilamento, e não por termo aditivo, pois a cláusula de reajuste e o índice a ser utilizado já estavam mencionados no contrato. No entanto, se for substituído o índice de reajuste previsto em face de uma condição legal admitida, a alteração deve ser formalizada por termo aditivo, e não por apostilamento. Da mesma forma, por exemplo, se a data de pagamento for alterada do dia 10 para o dia 15, é necessário que a formalização seja feita por aditivo, e não por apostilamento, pois, nesse caso, à semelhança do anterior, houve modificação dos termos contratuais. O apostilamento é ato unilateral e, para ser formalizado, não necessita da concordância do contratado nem da comunicação a ele. O termo aditivo, por sua vez, pode ser tanto unilateral como bilateral.[182]

---

[182] MENDES, Renato Geraldo. Lei nº 8.666/93, nota ao art. 65. *Leianotada.com*. Disponível em: http://www.leianotada.com. Acesso em: 11 maio 2022.

DA EXTINÇÃO DOS CONTRATOS ADMINISTRATIVOS

Os contratos administrativos têm como término regular o cumprimento do seu objeto ou a expiração da data de sua vigência. Diógenes Gasparini doutrina que a extinção do contrato administrativo decorre de

> um fato jurídico (acontecimento de natureza relevante para o Direito, como o tempo e a morte) ou de um ato jurídico (manifestação de vontade). Esses fatos e atos jurídicos põem fim ao contrato administrativo. Diversos são os fatos e os atos jurídicos que determinam a extinção do contrato.[183]

Acrescenta o autor que são fatos que extinguem o contrato "o cumprimento do objeto, o cumprimento do prazo, o desaparecimento do contratante particular e o desaparecimento do objeto".

Portanto, a extinção dos contratos acontece regularmente pela passagem do tempo ou pela execução do objeto. Entretanto, a nova lei de licitações deu enfoque às hipóteses em que verificadas irregularidades em relação ao previsto inicialmente no contrato, conforme destaca o art. 137.

Inicialmente, nestes casos, observa-se mudança de terminologia em relação à lei anterior. Esta utilizava o termo *rescisão* para destacar as hipóteses unilaterais ou por consenso para término dos contratos. A nova lei unifica a terminologia e utiliza a expressão *extinção*.

---

[183] GASPARINI, Diógenes. *Direito administrativo*. 3. ed. São Paulo: Saraiva, 1993. p. 428.

São hipóteses de extinção unilateral pela Administração, portanto, as seguintes: I – não cumprimento ou cumprimento irregular de normas editalícias ou de cláusulas contratuais, de especificações, de projetos ou de prazos; II – desatendimento das determinações regulares emitidas pela autoridade designada para acompanhar e fiscalizar sua execução ou por autoridade superior; III – alteração social ou modificação da finalidade ou da estrutura da empresa que restrinja sua capacidade de concluir o contrato; IV – decretação de falência ou de insolvência civil, dissolução da sociedade ou falecimento do contratado; V – caso fortuito ou força maior, regularmente comprovados, impeditivos da execução do contrato; VI – atraso na obtenção da licença ambiental, ou impossibilidade de obtê-la, ou alteração substancial do anteprojeto que dela resultar, ainda que obtida no prazo previsto; VII – atraso na liberação das áreas sujeitas à desapropriação, à desocupação ou à servidão administrativa, ou impossibilidade de liberação dessas áreas; VIII – razões de interesse público, justificadas pela autoridade máxima do órgão ou da entidade contratante; IX – não cumprimento das obrigações relativas à reserva de cargos prevista em lei, bem como em outras normas específicas, para pessoa com deficiência, para reabilitado da Previdência Social ou para aprendiz.

São todas hipóteses de extinção em que há afronta aos termos do contrato administrativo (item I), ou ainda inviabilidade de cumprimento pela contratada dos termos contratuais (modificação da estrutura social, falência ou insolvência), teoria da imprevisão (itens V, VI, VII, VIII) e descumprimento a normas regulamentares (itens II e IX).

Nestes casos, há hipótese para extinção unilateral pela Administração Pública,[184] desde que formalmente motivada nos autos do processo, assegurados o contraditório e a ampla defesa (art. 137).

Além destas hipóteses de extinção, a nova lei também identifica que algumas situações são insuportáveis ao contratado quando este não tem culpa pela ocorrência dos fatos, sendo garantida, neste caso, a extinção do contrato, o que se coaduna com o princípio do equilíbrio econômico do contrato. São estas as hipóteses que seguem:

Art. 137. [...]
§2º O contratado terá direito à extinção do contrato nas seguintes hipóteses:

---

[184] "Art. 138. A extinção do contrato poderá ser: I - determinada por ato unilateral e escrito da Administração, exceto no caso de descumprimento decorrente de sua própria conduta; [...]".

I - supressão, por parte da Administração, de obras, serviços ou compras que acarrete modificação do valor inicial do contrato além do limite permitido no art. 125 desta Lei;[185]
II - suspensão de execução do contrato, por ordem escrita da Administração, por prazo superior a 3 (três) meses;
III - repetidas suspensões que totalizem 90 (noventa) dias úteis, independentemente do pagamento obrigatório de indenização pelas sucessivas e contratualmente imprevistas desmobilizações e mobilizações e outras previstas;
IV - atraso superior a 2 (dois) meses, contado da emissão da nota fiscal, dos pagamentos ou de parcelas de pagamentos devidos pela Administração por despesas de obras, serviços ou fornecimentos;
V - não liberação pela Administração, nos prazos contratuais, de área, local ou objeto, para execução de obra, serviço ou fornecimento, e de fontes de materiais naturais especificadas no projeto, inclusive devido a atraso ou descumprimento das obrigações atribuídas pelo contrato à Administração relacionadas a desapropriação, a desocupação de áreas públicas ou a licenciamento ambiental.

Os atrasos e suspensões mencionados no dispositivo podem ser insuportáveis para o contratado, já que a empresa contratada pode ter avenças assinadas com outros objetos ou de outros interesses. Mantê-la sujeita indefinidamente a um único contrato vai contra o próprio princípio da livre iniciativa (art. 170 da Constituição Federal).

Assim, na ponderação entre os valores da supremacia do interesse público e a livre iniciativa, o caminho do meio encontrado pelo legislador foi fixar prazo máximo a partir do qual o contratado fica liberado do cumprimento das obrigações fixadas no instrumento contratual.

Ainda define a lei que, nestes casos em que a extinção é direito do contratado, nas hipóteses dos incs. II, III e IV do §2º deste artigo, serão observadas as seguintes disposições:

I - não serão admitidas em caso de calamidade pública, de grave perturbação da ordem interna ou de guerra, bem como quando decorrerem de

---

[185] "Art. 124. Os contratos regidos por esta Lei poderão ser alterados, com as devidas justificativas, nos seguintes casos: I - unilateralmente pela Administração: a) quando houver modificação do projeto ou das especificações, para melhor adequação técnica a seus objetivos; b) quando for necessária a modificação do valor contratual em decorrência de acréscimo ou diminuição quantitativa de seu objeto, nos limites permitidos por esta Lei. Art. 125. Nas alterações unilaterais a que se refere o inciso I do *caput* do art. 124 desta Lei, o contratado será obrigado a aceitar, nas mesmas condições contratuais, acréscimos ou supressões de até 25% (vinte e cinco por cento) do valor inicial atualizado do contrato que se fizerem nas obras, nos serviços ou nas compras, e, no caso de reforma de edifício ou de equipamento, o limite para os acréscimos será de 50% (cinquenta por cento)".

ato ou fato que o contratado tenha praticado, do qual tenha participado ou para o qual tenha contribuído;

II - assegurarão ao contratado o direito de optar pela suspensão do cumprimento das obrigações assumidas até a normalização da situação, admitido o restabelecimento do equilíbrio econômico-financeiro do contrato.

Os emitentes das garantias exigidas nos contratos administrativos deverão ser notificados pelo contratante quanto ao início de processo administrativo para apuração de descumprimento de cláusulas contratuais.

Como consequência da extinção unilateral por culpa exclusiva da Administração, o contratado será ressarcido pelos prejuízos regularmente comprovados que houver sofrido e terá direito a:

I – devolução da garantia;
II – pagamentos devidos pela execução do contrato até a data de extinção;
III – pagamento do custo da desmobilização.

Se o caso for de extinção por culpa do contratado sem prejuízo das sanções previstas, haverá as seguintes consequências:

I – assunção imediata do objeto do contrato, no estado e local em que se encontrar, por ato próprio da Administração;
II – ocupação e utilização do local, das instalações, dos equipamentos, do material e do pessoal empregados na execução do contrato e necessários à sua continuidade;
III – execução da garantia contratual para:
a) ressarcimento da Administração Pública por prejuízos decorrentes da não execução;
b) pagamento de verbas trabalhistas, fundiárias e previdenciárias, quando cabível;
c) pagamento das multas devidas à Administração Pública;
d) exigência da assunção da execução e da conclusão do objeto do contrato pela seguradora, quando cabível;
IV – retenção dos créditos decorrentes do contrato até o limite dos prejuízos causados à Administração Pública e das multas aplicadas.

Quanto aos itens I e II acima, a Administração Pública pode escolher terceirizar o término da obra.

Além da extinção unilateral, ainda há possibilidade da solução amistosa dos conflitos, desde que haja interesse de ambas as partes do contrato.

13.1 Do recebimento e dos pagamentos

Após a execução do objeto nos contratos administrativos, obrigatoriamente deve agir o fiscal dos contratos para verificar a conformidade do objeto apresentado em relação ao que foi disposto no instrumento contratual. Caso tudo esteja em conformidade, haverá o pagamento correspondente.

Assim está a nova lei sobre o tema de recebimento e pagamento. Há diferentes regras caso o objeto seja obras e serviços ou fornecimento:

> Art. 140. O objeto do contrato será recebido:
> I - em se tratando de obras e serviços:
> a) provisoriamente, pelo responsável por seu acompanhamento e fiscalização, mediante termo detalhado, quando verificado o cumprimento das exigências de caráter técnico;
> b) definitivamente, por servidor ou comissão designada pela autoridade competente, mediante termo detalhado que comprove o atendimento das exigências contratuais;
> II - em se tratando de compras:
> a) provisoriamente, de forma sumária, pelo responsável por seu acompanhamento e fiscalização, com verificação posterior da conformidade do material com as exigências contratuais;
> b) definitivamente, por servidor ou comissão designada pela autoridade competente, mediante termo detalhado que comprove o atendimento das exigências contratuais.

Entretanto, caso identificada alguma não conformidade no objeto, este deve ser rejeitado no todo ou em parte, sob pena de responsabilidade do fiscal. Ainda adverte a lei que o recebimento provisório ou definitivo não excluirá a responsabilidade civil pela solidez e pela segurança da obra ou serviço nem a responsabilidade ético-profissional pela perfeita execução do contrato, nos limites estabelecidos pela lei ou pelo contrato.

Dúvida comum na matéria era qual o prazo para os recebimentos provisório e definitivo. A nova lei remete ao regulamento ou contrato a fixação deste prazo.

Caso sejam necessários ensaios, testes e as demais provas para aferição da boa execução do objeto do contrato exigidos por normas técnicas oficiais, eles correrão por conta do contratado.

Em se tratando de projeto de obra, o recebimento definitivo pela Administração não eximirá o projetista ou o consultor da responsabilidade objetiva por todos os danos causados por falha de projeto.

Em se tratando de obra, o recebimento definitivo pela Administração não eximirá o contratado, pelo prazo mínimo de 5 (cinco) anos, admitida a previsão de prazo de garantia superior no edital e no contrato, da responsabilidade objetiva pela solidez e pela segurança dos materiais e dos serviços executados e pela funcionalidade da construção, da reforma, da recuperação ou da ampliação do bem imóvel, e, em caso de vício, defeito ou incorreção identificados, o contratado ficará responsável pela reparação, pela correção, pela reconstrução ou pela substituição necessárias.

13.2 Do manual de fiscalização

Importante a edição de manual de fiscalização pelo ente contratante, já que muitos servidores que realizam a função de fiscal não têm formação na área, sendo importante a orientação, tudo em consonância com a formação continuada dos servidores.

O manual de fiscalização é boa prática adotada nos tribunais pátrios como procedimento preparatório à fiscalização, inclusive por meio de reuniões com equipe do órgão público que realizará a fiscalização, a exemplo do Manual de Fiscalização do Tribunal Regional do Trabalho de São Paulo, em que existe reunião preparatória e de esclarecimento sobre o contrato.

Como normas para edição do referido manual de fiscalização, sugerem-se as dispostas a seguir.

O setor de contratos deve estar atento às seguintes regras:

I. convocar regularmente o interessado para assinar o termo de contrato, aceitar ou retirar o instrumento equivalente, dentro do prazo e condições estabelecidos, sob pena de decair o direito à contratação, sem prejuízo das sanções previstas na lei de licitações, garantindo-se que houve prévia emissão da respectiva nota de empenho;

II. observar a manutenção das condições de habilitação e os procedimentos definidos para a formalização do contrato, solicitando à contratada os documentos necessários à assinatura do instrumento e ao início de sua vigência, a exemplo de procurações, anotações de responsabilidade técnica, prova de prestação de garantia exigida nos termos da lei de licitações e contratos, entre outros previstos no instrumento convocatório e/ou no processo de contratação;

III. solicitar a emissão das portarias de designação dos gestores e fiscais dos contratos e de seus respectivos substitutos;

IV. indicar a data de início de vigência de cada contrato em conformidade com a orientação do respectivo gestor, fornecendo-lhe as informações necessárias para as tratativas relativas à implantação dos serviços, quando for o caso;
V. solicitar, ao representante legal da contratada, a indicação formal do preposto da empresa e de seu substituto, que serão as únicas pessoas com expressos poderes para representá-la, devendo tal condição constar do procedimento licitatório e do instrumento contratual;
VI. exigir da contratada que informe eventual alteração do preposto e de seu substituto, comunicando ao gestor do contrato;
VII. informar à contratada, no momento da assinatura do instrumento contratual, o nome dos servidores (gestor e fiscais) do órgão público que ficarão responsáveis por acompanhar a execução do contrato; e que qualquer ocorrência verificada na execução do contrato deverá ser registrada por escrito e formalmente relatada, em momento oportuno, ao gestor indicado.
VIII. informar ao gestor do contrato o nome do preposto da contratada, fornecendo-lhe, antes do início da vigência contratual: a) cópia do contrato administrativo e do edital de licitação; b) cópia dos documentos de ordem técnica, quando houver, como as anotações de responsabilidade técnica nos casos de obras e serviços de engenharia; c) nota de empenho inicial e suas suplementações e/ou complementações.

Antes do início da execução contratual, nos contratos de obras, serviços de engenharia, serviços com alocação de mão de obra com dedicação exclusiva e serviços ligados à tecnologia da informação e outros contratos de maior complexidade, a critério do gestor, será realizada, juntamente com o fiscal, reunião inicial com o preposto da contratada, para fins de alinhamento das expectativas, objetivando garantir a qualidade da execução do contrato e seus resultados.

O gestor poderá solicitar o comparecimento à reunião de servidores da área demandante e dos responsáveis pela elaboração do termo de referência.

A reunião será iniciada pelo questionamento, aos representantes da contratada, quanto ao pleno domínio de conhecimento sobre os termos em que se deu a contratação (termo de referência, edital, proposta apresentada, contrato etc.), visando ao esclarecimento de dúvidas eventualmente relacionadas às obrigações contratuais, bem como na explicitação e exemplificação das situações que possam ensejar aplicação de sanções à contratada por descumprimento do contrato.

Nos casos de contratos com emprego de mão de obra com dedicação exclusiva, o gestor deverá informar os locais dos postos de trabalho e horários nos quais serão executados os serviços contratados, os horários de funcionamento do órgão público, as condições para acesso às instalações, de transporte, atendimento hospitalar de urgência; o papel do preposto; a definição de cronograma de treinamento para os empregados da empresa contratada alocados na execução dos serviços terceirizados, se previsto no contrato.

Ao final da reunião, o gestor deve se certificar de que os representantes da contratada saibam exatamente o que o órgão público pretende com a contratação, elaborando, quando necessário, cronograma detalhado (definição de datas e horas específicas para determinadas atividades) a ser cumprido pela contratada.

Nesta ocasião, deve-se ainda alinhar com a empresa as rotinas da fiscalização técnica e administrativa, pelo que se sugere a entrega de ofício de boas-vindas à contratada, contendo algumas informações, como: nome dos fiscais nomeados; documentos exigidos na ocasião do pagamento e necessários para o regular acompanhamento pela fiscalização.

Em referido manual são dispostas as responsabilidades do fiscal e do gestor do contrato antes, durante e depois do contrato, evitando confusão de atribuições, tomando-se o que se dispõe a seguir:

Devem os fiscais, conforme sua área de atuação, na fase de implantação do contrato:

I. elaborar planilha-resumo do contrato, contendo todas as obrigações contratuais em forma de lista de verificação, destinada ao acompanhamento do contrato, contemplando, pelo menos: a identificação do processo e do instrumento contratual que formalizou a contratação; o objeto do contrato, as datas de início e término de cada etapa da contratação, o valor contratado, os prazos de observação, de recebimento e de pagamento; o detalhamento minucioso de todas as obrigações de responsabilidade da contratada e do Tribunal;

II. solicitar o envio, pela contratada, da relação de funcionários, veículos, equipamentos e demais recursos a serem colocados à disposição dos serviços, nos termos exigidos contratualmente;

III. receber e conferir os materiais, equipamentos e demais recursos colocados à disposição dos serviços, quando for o caso.
IV. verificar se a empresa contratada cumpriu todas as exigências previstas como condição para o início da execução contratual, como: apresentação de documentos e fornecimento da relação nominal dos seus empregados que poderão transitar nas dependências do órgão público; indicação formal do preposto; cumprimento dos requisitos estabelecidos no termo de referência, edital e contrato;
V. verificar se os instrumentos coletivos de trabalho (acordos coletivos e convenções coletivas) foram apresentados e cumpridos pela contratada, no que couber.

Nos contratos com mão de obra com dedicação exclusiva, o fiscal administrativo deverá analisar a documentação do pessoal alocado para a execução dos serviços, e solicitar, por intermédio do gestor, sua complementação ou correção, se necessário.

Nos contratos de obras e serviços de engenharia, deverá ainda ser mantido livro de ordem para registro no local dos serviços, observadas as disposições legais pertinentes.

Também é importante fiscalizar a execução contratual, realizando, na frequência estabelecida pelo gestor, entrevistas por escrito com os empregados residentes, verificando, em especial, se a empresa contratada efetuou o recolhimento e depósito do INSS e FGTS, respectivamente, e o pagamento das seguintes verbas trabalhistas: salário; vale-transporte e auxílio alimentação; férias e décimo terceiro salário.

Nos contratos com emprego de mão de obra com dedicação exclusiva, caberá à seção de fiscalização o acompanhamento e a fiscalização, na qualidade de fiscal administrativo, dos aspectos referentes ao adimplemento das obrigações trabalhistas.

13.3 Do pagamento pela execução contratual

Caso seja constatado ter sido entregue o objeto pelo contratado em conformidade com o contrato, haverá a próxima etapa do pagamento. Esta com várias novidades, inclusive a ordem cronológica dos pagamentos de forma mais rigorosa, evitando favorecimentos a amigos de servidores e evitando pressões antirrepublicanas e imorais. Antes, a antiga lei de licitações e contratos administrativos já previa a ordem cronológica dos pagamentos, mas utilizava conceitos indeterminados que poderiam afastar a ordem:

Art. 5º Todos os valores, preços e custos utilizados nas licitações terão como expressão monetária a moeda corrente nacional, ressalvado o disposto no art. 42 desta Lei, devendo cada unidade da Administração, no pagamento das obrigações relativas ao fornecimento de bens, locações, realização de obras e prestação de serviços, obedecer, para cada fonte diferenciada de recursos, a estrita ordem cronológica das datas de suas exigibilidades, salvo quando presentes relevantes razões de interesse público e mediante prévia justificativa da autoridade competente, devidamente publicada.

Veja-se como dispôs a nova lei sobre os pagamentos em ordem cronológica, com redação mais rigorosa, evitando a quebra da ordem, apenas em situações excepcionais:

Art. 141. No dever de pagamento pela Administração, será observada a ordem cronológica para cada fonte diferenciada de recursos, subdividida nas seguintes categorias de contratos:

I - fornecimento de bens;

II - locações;

III - prestação de serviços;

IV - realização de obras.

§1º A ordem cronológica referida no *caput* deste artigo poderá ser alterada, mediante prévia justificativa da autoridade competente e posterior comunicação ao órgão de controle interno da Administração e ao tribunal de contas competente, exclusivamente nas seguintes situações:

I - grave perturbação da ordem, situação de emergência ou calamidade pública;

II - pagamento a microempresa, empresa de pequeno porte, agricultor familiar, produtor rural pessoa física, microempreendedor individual e sociedade cooperativa, desde que demonstrado o risco de descontinuidade do cumprimento do objeto do contrato;

III - pagamento de serviços necessários ao funcionamento dos sistemas estruturantes, desde que demonstrado o risco de descontinuidade do cumprimento do objeto do contrato;

IV - pagamento de direitos oriundos de contratos em caso de falência, recuperação judicial ou dissolução da empresa contratada;

V - pagamento de contrato cujo objeto seja imprescindível para assegurar a integridade do patrimônio público ou para manter o funcionamento das atividades finalísticas do órgão ou entidade, quando demonstrado o risco de descontinuidade da prestação de serviço público de relevância ou o cumprimento da missão institucional.

§2º A inobservância imotivada da ordem cronológica referida no *caput* deste artigo ensejará a apuração de responsabilidade do agente responsável, cabendo aos órgãos de controle a sua fiscalização.

§3º O órgão ou entidade deverá disponibilizar, mensalmente, em seção específica de acesso à informação em seu sítio na internet, a ordem cronológica de seus pagamentos, bem como as justificativas que fundamentarem a eventual alteração dessa ordem.

Várias cautelas foram dispostas ao longo da lei para evitar pagamentos indevidos porque fora do prazo estipulado, ou a destinatários incorretos ou ainda em quantidade e qualidade diversa do contrato. Assim, segundo o art. 142, disposição expressa no edital ou no contrato poderá prever pagamento em conta vinculada ou pagamento pela efetiva comprovação do fato gerador.

Sobre controvérsias em relação ao valor devido, a nova lei permite a liberação da parte incontroversa (art. 143).

Em seguimento à lógica já estabelecida na lei do regime diferenciado de contratações, na nova lei fica possibilitada a fixação de pagamento com remuneração variável vinculada ao desempenho do contratado, sempre se fixando metas a serem atingidas, conforme art. 144 da nova lei.

Nessa lógica, os contratos de gestão surgem como instrumentos de implantação de uma administração por objetivos e busca inexorável por resultados no setor público, visando à qualidade de serviços e à eficiência das organizações. Esses contratos são compromissos gerenciais entre o governo e a diretoria de uma empresa ou setor estatal, com objetivos e metas periódicos, cuja supervisão é realizada pelo Estado.

O contrato de gestão é:

> um instrumento que tem o propósito de induzir mudanças culturais que façam com que o Estado e cada uma das entidades de interesse social dele dependente ou a ele vinculada construam e mantenham níveis elevados de: (a) efetividade: atingindo os resultados sociais aspirados pela sociedade, inclusive oferecendo-lhe serviços de interesse social compatíveis com suas necessidades em extensão, qualidade e preços; (b) eficácia: comprometendo-se política e institucionalmente com um competente planejamento e com o cumprimento responsável da sua execução; (c) eficiência: usando com economia, zelo e dedicação os bens e os recursos públicos.[186]

---

[186] AFONSO DE ANDRÉ, Maristela. A efetividade dos contratos de gestão na reforma do estado. *Revista de Administração Pública*, v. 39, p. 42-52, 1999. p. 40.

Os indicadores propostos na avaliação por desempenho não devem somente envolver aspectos quantitativos, mas pressupõem determinado nível pactuado de qualidade no atendimento prestado.

Vale destacar que o processo de avaliação de desempenho não deve resumir-se somente a critérios exclusivos de premiação dos servidores, mas privilegiar o compromisso das equipes com os objetivos institucionais e vincular a gratificação ao alcance de metas de trabalho planejadas e pactuadas, que tenham como finalidade a garantia da eficiência do serviço de saúde e a qualidade do atendimento aos usuários.

Por isso, nenhum sistema de avaliação de desempenho será eficaz, seja qual for o propósito, a não ser que as pessoas que estão sendo avaliadas saibam o que se espera delas e conheçam os critérios pelos quais estão sendo julgadas.

De forma a direcionar os programas de pagamento por desempenho realizados no setor público, a Organização de Cooperação e Desenvolvimento Econômico (OCDE) apontou as lições e os aprendizados das experiências internacionais em curso nos países europeus, que deveriam ser (re)pensados na implantação ou manutenção dos incentivos profissionais:

a) o *design* deve levar em consideração a cultura do país e da organização. O equilíbrio entre fatores individuais e coletivos na remuneração é peça fundamental na gestão por desempenho. Esquemas focados em equipes apresentam efeitos mais positivos do que os focados somente em aspectos individuais;

b) a remuneração variável é parte de um sistema mais amplo. Transparência em todo o processo é um fator fundamental para garantir o sucesso do programa, que depende mais da qualidade e da forma de mediação do processo de mensuração do desempenho do que puramente da distribuição da remuneração;

c) problemas de implementação devem ser antecipados, devendo ser preparados os servidores e as chefias;

d) o programa deve estar vinculado a uma gestão de pessoas fundada na delegação. É mais fácil vincular objetivos individuais aos da organização se há certa autonomia para os gerentes atuarem;

e) não deve superestimar o significado e o impacto do programa de avaliação por desempenho na motivação. A avaliação por desempenho tem papel secundário como ferramenta de gestão para aumentar a motivação. Critérios como a satisfação no trabalho, oportunidades de promoção ou a flexibilidade

de organização do trabalho são muito mais eficazes na motivação da equipe e na remuneração ao desempenho;
f) os programas devem ser aplicados em ambientes nos quais as relações de trabalho sejam fundadas na confiança. No ambiente de trabalho, os processos formais e informais devem ser equilibrados, deve haver diálogo e troca de informações, e a negociação deve ser possível e estimulada, dando prioridade ao respeito mútuo e à transparência;
g) a avaliação por desempenho deve ser utilizada como incentivo e estímulo a uma transformação mais abrangente. Os incentivos financeiros devem ser utilizados principalmente como estímulo e ponte para a introdução de uma mudança ampla de direção e organização, em vez de ser apenas uma ferramenta motivacional para o pessoal.

Ao avaliar os itens apresentados pela OCDE e reproduzi-los no contexto brasileiro e a diversidade regional e heterogeneidade existentes nos mais de 5.560 municípios no nosso país, dificilmente poderia se pensar em uma única forma ou estratégia de incentivos profissionais para que se tenha sucesso em todo o território nacional, por isto é importante identificar as várias experiências em curso para que, baseado nessa mistura de estratégias, cada localidade crie seus mecanismos de aferição dentro da política de gestão por resultados baseada em contrato de gestão e uso de incentivos profissionais.

Ainda em muitas organizações do setor público no Brasil, quando existe a política de incentivos, na maioria dos casos, há o predomínio de uma visão avaliativa, que privilegia somente a produtividade, muitas vezes no sentido mais injustificado, que se reduz à contagem de procedimentos e controle contábil, produzindo assim ambiguidades e conflitos no ambiente de trabalho, impedindo que os trabalhadores distingam outros objetivos mais nobres.

Ainda na questão dos pagamentos, fundamental identificar que a regra geral é a proibição do pagamento antecipado. Entretanto, em hipóteses excepcionais, este será permitido: se propiciar sensível economia de recursos ou se representar condição indispensável para a obtenção do bem ou para a prestação do serviço, hipótese que deverá ser previamente justificada no processo licitatório e expressamente prevista no edital de licitação ou instrumento formal de contratação direta.

A Administração poderá exigir a prestação de garantia adicional como condição para o pagamento antecipado. Caso o objeto não seja executado no prazo contratual, o valor antecipado deverá ser devolvido.

CAPÍTULO 14

NULIDADES

Para o estudo do tema das nulidades na lei de licitações e contratos administrativos, inicia-se pela análise da formação da jurisprudência de controle, adotando práticas que afastam a extinção do contrato, mesmo quando constatada nulidade, privilegiando a continuidade das obras e serviços para atender à coletividade.

Assim, ao longo das últimas décadas, vários foram os entendimentos para continuidade dos contratos, mesmo quando constatadas nulidades, citando-se acórdão representativo deste quadro, a seguir:

ACÓRDÃO 2049/2010 – PLENÁRIO
RELATOR
AUGUSTO NARDES
O Tribunal de Contas da União tem firmado entendimento no sentido de que, no caso das obras rodoviárias emergenciais do Petse, a ausência de instrumento de contrato, desde que reste comprovada a não-ocorrência de atos lesivos ao Erário, é irregularidade que permite a continuidade da obra mediante o saneamento do vício original. 2. O Tribunal de Contas da União tem firmado entendimento no sentido de que, no caso das obras rodoviárias emergenciais do Petse, o projeto básico elaborado com a finalidade de caracterizar os serviços a serem realizados pode constituir-se de planilha estimativa, devidamente fundamentada em relatório técnico, sempre que tais serviços tenham natureza emergencial e baixa complexidade executiva.

A respeito de como os órgãos de controle vêm definindo as nulidades que permitem a continuidade do contrato e demais providências, consta de relatório do Tribunal de Contas da União,[187] no âmbito do Fiscobras, as seguintes condutas em caso de irregularidades contratuais:

- irregularidade com recomendação de paralisação (IGP): relativa a atos e fatos materialmente relevantes em relação ao valor total contratado que apresentem potencialidade de ocasionar prejuízos ao erário ou a terceiros e que (a) possam ensejar nulidade de procedimento licitatório ou de contrato ou (b) configurem graves desvios relativamente aos princípios constitucionais a que está submetida a Administração Pública federal;
- irregularidade com recomendação de retenção parcial de valores (IGR): atende à conceituação de IGP, mas, mediante autorização do contratado para retenção de valores a serem pagos ou a apresentação de garantias suficientes para prevenir o possível dano ao erário, a continuidade da obra é permitida;
- irregularidade que não prejudica a continuidade da obra (IGC): embora o responsável esteja sujeito a dar explicações e até mesmo a ser multado, não se faz necessária a paralisação.

Tal lógica de fiscalização e controle também consta da Lei de Introdução às Normas do Direito Brasileiro, sendo utilizado por este sistema normativo o afastamento de nulidades sempre que puder haver saneamento, não podendo haver soluções em abstrato, mas decisões em cada caso concreto, com motivação que considere a peculiaridade de cada caso, bem como a verificação sobre se a anulação ou a paralisação acabam sendo mais danosas do que a continuidade do ato questionado.

Assim, o que se observa é que o tema das nulidades vem gradualmente ganhando nova lógica de enfrentamento, seja na jurisprudência, seja na prática das Cortes de Contas, sem esquecer-se dos diplomas legais como a LINDB, o que tem como ponto culminante a Nova Lei de Licitações e Contratos, garantidora da manutenção dos contratos sempre que a nulidade puder ser afastada e saneada.

Estes novos marcos jurisprudenciais e legais se filiam à teoria do consequencialismo, cada vez mais crescente no dia a dia do direito no Brasil.

Em questões conceituais, o consequencialismo jurídico é um conjunto de teorias que entende que uma decisão deve ser avaliada em maior ou menor grau pelas consequências que traz. Isto é, uma ação poderia ser boa ou ruim, justa ou injusta, válida ou inválida, a

---

[187] BRASIL. Tribunal de Contas da União. *Relatório Fiscobras 2020*. Disponível em: https://sites.tcu.gov.br/fiscobras2020/. Acesso em: 20 set. 2022.

depender também dos resultados que produz, conforme adotado pelo art. 24 da LINDB.

O que se exige dos aplicadores do direito é que, quando da decisão sobre nulidades, estejam atentos às consequências individuais e coletivas, pois, muitas vezes, a nulidade será mais grave que a manutenção do contrato. Atente-se para a lição de Morais[188] sobre o consequencialismo e seus parâmetros:

> Assim, os juízes podem considerar suas decisões em termo das suas consequências, conforme determina a LINDB, mas devem fazer com respeito também às demais normas jurídicas constituídas. Nesse contexto, a argumentação consequencialista deve estar justificada não apenas nos efeitos diretos com o caso individual, deve observar proposições capazes de abranger o requisito da universalidade, bem como ser garantida por um status normativo.
> Argumentar por consequências, para MacCormick (2012, p. 105), também é uma prática intrinsicamente avaliativa, comparativa e subjetiva, de diferentes e possíveis hipóteses da decisão. Ou melhor, trata-se de saber se a consequência da decisão, que deve ser tolerada pelo Direito, é aceitável também da perspectiva das relações sociais.
> Se utilizar argumentos consequencialistas significa uma tentativa de identificar se é razoável que uma decisão estabeleça como válida uma determinada prática social. Uma razão consequencialista pode ter com fundamento uma base externa, por exemplo sociológica, para fins de responder acerca das consequências de uma decisão. Porém, diante do dever de justificação, os juízes devem construir suas deliberações fazendo uma avaliação das consequências jurídicas em relação aos princípios considerados relevantes e respectivamente associados a um ramo do Direito.

Neste ambiente, surgiu a nova lei de licitações, seguindo estas diretrizes. Assim, constatada irregularidade no procedimento licitatório ou na execução contratual, segundo a nova lei, caso não seja possível o saneamento, a decisão sobre a suspensão da execução ou sobre a declaração de nulidade do contrato somente será adotada na hipótese em que se revelar medida de interesse público, com avaliação, entre outros, dos seguintes aspectos:

    I –   impactos econômicos e financeiros decorrentes do atraso na fruição dos benefícios do objeto do contrato;

---

[188] MORAIS, Fausto Santos. A nova LINDB e os problemas da argumentação consequencialista. *Revista Jurídica*, Curitiba, v. 4, n. 53, p. 497-523, 2018.

II – riscos sociais, ambientais e à segurança da população local decorrentes do atraso na fruição dos benefícios do objeto do contrato;
III – motivação social e ambiental do contrato;
IV – custo da deterioração ou da perda das parcelas executadas;
V – despesa necessária à preservação das instalações e dos serviços já executados;
VI – despesa inerente à desmobilização e ao posterior retorno às atividades;
VII – medidas efetivamente adotadas pelo titular do órgão ou entidade para o saneamento dos indícios de irregularidades apontados;
VIII – custo total e estágio de execução física e financeira dos contratos, dos convênios, das obras ou das parcelas envolvidas;
IX – fechamento de postos de trabalho diretos e indiretos em razão da paralisação;
X – custo para realização de nova licitação ou celebração de novo contrato;
XI – custo de oportunidade do capital durante o período de paralisação.

Caso a paralisação ou anulação não se revele medida de interesse público, o poder público deverá optar pela continuidade do contrato e pela solução da irregularidade por meio de indenização por perdas e danos, sem prejuízo da apuração de responsabilidade e da aplicação de penalidades cabíveis.

A nova lei segue a lógica consequencialista, devendo haver motivação no processo administrativo, constatada a nulidade, para a paralisação ou continuidade com atenção aos diversos condicionantes intracontratuais, mas também quanto aos condicionantes sociais e ambientais que envolvem o processo.

Neste passo, segue o art. 148 da nova lei, acrescentando, ainda, que a regra geral é o efeito *ex tunc* retroagindo desde o momento da nulidade. Mas se não for possível desconstituir os atos anteriores, a solução é a indenização por perdas e danos. E, excepcionalmente, pode haver modulação dos efeitos da nulidade a fim de que possa produzir efeitos apenas para o futuro.

CAPÍTULO 15

DOS MEIOS ALTERNATIVOS DE RESOLUÇÃO DE CONTROVÉRSIAS

Os diversos órgãos da advocacia pública foram instados a aprimorar os meios alternativos de solução de conflitos com a edição do Novo Código de Processo Civil, como se percebe no art. 174, em que se verifica a exortação aos órgãos públicos para instalarem centrais de conciliação.

Esta lógica conciliatória também foi adotada na Nova Lei de Licitações e Contratos Administrativos, em que se faculta o uso dos meios alternativos de conciliação, conforme identificado no art. 151 da norma licitatória.

Entretanto, diferentemente do Código de Processo Civil, em que a etapa de conciliação só não ocorrerá se as duas partes não desejarem conciliar,[189] no caso das licitações, resta como uma faculdade. Poderia, então, o legislador ter utilizado de forma mais incisiva a etapa da conciliação, definindo a necessidade de referido momento para composição.

---

[189] "Art. 334. Se a petição inicial preencher os requisitos essenciais e não for o caso de improcedência liminar do pedido, o juiz designará audiência de conciliação ou de mediação com antecedência mínima de 30 (trinta) dias, devendo ser citado o réu com pelo menos 20 (vinte) dias de antecedência. §1º O conciliador ou mediador, onde houver, atuará necessariamente na audiência de conciliação ou de mediação, observando o disposto neste Código, bem como as disposições da lei de organização judiciária. §2º Poderá haver mais de uma sessão destinada à conciliação e à mediação, não podendo exceder a 2 (dois) meses da data de realização da primeira sessão, desde que necessárias à composição das partes. §3º A intimação do autor para a audiência será feita na pessoa de seu advogado. §4º A audiência não será realizada: I - se ambas as partes manifestarem, expressamente, desinteresse na composição consensual; II - quando não se admitir a autocomposição".

REFERÊNCIAS

AMARAL, Diogo Freitas do. *Curso de direito administrativo*. Coimbra: Almedina, 2001. v. 2.

ARISTÓTELES. *Ética a Nicômaco*. Tradução de Mário da Gama Kury. 2. ed. Brasília: Ed. da UnB, 1992.

ASSOCIAÇÃO BRASILEIRA DE NORMAS TÉCNICAS. *NBR ISO 14040*. Gestão ambiental – Avaliação do ciclo de vida – Princípios e estrutura. Rio de Janeiro: ABNT, 2001.

ÁVILA, Humberto. *Teoria dos princípios*: da definição à aplicação dos princípios jurídicos. 12. ed. São Paulo: Malheiros. 2010.

BACELLAR FILHO, Romeu Felipe. *Direito administrativo*. 2. ed. São Paulo: Saraiva, 2005.

BANDEIRA DE MELLO, Celso Antônio. *Conteúdo jurídico do princípio da igualdade*. 3. ed. São Paulo: Malheiros, 1999.

BANDEIRA DE MELLO, Celso Antônio. *Curso de direito administrativo*. São Paulo: Malheiros, [s.d.].

BARROSO, Luís Roberto. *Interpretação e aplicação da Constituição*. São Paulo: Saraiva, 2004.

BEVILAQUA, Clovis. *Código Civil dos Estados Unidos do Brasil*: comentado. Rio de Janeiro: Francisco Alves, 1926. v. 4.

BIM, Eduardo Fortunato. Considerações sobre a juridicidade e os limites da licitação sustentável. *In*: SANTOS, Murilo Giordan; BARKI, Teresa Villac Pinheiro (Coord.). *Licitações e contratações públicas sustentáveis*. Belo Horizonte: Fórum, 2011.

BIOTTO, Clarissa Notariano; FORMOSO, Carlos Torres; ISATTO, Eduardo Luis. Uso de modelagem 4D e Building Information Modeling na gestão de sistemas de produção em empreendimentos de construção. *Ambient. constr.*, Porto Alegre, v. 15, n. 2, abr./jun. 2015.

BONAVIDES, Paulo. *Curso de direito constitucional*. 26. ed. São Paulo: Malheiros, 2011.

BONAVIDES, Paulo. *Teoria constitucional da democracia participativa*. São Paulo: Malheiros, 2001.

BRASIL. Tribunal de Contas da União. *Guia de boas práticas em contratação de soluções de tecnologia da informação* – Riscos e controles para o planejamento da contratação – versão 1.0. Brasília: TCU, [s.d.].

BRASIL. Tribunal de Contas da União. *Licitações e contratos*: orientações básicas. 3. ed. rev., atual. e ampl. Brasília: TCU, Secretaria de Controle Interno, 2006.

BRASIL. Tribunal de Contas da União. *Manual de gestão de riscos do TCU*. Brasília: TCU, Secretaria de Planejamento, Governança e Gestão (Seplan), 2020. 48 p.

BRASIL. Tribunal de Contas da União. *Relatório Fiscobras 2020*. Disponível em: https://sites.tcu.gov.br/fiscobras2020/. Acesso em: 20 set. 2022.

CAETANO, Marcello. *Manual de direito administrativo*. 10. ed. Coimbra: Almedina, 1997. t. 1.

CÂMARA DOS DEPUTADOS. *Exposição de motivos da Emenda Constitucional 19 de 1998*. Disponível em: https://www2.camara.leg.br/legin/fed/emecon/1998/emendaconstitucional-19-4-junho-1998-372816-exposicaodemotivos-148914-pl.html. Acesso em: 12 jan. 2022.

CANOTILHO, José Joaquim Gomes. *Direito constitucional*. 6. ed. Coimbra: Almedina, 1993.

CARVALHO FILHO, José dos Santos. A discricionariedade: análise de seu delineamento jurídico. *In*: GARCIA, Emerson (Coord.). *Discricionariedade administrativa*. Rio de Janeiro: Lumen Juris, 2005.

CARVALHO, Matheus. *Manual de direito administrativo*. 4. ed. Salvador: JusPodivm, 2017.

CARVALHO, Raquel Melo Urbano de. *Curso de direito administrativo*. 2. ed. Salvador: JusPodivm, 2009.

CASTANHEIRA NEVES, António. *O instituto dos "assentos" e a função jurídica dos supremos tribunais*. Coimbra: Almedina, 1983 apud CANOTILHO, J. J. Gomes. *Direito constitucional e teoria da Constituição*. 7. ed. Coimbra: Almedina, 2003.

CHARLES, Ronny; GARCIA, Flávio Amaral. O projeto da nova lei de licitações brasileira e alguns de seus desafios. *Revista de Contratos Públicos*, n. 21, set. 2019.

CLÈVE, Clèmerson Merlin. *A fiscalização abstrata da constitucionalidade no direito brasileiro*. 2. ed. São Paulo: RT, 2000.

COSTA, Marli Lopes; CASTRO, Ricardo Vieira Alves. Patrimônio imaterial nacional: preservando memórias ou construindo histórias? Universidade do Estado do Rio de Janeiro. *Estudos de Psicologia*, v. 13, n. 2, p. 125-131, 2008, ISSN (versão eletrônica): 1678-4669.

COUTO, Reinaldo. *Curso de direito administrativo*. 3. ed. São Paulo: Saraiva Educação, 2019.

DI PIETRO, Maria Sylvia. *Direito administrativo*. Rio de Janeiro: Forense, 2019.

DINAMARCO, Cândido Rangel. *Fundamentos do processo civil moderno*. 3. ed. São Paulo: Malheiros, [s.d.].

DITTERICH, Rafael Gomes *et al*. O uso de contratos de gestão e incentivos profissionais no setor público de saúde. *Caderno Saúde Pública*, abr. 2012.

DURAND, Thomas et al. L'alchimie de la compétence. *Revue Française de Gestion*, Paris, n. 127, p. 84-102, jan./fev. 2000.

DUTRA, Joel Souza; HIPÓLITO; José Antônio Monteiro; SILVA, Cassiano Machado. Gestão de pessoas por competências: o caso de uma empresa do setor de telecomunicações. *In*: ENCONTRO DA ASSOCIAÇÃO NACIONAL DOS PROGRAMAS DE PÓS-GRADUAÇÃO EM ADMINISTRAÇÃO, XXII. Anais... Foz do Iguaçu: ANPAD, 1998.

ESTORNINHO, Maria João. *Requiem pelo contrato administrativo*. Coimbra: Almedina, 1990.

FERNANDES, Jorge Ulisses Jacoby. *Contratação direta sem licitação*. 5. ed. Brasília: Brasília Jurídica, 2000.

FERNANDES, Jorge Ulisses Jacoby. *Sistema de registro de preços e pregão presencial e eletrônico*. Belo Horizonte: Fórum, 2015. v. 7.

FIGUEIREDO, Lúcia Valle Figueiredo; FERRAZ, Sérgio. *Dispensa e inexigibilidade de licitação*. 2. ed. São Paulo: Revista dos Tribunais, [s.d.].

FREITAS, Juarez. Sustentabilidade: novo prisma hermenêutico. *Revista Novos Estudos Jurídicos – Eletrônica*, v. 24, n. 3, set./dez. 2018.

FREYRE, Gilberto. *Casa grande e senzala*. [s.l.]: Global, 2006.

FURTADO, Lucas Rocha. *Curso de licitações e contratos administrativos*: teoria, prática e jurisprudência. São Paulo: Atlas, 2001.

GASPARINI, Diógenes. *Direito administrativo*. São Paulo: Saraiva, 2010.

GRAU, Eros Roberto. *A ordem econômica na Constituição de 1988*. 14. ed. São Paulo: Malheiros, 2010.

HOLANDA, Sérgio Buarque. *Raízes do Brasil*. São Paulo: Companhia das Letras, 2014.

HORTA, Raul Machado. *Direito constitucional*. Belo Horizonte: Del Rey, 2010.

ISAMBERT-JAMATI, Viviane. O apelo à noção de competência na revista L'Orientation Scolaire et Profissionelle: da sua criação aos dias de hoje. *In*: ROPÉ, Françoise; TANGUY, Lucie (Org.). *Saberes e competências*: o uso de tais noções na escola e na empresa. Campinas: Papirus, 1997.

JUSTEN FILHO, Marçal. *Comentários à Lei de Licitações e Contratos Administrativos*. 5. ed. São Paulo: Dialética, 1998.

KANT, Immanuel. *Fundamentação da metafísica dos costumes e outros escritos*. Tradução de Leopoldo Holzbach. São Paulo: Martin Claret, 2004.

LIMA, Ângela Maria Ferreira. *Avaliação do ciclo de vida no Brasil*: inserção e perspectivas. Salvador: [s.n.], 2007.

LOBO, Paulo. *Direito civil*: parte geral. 6. ed. São Paulo: Saraiva, 2017.

LUZ, Ivan. Do controle da eficiência e economicidade pelos Tribunais de Contas. *Revista do Tribunal de Contas do Estado do Rio Grande do Sul*, Porto Alegre, v. 2, n. 5, jun. 1985.

MARINELA, Fernanda. *Direito administrativo*. 8. ed. São Paulo: Impetus, 2014.

MARTINS JÚNIOR, Wallace Paiva. *Probidade administrativa*. 4. ed. São Paulo: Saraiva, 2009.

MAZZEI, Rodrigo. *Ação popular e o microssistema da tutela coletiva*. Rio de Janeiro: Revista Forense, 2007.

MEIRELLES, Hely Lopes. *Direito administrativo brasileiro*. 25. ed. São Paulo: Malheiros, 2000.

MELLO, Marco Aurélio de Farias. Óptica constitucional – Igualdade e ações afirmativas. *Revista da EMERJ*, v. 5, n. 18, 2002.

MELO, Raimundo Simão de. Cooperativas de trabalho: modernização ou retrocesso? *Revista do Tribunal Superior do Trabalho*, Brasília, v. 68, n. 1, p. 136-147, jan./mar. 2002.

MENDES, Gilmar Ferreira. *Curso de direito constitucional*. 12. ed. rev. e atual. São Paulo: Saraiva, 2017.

MENDES, Renato Geraldo. Lei nº 8.666/93, nota ao art. 65. *Leianotada.com*. Disponível em: http://www.leianotada.com. Acesso em: 11 maio 2022.

MENDONÇA, José Vicente Santos de. Dois futuros (e meio) para o projeto de lei do Carlos Ari. *In*: MENDONÇA, José Vicente Santos de; LEAL, Fernando (Coord.). *Transformações do direito administrativo*: consequencialismo e estratégias regulatórias. Rio de Janeiro: UERJ/FGV-Rio, 2017.

MINAS GERAIS. Controladoria-Geral do Estado. *Plano de Integridade.* 1. ed. Belo Horizonte: Controladoria-Geral do Estado, maio 2018.

MONTEIRO, Washington de Barros. *Curso de direito civil:* direito das obrigações. 7. ed. São Paulo: Saraiva, 1967.

MONTESQUIEU, Charles-Louis de Secondat, Barão de. *Considerações sobre as causas da grandeza dos romanos e da sua decadência.* São Paulo: Saraiva, 2005.

MONTESQUIEU, Charles-Louis de Secondat, Barão de. *O espírito das leis.* São Paulo: Nova Cultural, 1997. 2 v. Coleção Os Pensadores.

MORAIS, Fausto Santos. A nova LINDB e os problemas da argumentação consequencialista. *Revista Jurídica,* Curitiba, v. 4, n. 53, p. 497-523, 2018.

MOREIRA NETO, Diogo de Figueiredo. *O futuro das cláusulas exorbitantes nos contratos administrativos.* Belo Horizonte: Fórum, 2016.

MOREIRA, Eduardo Ribeiro. *Neoconstitucionalismo:* a invasão da Constituição. São Paulo: Método, 2008. Coleção Professor Gilmar Mendes.

MUKAI, Toshio. *Estatuto Jurídico das Licitações.* 2. ed. São Paulo: Saraiva, 1990.

NIEBUHR, Joel de Menezes. *Licitação pública e contrato administrativo.* 4. ed. Belo Horizonte: Fórum, 2015.

NÓBREGA, Marcos; OLIVEIRA NETTO, Pedro Dias de. O seguro-garantia na Nova Lei de Licitação e os problemas de seleção adversa e moral Hazard. *Sollicita Portal,* 10 jun. 2021. Disponível em: https://www.sollicita.com.br/Noticia/?p_idNoticia=17773&n=o-seguro-garantia-na-nova-lei-de-licita%C3%A7%C3%A3o. Acesso em: 14 ago. 2021.

ORBACH, Carlos Bastide. Contratos administrativos: conceito e critérios distintivos. *Rev. Bras. Polít. Públicas (Online),* Brasília, v. 6, n. 1, p. 52-68, 2016.

ORGANIZAÇÃO DAS NAÇÕES UNIDAS. *Convenção da Organização das Nações Unidas contra a Corrupção.* Disponível em: https://www.unodc.org/lpo-brazil/pt/corrupcao/convencao.html. Acesso em: 12 jan. 2022.

PEREIRA JÚNIOR, Jesse Torres. *Comentários à Lei das Licitações e Contratações da Administração Pública.* 7. ed. Rio de Janeiro: Renovar, 2007.

PEREIRA, Caio. Custos diretos e indiretos: o que são e como determiná-los. *Escola Engenharia,* 2018. Disponível em: https://www.escolaengenharia.com.br/custos-diretos-e-indiretos/. Acesso em: 11 abr. 2021.

PESSOA NETO, José Antônio. As obras públicas pelo RDC com o Regime de Contratação Integrada. *Revista Negócios Públicos,* Curitiba, n. 128, p. 17-21, mar. 2015.

PIRES, Alexandre Kalil *et al. Gestão por competências em organizações de governo.* Brasília: ENAP, 2005.

PIRES, Antonio Cecilio Moreira. *Direito administrativo.* 2. ed. São Paulo: Atlas, 2013.

RIGOLIN, Ivan Barbosa; BOTINNO, Marco Tullio. *Manual prático das licitações:* Lei n. 8.666/93. 4. ed. São Paulo: Saraiva, 2002.

RIVERO, Jean. *Direito administrativo.* Coimbra: Almedina, 1981.

SALES, Leonardo Jorge. *Proposta de modelo de classificação do risco de contratos públicos.* Dissertação (Mestrado em Economia do Setor Público) – Universidade de Brasília, Brasília, 2016. Disponível em: https://repositorio.unb.br/bitstream/10482/22909/3/2016_LeonardoJorgeSales.pdf. Acesso em: 5 jan. 2022.

SCARPINELLA, Vera. *Licitação na modalidade de pregão (lei 10.520, de 17 de julho de 2002).* São Paulo: Malheiros, 2003.

SILVA, José Afonso da. *Curso de direito constitucional positivo.* 25. ed. São Paulo: Malheiros, 2005.

SUNDFELD, Carlos Ari. *Licitação e contrato administrativo.* São Paulo: Malheiros, 1994.

TÁCITO, Caio. Contrato administrativo: revisão de preço: teoria da imprevisão: pressupostos de imprevisibilidade e de excessiva onerosidade. *Boletim de Licitações e Contratos,* p. 370-373, set. 1993.

TONI, J. Em busca do planejamento governamental do século XXI: novos desenhos. *In*: REPETTO, Fabio *et al. Reflexões para Ibero-América*: planejamento estratégico. Brasília: ENAP, 2009.

TORRES, Ronny Charles Lopes de. *Leis de licitações públicas comentadas.* 8. ed. Salvador: JusPodivm, 2017.

TORRES, Ronny Charles Lopes de. *Leis de licitações públicas comentadas.* Salvador: JusPodivm, 2019.

TOSTA, Cristiane Sandes. *Inserção da análise de ciclo de vida no estado da Bahia através da atuação do órgão ambiental.* Salvador: [s.n.], 2004.

VASCONCELOS, Pedro Barreto. Pregão: nova modalidade de licitação. *R. Dir. Adm.*, Rio de Janeiro, v. 222, p. 213-238, out./dez. 2000.

Esta obra foi composta em fonte Palatino Linotype, corpo 10
e impressa em papel Avena 70g (miolo) e Supremo 250g (capa)
pela Gráfica Star7.